经济个人主义的
哲学研究

宫敬才/著

人民出版社

目　录

第二版序　西方主流经济学的哲学性质

西方主流经济学纠结自己的学科性质问题已有近两百年的历史。在该学科奠基人亚当·斯密那里，这本不是问题，经济学是伦理学的组成部分，它与法学和现代意义的伦理学一起构成伦理学学科的整体。亚当·斯密在格拉斯哥大学长期讲授这门课程，留传后世的是三部经典著作：《道德情操论》、《国民财富的性质和原因的研究》和《亚当·斯密关于法律、警察、岁入及军备的演讲》。这种情况往后延续了很长时间，经济学作为专业而自立门户是跨入 20 世纪门槛（1902 年）之后的事情。这说明，西方主流经济学脱胎于哲学，与哲学有割舍不断的血缘关系，是哲学向社会经济生活延伸的题中应有之义。亚当·斯密直到 1790 年逝世前始终认为，如此理解经济学的学科性质问题并没有悖理或不妥的地方，其他人也没有提出异议。

根本性变化发生于 1836 年，牛津大学政治经济学教授、铁杆的资本家代言人西尼尔出版了《政治经济学大纲》一书。书中说，经济学家"所从事的是科学，其间如果有了错误或是有了疏忽，就会产生极其严重、极其广泛的恶劣影响；因此，他就像个陪审员一样，必须如实地根据证据发表意见，既不容许同情贫困，也不容许嫉视富裕或贪婪，既不容许崇拜现有制度，也不容许憎恶现有的弊害，既不容许酷爱虚名，投合时好，也不容许标新立异或固执不变，以致使他不敢明白说出他所相信的事实，或是不敢根据这些事实提出在他看来是合理的结论。"[1] 概括西尼尔的论述，经

---

[1]　[英] 西尼尔：《政治经济学大纲》，商务印书馆 1977 年版，第 12 页。

济学学科性质的命题就会出现在我们面前：经济学是科学，作出哲学性结论是逾越学科职责范围之举。这里的"科学"何谓？西尼尔没有对此作出解释，但由诺贝尔经济学奖得主哈耶克对这一时期西方主流经济学思维方式转型的分析便可明了，此处的科学指自然科学："对经济和社会现象的研究，在从十八世纪到十九世纪初的缓慢发展过程中，当它选择自己的方法时，主要是受它所面对的问题的性质引导，它逐渐发展出一种适合于这些问题的技能，并未过多地思考这些方法的特点，或它们跟其他知识学科的关系。政治经济学的研究者，既可把这门学问称为科学的一支，亦可把它称为道德哲学或社会哲学的一支，从不介意自己的题目属于科学还是属于哲学。那时，'科学'一词尚未获得今天这种狭隘的含义，也不存在自然科学单独区分出来并赋予其特别尊严的做法。其实，投身于这些领域的人，在研究自己的问题中较具一般性的方面时，他们很乐于选择哲学这个名称，我们甚至不时可以看到'自然哲学'与'道德科学'的对比。""在十九世纪上半叶，出现了一种新的态度。'科学'一词日益局限于指自然科学和生物学科，同时它们也开始要求自身具有使其有别于其他一切学问的特殊的严密性与确定性。它们的成功使另一些领域的工作者大为着迷，马上便着手模仿它们的教义和术语。由此便出现了狭义的科学（Science）方法和技术对其他学科的专制。这些学科为了证明自身的平等地位，日益急切地想表明自己的方法跟它们那个成就辉煌的表亲相同，而不是更多地把自己的方法用在自己的特殊问题上。"①

哈耶克既切合西方主流经济学思维方式转型实际又击中要害的分析让人大开眼界，其中的意蕴需要细加品味。

第一，西方主流经济学纠结自身学科性质的烦恼产生于19世纪上半叶，西尼尔的"高论"恰好出现在这样的历史时刻。不像现在，西方主流经济学的中心是美国，当时西方主流经济学的中心是英国。西尼尔发声于

---

① ［英］F.A.哈耶克：《科学的反革命——理论滥用之研究》，译林出版社2003年版，第1—2页。

英国政治经济学的学术要津——牛津大学，这里是洛克和亚当·斯密接受高等教育的地方，其观点具有的示范意义不能小视。

第二，西方主流经济学纠结自身学科性质问题的原因在于，自然科学挟自身的辉煌成就以自重，在方法论或说哲学意义上肆意向其他学科扩张，哈耶克用政治性词语"专制"表述这一点。这是"科学帝国主义"的第一种形态，严格意义的哲学表现是实证主义哲学思潮登上学术历史舞台。此时的西方主流经济学发现，在学科性质问题上固守洛克和亚当·斯密开创的社会科学传统远不如靠拢自然科学意义的科学更有利可图，于是便有了西尼尔所谓经济学是科学的高调宣示。自然科学只不过是西方主流经济学的"表亲"，刻意模仿还是模仿，经济学永远成不了自然科学意义的科学。

第三，西方主流经济学在学科性质问题上执意要改换"门庭"的目的何在？哈耶克的说法是要"证明自身有平等的地位"。这样的说法较为含蓄，实际内容是争夺学术资源，包括社会名望、对自己有利的学术体制以及伴随体制而来的人、财、物，等等。与谁争夺？西方主流经济学与自然科学争夺上述资源，或许有这个胆量，但肯定没有这样的能力。比较的结果明显可见，它要与其他人文社会科学学科争夺学术资源。从这种意义上说，西方主流经济学在学科性质问题上改换"门庭"的做法，实在是学科自私的表现。

第四，西方主流经济学在学科性质问题上改换"门庭"的结果如何？哈耶克告诉我们，"在大约一百二十年的时间里，模仿科学的方法而不是其精神实质的抱负虽然一直主宰着社会研究，它对我们理解社会现象却贡献甚微。它不断给社会科学的工作造成混乱，使其失去信誉，而朝着这个方向进一步努力的要求，仍然被当做最新的革命性创举向我们炫耀。如果采用这些创举，进步的梦想必将迅速破灭"[①]。用直白的语言表达哈耶克论

[①]　[英] F.A.哈耶克：《科学的反革命——理论滥用之研究》，译林出版社 2003 年版，第2 页。

述的意义或许会使科学经济学家火冒三丈，西方主流经济学基于学科自私的利益考量而改换"门庭"，是不务正业的旁门左道。

第五，西尼尔在经济学学科性质问题上纠结还有特定的社会历史原因。1836年是英国工业革命即将完成的时期。这一革命的经济成就使英国成为世界霸主，传统社会向现代社会转型的历史性任务率先基本完成。与这些成就相伴而行的是社会矛盾深刻、广泛和尖锐，焦点是无产阶级与资产阶级的矛盾。资产阶级对劳动人民的残酷刻薄以"曼彻斯特资本主义"为专有名词而被世人诟病，忠心为资产阶级服务的西方主流经济学让人不齿。为了挽救这一经济学的不利局面，西尼尔慌不择路地向所谓的科学求救。证明这一点的事实是，就在同一年，为了帮曼彻斯特陷于道德、舆论和法律困境的资本家解围，西尼尔这位不断现身官府又与资本家关系密切的大学教授却以科学经济学家的身份去了一趟曼彻斯特，回来后炮制出名为《关于工厂法对棉纺织业的影响的书信》的小册子，试图用他所谓的科学经济学原理说明，曼彻斯特资本家的残酷行径符合科学经济学原理。为了揭露西尼尔假科学真辩护的嘴脸，马克思罕见地在《资本论》第一卷专为他设置了一节："西尼尔的'最后一时'"，用以证明西尼尔的所谓科学经济学理论是多么自相矛盾。由这个历史细节可以看出，西尼尔在经济学学科性质问题上的纠结与特定的社会历史境遇有着密不可分的联系。

历史的脚步迈入20世纪上半叶，经济学的学科性质问题仍像摆脱不掉的幽灵一样纠缠着西方主流经济学。这一学科领域中的"独行大侠"熊彼特积十年之功（1941—1950年）写作三大卷的《经济分析史》（未完成），书中对经济学学科性质的纠结跃然纸上。第一，针对人们对西尼尔的学术水平不以为然的轻蔑态度，熊彼特高调宣称，西尼尔是"那个时期的第一个'纯粹'理论家"，他在经济分析方面建立了"不朽业迹"，"其成就在李嘉图之上"，而马克思对西尼尔的"严厉攻击"是错误的。第二，在经济学与哲学的关系问题上，熊彼特基于经济学是分析科学的基本立场而说重话和狠话，认为必须严格区分分析经济学与政治经济学，哲学只不过是经济学这门"经验科学领域以外的臆想"，学经济学的学生"恨哲学如同毒药一般"。第三，在一般性层面，熊彼特的观点旗帜鲜明："即使那些持有明确的哲学观点的经济学家，例如洛克、休谟、魁奈，特别是马克思，事实上在他们从事分析工作时并没有受到这些哲学观点的影响。"①熊彼特提出和确立自己观点的语境是争辩。与谁争辩？与什么样的观点争辩？他在与经济学家中持有经济学与哲学之间关系的特定观点的经济学家争辩。这种经济学家认为，经济学与哲学密不可分，内在地蕴含哲学性内容是经济学在劫难逃的命运。熊彼特争辩的结果如何？《经济分析史》这部皇皇巨著营造的理论情势似乎表明，经济学是科学的观点占据上风。

让熊彼特万万没有想到的是，12 年后的 1962 年，他出自同一师门——门格尔——的同胞哈耶克，在获任弗赖堡大学教授的就职演讲中给他的观点几乎是致命一击。哈耶克说："我在别处说过，并且我认为这个问题的重要性使我必须在这里再说一遍：仅仅是一名经济学家的人，不可能成为杰出的经济学家。比自然科学中的情形更为真实的一点是，在社会科学中，几乎没有哪个具体问题能够仅仅靠一门学科作出恰当回答。不但在政治学和法学中，而且在人类学、心理学，当然还有历史学中，我们应当了解的全部问题，超出了任何一个人有能力了解的范围。当我们的所有问题触及到哲学问题时，情况更是如此。在英国这个经济学长期领先的国家，几乎所有伟大的经济学家同时也是哲学家，而且至少在过去，所有伟大的哲学家也是经济学家，这肯定不是一种偶然现象……今天我所接触到的大多数问题，既表现为经济学问题，也表现为哲学问题。是否有可能存在着独门独户的社会科学理论这种东西，是大可怀疑的，所有的社会科学肯定都会提出哲学问题，其中许多问题在更为专业化的学科进行思考之前，已经由哲学家研究了两千多年。"②哈耶克构筑的语境同样是争辩。争辩对象是西方主流经济学中的一种倾向，这种倾向沿西尼尔和熊彼特的思路向极

① 参见［美］约瑟夫·熊彼特：《经济分析史》，商务印书馆 1996 年版，第 2 卷，第 164—166、305 页；第 3 卷，第 574、43 页；第 1 卷，第 57 页。

② ［英］F.A. 冯·哈耶克：《经济、科学与政治——哈耶克思想精粹》，江苏人民出版社 2000 年版，第 28—29 页。

端方向发展，即拉大旗作虎皮地挟自然科学的强势以自重，用专有名词概括是"经济学帝国主义"。这样的语境足以让哈耶克的观点确立起来。其一，堵住了"经济学帝国主义"的退路。这种倾向"视经济学为像物理学一样的硬科学"，"在经济学的殿堂中，大多数优点都与物理学相同"，因此，经济学是"理论严密的实证科学"。① 这种既违背基本事实又与常识较劲的界定与胡扯无异。哈耶克拨乱反正，认定经济学仍然属于社会科学。其二，指认经济学家与哲学家的知识结构关系。没有好的哲学训练和积累，不可能成为杰出经济学家，此为经济学历史证明了的客观事实。这样的事实告诉我们，哲学内在于经济学，没有哲学性内容的经济学从来就没有存在过。其三，哲学性内容内在于经济学之中的原因在于，人文社会科学的研究对象如经济学的研究对象需要哲学性把握，西方主流经济学的逻辑前提——经济人的提法和功能足以证明这一点。由此看，哈耶克关于与哲学无关的"独门独户"的经济学不可能存在的判断能够成立。既然哈耶克的观点能够成立，基本事实便被确立下来，熊彼特的观点不能成立。

20 世纪末的 1998 年，西方主流经济学中一部新的《经济学原理》教材横空出世，让在半个世纪时间内流行无限的萨缪尔逊《经济学》顿时黯然无光。这部教材的作者是西方主流经济学的新星曼昆。该教材的气势着实吓人，开篇不作任何说明和论证便把所谓的"十大经济学原理"砸向学生。检视社会生活的历史性事实便可明了，只有宗教和政治两大领域才有这种蛮不讲理的做法。这说明，该教材所要表达和传播的内容已不仅仅是学术或说主要不是学术。用罗宾逊夫人的话说，它"是神学的分支"，"是主流意识形态的载体"。② 该教材说，"作为科学家的经济学家""研究经济的方法与物理学家研究物质和生物学家研究生命的方法一样，他们提出理论、收集资料，并分析这些资料以努力证明或否定他们的理论"。"这种研究方法适用于研究一国经济，就像适用于研究地心引力或生物进化一

---

① ［瑞典］理查德·斯威德伯格：《经济学与社会学》，商务印书馆 2003 年版，第 186、378、365 页。

② ［英］琼·罗宾逊：《经济哲学》，商务印书馆 2011 年版，第 24、2 页。

样。"①回顾西方主流经济学的历史就能发现，曼昆的话只不过是西尼尔和熊彼特观点的老调重弹，内在逻辑也相对简单：自然科学家如物理学家和生物学家如何从事学术研究，科学经济学家就如何从事学术研究，因为经济学是自然科学意义上的科学。经济学的科学性质使然，它适用于研究任何时代和地域的经济生活，具有普遍的科学适用性。

如果实际情况确实如此，别人就没有理由说三道四，否则，便会冤枉科学经济学。问题在于，真实的情况正好与此相反，曼昆的类比是生拉硬扯，经济学与自然科学如物理学和生物学所具有的关系只不过是哈耶克所说的"表亲"。二者扯不到一起，更不能用"一样"加以描述的关系同样是客观存在的事实。1987年的诺贝尔经济学奖获得者罗伯特·索洛用例证形象生动地说明了这一点："假定我是一个物理学家，我正在研究电子的衰变。你把我放到一架飞机上，蒙住我的双眼，让我飞往某个地方，再把我和随身的仪器一起降落到地面上。现在，如果我能够，或是如果我就这样选择，我只需要继续我对电子的研究，根本用不着问一句：'我在什么地方？'但是，如果我是一个研究劳动市场的经济学家，同样的事情也发生在我身上，那么，当我带着降落伞下到地面，并打算研究当地的劳动市场时，我真的必须要问一下自己：'我现在身处什么社会之中？是在非洲部落里吗？这些人是澳洲原住民吗？他们是欧洲人还是日本人？'一位物理学家可能会对他身处日本还是澳洲感到好奇，但他真的没有理由相信他的研究结果和他从事研究的方法会因他所处地域的不同而有所不同。"②罗伯特·索洛设定的思想场景再简单不过，但作为反驳曼昆观点的例证却强劲有力。西方主流经济学的所谓科学原理要说明欧洲或日本的劳动力市场情况，其结论或许会沾点边，但说明非洲原始部落或澳洲原住民的劳动力市场，其结果会让人笑掉大牙。原因很简单，那里有劳动力和劳动，但

---

① [美]曼昆：《经济学原理》上册，生活·读书·新知三联书店、北京大学出版社1999年版，第19页。

② [瑞典]理查德·斯威德伯格：《经济学与社会学》，商务印书馆2003年版，第367—368页。

没有劳动力市场。劳动力市场的出现是剧烈有时是残酷的社会历史转型的结果，马克思用资本原始积累概括这一转型过程。没有这样的社会历史转型，怎么会有劳动力市场呢？没有劳动力市场，"贸易能使每个人状况更好"（曼昆语）的所谓经济学原理，其指称的具体对象在哪里？没有具体指称对象的所谓经济学原理不是形而上学还能是什么呢？

综合起来看，从西尼尔算起，西方主流经济学纠结自己的学科性质问题已有近两百年的历史。它执意要把西方主流经济学打扮为自然科学意义的科学，但绝对不是哲学，更不具有哲学性质，结果是屡战屡败。上述三个时间节点（1836 年、1941—1950 年和 1998 年）的三位代表性人物（西尼尔、熊彼特和曼昆）唐·吉诃德式的"战斗"及其结果足以证明这一点。

西方主流经济学中的才智之士（上述三位经济学家只不过是其中的代表）为什么会在西方主流经济学的学科性质问题上屡战屡败？根本原因是经济学的固有性质无法改变。从自由市场原教旨主义的重镇芝加哥学派反叛出逃的黛尔德拉·迈克洛斯基"大婶"从另一个极端性的角度定性西方主流经济学，说它"是文学"，"经济学家是诗人"，"经济学家是小说家"，"写作即表演"，[1] 这有点过分了。但是，说西方主流经济学不具有自然科学性质而是具有哲学性质，离开哲学它就不能成其为自身，肯定符合实际，因为这是经济学的固有性质。我们以西方主流经济学的逻辑前提——人性自私论——为例证说明这一点。

西方主流经济学可用另一名称代替：人性自私论的经济学。其中的理由很简单，没有人性自私论作为逻辑前提，它就失去了自己的内在灵魂。另一个事实同样简单且明显。虽然人性自私论的提法几经变迁，由人性自私论变为经济人，由经济人变为理性经济人，由理性经济人变为有限理性经济人，但它的直接源头是哲学，本质性内容也是哲学。人性自私论在哲学史中存在了两千多年，走向社会生活的前台，成为其他社会科学学科如经济学、法学和政治学构建学术大厦的出发点和根基，是近代及其以后

---

① 参见黛尔德拉·迈克洛斯基：《经济学的花言巧语》，经济科学出版社 2000 年版。

的事情。在直接影响社会生活的意义上说，人性自私论由 17、18 世纪英、法两国的哲学家提出、论证和确立。亚当·斯密与持这种观点的哲学家关系密切，把哲学意义的人性自私论作为构建经济学理论体系的逻辑前提是再自然不过的事情。

亚当·斯密如此行为的意图并不复杂。到 18 世纪下半叶，英国的市场经济体系已相对完整地建立起来，工业革命正蓄势待发。这样的特定社会历史情势决定了，已有的重商主义经济学由于仅在民族国家层面看问题而难以适应社会和经济发展的需要。在市场经济体系中，个人处于什么位置？发挥什么作用？应有的权利和义务是什么？个人与国家在经济生活领域中的关系是什么？用政治经济学的术语和思维方式回答这些十足的哲学性问题，理论结果是亚当·斯密的政治经济学理论体系。

后来，相对于亚当·斯密时代而言的社会历史情势发生了巨大变化。亚当·斯密的学术后人们，上已述及的西尼尔、熊彼特和曼昆只不过是例证，对经济学的看法也发生了重大甚至说是根本性的变化。变化的典型表现之一是挖空心思地清除经济学中的哲学根基，人为和强行实际是一厢情愿地向自然科学靠拢，执意要把经济学打扮为自然科学意义的科学，且要像物理学和生物学那样"硬"。

我们暂且离开西方主流经济学形式高调但外强中干的语境，用哲学的方法检视这一经济学的逻辑前提，其自认为自然科学意义的科学的结果就会显现出来，二者之间是风马牛不相及的关系。

第一，如果西方主流经济学是自然科学意义的科学，那么，它的哲学分析框架就一定是主观、客观及二者之间的关系。在这样的哲学分析框架中，主观意识反映客观事实，即经济学理论反映经济事实。这种哲学分析框架的硬性要求是，作为反映结果的经济学理论必须是经济事实内在的本质和规律。在这样的结果中，不能存在个人倾向性内容，否则，便不是科学。从操作性意义说，结果中的主观倾向性成分越少，科学化程度越高，用西方主流经济学的行话说是越"硬"，与此相反者则是越"软"，以至于不是科学。

第二，谁在进行反映？当然是经济学家，在我们的语境中是西方主流经济学中的科学经济学家。科学经济学家首先是人，其次才是作为特定社会职业身份的经济学家。凭常识就可断定，作为人的经济学家具有人所具有的一切本性，包括自私本性，因为作为逻辑前提的人性自性论是全称判断。罗宾逊夫人在论述这一点时说："不管怎样，所有的经济学家照样都是人，所以并不能使自己摆脱人的思维习惯。他们的思想体系充满了道德情感。"[①] 既是全称判断，那么，科学经济学家就不能超脱于这一全称判断的约束之外。

第三，把上述内容结合起来看，经济学是自然科学意义的科学的认知会把科学经济学家逼入绝境。其一，如果科学经济学家承认自己是人，那么，在反映经济事实时就不能避免自己的自私本性发挥作用。发挥作用的结果可想而知，这样的经济学理论不具有自然科学意义的科学性质，因为主观倾向性因素已经在劫难逃地渗入作为反映结果的经济学理论之中。其二，如果科学经济学家承认自己不是人，那么，反映经济事实的过程中就不会掺杂主观倾向性因素，作为反映结果的经济学理论确实具有自然科学意义的科学性质，这样的经济学就可以名正言顺地被称为像物理论和生物学那样的"硬"科学。其三，现在，西方主流经济学中的科学经济学家面临极其窘迫的两难选择：承认自己是人，就得承认不遗余力且高调倡扬的观点与事实和逻辑不相符合，因而必须改变自己的理论立场；承认自己不是人？任何神志正常的科学经济学家都不会承认这一点。到底何去何从？科学经济学家确实遇到了无法摆脱的困境。

历史和逻辑会说话。它们明确无误地告诉我们，西方主流经济学具有十足的哲学性质，所谓自然科学意义的科学的说法，只不过是各怀心态的策略性想法而已。

借《经济个人主义的哲学研究》一书再版之际说了如上这许多的话，无非是向读者表明，在一般性意义上，西方主流经济学具有哲学性质是无

---

① ［英］琼·罗宾逊：《经济哲学》，商务印书馆 2011 年版，第 67 页。

法改变的客观事实。这样的事实向我们昭示了同样是客观存在的如下事实。首先，在西方主流经济学科学性质的喧嚣声大势强的时候指出其内在的哲学本性，拨乱反正的意义不言自明。其次，西方主流经济学作为特定意识形态的载体要表现于外，要发挥作用于社会经济生活之中。这种作用的性质具有好坏参半因而浓烈的辩证性质。我国改革开放以来，辉煌经济成就与贫富悬殊、资源被耗竭和环境遭破坏的同时并存可为例证。这样的辩证性质启发我们，在哲学层面，用哲学的方法分析西方主流经济学中骨干性范畴的哲学意味，对我们认识当下的社会经济现实具有无可替代的理论意义。最后，确证西方主流经济学哲学性质的直接好处是，破除美国化中国主流经济学的"科学魔障"，使其意识形态的内在本质显现出来。改革开放后的中国经济学经历了由群雄逐鹿演变为一家独大的过程。此处的一家是美国化的西方主流经济学。现在，这一经济学所说教的对象是中国的学者、官员、学生和一般大众，使用的语言和语言包裹的内容则是地道的美国化西方主流经济学。请看如下例证。例证一。张五常说，"经济学的科学方法与物理学、化学、生物学等没有两样……要注意的，是在社会科学中，只有经济学的科学方法与自然科学完全一样"。例证二。陈志武说，"只要人的本性是无国界的，经济学就只有人类的经济学，像物理学、化学、数学不分种族和国家一样"。[①] 把上述所谓著名经济学家的话与曼昆在《经济学原理》中说过的话加以对照便可发现，思想内容没有任何变化，变化的只是说话的舌头，美国经济学家的舌头变成了中国经济学家的舌头。差别还是有的，美国经济学家不便于自吹自擂说出的话，中国经济学家替美国经济学家说。根据基本事实得出如下结论不能被认为是唐突之举。美国化的中国经济学家说得热闹但内容是拾人余唾，真实的意识形态本质则是被掩藏于后。把掩藏于后的东西挑明了，它是以资本为导向和判定标准的经济自由主义。这种经济自由主义的典型践行者是华尔街的"金

---

① 　王小卫、宋澄宇主编：《经济学方法——十一位经济学家的观点》，复旦大学出版社 2006 年版，第 182、147 页。

融天才"们，他们自己发了大财，却让美国经济甚至世界经济遭殃。2008年及以后的世界性经济危机便是这种经济自由主义的现实注脚。面对这样的经济危机，西方主流经济学中的科学经济学家和中国的学舌者还有什么话要说？

最后要向读者交代的是，本书初版于2004年，现由人民出版社再版。第二版在内容上没有大的改动，只是在技术层面做了两项工作。其一，把第一版中的《资本论》等经典著作的引文出处由1995年前的旧版改为1995年后的新版；其二，把第一版中不妥的字词和句子改正过来。

在此，我诚挚地向本书第二版的责任编辑钟金铃博士深表谢意，他认真的编辑态度和高超的编辑技巧令人感佩。

自序　哲学研究的边界及其突破

在人类自觉意识的初始阶段，哲学从神话中脱胎而出，成为后来一切具体学科（包括自然科学和人文社会科学）的母体。伴随具体学科如物理学、伦理学和历史学等的相继自立门户，哲学逐渐显露出纯化的性质，按照恩格斯的说法，纯化的结果是只留下"逻辑和辩证法"。这种概括与哲学的具体存在稍有出入，因为后者由五个部分组成：本体论、认识论、辩证法、历史观和价值观。

在苏联哲学教学体系的长期规束下形成的看法是，纯哲学一旦定型便成为哲学研究的基本边界，治哲学者，往往根据自己的志趣、学识和知识背景专攻一路，造成的局面是，偏重一个分支的哲学知识越来越精细专深，哲学思想家越来越少，哲学知识专门家越来越多。

哲学及其研究的这种局面既无益于哲学的发展，也不利于哲学功能的发挥，因为哲学发展的历史告诉我们，边界只是相对于特定时代和人类特定的认识水平而言，哲学之所以有不断发展的历史，就在于边界的一再被突破。以笔者之见，通过突破边界的形式构筑哲学历史和推动哲学发展的方式有三种。

第一种方式限于哲学的范围之内。作为人类认识和把握世界特定方式的哲学模式定型之后，基本的问题就那么多，这就是哲学研究者既可视之为不可逾越的鸿沟又可作为大有用武之地的边界。富有创造性的哲学家既不是在老哲学问题上添加新问题，也不是试图一劳永逸地解答所有老问题，而是根据时代需要和个人志趣，提出观察老问题的新角度，思考老问题的新方法，解析老问题的新途径。边界的突破在于"三新"的出现，哲

1

学的历史因此而形成，哲学的发展因此而实现。这是哲学发展的内部史。

第二种方式展现于哲学的范围之外。哲学的本性使然，它不会仅局限于自身以表示存在的价值，更常见者是它要超越于自身之外，向从自身分化出去的具体学科渗透，以渗透的形式发挥影响，以影响的效果表示自己不容忽视的存在，这种存在恰是哲学功能和作用发挥的本然状态。功能和作用的发挥造成了两个结果：一是用具体学科以直接形式反映出来的客观现实印证和检验哲学，使哲学明了自己立论的正确或错误，作用的巨大或微小。二是通过具体学科的中介与客观现实发生联系，在联系中提出理解哲学问题的新角度，发现思考哲学问题的新方法，找到解决哲学问题的新途径。由此看来，正是在哲学功能和作用的发挥过程中，哲学的历史得以延续，哲学发展变为现实。这是哲学发展的外部史。

第三种方式是研究具体学科中的哲学问题。相对学院化的思路而言，不是囿于纯哲学的圈子内讨生活，而是研究具体学科中的哲学问题，这种行为本身就是对既有哲学边界的突破。这种突破非同小可，从一个角度看，这是离哲学而去的不务正业；从另一个角度看，这是研究和延续哲学的固有途径之一，因为它在两个方面推动了哲学的发展。一是它使哲学的应用由自发变为自觉。不管具体学科自以为离哲学有多远，自己声言与哲学如何不搭界，实际情况是，哲学是它的母胎，它的独立性是相对的，在立论前提、思维方式、论证逻辑等方面，没有哲学的介入，具体学科就无能为力。通过研究具体学科中的哲学问题，上述诸方面就会由自发变为自觉，自觉的结果是对具体学科的建设和发展有百利而无一害，具体学科的存在和发展有了更坚实的哲学基础，哲学的存在和发展有了更广阔的天地。二是延伸和深化纯哲学问题。哲学与客观现实的关系以具体学科为中介，从这个角度看，具体学科离客观现实的距离更近。研究具体学科中的哲学问题，有助于哲学向客观现实靠近。这样，在由客观现实逐渐向纯哲学提升的同时，哲学也在向具体化的方向迈进。这一迈进过程正好延伸和深化了纯哲学问题。例如，西方哲学中的人性自私论来到西方主流经济学中变为经济人假设。这一假设在成为西方主流经济学逻辑前提的过程中，又成为市场经济体制和特定政治法律思想的逻辑前提。通过比较可以看出，同是人性自私论，在具体的学科中，其思想的深度和内容丰富程度是纯哲学无法比拟的。这种对纯哲学的发展当然不是发展纯哲学的唯一形式，但不可否认的是，它是发展纯哲学的有效形式之一。这是哲学内外互动的历史。

由以上的论述可以看出，哲学的发展并非像人们惯常认为的那样只有纯哲学研究一种形式，而是至少有三种形式。实际情况是，哲学的外在表现形式是逻辑，内在神蕴是激情，而激情的奔放，有待于外在社会生活和其他学科与哲学之间的相互启发激荡。这一切，都通过既有哲学研究边界的突破来实现。

毋庸讳言，《经济个人主义的哲学研究》属于顾涉哲学的第三种方式。出于对学科纯正性的不同理解，或许哲学和经济学都会对这种顾涉方式心存疑虑，哲学认为其经济学的水分太多，经济学感到学科科学性的尊严受到冒犯。实际情况远非如此。科学哲学（以前叫自然辩证法）的存在和发展对哲学和科学都有百利而无一害的事实，以间接形式证明这种疑虑纯属多余，布劳格的《经济学方法论》和弗里德曼的《实证经济学方法论》则直接证明，哲学的用武之地实在宽阔，经济学中哲学方法论问题的存在并不以个人的主观好恶为转移。经济学家可以不直接探讨经济学中的哲学问题，但他不能无视经济学中哲学问题的存在，正视其存在，便是顾涉哲学的第三种方式。

在我国，经济哲学研究刚刚起步，人们对这一学科的认识还处于初级阶段，两种根本性研究方法的同时并存充分说明了这一点。一种常见的方法是用马克思主义哲学原理去裁剪（美其名曰"指导"）经济现象，意在找出经济现象背后的本质和规律。运用这种方法省劲节神，但由于混淆了经济学与经济哲学的研究对象，所以，经济学视其为不受欢迎的"入侵者"，规律也不可能找到，因为这是只有经济学才能完成的任务。最终，哲学的严谨声誉受到伤害，经济哲学的学科不能真正建立起来。

《经济个人主义的哲学研究》一书采用的另一种根本性方法与此相反。

它没有必要与经济学争饭吃、抢地盘。从抽象程度上说，它高出于经济学一个层次，因为它不研究具体的经济现象，而是研究经济意识；它不泛泛而论地研究经济意识，而是研究经济意识中的哲学问题。由此看来，第二种根本性方法规定了两个层面的经济哲学研究对象，一个是面对性的，一个是目的性的，这二者不可分离，又不能混淆。如此规定经济哲学的研究对象，经济学无话可说，因为它的研究对象或说边界没有受到冒犯。到头来，经济学应该感谢经济哲学，因为经济学中存在但碍于理论研究和表达空间的硬性要求而无法展开的哲学问题，经济哲学帮它研究和展开。

作者不敢自诩《经济个人主义的哲学研究》成功、最终地解决了相关哲学问题，但研究和写作过程使我相信，这毕竟是一次突破哲学研究边界的尝试，尝试的结果是为有志于此或对此感兴趣的读者提出一个哲学话题，开启一个哲学研究的新领域。只要我们对哲学有一种虔诚，对经济学有一种尊重，突破哲学研究边界的行动就一定能成功。

第一章　经济价值观概说

经济价值观研究是个新课题。它的具体化将展开为一系列子课题，西方主流经济学中的经济价值观研究就是其中之一。

西方主流经济学中的经济价值观是整体意义上经济价值观的有机组成部分，它带有经济价值观的一般特征。从这个意义上说，对经济价值观的概念性研究，是研究和理解西方主流经济学中经济价值观问题的理论前提和基础。

选择西方主流经济学中的经济价值观问题作为研究对象，既富有挑战性，又具有理论和实践意义。挑战性表现于它的跨学科和交叉性对研究者勇气与耐心的严格要求上。确实，到目前为止，我们还没有从苏联课程体系设置中摆脱出来，学哲学者，经济学对他来说好似一堵墙，即便粗知一点经济学知识，也无法在研究经济价值观问题时发挥多大作用；反观学经济学者，由于哲学训练上的先天不足，实际情况也好不了多少。理论和实践意义表现在我们的市场经济建设，在保持中国特色社会主义的前提下，每前进一步都需要吸取西方市场经济发展的经验和教训。西方主流经济学，是西方市场经济历史发展的概括和总结，西方主流经济学中的经济价值观，是西方主流经济学中起主导作用的灵魂。由此看来，研究西方主流经济学中的经济价值观问题，其理论和实践意义是不言自明的。

本书集中研究的经济个人主义思想，是西方主流经济学中经济价值观的核心和灵魂。从某种意义上说，阐明了经济个人主义，西方主流经济学中的经济价值观便会呈现在我们面前，因为西方主流经济学中经济价值观的其他内容，都是围绕这一核心而展开，并且以自己独特的功能为这一核心服务。

第一节 经济价值观的概念界说及有关问题

在当前的社会生活中，经济是出现频率最高的词之一。在不同的语境中，人们赋予它不同的含义，指称的对象也有差别：以获利为目的的经济行为；国家有关部门制定的经济政策；人们所具有的经济意识（其中包括经济心理、经济习俗和经济理论体系）；效率；节约……

价值观是严格意义上的哲学概念。概括地说，它是指人们有关好与坏、善与恶、有益与无益、有效用与无效用、正效用与负效用、利与害等的看法和态度。

哲学层面上的价值观范畴概括的范围非常广泛，但是，这一范畴可以而且应当具体化，我们将要论述的经济价值观范畴，就是一种具体化的尝试。

经济与价值观这两个概念结合在一起构成了新概念：经济价值观。这一概念简单直观地告诉我们，"价值观"说明经济价值观范畴的哲学抽象层次及其哲学意味；"经济"则是保证经济价值观与广义经济现象的必然联系及它所指称的特定范围。

什么是经济价值观呢？如果把经济一词所具有的几种含义加以归纳便知，它们可以被归结为两类现象：一类是经济行为及其结果（效率和节约）；另一类是经济意识。经济政策应被包括在经济意识的范围之内，因为虽然它与经济行为直接联系在一起并必然地导致特定的经济行为，但这只能说明它的现实性更强一些，归根到底它还是经济意识。这样，经济价值观可用如下的定义表述：经济行为和经济意识中内含的、与经济行为和经济意识有必然联系的价值判断。

这样定义经济价值观以如下认识为前提：经济行为和经济意识都内在地包括两种成分，即事实性成分和价值性成分，由此便可对任何经济行为和经济意识作出两种判断——事实判断和价值判断。

这里的经济价值观定义及其认识论前提涉及一系列需要说明的问题。

第一，经济价值观与一般价值观的关系。二者之间的一致之处明显可见，因为二者都属于事实判断之后起支配作用的价值判断。从本论题的实际需要出发，关键问题是理解和把握二者之间的区别：在逻辑上，二者之间是从属关系而不是并列关系；在存在和发挥作用的形态上，二者之间是抽象存在和具体存在之间的关系；相对于人的存在和发展的功用而言，二者之间是手段和目的的关系；从动态的角度看，二者之间是相互转化的关系，经济价值观的升华，转化为以个体存在为特征的人生价值观，一般性的人生价值观，具体化的形式之一就是经济价值观；从构成论的角度看，二者之间是部分和整体的关系。

第二，经济价值观和经济行为与经济意识中的价值观之间并不是完全重合或完全等同的关系。经济价值观，是指经济行为和经济意识中内生出来的、与经济行为或经济意识有必然联系的价值观。在这里，对价值观学科性质归属起关键作用的是经济。经济行为和经济意识中的价值观，包括了两类内容：一类是严格意义上的经济价值观；另一类是非经济价值观。我们应该注意到，在经济行为和经济意识中存在的这两类价值观，各自发挥的作用和所处的地位不一样，其中经济价值观处于核心地位，发挥关键的作用。这说明，在经济行为和经济意识中的价值观里，有着非经济价值观的侵入，这种非经济价值观往往以经济学理论作为自己的依托和掩饰。例如，在我们的论题所涉及的范围内，凯恩斯赤裸裸的资产阶级意识形态说教和对无产阶级及其他劳动人民的刻骨仇恨[1]可作例证，哈耶克在《通向奴役的道路》和《个人主义与经济秩序》两书中把社会主义与法西斯主义归诸于同一类别[2]也可作为例证，在西方主流经济学的历史上占有显要地位的马歇尔的《经济学原理》一书中散发着种族主义毒素[3]更可以作为例证。本书第八章将对此做进一步展开，阐明我的观点。

---

[1]　参见［英］凯恩斯：《劝说集》，商务印书馆1962年版，第245、234、228页。

[2]　参见［奥］哈耶克：《通向奴役的道路》，商务印书馆1962年版，第9、31—34页。

[3]　参见［英］马歇尔：《经济学原理》（下），商务印书馆1981年版，第372、203页。

　　第三，经济价值观在特定的情况下其性质会发生变化，由经济价值观变为更一般性的价值观，我们把这种现象称为价值观升华。具体说，经济价值观有三个层面：在经济价值观总体中占主导地位的、常规性的一部分，如效率价值观、公平价值观等，这一部分构成了经济价值观的中间层次。动物本能性或违背正当经济规则约束、钻经济规则空子的经济价值观，如以获取经济利益为目的的欺诈理论、垄断、掠夺合理论等的经济价值观，这些内容构成了经济价值观的最低层次。把关于经济行为的价值判断加以人生价值观化，这部分内容可称为价值观升华，这是最高层次的经济价值观。英国经济学家马歇尔在 1907 年发表过一篇未曾引起人们注意的文章《经济骑士道的社会可能性》。在这篇文章中，马歇尔提出了一个论点：企业家不仅是国家经济的指挥者和领导者，而且还应当是整个社会生活的指挥者和领导者。马歇尔把企业家经济职能的价值观转化为企业家社会生活职能的价值观，这显然是让有关企业家的经济价值观升华为有关企业家的社会生活价值观。又如，著名经济学家熊彼特在 20 世纪初出版的《经济发展理论》一书中，把企业家的经济价值观升华为企业家的经济事业观，在这里，企业家的经济职能已不仅仅是实现不同生产要素的组合，而且还是从新的组合中实现自己的人生价值、满足自己高级需要的事业。[①] 由这两个例子可以看出，经济价值观在发生性质变化以后，其内涵、影响性质和范围都发生了变化，这种变化的向度是向前的和向上的，它与西方主流经济学中经济价值观的动物性本能层面[②]形成了明显对照。

　　第四，在经济价值观的认识论前提中，指出了经济价值观中存在两种基本成分：事实和价值，据此，我们可以相应地作出两种判断：事实判断和价值判断。这里产生了一个令我们不能忽视的问题：西方不少经济学家，如西尼尔、熊彼特、弗里德曼等人都认为，西方经济学中只能有事实

---

① 参见 [美] 约瑟夫·熊彼特：《经济发展理论》，商务印书馆 1991 年版，第 103—105 页。

② 参见 [美] 凡勃伦：《有闲阶级论》，商务印书馆 1983 年版，第 9、17 页，尤见该书的第 9 章。

判断，不能有价值判断，这种观点以被不少人误解的马克斯·韦伯的"价值中立"论或"价值无涉"论（value neutrality or value free）最为典型和著名。①

持"价值中立"观点的人并不否认和反对经济行为与经济意识中存在价值观，他们反对的是在经济学研究及其公布的结果中作出价值判断，因为在他们看来，经济学是科学。② 把经济学等同于科学，显然有牵强和难以服人之处，所以，不少经济学家又把经济学区分为实证（科学）经济学和规范经济学，科学经济学被认为是价值判断的禁地，规范经济学中价值判断才有存在的权利。

这里的要害问题是，相对于经济行为和经济意识而言，经济价值观是内生的还是外援的？大部分持"价值中立"立场的人不得不承认，经济价值观具有内生性，这是经济价值观产生和存在的基本事实。这一基本前提一旦确立，结论便不难作出："价值中立"论只不过是论点持有者出于特定意识形态目的的良好愿望，就客观存在的事实而言，经济行为和经济意识中的价值判断是不可排除，也是不可避免的。

有关经济价值观的定义向我们传递了两个方面的信息，一是经济价值观仍然是哲学意义上的价值观，因为它的思维方式和构成方法还是哲学的。二是与一般意义上的哲学价值观相比较，经济价值观具有自己的独特之处，这就是它的研究对象和相应内容受到了具体限定。这里的限定不是人为的，而是"经济"一词指称的范围使然。

从学科划分的角度看，经济价值观的研究对象与政治价值观、法律价值观等并列，但局限于经济价值观范围内。划分方法不一样，研究对象就会表现出丰富多彩的情况。从时间角度划分，经济价值观的研究对象有两

---

① 马克斯·韦伯承认经济学中存在价值立场，他只是坚持，有大学讲坛授课特权的教授在课堂授课时保持价值中立，大众媒体才是个人平等发表自己看法的合适地方。参见马克斯·韦伯：《社会科学和经济科学"价值无涉"的意义》，载《社会科学方法论》，中央编译出版社 1999 年版。

② 参见［美］弗里德曼：《弗里德曼文萃》，北京经济学院出版社 1991 年版，第 1—2 页。

个：历史上的经济行为与经济意识中的经济价值观和当下的经济行为与经济意识中的经济价值观。从地域兼社会历史发展程度和特点角度划分，经济价值观的研究对象有西方经济行为与经济意识中的经济价值观和东方经济行为与经济意识中的经济价值观。就我们论题的研究范围而言，经济价值观的研究对象应包括两个方面的内容：第一是经济价值观的面对性对象，其中包括经济行为中的经济价值观、经济政策中的经济价值观、经济学理论体系中的经济价值观、经济习俗中的经济价值观和经济心理中的经济价值观。第二是经济价值观的目的性研究对象。这意思是说，研究经济价值观并非是无的放矢的随意行为，它要达到一定的目的，这里的直接目的就是找出经济价值观存在、变化和发展的本质与规律。

把经济价值观的研究对象区分为两种，能够显示出经济价值观存在的两个层次：表面上，各种各样的经济价值观纷然杂陈，它们与经济现象有着复杂多变的关系，给人以难以把握和无法梳理之感，在深层次中，它的内在本质才显露出来。例如，在以亚当·斯密为奠基人的西方主流经济学二百多年的历史中，其经济价值观的外在表现是，它们像走马灯一样你来我往，变化多端，有时，还给人以根本性质发生变化的印象，这以凯恩斯的所谓"经济学革命"最为著名。但是，就其本质而言，它的经济价值观的核心始终没有变，这就是哈耶克穷尽毕生精力详尽阐述和极力捍卫的经济个人主义。在这一点上，就是凯恩斯也不例外。

经济价值观的定义确立以后，接踵而至的问题是：它与经济学中的价值论是什么关系？不可否认，经济价值观和经济学中的价值论二者之间有密不可分的关系。它们局限于广义的经济现象范围之内，都力图说清经济现象背后的人与人之间的关系及其本质。但是，我们一定要注意到，它们二者之间更有本质性的区别。

区别之一：经济学中的价值论面对的是经济行为主体之间客观的经济关系，它要说清事实，找到市场中千变万化的价格背后的客观基础，在这里发挥根本性作用的是事实确定和事实根据。经济价值观也以事实为基础和根据，但它要追寻的是经济行为和经济意识背后起主导作用的观念性的东西。

区别之二：经济学中的价值论，讲的是经济行为主体之间交换和利益的关系及其性质，这里的中介是实物、劳务或知识。经济价值观讲的是经济行为主体和非经济行为主体对经济行为和经济意识的带有价值倾向性的看法，这里的中介是关系及其性质。

区别之三：经济学中的价值论，涉及范围只不过是客观性的买卖双方交换和利益的关系，经济价值观涉及的则是两大类现象——客观性的经济行为和主观性的经济意识。

区别之四：经济学中的价值论以科学（即符合事实）相标榜，经济价值观则以界定、说清和倡行特定的价值判断为己任。

区别之五：就本课题的研究范围而言，经济学中的价值论是各种经济理论体系的基础，而经济价值观则以个人主义作为自己的思想核心。

第二节　经济价值观的评价及其标准

经济价值观的存在是既定事实，在这个事实中，必然地包含着经济价值观的评价及其标准问题。然而，表面看似简单的陈述，实际上暗含着相当复杂的内容。

评价是人类任何活动的基本构成要素之一。一般说来，评价活动中有三个基点我们必须把握：它是一种观念性活动；它是一种是与非（事实）、利与害、有用与无用（价值）的判断；它是人类特有的活动形式。

在我们说明了何谓评价的同时，还应当注意到经济价值观评价活动所处的层次及其自身的特点。就层次而言，我们可以列出如下几个：（1）评价；（2）价值观评价；（3）经济价值观评价。由这几个层次可以看出，经济价值观评价有与价值观评价的一致之处，即评价对象都是主观性的东西。当然，我们也不能忽略二者的不同之处，这就是在评价对象的范围上，二者之间有不小的差别。仅凭这一点，经济价值观评价就足以与一般性价值评价区别开来。但是，与其他价值观评价相比，它也有特点。首先，与审美价值观评价相比，经济价值观评价显然与利害性密切相关，它不能逃避利与害，尤其是经济上利与害的制约，但这里的制约是间接的，不像价值评价那样直接与利害相关。其次，与科学的价值观评价相比，它与事实的距离相对而言要远一些，但这不能被理解为经济价值观的评价与事实无关，不需要事实的证明和支持。

在本论题的客观需要范围内，我们把经济价值观的评价理解为对经济价值观的评价，具体地说，是对经济行为、经济政策、经济理论、经济习俗和经济心理等背后隐含的经济价值观的评价。

对经济价值观的评价会涉及三个方面的问题：谁来评价？为什么评价？用什么评价？

谁来评价？这是评价主体问题。用不同的标准划分评价主体，可以得出不同的结论。从社会学的角度出发，我们可以把经济价值观的评价主体划分为四类：作为个体的评价主体、作为特定利益集团（尤其是特定经济行为集团）的评价主体、作为民族和国家的评价主体和作为人类的评价主体（如对关涉到全人类利益的经济价值观的评价）。

不管哪一种评价主体，在进行评价活动时都抱有特定的目的。目的不同，不仅会影响评价活动的形式和特点，更会直接影响评价活动的具体结论。由此看，对评价目的作出分析性的归类是必要的。根据评价活动的性质，我们可以把评价目的划分为三类：学术研究目的、政治和经济政策制定目的、实际利害目的。从学术研究的意义上说，这三种目的能够被区分出来，但在实际存在状态中，它们又密切相关，相互作用和影响。学术研究目的的背后，可能潜藏或直接表露出影响政治和经济政策的目的，而这种目的又与评价者直接或间接的利害相关。从另一角度看问题，情况也是这样，出于实际利害的目的，其评价活动同样要以学术研究成果为依据，而利与害的变化为现实，必须通过经济和政治政策的制定或改变才能奏效。

经济价值观的评价活动，最终的依据是经济事实，但在评价过程中表现出来的则是主观意识对主观意识。从评价活动及其结果对社会和他人的影响角度看，评价活动不应是主观意识与主观意识的直接对话，而应当是有所依据和凭借的对话，这里的依据和凭借，就是经济价值观的评价标准。

在经济价值观的评价活动中，标准不一样，评价的结论就会截然不同。例如，对西方主流经济学中个人主义经济价值观进行评价，用集体主义为标准，其弊害将暴露无遗；如用个人至上论和个人本位论作为标准，这种经济价值观就会成为唯一正确和唯一有用的经济活动中的制动因素。

在理解经济价值观的评价标准问题时，我们还应当注意到，社会生活丰富多彩，经济价值观的影响范围非常广泛，因此，评价经济价值观不应当局限于一个角度，一个标准，而应当从不同的角度出发，利用不同的标准，根据特定的需要，作出我们自己的选择或取舍。

从学术研究的角度出发，可以把经济价值观的评价标准划分为如下三类：

1. 价值标准。在我们评价某一种经济价值观时，不管是自觉还是自发，也不管是隐蔽还是直接，价值都会作为一个根本性因素发挥作用。人们之所以要评价某一种经济理论，其侧重点可能在它的学术价值，也可能在它的政治或经济价值，还可能在它的社会影响价值；但价值的存在和发挥作用是评价活动中无法否认的客观事实，而这正是价值观评价得以成立的前提。

具体地说，价值作为一种标准，对经济价值观的评价活动发挥以下几个方面的作用。首先，它帮助评价者确定某一种经济价值观是否有评价的必要。其次，它可以使评价者明了某一种经济价值观的存在和发挥作用具有什么样的价值，是学术价值还是政治、经济价值，是社会导向价值还是个人约束价值；它还可以帮助评价者搞清某一种经济价值观具有什么性质的价值，是有益的价值，还是只有害处没有益处。最后，它可以帮助评价者在评价活动中创造或确立新的价值。在评价活动中，评价者可以获得两种评价性后果。其一，评价者在评价活动中以事实为根据，以特定的价值取舍为标准，这使得评价者不能不对自己的评价对象作出是与非、好与坏、有用与无用和用处大小的判断。这一判断是选择的结果，在选择过程中，符合评价者确立的价值标准的经济价值观得到了论证和推崇，这实际是一个确立特定经济价值观的过程，而这一过程同时也就意味着宣布其他经济价值观不正确，不符合事实，或是无用甚至有害。其二，在评价活动中，评价者并不是仅仅停留于表层的某一经济价值观的是与非或有利与有害上，而是还要继续前进，在思维方式与理论模式和机制的层次上吸取经验教训，这里的经验教训本身就是一种价值，只不过是隐含其后的深层次的价值罢了。在这个层次上，作为评价对象的特定经济价值观的思维方式和理论运转机制会对评价者有所触动和启发，使评价者的视界与被评价者的视界发生融合，在这个基础上，产生理论水平上有所提高、现实价值上更有用或更有效的经济价值观。

2. 经济标准。在经济价值观评价的所有标准中，经济标准是最重要，也是最基础性的标准。因为，经济价值观的产生基础和发挥作用，主要是在经济生活领域。

经济活动是人类各种活动的基础，其内容非常丰富。这样，作为评价标准的经济，虽然概念是一样的，但在不同的评价活动中，它的指称和意义则大不相同。自从亚当·斯密以来，作为评价标准的经济，主要有三种指称和意义。第一种是大盛于亚当·斯密，在西方主流经济学的经济价值观中一直占主导地位的效率。第二种是公平，这一含义与效率含义的关系非常复杂，马克思主义经济学的公平与西方主流经济学的效率是尖锐对立的，但在西方主流经济学的范围内，公平与效率两种含义又是一种相容的关系。第三种是德国经济学家李斯特为早期代表[①]、极致于马克思，而在邓小平的理论体系中占有核心地位的生产力。

（1）效率标准。它指称的是投入与产出之间的最佳关系和资源的最优

---

① 参见［德］弗里德里希·李斯特：《政治经济学的国民体系》，商务印书馆 1983 年版，第 118、140—144 页。

配置，其意义是在经济价值观整体中突出和强调效率，使效率成为经济活动的最终和最重要的判定标准。它所要解决的问题有三个：一是在理论、政策和经济行为三个层面上抗衡公平标准；二是为市场经济活动中利润最大化和效用最大化的追求目标建立起经济价值观的理论基础和依据；三是以个人利润最大化和效用最大化为手段，增强特定国家的整体实力和竞争能力，以期在民族国家之间的竞争中占据有力、有利的地位。

（2）公平标准。它指称的是国民财富的分配公平，这种公平表现于两个层面，一是经济行为中的分配公平；二是福利政策中国民财富第二次分配的公平。它的意义是说，由于国民财富的分配不公平会导致一系列不利于社会稳定和资源有效利用的严重后果，甚至，会使经济的运转过程严重失衡，所以，在不影响效率的前提下，把公平作为经济价值观的评价标准之一是必要的。公平标准所要解决的问题是：让国民财富的效用最大化，让社会稳定，让国家经济整体的运转过程平稳、正常，从劳动力再生产角度着眼，使劳动力素质的不断提高过程建立在有理论根据的基础上，为国家的经济活动提供真正适应需要的劳动力。①

（3）生产力标准。在德国经济学家李斯特那里，提出这一标准的目的有两个：一是批判早已处于竞争优势地位的英、法两国的自由放任主义和单纯的经济效率标准；二是从本国的实际情况和客观需要出发，为处于落后地位的德国找到赶超英、法两国的经济发展道路。李斯特认为，一国是否遵行自由放任政策，完全以这个国家的生产力水平和整个国家的经济发展程度为判定标准。自由放任政策对早已发展起来的英、法两国有利，但对竞争能力很弱的德国有害。对德国来说，只有自己的经济发展到能与英、法等先进国家的经济自由竞争时，自由放任政策才是有利的。德国最需要的是生产力而不是自由放任主义。②

---

① 参见［英］马歇尔：《经济学原理》下卷，商务印书馆 1981 年版，第 335—336 页，还见第 342—343 页等处。

② 参见［德］弗里德里希·李斯特：《政治经济学的国民体系》，商务印书馆 1983 年版，第 4—5 页。

相对于一个社会的正常、稳定和发展而言，上述效率、公平和生产力三种评价标准都是必要的。仅有公平标准，经济运行就可能效率低下，社会主义计划经济体制实践的失败已经证明了这一点。仅有效率标准，尤其是片面理解的效率标准，早期资本主义社会在效率崇拜气氛中衍生出来的一系列社会罪恶，马克思在《资本论》中、恩格斯在《英国工人阶级状况》中已有深刻的揭露和批判，实际情况是，这一点连有良知的资产阶级学者也是承认的。仅有生产力标准，经济价值观就不能具体化，它对经济行为的指导和影响，只能停留于表面。况且，对生产力标准单向度的理解和具体化，会有滑向效率至上和效率崇拜的可能。由此看，经济评价标准应当是把效率、公平和生产力这三者有机地结合在一起；只有这样，才能避免上述三种片面性理解导致的实践上的片面性，与此同时，还可以发挥这三者内含的各自的长处和优势。

3. 社会评价标准。在我们的论题需要范围内，社会评价标准主要指称如下二者：社会整体均衡发展和个人与社会的良性互动。就第一点而言，均衡概念是关键，它既包括经济生活与其他社会生活领域之间的均衡，也包括除经济生活之外其他社会生活领域之间的均衡。表面看，其他社会生活领域之间的均衡似乎对经济生活领域的影响不大，真实的情况与此相反，经济生活的母胎和背景是其他社会生活领域，母胎和背景出了问题，经济生活不可能正常和健康。就第二点而言，在承认个人构成社会和社会包容、型塑个人的前提下，经济价值观影响下的社会生活整体，应当是个人对社会的存在和发展有所贡献，这种贡献应当得到承认而不是被埋没，起码是不能成为有罪的证据并因此受到不公正的对待；而社会，则应当是为个人的存在和发展提供相应的前提条件和政治法律保障，起码是不划分等级和设置重重关卡。

经济价值观的社会评价标准的意义在于，特定经济价值观的影响和作用，不仅在经济生活领域得到发挥和显现，而且在更广阔的范围内得到发挥和显现。例如，英国早期的资本主义市场经济实践，尤其是物竞天择、适者生存的经济价值观（马尔萨斯在其人口理论中先于斯宾塞和达尔文论述和倡导这一理论），在经济生活范围内难以发现其致命缺陷，因为市场经济实践和经济价值观的有机统一与相互配合，形成了自我满足和自圆其说的格局。先是恩格斯在《英国工人阶级状况》一书中，后是马克思在《资本论》一书中，对这种经济价值观进行了以社会评价标准为基础的揭露和批判，在这一揭露和批判过程中，它的社会代价和人的代价都显露出来了。这就告诉人们一个道理：粗俗的、带有动物本能性质的经济价值观，对社会和人都是有害无益的。

　　由上述的意义可以看出，这一标准存在价值的突出表现是它能解决经济价值观所不能解决的问题。某种经济价值观以影响经济生活的形式对社会生活产生影响，这种影响的性质和程度，在社会评价标准面前便会显露出来。正是由于这种显露，使得人们对特定经济价值观进行倡导或改变有了理论根据。

第三节　经济价值观的作用

　　经济价值观的作用问题非常复杂，因为这不仅涉及这一作用是什么、这一作用的特点是什么和这一作用的性质是什么等一系列问题，而且在这里又与"价值中立"论问题关联在一起。主张"价值中立"论的那些学者们，正是基于价值观的巨大作用才提出和坚持"价值中立"论的。实际上，"价值中立"论的提出及其在不同时代引发的一次又一次激烈论辩，恰好证明了经济价值观的客观存在；与此同时，也实在地告诉我们，经济价值观的作用巨大且广泛。例如，熊彼特在《经济分析史》这部巨著中，试图以拒斥经济价值观的"科学性"作为评价和取舍经济学理论学术价值高低的标准，但细加体悟便知，他在标榜"价值中立"的同时，经济价值观的味道更足；真正出现的结果是，他拒斥了其他经济价值观，更好地坚持了自己的经济价值观，这在对马克思主义经济学及其传统的分析和评价中，可以明显地看出来。又如，西尼尔在《政治经济学大纲》一书中，一方面是系统论述"价值中立"的观点（他是西方主流经济学历史上第一个自觉提出和较为系统地论述"价值中立"观点的人）；① 另一方面，又提出辩护味十足的"节欲论"，因此，他曾遭到马克思的揭露和怒斥。②

经济价值观对经济学的作用。呈现于我们面前的各种经济学理论，都有自己一套独特的概念演绎系统。但是这些表现于外的理论推理和证明过程及其结论，并非是它的本质和核心所在，因为真正在其中起主导作用的灵魂，恰恰是经济价值观。不同的经济价值观，导致了经济理论的各不相同，它们之间相互批判和攻击。从这个角度说，经济价值观对经济理论的建立、被人接受和传播开来，尤其是对经济理论变为经济政策，始终发挥着巨大作用。亚当·斯密以经济个人主义为灵魂的自由主义经济学体系，诞生和产生影响于英国工业革命刚刚开始起步的时候，中经李嘉图、杰文斯，一直到 20 世纪 30 年代凯恩斯宏观经济学出现，其理论形态才有了外观上的变化，可是，其中的经济价值观大前提还是经济个人主义。当然，其间的差别是有的，但那不是从根本上否定自由主义经济学，而是矫正自由主义经济学极端化的弊端，这就是加以适度的政府宏观调控。③ 德国经济学家李斯特，由于文化传统和当时德国人处于国际竞争的劣势地位而提出了以国家为本位的经济价值观。在这种经济价值观的支配下，形成了突出发展生产力和实行有前提条件的贸易保护为特征的经济学理论。李斯特的例子又一次告诉我们，经济价值观相对于经济学理论体系而言不是可有可无，而是始终发挥不可替代的作用。

经济价值观对经济生活的作用。经济价值观对经济生活的作用往往被人们忽视，因为人们仅仅注意到了经济学理论和经济政策对经济生活的作用。实际情况是，经济价值观对经济生活发挥作用有两条途径。一是通过影响经济学理论的形式，经济学理论通过影响经济政策以及与经济政策相

① 参见［英］西尼尔：《政治经济学大纲》，商务印书馆 1977 年版，第 12—13 页。
② 参见《马克思恩格斯文集》第 5 卷，人民出版社 2009 年版，第 264、688 页。
③ 参见［英］凯恩斯：《劝说集》，商务印书馆 1962 年版，第 248—249 页，还见第 246—247、240—241 页等处。

配套的政治、法律规定达到对经济生活发挥作用的目的。二是经济价值观直接作用于人们的经济价值取向，进而影响人们的经济行为，由这些带有特定经济价值观烙印的经济行为，构成特定时代、特定国家的经济生活。

经济价值观对社会发展的作用。经济包容于社会之中，社会的存在前提和发展基础是经济。从经济和社会的关系中，我们能够体会出经济价值观对社会发展的作用。首先，经济价值观以影响和作用于经济发展的形式对社会发展间接地起促进或阻碍作用。其次，经济价值观直接地影响和作用于人们的非经济性的社会行为，使这里的社会行为有助于或有碍于社会的发展。例如，经济价值观中的竞争意识、效率意识和合理计算的意识，对社会生活的影响是广泛的，对社会发展的促进作用也是明显的，而在非市场经济基础上产生的经济价值观，如"平均主义"、"为富不仁"等，对社会发展显然十分有害。

经济价值观的作用，已如上述。这里需要我们继续思考的问题是：经济价值观的作用有什么特点？

第一，与一般意义上的价值观相比，经济价值观通过影响经济理论而影响经济政策和经济行为，这样，经济价值观、经济学理论、经济政策和经济行为四者合一，自圆其说，自我满足，不假外借。由此看来，经济价值观虽然在本质上是哲学的，但它毕竟是广义经济意识中的有机组成部分，所以，经济价值观比起一般价值观来，能更好地适应经济理论的需要，能更快和容易地对经济意识的其他成分发挥作用。这也告诉我们，经济价值观在自己的作用发挥过程中，在表现出自己的哲学性质的同时，也表现出了自己的经济学性质。

第二，与一般意义上的价值观相比，经济价值观虽然有时也发生"外溢"现象，影响和作用于其他社会生活领域，但它主要和基本的作用范围是经济生活领域。从这个角度看问题，经济价值观的作用范围是有限的，作用对象是具体的。

第三，与一般意义上的价值观相比，经济价值观与人的生存和发展直接联系在一起，不需要具体化，也没有中间层次和环节，这是一般意义上的价值观所无法比拟的。

第四，与自然价值观中更多地注重人与自然关系中自然的方面不同，经济价值观更多地注重个人利益、个人的物质生活和人与人之间的经济关系。这说明，自然价值观以自然为注目的焦点，经济价值观则以人的生存和发展为研究的核心。

第五，与宗教价值观相比，经济价值观只能在以实物、劳务和知识为中介的人与人之间的交换中才能实现，而宗教价值观只有在与非人性的对象交流、感悟中才能实现。这里的中介是存在的，如圣物、圣人，但这并不是宗教价值观实现的绝对必要的条件。

第六，与审美价值观相比，经济价值观具有实实在在的物质内容，而审美价值观，实现的根本途径是超越于物质内容之上，在拟人化的体验中摄取相应的审美质料，这种质料的瞬间整合，形成完整的审美意向，使审美主体达到审美价值的最大化。

第七，与政治和法律价值观更多地注重人与人之间关系中的公正和自由相比，经济价值观更多地注重个人的经济自由和经济公正。在这一点上，二者之间的联系和相似之处肯定是存在的，但这并不是否认二者之间存在具体差别的理由。

第四节　经济价值观的研究方法

经济价值观处于哲学和经济学之间，是二者相互融合形成的交叉性领域。它带有哲学的性质和特点，但又不能与哲学完全重合，因为经济行为和经济意识的内容使它与经济学紧密地交织在一起，从这个意义上说，它是哲学的具体化。它带有经济学的特点，虽然它的研究对象正好是比经济学范围更广的广义的经济意识，但经济学自身必不可少而经济学本身又无法解决的问题，恰好是经济价值观研究的用武之地。

经济价值观存在的这种交叉性质和学理特点，决定了这一学科研究的方法有其独特之处。具体地说，它不能像纯哲学那样仅以思维性的演绎推理为根本性方法，也不能像经济学那样仅以实证性的事实归纳作为自己的方法论蓝本。经济价值观研究方法的独特性告诉我们，应当吸取哲学方法和经济学方法各自的优点，形成自己的方法论体系。

1. 哲学方法。使用哲学方法的目的在于保证经济价值观的研究及其结论立于适度的抽象层次上，同时，使它的哲学性质不发生变化。

2. 社会学方法。由于经济价值观的哲学性质，它需要用社会学的方法把自己的产生和存在背景、主干范畴和核心观点的真实含义进行社会学还原。只有在社会生活实际中，经济价值观的真实的社会含义和社会功用才能充分地显示出来。

3. 历史学方法。这里的历史具有特定的含义。它不是历史研究中的当下以前或当下以前特定时刻的社会事件，而是经济价值观思想的前后承续及其内在发展逻辑的含义。只有用这种方法才能使我们看到，在经济行为和经济意识流变的历史背后，还有一种潜流发挥灵魂性、主导性作用，这就是经济价值观的历史演变。

4. 知识学方法。经济价值观的产生和变化，除了受特定社会环境的情势和需要，经济价值观持有者的个人立场、主观好恶和素质水平所左右以外，还受到特定社会历史时代相关知识的深刻影响，这就是经济价值观产生和演化的知识背景。从特定意义上说，不研究知识背景，特定的经济价值观就不能被真正地理解和把握，起码是不能被全面准确地理解和把握。因为，知识学谱系，是任何观点、核心概念等的"血统"标记。

第二章　西方主流经济学的经济价值观核心——个人主义

第一节　论题的范围及有关问题

自从亚当·斯密 1776 年发表《国民财富的性质和原因的研究》以来，西方经济学走过了二百多年的历史。在这一历史过程中，西方经济学沿着几条相互影响和相互斗争的线路发展着。第一条线路被称为西方主流经济学，它与西方资本主义的社会、思想、经济政策和实际经济运行过程相伴而行，紧密相连。它以亚当·斯密为开山鼻祖，中经萨伊的极端化，杰文斯、门格尔、瓦尔拉斯的现代改装和凯恩斯表面上的"离经叛道"，一直到 20 世纪中后期的公共选择学派、新制度学派和哈耶克、弗里德曼等人新经济自由主义的复活。

第二条线路是马克思主义政治经济学。这条线路在 19 世纪中叶以批判资本主义社会和资产阶级经济学的形式出现和存在，在 20 世纪又以社会主义经济学的名义指导着社会主义经济实践。在 20 世纪晚期，这种经济学受到了来自实践（经济全球化）和理论（新经济自由主义）两个方面强有力的挑战，它正在以自己独特的实践（社会主义改革）和理论（中国特色社会主义理论）应对这种挑战。

第三条线路，主题不太鲜明，对社会生活的影响也不太显著，这就是空想社会主义者的经济学和无政府主义者的经济学。

本书研究西方主流经济学中的问题，所关注并加以界说和评论的不是西方主流经济学的理论变迁、分析工具和技巧的进步，以及不同经济学理论之间的细微差别，而是潜藏在经济学理论背后并对经济学理论和经济实践发挥制导作用的经济价值观。

研究结果表明，西方主流经济学中经济价值观的核心是经济个人主义。"个人主义"这一概念不仅在中国歧义颇多，就是在西方也褒贬不一。把廓清和阐明这一概念的含义作为主要任务并于1974年获诺贝尔经济学奖的哈耶克，一再指出这一点。[①] 导致这种结果有三个原因。一是这一概念出现时人们赋予它不明确的含义。二是这一概念指称和反映的社会现实太复杂，从某种意义上说，一个概念容纳不了这么复杂异常、变化多端的现实内容。三是对这一概念的理解和解释，与解释者持有的价值观念和切身利害有直接关系。发明个人主义概念的人，恰好就是对个人主义价值观持程度不同的反对态度的人。

个人主义的起源，实际包括了既相互区别又有必然联系的三个方面的内容：社会起源、思想起源和概念起源。个人主义的社会源头和思想源头在古希腊，[②] 这在学术界已有定论。概念起源在古希腊找不到正式表述，但它毕竟为Individualism、Individualismus 和 Individualisme 创造了Individual 的表达形式。

与我们的论题关系更为密切的是个人主义的近现代起源。学术界较为一致的看法是，个人主义起源于文艺复兴运动和宗教改革运动，[③] 但这是不全面的。个人主义的社会起源和思想起源比文艺复兴运动与宗教改革运动早几个世纪。否则，个人主义思想像孙悟空横空出世一样，突然出现于文艺复兴和宗教改革运动之中，并成为这两大运动的灵魂和旗帜，实在让人难以理解和接受。即便把个人主义思想的源头直接追溯到古希腊，问题

---

① 参见［奥］哈耶克：《个人主义与经济秩序》，北京经济学院出版社1989年版，第3、30页；《通向奴役的道路》，商务印书馆1962年版，第18页。

② 参见包利民：《生命与逻各斯——希腊伦理思想史论》，东方出版社1996年版。

③ 参见钱满素：《爱默生与中国——对个人主义的反思》，生活·读书·新知三联书店1996年版，第198页。

还是不能最终解决。根据历史唯物主义原理，社会存在决定社会意识。个人主义近现代起源的社会基础是什么？这是问题的关键。实际上，个人主义的社会和思想起源，在中世纪的后期，11 世纪前后就露出苗头。个人主义的社会起源是这一时期开始的西欧商业的复苏（相对于古希腊和古罗马而言）和城镇的出现，尤其是城镇自治运动的出现。这二者的主体是商人，这种商人最原始的典型是走街串巷的货郎："他们被称为 Pies poudreux——'泥腿子'，因为他们带着货物徒步或骑马四处奔波，从这个镇到那个镇，从这个集市到那个集市，从这个市场到那个市场，一路售卖货物。在封建领主的大厅里，商人乃是嘲笑、侮弄甚至憎恨的对象。那时候的许多流行抒情歌曲，既歌唱骑士的骁勇善战和偷情通奸，也歌唱他们如何掳掠商人。利润，即商人买进卖出的差价，在那时的社会被认为是不名誉的，那时社会赞誉的是高贵的杀伐之功，敬重的是——用当时一份特许状上的话来说——'全仗辛苦和勤劳'过活之人。获得利润被视为高利贷的一种形式，人们因此认为，商人的灵魂是要进地狱的。"①总之，伴随商品经济的出现和发展，还有与它几乎平行的政治上的自治要求（自由市的建立），②个人主义思想产生的社会条件日渐成熟，这说明，近现代意义上的个人主义是在虽然缓慢却十分深刻广泛的社会变革中逐步形成的。

现在我们明白了，文艺复兴运动和宗教改革运动，只能说是这一社会历史变革运动的两种精神表达形式，但不能说这二者是近现代个人主义思想的最终源头。从这个意义上说，文艺复兴和宗教改革运动是西方近现代个人主义思想的流而不是源。马克斯·韦伯在《新教伦理与资本主义精神》一书中把以个人主义为核心的资本主义精神起源归结为宗教改革运动，确实是把问题搞得更加混乱，因而是犯了错误。同理，布克哈特把

---

① ［美］泰格、利维：《法律与资本主义的兴起》，学林出版社 1996 年版，第 4 页。
② 参见 ［美］哈罗德·J. 伯尔曼：《法律与革命——西方法律传统的形成》，中国大百科出版社 1993 年版，第 441—442 页。

个人主义的社会和思想起源确定为文艺复兴运动，^①同样不符合社会历史实际。

与个人主义的社会起源和思想起源相比，概念起源要晚得多。这符合历史唯物主义原理，也与日常生活中的简单道理相一致。思想就像物质世界一样，不能无中生有。况且，依据特定的社会现实，在特定社会现实的冲击激发下有了特定思想，要把这种思想通过命名以概念的形式固定下来，还得经历一段提炼、比较和最终约定俗成的时日。

哲学个人主义概念的发明权应归功于康德，因为他在 18 世纪 90 年代写的《实用人类学》一书中，有一小节的题目就是"个人主义"，并且他还说，个人主义包括三种不同的狂妄：理性的狂妄、鉴赏的狂妄和实践利益的狂妄。^②康德对个人主义概念的运用与稍晚的托克维尔相比有三个区别：第一，康德的运用比托克维尔早了 30—40 年；第二，康德的运用是在哲学层面上，已远远超出了具体社会科学学科的范围；第三，托克维尔运用这一概念只不过是指称当时的欧洲人感觉非常新奇的美国人的社会政治生活，而康德，并没有给个人主义概念加以时间、地点和具体社会内容的限制。

政治个人主义概念的起源，学术界公认的看法是法国思想家托克维尔拥有最早的发明权。这一概念最初出现在他的成名之作《论美国的民主》（上卷出版于 1835 年，下卷出版于 1840 年）中。^③从某种意义上说，这种看法是正确的，因为在政治理论领域，虽然个人主义思想在霍布斯的《利维坦》，尤其是洛克的《政府论》中都进行了较为详尽的阐释，但把概念发明权归功于托克维尔，却无可非议。

经济个人主义概念的起源，发明权的归属情况较为复杂。按照哈耶克的说法，"'个人主义'与'社会主义'这两个术语最初都是由现代社会主

---

① 参见［瑞士］雅各布·布克哈特：《意大利文艺复兴时期的文化》，商务印书馆 1984 年版，第 125 及其以后各页。

② 参见［德］康德：《实用人类学》，重庆出版社 1987 年版，第 3 页。

③ 参见［法］托克维尔：《美国的民主》，商务印书馆 1988 年版，第 625—634 页。

义的创始人圣西门主义者创立的。他们首先创造了'个人主义'术语，用以描述他们反对的竞争社会，然后又发明了'社会主义'一词用于描述中央计划的社会，在这种社会中，所有的活动都由在一个单一工厂作用的同一原则来指导"①。这一概念的指称和含义与康德和托克维尔相比变化很大。它指称资本主义社会的经济事实——竞争，它表达了对竞争消极后果的反对态度并以新的经济体制理想与之抗衡。这里需要做一点辩证的考察，因为哈耶克的说法易于引起误解。如果不加学科限定地理解，哈耶克的说法在时间上是错误的。康德在 1798 年就正式提出和使用这一概念，而圣西门的活动年份是在 19 世纪，他的第一部著作《一个日内瓦居民致同代人的信》，正式发表于 1803 年。至于圣西门主义者的思想出现，更是 1798 年以后的事情。由此看来，个人主义概念时间上的最早出现，发明权属于康德，不属于圣西门主义者。

经济个人主义概念的另一个起源归功于德国经济学家李斯特。他在《政治经济学的国民体系》（1841）一书中，直接用个人主义概念表达对以亚当·斯密为代表的英国古典政治经济学倡行经济自由主义的强烈不满，称其为"支离破碎的狭隘的本位主义和个人主义，对于社会劳动的本质和特征以及力量联合在更大关系中的作用一概不顾"②。很明显，李斯特用个人主义概念表示一种经济学说，虽然从否定的立场出发，但歪打正着，恰好概括了英国古典政治经济学中总在游荡的灵魂和经济价值观的核心——经济个人主义。

方法论个人主义概念出现最晚。根据英国经济学家马克·布劳格的考证，熊彼特于 1908 年发明了"方法论个人主义"概念。他还是第一个把方法论个人主义和政治个人主义区分开来的人：前者描述的是经济分析的模式，这种分析总是从个人的行为开始；而后者表达的则是政治立场和政

---

① ［奥］哈耶克：《个人主义与经济秩序》，北京经济学院出版社 1989 年版，第 3 页；《通向奴役的道路》，商务印书馆 1962 年版，第 27 页。

② ［德］弗里德里希·李斯特：《政治经济学的国民体系》，商务印书馆 1983 年版，第 152 页。

治纲领。① 布劳格的界说有道理，因为自西方政治经济学正式产生以来，始终存在着两大分析模式：一是个人主义的方法论模式；二是整体主义的方法论模式，上文提到的李斯特，就是整体主义方法论模式提出和运用的著名代表之一。但我们不能完全相信布劳格，因为方法论个人主义不仅仅是一种方法，其中更有实质性的内容，正是这里的实质性内容——个人主义经济价值观，才决定了在分析方法和分析单元的确定上，不能不是个人主义。实际上，如果把方法论个人主义还原到它的分析对象——资本主义的经济生活中去，个人主义经济价值观的实际内容马上就会显现出来，内容和方法有机统一的原理，在这里同样适用。

在西方近现代历史上，个人主义作为西方文化的灵魂，当然也是西方主流经济学中经济价值观的核心，不仅有社会、思想和概念的起源过程，而且还发挥了无所不在的作用。作用与作用对象相互影响和激荡，形成了个人主义思想在西方近现代历史的发展和流变过程。

在农业社会自给自足的自然经济中，供给和需求或者说生产和消费二者之间的关系，由于基本上是融为一体的状态，所以，不会像市场经济体制条件下的社会那样，所占的地位那么重要，有时二者之间的关系又是那么紧张，以致到了快要使整个社会崩溃的地步。

在以市场经济为前提的社会中，供给和需求或生产和消费二者之间发生了主体性分离，二者之间的均衡成为经济学理论，进而成为经济政策和社会生活的核心。这二者之间的关系如何，将直接影响作为经济价值观核心的个人主义的表现样态。毫无疑问，个人主义的表现样态又会影响人们的经济行为态度和日常生活观念。

在亚当·斯密时代，甚至比此更早的马克斯，韦伯的《新教伦理与资本主义精神》所反映的时代，由于科学技术还未得到广泛应用，生产方式还以手工劳动为主，在供给和需求或生产与消费这一矛盾中，生产或供给是矛盾的主要方面。这种状况决定和在客观上要求经济个人主义的表现样

---

① 参见［英］马克·布劳格：《经济学方法论》，北京大学出版社1990年版，第55—56页。

态是极力主张自我奋斗，成功高于一切，在生活上是节俭、积累和禁欲，在工作态度上则是勤劳和讲求效率。这一个人主义的表现样态在亚当·斯密的《国民财富的性质和原因的研究》一书中占有极为重要的地位，[①] 在马克斯·韦伯的《新教伦理与资本主义精神》一书中有很典型的概括，[②] 在《富兰克林自传》中，则被形象生动地归纳为像《圣经》中的"十诫"那样的箴言警句。[③]

伴随工业革命的完成、科学技术的广泛应用和生产方式的巨大变革，劳动生产率的提高，昔日已难以想象。这使得供给和需求或生产与消费之间的矛盾发生了根本性质的变化。这时，产品的需求和消费成了矛盾的主要方面，资本主义社会中的周期性经济危机，既是这一矛盾的外在表现，又对这一矛盾的进一步激化起了推波助澜的作用。这时，个人主义的表现样态需要变化，否则便不能适应资本主义市场经济正常运转和发展的需要。它确实发生了变化，这就是由提倡节俭和禁欲到鼓励消费和享乐。这一转变在适逢资本主义社会发生重大变化时期的马歇尔的著作中有所反映，[④] 隔几十年之后发动经济学"叛乱"的凯恩斯的《就业、利息和货币通论》则是典型："在当代情形之下，财富之生长不仅不系乎富人之节约（像普通人所想像的那样），反之，恐反遭此种节约之阻挠。"[⑤] 尤其需要我们注意的是，这一转变在公共选择学派创始人之一布坎南的《自由市场与国家》一书中，得到了较为系统的论述和分析。[⑥]

第二次世界大战以后，用于战争目的的新科学技术转为民用，这不仅

----

① 参见 [英] 亚当·斯密:《国民财富的性质和原因的研究》上卷，商务印书馆 1972 年版，第 310、313、321—322、336、337 页；下卷，商务印书馆 1974 年版，第 351—352 页。

② 参见 [德] 马克斯·韦伯:《新教伦理与资本主义精神》，生活·读书·新知三联书店 1987 年版，第 33—35、123—127 页。

③ 参见《富兰克林自传》，生活·读书·新知三联书店 1985 年版，第 118—119 页，尤见第 123 页的表格。

④ 参见 [英] 马歇尔:《经济学原理》下卷，商务印书馆 1981 年版，第 335 页。

⑤ [英] 凯恩斯:《就业、利息和货币通论》，商务印书馆 1996 年版，第 322 页。

⑥ 参见 [美] 布坎南:《自由市场和国家》，北京经济学院出版社 1988 年版，第 192—197、204、207、211、219—220 页。

导致了资本主义生产方式的新的巨大的变化，而且还刺激了劳动生产率的更大提高。在以美国为代表的资本主义市场经济生活中，供给和需求或生产与消费之间的矛盾更尖锐，消费不足更为突出。在这种情况下，鼓励消费，促使个人主义经济价值观向需求和消费方面转化，成了资本主义社会的当务之急和资本主义市场经济正常运转的心腹之患。这种个人主义的表现样态，导致了一系列极为严重的社会后果，如吸毒、性泛滥以及对他人和社会责任感、同情心的泯失等。对这些严重后果的批判，以丹尼尔·贝尔的《资本主义文化矛盾》一书为典型代表。①

实际上，与上述个人主义经济价值观相平行的，还有一条以倡行消费和享乐为特征的个人主义经济价值观的发展线索。在凯恩斯以前，它始终是潜在的存在，因为这一主张与社会经济发展的实际需要相悖。到凯恩斯时代（20世纪30年代），几乎致资本主义社会于死命的经济大危机，给具有这种特点的个人主义经济价值观提供了由地下转为地上的良机。

为亚当·斯密"看不见的手"理论提供直接思想资源②的荷兰人伯纳德·曼德维尔，以放浪尖厉的语言为挥霍大唱赞歌："被我称作'高贵罪孽'的挥霍，并非伴随着贪婪，并非使人暴殄从他人那里非法诈取的财富，而是一种出于为人悦纳的良好天性的恶德，它能使烟囱冒烟，能使所有商人笑逐颜开。"③曼德维尔的观点生不逢时，刚刚问世便屡遭痛斥，虽然马尔萨斯在《政治经济学原理》中再一次申扬，结果还是不能被世人所认同。尽管如此，这股思潮还是顽强地存在着，刚刚进入20世纪，德国经济思想史家维尔纳·桑巴特又以典型的学术语言旧话重提："在资本主义

① 参见［美］丹尼尔·贝尔：《资本主义文化矛盾》，生活·读书·新知三联书店1989年版，第23、34、59、63—64、96、182、279、319页。
② 曼德维尔说："私人的恶德若经过老练政治家的妥善管理，可能被转变为公众的利益。"见［荷］伯纳德·曼德维尔：《蜜蜂的寓言——私人的恶德　公众的利益》，中国社会科学出版社2002年版，第236页。
③ ［荷］伯纳德·曼德维尔：《蜜蜂的寓言——私人的恶德　公众的利益》，中国社会科学出版社2002年版，第80页。

的起源时期，奢侈扮演着什么样的角色？不管从哪方面说，有一点是公认的：奢侈促进了当时将要形成的经济形式，即资本主义经济的发展。"[1] 很明显，桑巴特的观点意在与韦伯的《新教伦理与资本主义精神》一书中的观点唱对台戏，但在客观上，也是对亚当·斯密的《国富论》一书相关观点的驳斥。凯恩斯生逢其时，资本主义市场经济的正常运转需要这股思潮走向历史的前台，他不辱使命，在继承前人思想遗产的基础上将亚当·斯密的名言"奢侈都是公众的敌人，节俭都是社会的恩人"[2] 改写为自己的名言："奢侈有利，节约有弊。"[3] 凯恩斯是幸运的，改写亚当·斯密的名言成了他的历史功绩之一，也成了他发动和完成经济学"革命"的证据之一。这里的功绩和证据在成就他名望的同时，也为人们误认为他已不是个人主义的坚定捍卫者提供了口实。实际情况是，凯恩斯还是经济自由主义的坚定信徒、个人主义思想的誓死捍卫者。

个人主义的社会、思想和概念起源及其思想流变过程告诉我们，它与资本主义社会休戚相关、同始同终。这从一个侧面证明了一个基本事实：与资本主义市场经济相伴而行的西方主流经济学，其经济价值观的核心和灵魂就是个人主义，而另一个十分有趣的事实则从反面证明了我们的结论。在哲学、政治学、经济学和方法论四种个人主义概念的起源中，托克维尔的立场夹杂封建贵族成分，对个人主义的贬多于褒；康德看到的是个人主义的"狂妄"；圣西门主义者和李斯特，则明显地站在整体主义立场上反对个人主义，只有方法论个人主义概念的提出者熊彼特对个人主义思想赞赏有加。如果个人主义思想不是客观存在于资本主义社会的生活现实之中，他们提出个人主义概念到底要指称什么呢？为什么要对个人主义思想持反对态度呢？可以想象得出，这些富有独创性的思想大家们，绝对不是与大风车搏斗的唐·吉诃德。

---

① ［德］维尔纳·桑巴特：《奢侈与资本主义》，上海人民出版社 2000 年版，第 150 页。

② ［英］亚当·斯密：《国民财富的性质和原因的研究》上卷，商务印书馆 1972 年版，第 313 页。

③ ［英］凯恩斯：《就业、利息和货币通论》，商务印书馆 1996 年版，第 308 页。

第二节　西方主流经济学中经济价值观的
核心是个人主义的证明

确立西方主流经济学中的经济价值观核心是个人主义的命题，最起码也是最根本的问题是拿出证据。只有证据充足，才能说明命题的成立。在这里，需要证明的问题有两个层次，一是西方主流经济学的经济价值观中确实存在个人主义；二是个人主义在这一经济价值观中确实处于核心地位。

早在 20 世纪初，就有人从经济学方法论角度出发，把西方经济学的历史概括为个人主义与整体主义斗争的历史。[①] 虽然这是德国经济学家旨在把自己的整体主义经济学与英国的个人主义经济学加以区分的尝试，但他们显然是把个人主义当成了以英国为代表的西方主流经济学中经济价值观的核心，因为一直到 20 世纪初，西方主流经济学的发源地和大本营都是在英国，而英国经济学的传统正是以个人主义为根本特征。如果说这一提法从总体上说明了西方主流经济学的经济价值观核心就是个人主义的话，那么，如下的证据则是证明了西方主流经济学三个不同发展时期：英国古典政治经济学、新古典经济学和第二次世界大战以后的经济学，其经济价值观的核心都是个人主义。

熊彼特在分析英国古典政治经济学时说，在古典学派中，"国家仍然是个人无定形的聚焦。社会阶级不是生活和战斗的集体，而只是贴在经济职能（或按职能划分的类别）上的标签。个人本身也不是生活和战斗的实体；他们仍然只是晒衣绳，用来悬挂有关经济逻辑的命题。而且，随着表达方式的日益严谨，这些晒衣绳比在前一个时期的著作中更显眼了"[②]。熊彼特轻松幽默的比喻表达了实质性内容，而英国经济思想史家惠特克，则

---

① 参见 ［美］约瑟夫·熊彼特：《经济分析史》第 2 卷，商务印书馆 1996 年版，第 53 页。
② ［美］约瑟夫·熊彼特：《经济分析史》第 3 卷，商务印书馆 1996 年版，第 206 页。

用科学性的术语表达这一实质性内容：约翰·洛克的个人主义哲学是英国古典政治经济学的基础，这种"哲学上的个人主义影响很大"，甚至"达到了支配法国思想的地步"，在这里，国家只不过是各个人的总称，而国家财富，只不过是个人财富的总和。①哈耶克和弗里德曼显然在西方主流经济思想史及其文化背景问题上下过更大功夫，所以，他们既不用幽默的比喻，也不用科学论文性的命题句式，而是以回顾历史的形式说明，西方主流经济学中经济价值观的核心就是个人主义："由基督教和古典哲学提供基本原则的个人主义，在文艺复兴时代第一次得到了充分的发展，此后逐渐成长和发展为我们所了解的西方文明。这种个人主义的基本特点就是把个人'当作'人来尊重，也就是承认在他自己的范围内，纵然这个范围可能被限制得很狭窄，他的观点和爱好是至高无上的，也就是相信人应能发展自己个人的天赋和爱好。"②哈耶克的论述是哲学式的而非经济学式的，正是由于这一点，使他能够把个人主义定位为西方近现代化文明的灵魂，当然不言而喻的结论是：它同时也是西方主流经济学中经济价值观的核心。弗里德曼也有自己的特点。他把政治哲学中的个人主义与经济价值观中的个人主义熔为一炉，在抽象层次上，同样是哲学味道十足："当它（指个人主义——引者注）在 18 世纪后期和 19 世纪早期被发展出来的时候，以自由主义名义进行的思想运动把自由强调为最后目标，而把个人强调为社会的最后实体。在国内，它支持自由放任主义，把它当作减少国家在经济事务中的作用从而扩大个人作用的一个手段。在国外，它支持自由贸易，把它当作为世界各国和平地和民主地联系在一起的手段。在政治事务中，它支持代议制政体和议会制度的发展，减少国家的无上权力和保护个人的自由权利。"③

　　新古典学派，亦即以杰文斯、门格尔和瓦尔拉斯为创始人和代表者的边际效用学派，个人主义的实质表露得同样明显，甚至是更为明显。英国

---

① 参见［英］埃德蒙·惠特克：《经济思想流派》，上海人民出版社 1974 年版，第 245 页。
② ［奥］哈耶克：《通向奴役的道路》，商务印书馆 1962 年版，第 19 页。
③ ［美］米尔顿·弗里德曼：《资本主义与自由》，商务印书馆 1986 年版，第 6—7 页。

经济思想史家罗尔认为："主观价值学说（即使是它的早期生产成本形态）只能符合于一种个人主义的社会观点，而且在它的一些较为极端的提法里，它甚至变成了'原子式'的。"①　在讲到杰文斯时，罗尔指出："他从极端的个人享乐主义出发。"②　概括地说："他的出发点是个人及其需要。"③　在讲到新古典学派另一创始人门格尔的观点时，罗尔的定性定位带有概括性质："门格尔坚持经济的方法必须落实在一种个人主义的基础上。……和杰文斯和戈森一样，门格尔也把'个人，放在问题的核心。"④　罗尔的看法得到了哈耶克观点的印证："卡尔·门格尔是当代有意复兴亚当·斯密及其学派的方法论个人主义的第一人，或许他也是指出社会制度设计理论和社会主义之间联系的第一个人。"⑤　罗尔还指出，新古典学派即边际效用学派的第二代代表人物，如维塞尔和庞巴维克，"个人及其需要仍旧是分析的开端和终结"⑥。罗尔和哈耶克都是严谨、稳重的经济思想史家，他们的人文思想背景属于区别很大的两个国度，但他们的结论却是惊人地一致。这种一致可有各种解释，其中的一个解释可能是最客观因而是最令人信服的：新古典学派即边际效用学派的经济价值观核心和方法论基础确实是个人主义。

第二次世界大战以后，福利经济学和福利经济政策盛行一时，按照弗里德曼的看法，这大大加速了集体主义倾向。由于充分认识到这种倾向对个人主义思想的致命威胁，所以，有一批人奋起捍卫个人主义思想的正统和统治地位。弗里德曼指出的代表人物之一就是哈耶克。实际情况是，弗里德曼自己就是个人主义思想的坚定捍卫者。他的主张是，"作为自由主义者，我们把个人，也许或者是家庭自由作为我们鉴定社会安排的最

① ［英］埃里克·罗尔：《经济思想史》，商务印书馆1981年版，第363页。
② ［英］埃里克·罗尔：《经济思想史》，商务印书馆1981年版，第377页。
③ ［英］埃里克·罗尔：《经济思想史》，商务印书馆1981年版，第371页。
④ ［英］埃里克·罗尔：《经济思想史》，商务印书馆1981年版，第378页。
⑤ ［奥］哈耶克：《个人主义与经济秩序》，北京经济学院出版社1989年版，第4页。
⑥ ［英］埃里克·罗尔：《经济思想史》，商务印书馆1981年版，第396页。

终目标"①。而对发达国家的经济政策在20世纪70年代以来转向新私有化发挥了重大影响的布坎南，把自己的经济学理论基础确定为两个：一是亚当·斯密创立的交换理论（像分工、"看不见的手"等著名原理都是从亚当·斯密所谓人类的交换天性中衍生出来的）；二是思想出自亚当·斯密，由约·穆勒明确提出来的"经济人"假设。② 由此可以看出，公共选择学派与英国古典政治经济学派，进而与其中的个人主义思想有必然联系。而对西方国家的教育学、管理学等产生重大影响的人力资本经济学，按照英国经济学家马克，布劳格的看法，其本质同样是个人主义的："正如舒尔茨、贝克尔和明塞最先阐述的，人力资本研究框架是以方法论上的个人主义为特征的，也就是说，它认为所有社会现象都应追溯到它们的个人行为基础。""强调个人选择是人力资本研究框架的本质。"③

如上的引述和分析，旨在从西方主流经济学说史的角度证明：个人主义是西方主流经济学中经济价值观的本质和灵魂。不过，他人对某种经济学说本质的评价，可以说是一种证明，但不能算是最有力的证明，因为，最有力的证明是西方主流经济学家的"自白"。

法国经济学家萨伊从特定意义上说是英国古典政治学的庸俗化者，这从两个方面可以证明：一是他把自由放任和反对政府干预的论点极端化，其口号是："干涉本身就是坏事，纵使有其利益。"如此看待问题的"理由是：首先，干涉使人感受烦恼和苦痛；其次，干涉必定伤财，或伤害国家的财，如果费用是由政府支付，就是说，是由国库负担，或伤害消费者的财，如果费用是由有关产品负担"④。二是把劳动价值论篡改为生产费用论，⑤进而提出自相矛盾的效用价值论。⑥ 但是，从思想传承的角度看问题，

---

① [美] 米尔顿·弗里德曼：《资本主义与自由》，商务印书馆1986年版，第13页。

② 参见 [美] 布坎南：《自由市场与国家》，北京经济学院出版社1989年版，第18—19页。

③ [英] 马克·布劳格：《经济学方法论》，北京大学出版社1990年版，第244—245页。

④ [法] 萨伊：《政治经济学概论》，商务印书馆1997年版，第199页。

⑤ 参见 [法] 萨伊：《政治经济学概论》，商务印书馆1997年版，第77页。

⑥ 参见 [法] 萨伊：《政治经济学概论》，商务印书馆1997年版，第330页。

他的政治经济学的个人主义本质也暴露得最充分:"利己主义是最好的老师",①"个人利害"是衡量一切的标准。②萨伊证明自己观点的理由之一是,"英国的超越财富,不是由于有利的贸易差额,而是由于其他原因。这些原因是什么呢?是由于它的巨额生产。但它的巨额生产是归功于什么呢?是归功于个人想积累资本而励行的节约,归功于国民的勤勉性以及这勤勉性的实际应用。归功于人身和财产的安全,归功于国内货物流转的便利,归功于:个人行动的自由"③。萨伊还应进一步概括才能把自己的真实想法充分表达出来:"英国的超越财富"归功于极端个人主义思想的外在化和政策化——自由放任。

萨伊的论证过程看似完满,因为其中有论点,也有论据。但是,萨伊论证过程公布于世后的不长时间内,就被德国经济学家李斯特看出了破绽,这就是:英国的强大确实值得赞赏,④但其强大的原因或说经验不是经济自由主义,而是出于对时势的理性判断而实行的贸易保护主义。⑤萨伊为什么要不遗余力且极端地坚持个人主义思想和鼓吹经济自由主义呢?李斯特对问题的回答虽然有失雅量,但大体符合实际:"萨伊起先是个商人,后来是个工业家,然后又成了一个失败的政客,最后才抓住了政治经济学;当旧行业不能再继续时就换上一个新的,这就是他的经历。……他仇恨(拿破仑的)大陆制度,因为这个制度毁灭了他的工厂,他也仇恨这个制度的创造者,因为他革去了他的职,因此他决定拥护绝对自由贸易主义。"⑥实际情况是,萨伊愤世嫉俗地要社会和别人给他自己自由,他在学

---

① 　[法]萨伊:《政治经济学概论》,商务印书馆1997年版,第196页。

② 　参见[法]萨伊:《政治经济学概论》,商务印书馆1997年版,第158页。

③ 　[法]萨伊:《政治经济学概论》,商务印书馆1997年版,第173页。

④ 　参见[德]弗里德里希·李斯特:《政治经济学的国民体系》,商务印书馆1983年版,第304—305页。

⑤ 　参见[德]弗里德里希·李斯特:《政治经济学的国民体系》,商务印书馆1983年版,第305—307页。

⑥ 　[德]弗里德里希·李斯特:《政治经济学的国民体系》,商务印书馆1983年版,第299页。

术观点和立场上却是不但不给其他观点自由，而且可以说是达到了专制的地步："萨伊的作风的确很像一个罗马教皇，教皇颁布了'禁书目录'，他甚至连这个样也学会了……他警告学政治经济学的青年学生，读书不可太泛，那是容易使人走入歧途的；他们读的书不宜过多，但是要读好书，这就等于是说，'你们不可读别的书，只应读我的和亚当·斯密的书。'"① 李斯特小小的"节外生枝"，告诉我们一个常识性的道理：以个人主义思想为基础的经济自由主义，除了其虚伪因而有时是陷阱的一面之外，还有不顾基本事实只有自私自利的一面。

　　法国经济学家莱昂·瓦尔拉斯是新古典学派的创始人之一，他的个人主义经济价值观的"自白"直截了当，他在自设论敌与共产主义经济价值观争辩的同时，把自己的立场直白地表达出来："个人主义的反驳是这样：'财物应当归各个人所有。人们的品格和才能在天赋上生来是不平等的。有些人既勤俭又能干，有些人既懒惰又无能；强迫前者把他们的劳动果实和积蓄跟大众的混在一起，是为后者的利益打算而以前者为牺牲。'""对于这一争论，这里无须作出判断。"但是，有一点是肯定的，"所谓公道是把个人所应有的归还给个人"②。瓦尔拉斯论辩的目的是明确的，这就是以私有财产天经地义为指导原则，建立起一门关于社会财富分配的科学，他把这门科学命名为"社会经济学"③。表面看问题，易于被瓦尔拉斯误导，因为离开社会，谈何经济和经济学？实质上，他把社会经济学与纯粹经济学相对应，纯粹经济学是自然科学意义上的科学，与人的价值立场（包括研究者和表述者本人的立场）无关，而社会经济学，则是在特定价值立场支配下谈论社会财富的分配问题。在这里，瓦尔拉斯的价值立场表白坦诚直接，这就是经济个人主义，或更准确地说，是个人主义的经济价值观立场。

① ［德］弗里德里希·李斯特：《政治经济学的国民体系》，商务印书馆1983年版，第300页。

② ［法］莱昂·瓦尔拉斯：《纯粹经济学要义》，商务印书馆1997年版，第64页。

③ ［法］莱昂·瓦尔拉斯：《纯粹经济学要义》，商务印书馆1997年版，第65页。

以西方主流经济学的"革命"者著称于世的凯恩斯,其经济学理论被罩上一层离经叛道、偏离西方主流经济学因而是发动经济学"革命"的神圣光环。人们认为,"凯恩斯革命是最具有革命意义的事件",所以,"凯恩斯革命或许更不需要加上引号"[①]。既然此处的"革命"如此真实,那么,其经济学理论背后的经济价值观已离弃个人主义思想,也就是题中应有之义了。实际情况绝对不是如此简单。凯恩斯的经济学活动年份恰逢第一次世界大战结束、无产阶级革命运动此起彼伏和资本主义市场经济危机几乎使资本主义社会崩溃因而是风雨飘摇的时代。凯恩斯的阶级使命感很强,他要铁肩担道义,妙手著文章。所以,他除在经济学理论上为救治资本主义社会于危难境地殚精竭虑地创立新说外,还在经济政策思想上提出了一系列与个人主义经济价值观貌似相悖的建议。后来的资本主义市场经济实践表明,他的建议大部分变成了指导实践的经济政策。人们正是凭借这些事实(实际是完整事实的一个侧面)便妄下判断:凯恩斯在理论和政策两个层面上发动了经济学"革命","革命"的标志是对西方主流经济学,尤其是其中以经济自由主义为外在表现形式的个人主义思想传统的背离。

真实的情况是,凯恩斯的经济学精神世界比认定他为革命者的人所打扮起来的形象要复杂得多。在阶级立场、对自由竞争的信奉和认定个人主义思想是唯一正确的思想三个方面,凯恩斯并没有后退半步。我们这样说并不是为了说明自己的观点故意扭曲凯恩斯的经济学精神世界,而是有他自己明澈通畅的自白为证:"它那本不容批评的圣经(指以计划经济体制为核心的马克思主义政治经济学——引者注),是一本陈腐过时的经济学教科书,我知道它不但在科学上是错误的,而且与现代世界毫不相关、格格不入,我怎么可能接受这样的学说呢?它宁愿要田里的野草而不要禾苗,把粗鲁的无产者抬高到中产阶级和知识分子之上,对于这样的教义,我又怎能采纳呢?后两者不管有什么缺点,毕竟是人类的精英,他们传播

---

① [英] 特伦斯·W.哈奇森:《经济学的革命与发展》,北京大学出版社1992年版,第163页;[美] 亨利·威廉·斯皮格尔:《经济思想的成长》,中国社会科学出版社1999年版,第518页。

着一切人类进步的种子。"① 由这段话我们可以体悟出凯恩斯的资产阶级立场是如何坚定，同时也感受到他对当时确实处于水深火热之中的无产阶级是多么傲慢，以及作为与资产阶级政权关系深密并养尊处优的知识精英在自我感受上那股酸溜溜的滋味。当有人批评凯恩斯的经济政策思想是对自由竞争原则的背离的时候，他因遭到误解而愤怒，所以，他的辩白是："我绝没有背弃这一理论。"②

或许，最有力的证据还是他对个人主义思想的看法。在讲到个人主义思想的优点时他说："一部分当然是效率高，——这是管理不集中以及追求自己利益之好处。决策不集中以及个人负责对于效率之好处，恐怕比19世纪所设想者还要大；而当时之不屑乞助于利己动机，亦嫌过火。除此以外，假使能够把弊窦去掉，则个人主义乃是个人自由之最佳保障，意思是指，在个人主义之下，个人可以行使选择权之范围，要比在任何其他经济体系之下，扩大许多。同时，个人主义又是使生活丰富不趋单调之最佳保障，因为生活之所以能够丰富不单调，就从广大的个人选择范围而来；而集权国家之最大损失，也就在丧失了这种多方面的、不单调的生活。"③ 凯恩斯从效率、个人权利和生活质量三个方面入手，说尽了个人主义思想的好话。当我们看到他的这些内心剖白时，还有什么理由说他的思想是对个人主义思想的背离呢？

当然，这里也有问题需要说明。既然凯恩斯对个人主义思想的信仰是如此坚定不移，那么，他的一系列经济政策思想又为什么与传统的经济自由主义思想有那么大的区别呢？这其中有两个重要原因。一是凯恩斯的经济学精神世界与传统经济自由主义者、把他喻为经济学革命者的人之经济学精神世界相比，显然是站得更高，看得更远，责任心更重，因而灵活性更强。凯恩斯刻骨铭心地意识到，传统经济自由主义思想遇到了新情况，但它又无力应对这种新情况，无力应对的结果是，以1929年爆发的灾难

---

① ［英］J.M. 凯恩斯：《预言与劝说》，江苏人民出版社1998年版，第281页。

② ［英］R.F. 哈罗德：《凯恩斯传》，商务印书馆1997年版，第377页。

③ ［英］凯恩斯：《就业、利息和货币通论》，商务印书馆1996年版，第327页。

性的经济危机为标志，有可能置资本主义制度于死地。凯恩斯面对如此情况，为自己规定了两个层面（二者之间有必然联系）的任务：一是革新但绝对不是抛弃传统的经济自由主义思想并使之适应新形势的需要；二是把革新之后的经济自由主义思想转化为可操作性的经济政策，用新经济政策拯救资本主义社会将要倾覆的颓势。1933 年 12 月 31 日，凯恩斯给当时正推行新政的美国总统罗斯福写了一封长信发表于《纽约时报》。他在信中说，如果不实行新政，从理论上说，如果不革新传统的经济自由主义思想，那么，就"只能听任正统与革命去自决雌雄"①。凯恩斯当然害怕革命，也坚决反对革命。当或者眼看革命爆发或者革新经济自由主义的困境出现在凯恩斯面前时，他选择了革新经济自由主义而不是忧心如焚地静待革命爆发，或者是用传统经济自由主义的漂亮词句为自己驱除惧怕和憎恨的心理。在这一点上，凯恩斯比传统经济自由主义者识时务，比胡乱喻他为"革命"者的经济学家深沉千百倍，在对传统经济自由主义思想的彻悟洞悉上，深刻千百倍。可能有人会认为，这是凯恩斯为了讨好美国总统的故作姿态，实际情况是，这种担忧又以更加学术化的语言出现于 1936 年出版的《就业、利息和货币通论》一书中："因为要使消费倾向与投资引诱二者互相适应，故政府机能不能不扩大，这从 19 世纪政论家看来，或从当时美国理财家看来，恐怕要认为是对于个人主义之极大侵犯。然而我为之辩护，认为这是惟一切实办法，可以避免现行经济形态之全部毁灭；又是必要条件，可以让私人策动力有适当运用。"②看来，与时俱进地革新经济自由主义，避免革命的爆发，防止资本主义市场经济制度的彻底毁灭，是凯恩斯提出一系列貌似背离个人主义思想传统的经济政策思想的最深层原因。③

为了证明个人主义思想仍然是凯恩斯经济价值观的核心，还有一个问题需要思考，这就是他貌似背离个人主义思想传统的政策思想，其"背

---

① 转引自 [英] R.F. 哈罗德：《凯恩斯传》，商务印书馆 1997 年版，第 477 页。

② [英] 凯恩斯：《就业利息和货币通论》，商务印书馆 1996 年版，第 328 页。

③ 更详细的说明参见宫敬才：《凯恩斯革命的真与假》，《读书》2004 年第 6 期。

离"的限度有多大？程度有多深？我们还是让凯恩斯自己来回答问题吧："我们必须力求将从技术上说属于社会性的服务与从技术上说属于个人的服务区别开来。国家当务之急不在那些私人个人正在完成的活动，而是与个人领域之外的职能密切相关，与非国家作出即无人问津的那些决策密切相关。对政府来说，重要的问题不是要去办那些个人已经在办的事情或办这些事情的成败优劣，而是要去做那些根本还没有人做过的事情。"①

自从亚当·斯密发表《国民财富的性质和原因的研究》以来，经济自由主义形成了一种占据社会生活主流，因而大行其道的传统。传统的经济自由主义者一方面是躲在学院的高墙深院之中潜心学问而不谙世事；另一方面是挟这一传统的政治、学术和文化氛围优势，使得传统的经济自由主义者变得对世事不敏感、不关心，在思维方式上，则是懒惰加清高和自傲，顺着反对政府干预的思路胡思乱想，用数学模型等小把戏装扮自己的胡思乱想，学问越搞越玄乎，离现实却是越来越远。在与现实密切结合和理论符合现实需要两个层面上，经济自由主义的传统在逐渐背离亚当·斯密。反观凯恩斯在这里的论述，其精神实质不是在背离亚当·斯密的有关思想，而是在新的情况下接续亚当·斯密经济自由主义思想的正宗。这种理论发展的背向辩证法，真是值得我们细心玩味。

哈耶克是 20 世纪个人主义思想最坚决和最有力的捍卫者，也是投入精力最多、对个人主义思想作出最系统性阐扬的人。在明白宣称是个人主义思想的坚定信仰者这一点上，他毫不含糊："我要为之辩护的观点一直是通过这一术语（个人主义——引者注）为世人所知，而不管它在不同的时代还可能意味着其他什么。其次，这一术语的存在是为了与'社会主义'这一精心设计出来的名词相区别，以便表明后者反对个人主义的立场。我们所关心的正是这样一个取代社会主义的制度。"②在哈耶克对个人主义思

---

① 转引自 [英] R.F.哈罗德:《凯恩斯传》，商务印书馆 1997 年版，第 385 页。

② [奥] 哈耶克:《个人主义与经济秩序》，北京经济学院出版社 1989 年版，第 3 页。

想的态度问题上，实在用不着我们浪费过多的笔墨，因为除了上述他自己的坦诚宣示以外，仅举一例便可证明。正是由于他 40 年执著艰苦地研究和阐扬个人主义、毫不退缩地批判社会主义的计划经济体制思想，构成了最基本和最有力的证据之一，才使他于 1974 年获得诺贝尔经济学奖。[①]哈耶克对个人主义思想的态度促使他在一生的学术研究中，不遗余力地发掘个人主义的宽广渊博的思想资源，甄别个人主义思想的真伪优劣，规定和界说个人主义思想的基本内容以及它与社会主义计划经济体制思想的尖锐对立之处，这一切，构成了他的经济学思想和政治哲学思想的特点和本质。

　　在对个人主义思想的研究与阐扬过程中，哈耶克有一点与众不同，这就是他对真假个人主义思想的区别。他在讲到区分真假个人主义思想的理由时说："'个人主义'与任何政治术语相比受害最深。它不仅被反对者歪曲得面目全非（并且我们应该始终记住，现在不时兴的政治概念，仅仅通过它们的敌人为其画像才为我们绝大多数当代人所熟悉），而且已经被用来描述好几种社会观点。这几种社会观点之间与传统上被看作其对立面的观点一样，几乎没有什么共同的地方。确实，我在准备本文时，考察到一些有关'个人主义'的标准描述，这使我几乎开始后悔自己曾经把所信仰的思想和这样一个被如此滥用和误解的术语联系在一起。"[②]理由可谓充分。正是这些充分的理由，使哈耶克由于用个人主义作为自己学术思想的标志而追悔莫及。光后悔无助于问题的解决，当务之急是找到区分真假个人主义思想的标准，保留和光大真正的个人主义思想，剔除、批判鱼龙混杂和发挥有害作用的假个人主义思想。哈耶克真的这样做了。

　　哈耶克为真正的个人主义思想规定了许多标准，我们只能择其要者引述和评论。在他看来，"真正个人主义的本质特点"，"首先是一种旨在理

① 参见［美］亨利·威廉·斯皮格尔：《经济思想的成长》，中国社会科学出版社 1999 年版，第 566 页。

② ［奥］哈耶克：《个人主义与经济秩序》，北京经济学院出版社 1989 年版，第 3 页。

解那些决定人类社会生活的力量的社会理论；其次，它是一套源于这种社会观的政治行为规范"①。具体说，它"只是一种旨在使自发的社会产物之形成易于理解的理论"，"它相信如果保持每个人都是自由的，那么他们取得的成就往往会超出个人理性所能设计或预见到的结果"②。在社会政治理念上，"那些伟大的个人主义作家所关心的主要事情，实际上是要找到一套制度，从而使人们能够根据自己的选择和决定其普通行为的动机，尽可能地为满足所有他人的需要贡献力量"③。把话说得更直白一点儿，真正的个人主义思想"关心的是个人处境最坏时，应该尽可能地减少使他干坏事的机会"。这种社会制度"是一种能使坏人所能造成的破坏最小化的制度"④。在认识论上，真正的个人主义是"反理性主义的"⑤。至于假个人主义思想，哈耶克认为其本质特征是社会制度的"设计"理论，在认识论上，则是理性主义，其精神祖宗，非笛卡尔和卢梭莫属。⑥

哈耶克关于区分真假个人主义思想标准的看法，一方面是基于长期、大量追本溯源式的研究；另一方面则是与他的价值立场密不可分的情感。把这二者结合在一起就会给人造成强烈印象，他的观点具有极强的针对性和浓烈的现实感。现实者指称的是社会主义和资本主义长期对垒和一部分人倾向社会主义的事实；针对的，则是个人主义思想历史中偏离资本主义文化中一直占据主流地位的经济自由主义的支脉。这一支脉虽然在社会历

---

① [奥]哈耶克：《个人主义与经济秩序》，北京经济学院出版社1989年版，第6页。更系统的论述见其《自由秩序原理》一书的第4章。

② [奥]哈耶克：《个人主义与经济秩序》，北京经济学院出版社1989年版，第11页。更系统的论述见其《自由秩序原理》一书的第4章。

③ [奥]哈耶克：《个人主义与经济秩序》，北京经济学院出版社1989年版，第13页。更系统的论述见其《自由秩序原理》一书的第4章。

④ [奥]哈耶克：《个人主义与经济秩序》，北京经济学院出版社1989年版，第12页。更系统的论述见其《自由秩序原理》一书的第4章。

⑤ 参见[奥]哈耶克：《个人主义与经济秩序》，北京经济学院出版社1989年版，第11、15页。更系统的论述见其《自由秩序原理》一书的第4章。

⑥ 参见[奥]哈耶克：《个人主义与经济秩序》，北京经济学院出版社1989年版，第10页。更系统的论述见其《自由秩序原理》一书的第4章。

史观上坚持个人主义立场，但在思维方式与社会制度思想两个方面都与经济自由主义有不小的区别。从这个角度看问题，哈耶克的区分可能会产生两个效果，一个是他自己意识到的：廓清个人主义思想的真确含义和知识谱系；另一个是他自己意识不到的，这就是无意间把个人主义思想的界面弄得更狭窄，使本属于这一思想的许多理论体系甚至观点和洞见，成为茫无归宿的"孤魂野鬼"。或许，我们可以据此作出一个结论，由于价值立场的作用，哈耶克使个人主义思想传统中徒增一个话题，增加了对个人主义思想传统进行研究的难度，但减少了个人主义思想实际存在的内容。这说明，区分真假个人主义思想的动机本身没有错，但是，动机本身不能保证最终的结论不会错。

值得庆幸的是，《凯恩斯传》一书的作者 R.F. 哈罗德对哈耶克的标准表示不满并拿出了自己的判定标准。第一是历史标准：其他论者的理论，可以根据其观点与这些确立了个人主义解释者资格的大师的观点相符与否来加以检验。第二是词源学标准：可以设定个人主义这个术语本身一定强调个人的重要意义，因此可以根据那些理论是否真正强调这一点来进行判断。第三是科学标准：真个人主义可以被认为是与真"个人主义"命题相符合的理论，而与伪命题相符合的则是伪个人主义。第四是价值目的标准：个人主义可以被认为是对目的或价值的一种陈述，个人主义可以被视为是真的，如果个人主义确立的目标或价值是人们实际上所珍视的事务，这种个人主义就是真的。第五是价值手段标准：个人主义可以被视为并不确定最终价值，而是确定那些实现人类共同接受的较为基本的目标的手段。如果个人主义规定了一套事实上有助于这些目标实现的准则，这种个人主义就是真的。第六是道德标准：真个人主义可以被认为是陈述了人们应当旨在努力的价值，而不论人们是否努力。[①] 比较而言，哈罗德的标准更学术化因而在学术研究的意义上更易于操作，哈耶克的标准由于受到

---

① 参见邓正来为《自由秩序原理》写的长篇序言，载 [英] 哈耶克：《自由秩序原理》上卷，生活·读书·新知三联书店 1997 年版，第 50 页。

价值立场的有害影响而使自己变成只能是一种学术观点但不能成为判定真假个人主义标准的东西。哈耶克一向强调社会科学的主观性并极力反对客观主义倾向，①这种方法论倾向的恶果之一就是真假个人主义判断标准问题上的失误。看来，哈耶克在区分真假个人主义问题上作了一次不成功的尝试。

《平等与效率》一书的作者阿瑟·奥肯，既是经济学家，又曾是美国政府高层经济决策者之一，他还当过总统经济委员会主席。他的观点不仅能反映学术界的真实想法，而且还能表现出国家经济政策的内在倾向。就是这样一个人，在表示对个人主义思想的态度时，与哈耶克这种坚定的个人主义思想家并没有什么两样，剩下的区别只是在于论辩性更强，火药味更浓："我并不觉得利己有什么罪过。其一，自私能防范对国家或领袖的盲从。其二，利己就是明智的自私自利。它能激发人们对家庭、团体和国家的忠心，作为对他们增进扩大个人利益的回报。其三，从历史课上我们学到，凡是对自私倾向的压抑——或高尚如清心寡欲的修道院，或卑鄙如灭绝人性的法西斯专制——都同时严重限制个人的权利。"②

西方主流经济学中这些声名显赫的经济学家的"自白"，不用引申和解释地说明了一个事实：西方主流经济学中经济价值观思想的核心是个人主义。尽管对个人主义思想内容的理解各有侧重，相互之间会有细微的差别，但在基本立场和精神本质上，我们说他们信奉的是同一个东西——个人主义思想，不会有人持根本性的异议。

经济学说史家的概括和评价与经济学家的"自白"真是不谋而合，一个是客观审视，一个是直抒胸怀，但表达的是同一个东西。在我们为这种不谋而合而叹服的同时，又有一个确实艰巨因而具有挑战性的任务摆在我们面前：上述所论只不过是西方主流经济学中经济价值观的核心是个人主义这一命题的事实证明，但事实证明代替不了逻辑证明，所以，从思想的

---

① 参见［英］弗里德里希·A.哈耶克：《科学的反革命——理性滥用之研究》，译林出版社 2003 年版，第 27 页，还见第 30、24、19 页。

② ［美］阿瑟·奥肯：《平等与效率》，四川人民出版社 1988 年版，第 64 页。

内在逻辑上证明个人主义思想是西方主流经济学中经济价值观的核心，我们才算圆满地完成了任务。

个人主义思想的客观社会基础是资本主义市场经济实践。这一基础的源头、本质就在商品生产及其交换之中。从某种意义上说，马克思的《资本论》为我们提供了一个很好的例证，我们可以用逻辑和历史相统一的方法，从商品概念中再现出资本主义社会生活的全貌，当然也能够再现出个人主义思想的起源、流变、客观基础和社会功用。

商品是用于交换的劳动产品，这种产品包括两种价值：在雇佣劳动过程中创造出来的使用价值，在交换过程中实现的交换价值。交换的目的有二：一是互通有无；二是在互通有无的实现过程中达到价值增值的目的。商品生产和交换有三大社会历史形态。在原始形态上，它并非是必需的，它在社会生活中发挥的作用既非显著，也非常规。这是发生在原始社会后期和奴隶制社会初期的事情。我们不能小看这一看似不起眼的现象的产生，从历史发展的角度看问题，商品生产和交换的萌芽、产生，对人类社会历史所具有的价值和意义，不亚于任何人类社会历史上的重大发现和发明。商品生产和交换的第二大社会历史形态，产生和存在于奴隶制社会到资本主义市场经济产生以前这一漫长的历史时期内。这一社会历史形态的商品生产和交换，与前一历史形态相比，在规模、质量和作用三个方面都大大地发展了，但与后一历史形态相比，给人以小巫见大巫的感觉。但这一历史形态的商品生产和交换也有我们不能忽视的地方，这就是它对文化的铸型和促进作用，这方面的典型例证，要数古希腊。它以商业立国，但在政治法律制度、哲学科学思想、人的自我完善和全面发展诸方面，直到现在还为其他文化传统所叹服，还可以在西方文化中找到它的生命力旺盛的文化基因。商品生产和交换的第三大社会历史形态是资本主义市场经济，诚如马克思在《资本论》中所说，这种经济形态表现为庞大的商品堆积。[①]在这里，商品生产和交换不仅渗入社会生

---

① 参见《马克思恩格斯文集》第5卷，人民出版社2009年版，第47页。

活的每一个毛孔，而且商品生产和交换所潜藏的一切内在本质性的东西，型铸和塑造了整个资本主义社会的生活。从这个角度看问题，我们可以得出这样一个结论：高级形态的商品生产和交换，是资本主义社会生活的"水泥"。

商品生产和交换是由这种生产和交换的主体完成的。这样的主体需要三个前提条件，这就是各个个人的独立、自由和人与人之间社会身份上的平等。个人的独立、自由和人与人之间社会身份上的平等，实际上是个人主义思想的基本构成要素，从这里可以看出，商品生产和交换与个人主义思想二者之间有客观必然的联系。我们必须看到，商品生产和交换者的独立、自由和相互之间的平等，以两种形式存在，一种是没有法律、政治制度和文化氛围保障与认同的存在形式，这是资本主义市场经济以前的情况，所以，这里的个人主义思想以潜在或萌芽的形式存在；另一种是受到政治、法律制度保障和文化氛围认同的存在形式，这种个人主义已发展为影响深广久远的思想体系，已成为社会生活中文化的主流。或许，这是高级形态的商品生产和交换与其他形态商品生产和交换之间的本质区别之一。

商品生产和交换的根本性生存环境是适者生存的自由竞争。正是这种竞争，使与商品生产与交换必然相伴而行的个人主义思想具有了不同层面的利益向度。正是由于这样的利益向度，使个人主义思想具有顽强的生命力，也使别的思想体系把个人主义思想视为低俗、世故而不屑与它为伍。但是，不管从哪个层面说都是一样，商品生产者和交换者为了生存要竞争，为了发展也要竞争，而生存和发展的根本性标志就是利益的创造和获取。在这一过程中，个人主义思想中所蕴藏的创造性被激发出来了，顽强拼搏矢志不移的奋斗精神也表现出来了，这二者，正是个人主义思想，尤其是资本主义市场经济早期的个人主义思想的灵魂性因素。实际情况是，在普遍竞争的生存环境中，为了生存，当然也为了发展，商品生产者和交换者不管别人如何看待自己，他首先需要为自己的各种利益考虑，这种考虑有三个方面的内容：一是在人与人之间的关系中考虑自己的利益；

二是在适应社会政治法律环境的过程中考虑自己的利益；三是在与其他企业、团体或组织打交道的过程中考虑自己的利益。这三个方面的考虑构成了个人主义思想中的利益内容和向度。由上述的分析可以看出，个人主义思想不是心血来潮的产物，也不由个人的主观好恶决定其存在与否，而是资本主义市场经济中必然要产生的思想体系，且为资本主义的市场经济所必需。

如果我们逆向推理，上述结论同样成立。在以财产私有制为政治法律制度保障、以商品生产和交换为生存和发展基础的普遍竞争的环境中，社会生活中的个人不考虑自己，不顾及自己的实际利益而是一味地毫不利己、专门利人，他根本就无法生存下去，更别说得到发展了。从这一角度看问题，如下的逻辑实在是顺理成章、天经地义的事情：不用个人主义思想的方式想问题，就是以个人的微薄力量与强大无比又无所不在的社会生活环境相抗衡，在这样的抗衡中，个人的失败是注定的。这样的失败不管别人和后人看来多么高尚和悲壮，但有一点是任何人必须正视的，这就是个人顺应个人主义思想地想问题，是生存的必备前提之一。马克思和恩格斯在《德意志意识形态》中说："一切人类生存的第一个前提，也就是一切历史的第一个前提，这个前提是：人们为了能够'创造历史'，必须能够生活。但是为了生活，首先就需要吃喝住穿以及其他一些东西。因此第一个历史活动就是生产满足这些需要的资料，即生产物质生活本身。"① 我们顺着马克思和恩格斯的思路推理下去，逻辑结论同样清晰和明显：生产物质生活的方式是生产方式，而生产方式是社会生活中的决定性因素，当然也是特定思想观念得以产生的决定性因素，这就是马克思和恩格斯在《德意志意识形态》中提出的著名原理："不是意识决定生活，而是生活决定意识。"② 既然生产方式是个人主义式的，进而社会生活也是个人主义式的，那么，在思想观念上怎么能不是个人主义式的呢？

---

① 《马克思恩格斯文集》第 1 卷，人民出版社 2009 年版，第 531 页。
② 《马克思恩格斯文集》第 1 卷，人民出版社 2009 年版，第 525 页。

第三节　个人主义的基本含义

近现代以来有无数的思想家发表过对个人主义思想的看法。在这些思想家中，不乏深刻全面者，如洛克、亚当·斯密、米塞斯、弗里德曼等人。但是，他们之中没有一个人能像哈耶克那样，跨越经济学、法理学、政治学、哲学和历史学等诸多学科，投入几乎是毕生的精力，不遗余力地试图把个人主义思想系统化、体系化。他确实不是像洛克那样的政治个人主义思想的开创者，也不是像亚当·斯密那样的经济个人主义思想的奠基人，但他吸收和融合了这些人的思想，并有所发现，如对自发性的发现和推崇，对真假个人主义思想的甄别，对个人主义思想起源和流变的考据，对个人主义思想基本内容的梳理和阐释，等等。基于此，我们在论述个人主义的基本含义时，将以哈耶克对个人主义思想的看法为蓝本，兼及其他人的有关思想。这样处理问题的好处是，既能保持个人主义思想的系统性和完整性，又不会陷入以偏概全的困境。

1. 个人主义思想的本质。当试图理解个人主义思想的本质时，人们往往是从伦理道德角度出发，预先给这种思想设定了一个应当是什么而实际情况又不是什么的框架。在我国的学术界尤为严重和典型。例如，我国最权威的工具书《辞海》这样解释"个人主义"一词："一切以个人利益为根本出发点的思想。是私有制经济在意识上的反映。它是资产阶级世界观的核心和资产阶级道德的基本原则。资本主义社会是私有制的最后和最完备的形态，因而个人主义在资产阶级身上发展到了顶峰。表现为损公肥私、损人利己、唯利是图、尔虞我诈等。个人主义也是小生产者世界观的一个特征。表现为自私狭隘、自由散漫、自发的资本主义倾向等。个人主义同无产阶级集体主义根本对立，对革命队伍起着腐蚀作用。"[①]这种用伦理道德标准把个人主义思想漫画化的做法，使真正的个人主义思想与这里

---

① 《辞海》，上海辞书出版社1980年版，第309页。

所刻意描绘的个人主义具有了本质区别，所以，丢丑和不道德的是这种描绘本身而不是真正的个人主义思想。

　　另一种理解方式多见于西方人，这就是把个人理解为孤立自在的个体，这种个人似乎与他人、与社会没有什么关系，如果说有关系的话，也是相互仇视的关系。这种对个人主义思想理解方式的最极端表现，可以在被马克思恩格斯痛加批判的德国人施蒂纳的《惟一者及其所有物》一书中找到："我的一切就是我，我就是惟一者。""什么叫善，什么叫恶！我自己就是我的事业，而我既不善，也不恶。两者对我都是毫无意义的。""对我来说，我是高于一切的！"① 这种对个人主义思想的理解实际是一种理论上的分析框架，如果陷入这种分析框架，必然导致两种理论后果，或者是无政府主义，或者是带有"天才论"和英雄崇拜痕迹的浪漫主义。就这一点而言，卡莱尔的《论英雄和英雄崇拜》一书就是典型。

　　真实情况绝非如此。在哈耶克看来，个人主义在本质上是与社会主义理论体系针锋相对的思想体系，它是一种社会理论，是一种政治行为规范，更为主要和根本的，是一种理解个人自身、个人和他人以及个人与社会关系的方法。② 如果把个人主义思想表述的更直白一点，那么，它就是把个人看作具有天赋人权的独立、自由的个体，人与人之间的关系是平等的而不是从属或依附的，个人与社会的关系则在于个人的价值具有至高无上的地位，社会不征得个人同意，无权干涉个人的守法行为。这意思是说，个人是价值来源的先决条件，合法性只能从个人自愿同意中取得。③哈耶克对这一问题的理解显然要透彻许多，不管人们在情感上同意还是反对他的观点，他的逻辑思路还是明摆在我们的面前："个人主义者由此得出结论说，在限定的范围内，应当让个人遵循他们自己的(而不是别人的)价值和偏爱；并且在这个领域内，个人的目标体系应当高于一切，不受他人任何命令的约束。就是这种承认个人作为其目标的最后判断者，以及对

---

① ［德］麦克斯·施蒂纳：《惟一者及其所有物》，商务印书馆1997年版，第5页。

② 参见［奥］哈耶克：《个人主义与经济秩序》，北京经济学院出版社1989年版，第6页。

③ 参见［美］布坎南：《自由、市场和国家》，北京经济学院出版社1988年版，第279页。

个人行动应当尽量受他自己意志的支配的这种信念，形成了个人主义立场的本质。"①

2. 个人主义思想内涵的经济制度前提。个人主义思想与经济制度中的公有制无法联结在一起，因为在公有制基础上只能产生集体主义思想。从这个意义上说，个人主义思想的经济制度前提是财产私有制。在这一问题上，哈耶克的立场毫不含糊，"私有制是自由的最重要的保障。正是由于生产资料掌握在许多独立行动的人的手里这个惟一的缘故，才没有人有控制我们的全权，我们才能够以个人的身份来决定我们要做的事情。如果所有的生产资料都落到一个人手里，不管它在名义上是属于整个'社会'，或是属于独裁者，谁操有这个管理权，谁就有全权控制我们"②。

站在马克思主义立场上理解哈耶克的论证，很容易发现这种观点的秘而不宣的关键所在，它在预设自身正确的前提下进行想象和推论，结论确实符合自己预设的目的，但在实际上是错误的，因为这一结论掩盖了私有财产的来源及其正当性问题。马克思在《1844年经济学哲学手稿》中说："国民经济学从私有财产的事实出发。它没有给我们说明这个事实。它把私有财产在现实中所经历的物质过程，放进一般的、抽象的公式，然后把这些公式当做规律……国民经济学没有向我们说明劳动和资本分离以及资本和土地分离的原因……它把应当加以阐明的东西当做前提。"③在这一点上，哈耶克及其他自由主义经济学家远不如自己的思想祖宗洛克，因为洛克在《政府论》一书中系统论述了一个令资产阶级学者不悦的观点：私有财产起源于劳动。④当然，我们在这里也不要过分地苛求哈耶克，因为他提出观点和进行论证的真正目的是说明一个道理，这就是私有财产制度与个人主义思想唇齿相依、生命攸关的关系。确实，在资本主义的市场经济条件下，人的独立、自由、平等、身份、地位和其他东西，都是以私有财

① ［奥］哈耶克：《通向奴役的道路》，商务印书馆1962年版，第59—60页。
② ［奥］哈耶克：《通向奴役的道路》，商务印书馆1962年版，第100—101页。
③ 《马克思恩格斯文集》第1卷，人民出版社2009年版，第155页。
④ 参见［英］洛克：《政府论》（下），商务印书馆1995年版，第19、21页。

产的存在为前提和基础的，没有私有财产制度，这一切便无从谈起。

3. 个人主义思想的哲学认识论前提。个人主义思想的哲学认识论前提是人的能力有限论。在这个问题上，哈耶克的观点与其思想上的先驱和导师的观点之间有很大区别。亚当·斯密认为："各个个人都不断地努力为他自己所能支配的资本找到最有利的用途。固然，他所考虑的不是社会的利益，而是他自身的利益，但他对自身利益的研究自然会或者毋宁说必然会引导他选定最有利于社会的用途。"[①]他还说："关于可以把资本用在什么种类的国内产业上面，其生产物能有最大价值这一问题，每一个人处在他当地的地位，显然能判断得比政治家或立法家好得多。如果政治家企图指导私人应如何运用他们的资本，那不仅是自寻烦恼地去注意最不需注意的问题，而且是僭取一种不能放心地委托给任何个人、也不能放心地委之于任何委员会或参议院的权力。把这种权力交给一个大言不惭地、荒唐地自认为有资格行使的人，是再危险也没有了。"[②]由于亚当·斯密的话中信息容量大，所以，可理解和解释的空间也很大。不过，其中含有人的认识能力无限论，是基本和核心的事实。萨伊顺着亚当·斯密的思路往前走，意思表达得更直白，其中的缺陷也暴露得更清楚："生产者不但能知道人类需要什么，而且能预知人类需要什么，这是他的多种才能中的一个。他为着自己利益必须竭力培养这种才能。"[③]客观地说，在亚当·斯密时代，经济运行的规模还比较小，尤其是他选定的论证问题的角度——资本持有者和运营者与胸无点墨又胡乱干预的政府官员比较，所以，在判定如何运用资本更有效率这一点上，资本家的能力显然要高于政府官员。从这个角度看问题，亚当·斯密的观点只是描述了一种特定历史时代的基本事实，并且，表达了对这种基本事实的一种态度。至于萨伊，总是抱着语不惊人誓

① [英] 亚当·斯密：《国民财富的性质和原因的研究》下卷，商务印书馆 1974 年版，第 25 页。

② [英] 亚当·斯密：《国民财富的性质和原因的研究》下卷，商务印书馆 1974 年版，第 27—28 页。

③ [法] 萨伊：《政治经济学概论》，商务印书馆 1997 年版，第 156 页。

不休的心境说话，所以，他的话总是很极端，某些情况下甚至可以说是瞎起哄。但是，他们二人的观点，尤其是萨伊的观点，确实包含了一种倾向，这就是资本持有者和运营者在运用资本时的能力无限论。这实在是非常危险的倾向。如果把这里的能力无限加以分解，其中的危险性便会暴露出来。这里的能力无限起码包括如下几个方面的内容：资本持有者和运营者收集、消化相关信息的能力是无限的；他们根据相关信息作正确决策的能力是无限的；他们对自己行为的生态环境后果和社会伦理后果预知的能力也是无限的。市场经济实践的历史告诉我们，具有如此神奇能力的资本持有者和运营者从来就没有过，将来也不会有，因为这种人的能力无限论与人的存在的本质相悖谬。

哈耶克对人的能力的看法正好相反。他认为，个人的智力十分有限，[①] 因为，作为消费者的人，各自的需要不一样，就是同一个人，针对不同的情况，在不同的时间和地点，甚至在不同的心境下，其需要也各不相同。正是这里的"不一样"或"不相同"，构成了种类无限、瞬息万变的需要世界，面对这个无限的需要世界，资本持有者和运营者说自己满足需要的能力有限，是理智之举；说自己满足需要的能力无限，这种人不是神经有问题便是狂妄到不知天高地厚的地步。用这个逻辑思路看问题，哈耶克对个人智力，（能力）有限论的论证便是既中肯又有道理："我们不仅没有这种无所不包的价值的尺度，而且任何人都没有那种才力去了解，为了取得可供利用的资源而竞争的不同的人们的没有止境的不同需要，并且给每种需要定出一个高下。对我们的问题来说，任何一个人类关心的目标是否仅只包括他自己个人的需要，或者是否包括他邻近的甚至较远的同伴们的需要，——也就是说，他是利己主义者或是利他主义者（用这些字的通常意义来说）——都是无关紧要的。重要的是这样一个基本事实，即任何人不可能去考察超过一定范围以外的领域，去了解一定数目以外的需要的迫切性。不管他的关心是否以他自己的物质需要为中心，或者他是否热

---

① 参见 [奥] 哈耶克：《个人主义与经济秩序》，北京经济学院出版社 1989 年版，第 8 页。

情地关怀他所知道的每一个人的福利，他所能关怀的目标永远只能是所有人们的需要中无限小的一部分。""这就是全部个人主义哲学所根据的基本事实。"①

这两种观点之间的不一致有其客观原因。亚当·斯密和萨伊认为人的能力无限，除受到当时科学万能论的强烈影响外，他们所说的能力无限者指称的是企业主，反对的则是封建专制势力对资本主义市场经济的横加干涉，他们要论证和确立的核心命题是经济自由主义的天然合理性。哈耶克坚持人的能力有限论是个人主义的哲学认识论基础，其真实的意图也是政治和经济而不是纯哲学。有感于以笛卡尔理性主义为理论基础、以卢梭为典型代表的理性个人主义主张对未来社会进行设计和消灭私有制的观点，哈耶克似乎从中觉察到了理性个人主义与社会主义和计划经济体制思想的内在联系，而这一切又是以哲学认识论上人的能力无限论为理论前提。从这个角度看问题，哈耶克反对人的能力无限论，坚持人的能力有限论，是必然的理论结局。

相对于客观事实和后来主流经济学的发展而言，显然是哈耶克正确而亚当·斯密和萨伊等人错了。因为，伴随人的能力无限论而来的必然结论是：人在经济活动中所依据的信息是完整的。实际情况是，人们在决策时所依据的信息不可能完整。发现这一点，明确地指出这一点，是哈耶克对经济学理论和哲学认识论的伟大贡献。正是凭借这一发现，哈耶克在从哲学和经济学两个层面批判计划经济体制思想时才显得既有理论深度，又给人以逻辑上强劲有力的印象。

个人主义思想考虑问题的出发点是自爱和追求个人利益。哈耶克对把个人主义思想及概念与利己主义思想及概念等同起来的做法表示强烈不满。他认为，把个人的自爱理解为包括家人和朋友才符合实际，并且只有以这样的理解为理论前提，才能把个人主义与利己主义等同起来。尤其重要的是，个人主义思想或说利己主义思想的内在逻辑中，并不必然和绝对

---

① ［奥］哈耶克：《通向奴役的道路》，商务印书馆1962年版，第59页。

地排斥他人以及社会的利益，真实的情况是，个人主义思想的伟大之处和高超的艺术性就在于揭示出这样一点，个人在以自爱为前提追逐个人利益的过程中，也为他人和社会谋得或增进利益。由于亚当·斯密在《国民财富的性质和原因的研究》一书中用"看不见的手"的哲学隐喻对这一立场进行了雄辩有力的论证，所以，哈耶克并不在确立这一立场上花费多少笔墨。值得注意的是这样一个事实，他试图给人造成一种印象，这一立场不仅是亚当·斯密和他这样的经济自由主义者思想的主轴，而且也是18世纪以来西方文化氛围中的主流。哈耶克以引证思想先驱观点的形式做到这一点。乔赛亚·塔克尔在1756年出版的《商业要素》一书中指出："关键在于既不压制也不削弱自爱，而是给他以这样一种引导，即通过促进他自己来增进公益……这种特征的良好计划表明，人类本性上的普遍动机——自爱，在这种情况下（像在所有其他情况下一样），可以接受这样的指导，即通过追求自身的利益所作出的努力来增进公共福利。"[1]埃德蒙·伯克在《关于社会的思考与拾零》一书中也指出："所有事情的仁慈与聪颖的处理者，不管他意愿如何，总是在追求自我利益中，把整个社会的福利与他自己的个人成功联系起来，从而给众人带来了福利。"[2]哈耶克的引证可以使我们窥见18世纪的思想家们如何思考和论证个人主义思想的方法，但他通过引证试图给我们营造的精神氛围是否符合18世纪的实际呢？我们用马克思的话回答这一问题："每个原理都有其出现的世纪。例如，权威原理出现在11世纪，个人主义出现在18世纪。"[3]

　　哈耶克及其思想先辈的观点，涉及一个与个人主义思想有根本性关系，又与资本主义市场经济实践必然联系在一起的问题：个体与整体的利益关系到底是什么样子？从亚当·斯密到哈耶克这条思想路线的观点貌似回答了这一问题，实际情况是，这里有一条逻辑鸿沟他们根本无法跨越。个人主义思想的经济制度前提是财产私有制。在这种情况下，个人利益和

① 转引自[奥]哈耶克：《个人主义与经济秩序》，北京经济学院出版社1989年版，第7页。
② 转引自[奥]哈耶克：《个人主义与经济秩序》，北京经济学院出版社1989年版，第7页。
③ 《马克思恩格斯文集》第1卷，人民出版社2009年版，第607页。

对个人利益的追逐天经地义、合理合法。在私有财产神圣不可侵犯的前提下，个人利益如何与社会整体利益协调一致？这两种利益之间的矛盾不可避免，一旦矛盾发生，如何看待和处置？或者换一条思路提出问题：个人利益的简单相加就等于社会整体利益吗？用逻辑语言来表述，这个问题就变为：部分的机械相加就等于由部分构成的整体吗？这条逻辑鸿沟确实被别人发现了，这个人就是德国经济学家李斯特：亚当·斯密等人"所喜欢引用的是古尔耐老人所说的那句话，叫做'一切不管，听任自由'，这句话商人听得进，盗贼和骗子也听得进，可见作为一个准则是有些疑问的。流行学派（指以亚当·斯密为代表的经济自由主义学派——引者注）的理论所考虑的处处只是现有价值，绝不估量到产生这种价值的力量，把整个世界看成只是一个商人的不可分割的天下，因此这种毫无顾忌地把工农业利益屈从于商业要求的颠倒说法是势所必然的结果。这个学派没有看到，商人在达到他的目的（那就是争取交换价值）时，可能使工农业或国家的生产力受到牺牲，甚至可能损害到国家的独立自主。商人按照他职业的性质来说，当他输入或输出商品时，这一行动对国家在道德、繁荣或力量等方面会引起什么作用，在他正不必操心太过；对他反正都是一样的。他可以输入药品，也可以同样欣然地输入毒品。他可以用鸦片或火酒损害任何国家的元气。他凭着进口贸易或走私活动，可以使千百万人获得工作与生计，也可以使他们沦落到赤贫地位，不论结果如何，对他作为一个商人来说，并没有多大出入，只要他自己的钱袋因此得以更加充实。假使由于他的活动，有些人无法在祖国生存，不得不向国外逃亡，这个时候他还可以为这批移居者作出安排，从中博取利润。在战争时期，他可以向敌人供应军火。假使可能的话，他未尝不可能把祖国的田地出卖给外国，当他卖到最后一块地时，他还可以溜到船上，把他自己输出国外"。结论很明显，"各个商人的利益与整个国家的商业利益两者是相差得很远的"。①

---

① 〔德〕弗里德里希·李斯特：《政治经济学的国民体系》，商务印书馆 1983 年版，第221 页。

虽然李斯特的用语稍嫌尖刻极端，但我们不能说他的话没有经验事实的根据。看来，把能概摄部分经济事实的道理拔高为全称性的一般原则，起码是冒了双重的风险：一是逻辑风险；二是经验事实的风险。出于自爱追逐私利的活动确实能为社会整体带来利益，但在认同这一道理时，必须注意到两个前提条件：一是并非所有追逐私利的活动都会产生社会整体的利益；二是私利追逐活动必须在法律和道德的双重框束下才能对社会有益。以亚当·斯密和哈耶克为代表的这条经济思想路线显然是没有充分意识到这两个前提条件的极端重要性，所以，在自己思想的演进过程中，既遇到了无法跨越的逻辑鸿沟，又遭到了经验事实的强有力抵抗。

4.自发性是个人主义思想的灵魂。"自发性"概念的提出及其详尽阐述是哈耶克个人主义思想最根本的特色，也是他对西方个人主义思想传统的最大贡献。由于这一思想的重要和内容的丰富，所以，不得不多花费笔墨，说得详尽一点。

哈耶克非常看重他所提出的"自发性"概念，他认为，这是他"对经济学理论做出的最有原创性的贡献"，[①] 这一贡献的完成，"花费了差不多50年的时间"，[②] 并认为，"这种观念就是我的著作背后最重要的思想"[③]。他把这一思想的个人起源和正式提出追溯到1936年发表的《经济学与知识》一文："这篇文章的主要结论是，经济学理论的主要任务是解释如何实现经济活动的总体秩序，人们在这些活动中所利用的大量知识，并不能被集中在一个人的头脑中，而只能是由不同人掌握的分立的知识。然而，由这一点到正确地洞察到个人在其活动中所遵循的抽象规则，与由此而形成的抽象的总体秩序间的关系，还有相当长的距离……而正是由于透过重新审视传统自由主义的基本概念——源远流长的法律之下的自由概念——及由此而涉及的法律哲学问题，我才对古典自由主义经济学家一直在谈论

---

① 转引自[英]阿兰·艾伯斯坦：《哈耶克传》，中国社会科学出版社2003年版，第116页。

② 转引自[英]阿兰·艾伯斯坦：《哈耶克传》，中国社会科学出版社2003年版，第370页。

③ 转引自[英]阿兰·艾伯斯坦：《哈耶克传》，中国社会科学出版社2003年版，第369页。

的自生秩序的性质，有了一个大体还算清晰的认识。"①

　　虽然哈耶克对自发性概念的提出和阐释自视甚高，但不可否认的事实是，这一概念有深厚广博的思想渊源。他自己也承认这一点。哈耶克自己为我们发掘的思想传统主要是18世纪的苏格兰人建立起来的，代表人物有亚当·斯密、休谟、亚当·弗格森，还有以《蜜蜂的寓言》著称于世、长期生活在英国的荷兰人曼德维尔。哈耶克甚至认为，亚当·弗格森的思想与自发性概念之间的距离只有一步之遥，这样说的根据是弗格森的如下文字："社会形式的起源是模糊不清且确无定论的，早在哲学出现以前，它们产生于人的本能，而不是人的思维……我们把它们归为先前的计划，它们只有经历了才会知道，人类任何智慧都无法预见得到，并且如果没有共同产生的他们那个时代的气质和性格，任何权威都无法使个人去履行它。"②此外我们还应注意到，哈耶克的自发性概念还有两个思想来源也不应忽视。一是自然法理论。这一理论最早起源于古罗马时期，几经演变，到近代的西方，它的含义便变为自然而然，人为力量不能改变。二是法国重农学派的自然秩序思想。从某种意义上说，法国重农学派心目中的自然秩序，就是哈耶克的自发性思想。

　　由于哈耶克把自发性思想置于如此重要的地位，所以，他在不同的地方，从各个角度和层面揭示这一思想的丰富内容。宏观地说，他从两个角度出发使这一思想充分地显现出来。

　　一是作为个人主义思想灵魂的自发性思想反对什么。在他看来，自发性思想反对的目标有六个：第一，反对强制和专制；第二，反对自培根以来就大行其道，亚当·斯密确立其在经济学中地位的"人的能力无限"的假设；第三，反对以卢梭等人为代表、以笛卡尔的思维方式为罪魁祸首的人为设计思想；第四，反对以平均主义为本质特征的平等要求；第五，反对无所事事的游手好闲；第六，反对无政府主义式的个人主义思想和浪漫

① 转引自[英]阿兰·艾伯斯坦：《哈耶克传》，中国社会科学出版社2003年版，第119页。
② 转引自[奥]哈耶克：《个人主义与经济秩序》，北京经济学院出版社1989年版，第7页。

主义式的个人主义思想。

二是自发性思想到底指称什么。在哈耶克看来，自发性秩序形成和维护的核心是个人，个人是一切价值的最终标准；个人主观能动性的发挥和对个人利益的追逐确实会造成不协调的非秩序状态，这种情况下，解决问题的办法不是政府权力的强行干预，而是通过个人的不断努力和个人之间的协调达到目的；自发性协调的存在理由是这种协调在对个人有利的同时也具有公益性；个人行为的动力既非出自上帝之手，也非政治权力的驱使，而是出自个人的自爱；各个人在特定情势下的自我调适，必将导致自发性、整体性秩序的出现；真正自发性的自由主义秩序，是个人适应性进化和不断试错的结果，但绝对不是任何人强迫他人或被他人强迫的结果。

实际情况是，哈耶克的自发性思想确实发现和概括了人类社会历史进程中的一个基本事实，这就是人类文化演进的最终结果难以预知。在这一点上，他是休谟的忠实信徒和现代承继者。这在人类认识史上有积极的且是难以估量的价值和意义。当然，这一思想中明显可见的本质是个人利益的至高无上，顺着这一逻辑思路延伸，结论不言自明：维护个人利益至高无上的地位是人类的最高利益，是人类文明的最高追求目标。因为，既然人为计划人类文明的进程会"摧毁我们的文明"[1]，那么，为了使人类文明延续下去，只能让个人在自身利益驱动下尽情地发挥和表现。

5. 个人主义思想的政治观。这是个人主义理论体系的重要组成部分。概括地说，个人主义思想的政治观包括三个方面的内容：个人的政治法律地位、个人与他人的关系和个人与社会的关系。具体地说，个人主义政治观的内容极为丰富，因为，它不是孤立现象，是哲学个人主义思想的具体化，也是经济个人主义思想的政治理论表现。哈耶克首先申明，真正的个人主义者不是无政府主义者，个人主义者服从社会权威，并需要合适的法

---

[1] 转引自［英］哈耶克：《自由秩序原理》上卷，生活·读书·新知三联书店 1997 年版，"代译序"第 11 页。

律结构，从这个意识上说，个人主义思想就意味着真正的民主。① 但是，真正的民主并非是实行多数人的专制，而是要充分尊重少数人的意见，这就是说，"如果极少数人的观点能够产生更好地满足公众需要的结果，就应该允许其存在"，并且"随着时间的流逝，今天是极少数人的观点也许会变成大多数人的观点"。② 还有，个人主义允许自由选择，③ 提倡自愿协作，所以，个人主义是使坏人造成的损害最小化的制度，它坚决反对个人凭借自己的能力和财产以外的任何优势(如血统、法统等封建性质的优势)获取个人利益。④

哈耶克为个人主义政治观的具体内容开列的清单可谓全面，并且我们在这个清单里确实能体悟出个人主义思想的内在本质，即凡是对个人有好处的，就是好原则，凡是对个人没有好处的，就是坏原则。从这一实质中，我们很容易发现支撑个人主义思想体系的哲学思维方式，这就是个人至上和个人本位。

从反对封建专制的角度看问题，这种个人至上和个人本位的思维方式有巨大的历史进步意义，因为矫枉必须过正。但是，我们不能忽略的一点是，矫枉的正确并不能掩盖更不能代替过正的错误，尤其重要的是，不能把过正之处固定化、绝对化。哈耶克正是犯了这种错误。

在市场经济构成的生活环境中看待哈耶克的个人主义政治观，不难发现其中有不少深刻睿智的洞见。例如他说："依据规则管理国家的政府，其主要目标是告诉人们什么是他们的责任范围，他们必须把他们的生活约束在这一范围内；依据行政命令管理国家的政府，它的目标是摊派具体义务。……这个问题完全是一个有关法律保护下的自由与使用法律手段(民

---

① 参见 [奥] 哈耶克:《个人主义与经济秩序》，北京经济学院出版社1989年版，第17、23—24、20—21、29页。

② [奥] 哈耶克:《个人主义与经济秩序》，北京经济学院出版社1989年版，第28页。

③ 参见 [奥] 哈耶克:《通向奴役的道路》，商务印书馆1962年版，第90—92页，还见第97—98页。

④ 参见 [奥] 哈耶克:《个人主义与经济秩序》，北京经济学院出版社1989年版，第16、12、29页。

主的或专制的）取消自由之间的区别问题。"①哈耶克的取舍标准是个人权利的自由是否受到尊重和维护，这一标准对促使我们的社会生活和政治生活朝着法制化、民主化的方向发展，具有不可小视的启发和借鉴意义。

6. 个人主义思想的道德观。个人主义思想中的道德观和从伦理道德角度理解个人主义思想二者之间具有本质区别。在我们以往对个人主义思想的理解中，个人主义是不讲道德的代名词，因为在这种理解方式中，个人主义思想变得面目可憎、丑陋无比，因为它主张，个人为了追逐私利可以不择手段，人与人之间的关系是唯利是图、尔虞我诈，自我永远是目的，他人永远是手段。真实的情况是，这样的理解并不符合实际。对个人主义思想同样是信仰坚定的美国经济学家、公共选择学派的创始人之一布坎南认为，人们生活在一个道德无政府状态中是难以想象的，"所以，在个人主义者构成的社会中，每个人对待他人理应相互尊重和容忍，没有必要去想是否属于有共同价值和忠诚的一个社会或集体。在这个环境中，个人的人身和财产是安全的，社会安定对治理的需要降至最小程度。相应来说，个人的自由达到最大程度"②。

布坎南论证个人主义道德观的方式是假设式，即假设道德无政府状态和道德完全状态中人们的生活会怎么样。真实的社会生活中，实际存在的是处于布坎南两种假设之间的状态。哈耶克以与"典型的德国人"的道德状态相比较的方式，为我们开列个人主义道德原则的清单："宽容和尊重其他的个人和他们的意见，独立精神，正直的性格和维护自己的意见而不为一个上级的意见所左右的那种意愿，德国人也常常自觉到这一点，把它叫做'书生意气'；对于弱者和衰老者的体恤，和只有个人自由的古老传统产生出来的对权力的健全的鄙视和憎恨。他们似乎还缺少很细小的、但很重要的品质，就是在一个自由社会里，使人与人之间便于互相交往的那些品质：和蔼和一种幽默感，个人谦逊，尊重别人的隐私和对邻人的善意

---

① 〔奥〕哈耶克：《个人主义与经济秩序》，北京经济学院出版社1989年版，第18页。
② 〔美〕布坎南：《自由、市场和国家》，北京经济学院出版社1988年版，第112—113页。

的信任。"①

哈耶克的思路比布坎南的观点清晰和完整，但我们必须意识到的一点是，他们二人的基本立场是完全一致的，由个人主义者构成的社会中，社会生活和个人生活都需要道德；另外，个人主义者构成的社会中的道德与集权专制社会中倡导的道德二者之间有本质区别；最后，遵循个人主义道德原则行事构成的社会是一个理想的和美妙的社会。

布坎南自己也承认，道德原则得到完全遵守的社会是不存在的，同理，道德无政府状态的社会也是不存在的。这是因为，道德原则得到完全遵守的社会不会需要国家权力的权威和法制；道德无政府状态的社会，国家权力的权威和法制严酷异常，但无真正的社会基础和公信力。由此看来，哈耶克在比较过程中开列出的清单，只能说是他自己的理想模型，但绝对不是客观存在的事实。不过，从抽象继承的角度看问题，哈耶克的清单对我们研究和确立社会主义市场经济条件下的道德规范体系，还是有一定的启发和借鉴意义，起码，它会使我们改变一种极为有害的看法：市场经济实践与道德原则相互排斥，伴随市场经济的发展，必然的结果是道德沦丧。

在我们对个人主义道德作实事求是的梳理之时，应持辩证和客观的态度。这就是说，既不要因人废言式地一概否定其中的合理性因素，也不要失去批判意识和自我立场的一味接纳和狂吞。这样说的根据是，在西方的个人主义道德观中，还有一股浊流，这是必须痛加批判的东西。例如，英国的实证主义哲学家赫伯特·斯宾塞在《社会静力学》一书中，对竞争中的弱者和失败者提出了如下的看法和对待办法："一个手艺笨拙的工匠，如果他做了一切努力也无上进，他就要挨饿，这似乎是严酷的。一个劳动者因疾病失去与他较强的伙伴竞争的能力，就必须忍受由此而带来的贫困，这似乎是严酷的。听任寡妇孤儿挣扎在死亡线上，这也似乎是残酷的。可是如果不是单独地来看，而是把它们与人类普遍的利益联系起来

---

① ［奥］哈耶克：《通向奴役的道路》，商务印书馆 1962 年版，第 143 页。

考虑，这些严酷的命中注定的事情，却可以看作充满利益——正如使有病父母的子女早进坟墓，及挑选放纵或衰弱的人做瘟疫的牺牲者一样。"① 这一胆大妄为的看法和马尔萨斯的邪恶主张如出一辙。我们佩服斯宾塞敢讲真话的勇气，但诅咒这个任性地蔑视人的基本生存权的强者。令我们不能小视的是，当 1859 年达尔文《物种起源》一书出版以后，个人主义思想中这一带有毒汁的浊流，又胡乱拼凑上生物学因而貌似科学的基础。哈耶克和布坎南，尤其是前者，显然是有意避嫌，要不然，他们为什么在梳理个人主义思想中的道德观内容时，把这里的丑恶主张改为体恤弱者和衰老者呢？

第四节　经济个人主义的基本含义

在上面对个人主义基本含义的论述中，我们暂时搁置了经济个人主义思想的内容。这样处理问题的理由有二：一是它的内容极为丰富，第三节的有限篇幅无法容纳；二是我们的研究对象是西方主流经济学中的经济价值观，而这一价值观的核心和灵魂，严格意义上说是经济个人主义思想。逻辑和具体内容的双重需要迫使我们单列一节论述经济个人主义思想的问题。

由于有了亚当·斯密，西方主流经济学才为自己成为一门独立学科奠定了基础。从学科体系性要求的角度看问题，奠定这一基础的前提条件是创造出西方主流经济学的逻辑前提、经济价值观核心和一套独特的范畴推演体系。亚当·斯密有着其他国家的学者无法比拟的优越条件，所以，他不辱使命，很好地完成了创立资产阶级政治经济学的使命。具体说，英国较早地爆发了资产阶级革命，到亚当·斯密从事政治经济学研究和著述活动时，英国资产阶级的统治地位已经确立，思想渐趋成熟。当时的英国是

---

① ［英］赫伯特·斯宾塞：《社会静力学》，商务印书馆 1996 年版，第 144 页。

西方市场经济发育最成熟的国家之一，这时已开始工业革命，在这里，资本主义市场经济运行的经验、教训、问题、前景等，都以典型的形式表现出来，资本主义生活的本质也暴露得最为充分。这一切构成了亚当·斯密具备而其他经济学家所不具备的得天独厚的条件，所以，在论述经济个人主义思想的基本含义时以亚当·斯密的相关思想为轮廓是恰当的。

从另一个角度看，亚当·斯密的经济个人主义思想可能有不充分或不深刻之处，但后来西方主流经济学的历史发展表明，这一思想起码有一个优点，这就是完整性或说体系性。他的后继者们，貌似离亚当·斯密而去独创新说，如李嘉图、萨伊、新古典学派，甚至凯恩斯的宏观经济学、公共选择学派和新制度学派等，但他们的起步之处和基本框架并没有超出亚当·斯密政治经济学思想的涉及范围。差别确实存在，这些人或者是以突出亚当·斯密理论体系中的某种要素而忽略其中的另一种要素为代价换取自己观点的新颖性和深刻性，或者是根据新的事实材料修补和完善亚当·斯密理论体系中的某一要素。从这一角度看问题，把解说经济个人主义思想基本内容的重点放在亚当·斯密身上，以其他经济学家的有关思想作为补充，能够体现和反映西方主流经济学中经济个人主义思想的全貌，因而是有道理的。

亚当·斯密的经济个人主义思想中，有一个经济学本身无法解决但也无法躲避的问题，这就是它的逻辑前提。这一逻辑前提包括两个方面的内容：其一是自然法理论；其二是人性论假设。这两部分内容之间的关系是，自然法理论从人的生活之外说明人，如此处理问题的根本目的是使理论具有神圣性、永恒性和不可更改性。在这里，精妙之处不是自然法理论与人的真实存在有多少相合之处，而是理论在发挥自身逻辑功能的过程中，为以此理论作为逻辑前提的理论的出台、展开和影响社会生活铺平了道路。人性论假说试图从人的生活本身说明人，这种说明的宗旨不可能在事实描述的意义上真正说清人是什么，所以，它发挥的是一个更大理论体系中的特定逻辑功能。两千多年来，中西方的哲学家们每每在这一问题上花费很多智慧，总是追问人性是什么、人的本质是什么、人是什么，不同的哲学家之间由于各不相同的立场而互相攻讦和批判。尽管观点各异，但有一点是共同的，他们的注意力都集中在客观事实上的人、人性、人的本质是什么问题上。殊不知，这样的追问永远不会有真正符合客观实际的知识结果。因为，如此追问的用意不在自身而在追问的逻辑功能，所以，把心思用在追问的逻辑功能上才是正理。这样，对人性论假设的检验不是看它自身符合实际与否，而是要看以它为逻辑前提引申出的理论体系符合实际与否。实在地说，后一种理解人性论假设的思路才是正确的思路，因为这种思路能让人性论假设的全部功能和作用发挥出来。

在亚当·斯密创立政治经济学体系、展开经济个人主义思想时，他的思想先辈和同辈已经在哲学领域为他准备好了逻辑前提。关于自然法，活动年份与他差不多的法国哲学家狄德罗说："自然法就是我们的行为必须以之为规范的那种永恒不变的秩序。它的基础是善与恶之间的本质区别。"[①]实际上，分析框架意义上的自然法理论并非是近代以来西方社会科学工作者的创造，而是对古罗马精神遗产的继承。例如，西塞罗就说过："自然法并不是人心制造出来的东西，并不是各个民族制定出来的一种任意的规定，而是那种支配宇宙的永恒理性的印记……它的来源与圣灵一样古老：因为真实、原始、首要的法无非就是伟大的天神用来支配一切的理性。"[②]洛克真正在分析框架而不是在事实描述的意义上理解了自然法概念，他根据当时特定的历史需要，赋予这一概念具体的含义："人们既然都是平等和独立的，任何人就不得侵害他人的生命、健康、自由或财产。因为既然人们都是全能和无限智慧的创世主的创造物，既然都是惟一的最高主宰的仆人，奉他的命令来到这个世界，从事于他的事务，他们就是他的财产，是他的创造物，他要他们存在多久就存在多久，而不由他们彼此之间作主；我们既赋有同样的能力，在同一自然社会内共享一切，就不能设想我们之间有任何从属关系，可使我们有权彼此毁灭，好像我们生来是

---

① 周辅成编：《西方伦理学名著选辑》下卷，商务印书馆 1987 年版，第 35 页。
② 周辅成编：《西方伦理学名著选辑》下卷，商务印书馆 1987 年版，第 37 页。

为彼此利用的，如同低等动物生来是供我们利用一样。正因为每一个人必须保存自己，不能擅自改变他的地位，所以基于同样的理由，当他保持自身不成问题时，他就应该尽其所能保存其余的人类，而除非为了惩罚一个罪犯，不应该夺去或损害另一个人的生命及一切有助于保存另一个人的生命、自由、健康、肢体或物品的事物。"①

熊彼特说："社会科学起源于自然法概念。"②这实在是个有见地、符合历史实际且深刻的论断。洛克的思想，是近现代哲学、政治学、经济学和法学理论的源头之一。他在分析框架意义上赋予自然法概念的含义，连在我们东方人看来具有水分的地方，也具有客观实在的社会历史内容。自然法是上帝的意志，个人不能更移，实际情况是，自然法是市场经济运行的客观规律，生活于市场经济条件下的个人，只能顺从和适应它，不能改变或消灭它。在这个大前提下，个人之间的平等、个人的生命、健康、自由和财产是神圣不可侵犯的。后来资本主义国家的宪法中规定"私有财产神圣不可侵犯"，其思想源头就是洛克在《政府论》下篇中详尽展开的自然法理论。由此我们可以看出，自然法理论不仅是经济个人主义思想的逻辑前提，还是西方近代以来立法思想的逻辑前提。

关于人性论假设，亚当·斯密的精神导师休谟（他在自己写的遗嘱中指定亚当·斯密为执行人③）早已为他制定出来："利己心才是正义法则的真正根源。"④并且，"人类在很大程度上是被利益支配的，并且甚至当他们把关切扩展到自身以外时，也不会扩展得很远；在平常生活中，他们所关怀的往往也不超出最切近的亲友和相识：这一点是最为确实的"⑤。更有甚者，休谟把作为亚当·斯密思想支柱之一的利己是目的、利他是手段的人在交换活动中相互获利的观点也为他准备好了："人类因为天性是自私

---

① ［英］洛克:《政府论》（下），商务印书馆1995年版，第6—7页。
② ［美］熊彼特:《经济分析史》第1卷，商务印书馆1996年版，第173页。
③ 参见［英］休谟:《人性论》，商务印书馆1996年版，第782页。
④ ［英］休谟:《人性论》，商务印书馆1996年版，第569页。
⑤ ［英］休谟:《人性论》，商务印书馆1996年版，第559—560页。

的，或者说只赋有一种有限的慷慨，所以人们不容被诱导了去为陌生人的利益做出任何行为，除非他们要想得到某种交互的利益，而且这种利益只有通过自己做出有利于别人的行为才有希望可以得到的。"①"因此，我就学会了对别人进行服务，虽然我对他并没有任何真正的好意；因为我预料到，他会报答我的服务，以期得到同样的另一次的服务，并且也为了同我或同其他人维持同样的互助的往来关系。因此在我为他服务了、而他由我的行为得到利益以后，他就诱导了来履行他的义务，因为他预见到，他的拒绝会有什么后果。"② 关于亚当·斯密人性论假设的思想来源，实际情况是不仅仅休谟这一家，而是当时坚持资产阶级进步立场的大部分社会科学家都持有这样的立场和观点。这是由哲学家营造出来的一个特定历史时代的文化氛围。正是由于这样的文化氛围，才使得亚当·斯密提出人性论思想、进而是经济人思想并不费多大周折；提出来以后，人们在接受时并不感到有多么困难。

亚当·斯密的人性论思想，甚至西方主流经济学中的人性论思想，还有一个重要的思想来源，这就是法国启蒙运动中的人性论思想。爱尔维修说："个人利益是人类行为价值的惟一而普遍的标准。"③ 这个观点来到公共选择学派的思想中，便成了最基本的思想前提之一，只是表述方式上稍有差别："个人是价值来源的先决条件。""如果不承认个人是价值来源，政治经济学的中心原理就会失去意义。"④ 爱尔维修的这一思想来到萨伊的政治经济学中，便成为惊世骇俗的偏激之说："利己主义是最好的老师。"⑤"个人利害是衡量一切的标准。"⑥ 爱尔维修有关个人利益是衡量人之行为标准的话，不用思想逻辑上的引申和转型就直接进入政治经济学并变

①　[英] 休谟：《人性论》，商务印书馆 1996 年版，第 561—562 页。
②　[英] 休谟：《人性论》，商务印书馆 1996 年版，第 561—562 页。
③　周辅成编：《西方伦理学名著选辑》下卷，商务印书馆 1987 年版，第 47 页。
④　[美] 布坎南：《自由、市场和国家》，北京经济学院出版社 1988 年版，第 274 页。
⑤　[法] 萨伊：《政治经济学概论》，商务印书馆 1997 年版，第 196 页。
⑥　[法] 萨伊：《政治经济学概论》，商务印书馆 1997 年版，第 158 页。

为政治经济学的语言。真实的情况是，爱尔维修这一论断的逻辑前提是对人性的基本判断："人是能够感觉肉体的快乐和痛苦的，因此他逃避后者，寻求前者，就是这种经常的逃避和寻求，我称之为自爱。"[①]这段话以命题的形式表达是：趋乐避苦乃人之本性。正是思想逻辑的这一层面，才是亚当·斯密进而是西方主流经济学中的逻辑前提之一。

由以上的引述和分析可以看出，先于亚当·斯密或与他同时存在的英、法两国的哲学家们，对亚当·斯密及其后继的西方主流经济学作出了无法替代、经济学本身又无法完成的两大贡献：一是为西方主流经济学解决了逻辑前提问题，使西方主流经济学不假思索和论证便可建立经济学的理论体系；二是为西方主流经济学注入了非常适合市场经济运动需要的灵魂，这一灵魂经过西方主流经济学的论证、修饰和打扮，便成为自己的核心内容而没有给人造成经济学和哲学之间的不和谐之感。由此我们还可以得到一个意外的收获，像幽灵一样游荡于西方主流经济学之中的全知全能的"经济人"，其思想的始作俑者不是亚当·斯密，也不是既是哲学家又是经济学家的约·穆勒，更不是后来的西方主流经济学家；而是先于和与亚当·斯密同时代的英、法两国的哲学家。亚当·斯密的贡献在于使"经济人"思想在西方主流经济学中站住脚并赋有更多的经济生活内容，约·穆勒的贡献则是明确提出了"经济人"概念并对其进行了科学性分析和定位。

不管是从思想的内在逻辑还是从实际的思想发展历程看，人性自私论在经济学中的具体化是"经济人"概念，而"经济人"概念的具体化，必然是经济个人主义思想。经济个人主义思想的外在表现，可以有多种类型，也可以有多种向度，如马克斯·韦伯新教伦理式的经济个人主义、熊彼特世俗自我奋斗式的经济个人主义、日本的儒家经济个人主义等，但它

---

① 周辅成编：《西方伦理学名著选辑》下卷，商务印书馆 1987 年版，第 55 页。在引证这段话时，我作了小小的改动，因为按照译文的原文理解，"快乐和痛苦"与"逃避前者，寻求后者"的思想逻辑似乎与爱尔维修的思想逻辑不相符，它是天主教苦修主义的逻辑。

们的本质是共通的，这就是经济自由。经济自由的思想在亚当·斯密以来的西方主流经济学中占有核心地位，所以，西方主流经济学家智思所及的根本任务就是经济自由的界说和捍卫。

1. 经济自由的人学前提。经济自由的首要条件是人的身份自由。这意思是说，市场经济存在的根本性前提是人不能由血统或法统固定在某一特定的社会等级中，人的社会身份不由血统或法统决定，它应当由人的活动及其成果来决定。具体到经济生活领域，则是由人的经济活动及其成果来决定。在这里，人的活动及其成果就是判断标准，血统或法统只是在有助于人的经济活动的层面上才有间接意义，但它们绝对不会直接成为判定人的社会身份的标准。例如，洛克菲勒的父亲是重婚的无业游荡者，福特的父亲是农民，飞机大王休斯的父亲是个了无成绩的律师且被哈佛大学勒令退学。看来，人的身份自由是经济自由的前提，而人的身份自由则是基于关于人的基本界定和看法。在亚当·斯密时代，封建性人身依附关系还大量存在，这对资本主义市场经济的存在和发展来说，显然是个威胁和障碍。有感于此，亚当·斯密把哲学和经济学结合在一起发表议论，极力主张"人有天赋自由"[1]，并说，不让个人自由使用能力和资本就是侵犯了最神圣的人权[2]。并且，他还以自由人与奴隶相比较的形式证明，自由人的劳动费用更低廉，因而更有效率。[3] 从严格的学科意义上说，有关"天赋人权"的看法已超出经济学的范围，实际是进入了政治哲学的领域；一旦进入政治哲学的领域，其观点的概摄范围则是普遍的和一般的，所以，在这里不会有特殊的判断出现，也不能出现，因为出现特殊判断以后，其哲学的性质就会发生变化。

---

① ［英］亚当·斯密：《国民财富的性质和原因的研究》上卷，商务印书馆 1972 年版，第 134 页。

② 参见 ［英］亚当·斯密：《国民财富的性质和原因的研究》下卷，商务印书馆 1974 年版，第 153 页。

③ 参见 ［英］亚当·斯密：《国民财富的性质和原因的研究》上卷，商务印书馆 1972 年版，第 74 页。

不过，哲学上的逻辑是一回事，实际上的思想性质和进程是另一回事，我们之所以这样说的根据是，西方人有一个源自古希腊和基督教的丑陋无比的毛病。正是因为这一点，我们在理解西方思想家近现代以来有关人的观点和论证时，千万要注意。在古希腊的哲学家们看来，非城邦公民不是人，起码不是自由人，他们视非城邦公民为异类，至于奴隶，只不过是会说话的工具，亚里士多德就是这么说的。西方人在一般意义上谈论人时，把某一国或某一种人不视为人，居然觉得自己的观点没有内在的逻辑矛盾。在基督教世界，非基督教徒是异类，从某种意义上说也不是人。西方人的十字军东征，对亚洲人的杀戮和奴役，英国清教徒对美洲红种人的灭绝，这都是以上帝的名义干下的"好事"，被基督教的乳汁喂养大的西方近现代思想家们并没有认为这种行径与他们关于人的看法有什么矛盾之处。实际上，这丑恶无比的传统在西方主流经济学中也有明显表现。亚当·斯密不必细说，就是在 20 世纪中后期发挥作用的产权制度学派，还是把奴隶不作为人而作为是否有效率的工具加以分析。"例如可以认为，一个企业在使用奴隶劳动时就没有承认他的活动的全部成本，因为他可以只向奴隶劳动者支付自给工资。如果允许谈判，情形就不会如此，因为奴隶会要求企业向他们支付以作为自由人的预期报酬为基础的自由的补偿。这样，奴隶的成本在企业的计算中就被内在化了。"[①] 可能作者受到了"政治正确性"的约束，所以，用一堆不着边际的废话说明使用奴隶的企业有效率。举个例子说明这里的不着边际：如果奴隶有权与企业主谈判、有权要求和自由人相同标准的报酬，他还是奴隶吗？部分经济学家堕落到如此地步，是自由学术的耻辱。更有甚者，一个名为福格尔的经济学家连同一批计量经济史学家"耗费巨大的精力证明，美国南方的奴隶制在当时是一种有效的制度。这不仅表现在种植园的高效率上，而且也表现在奴隶的生活水平上"[②]。我们不知道福格尔们是否愿意为了奴隶主的高效率和比最底

---

① ［美］R. 科思、A. 阿尔钦、D. 诺思等：《财产权利与制度变迁——产权学派与新制度学派译文集》，上海三联书店、上海人民出版社 1994 年版，第 98 页。

② 姚洋：《制度与效率——与诺思对话》，四川人民出版社 2002 年版，第 62 页。

层的自由工人的物质生活水平高而成为奴隶，但我们知道，这类经济学家眼里只有效率、没有人。

2.经济自由的含义。经济自由的含义之一是自由竞争。在经济生活领域中，有两类现象与自由竞争相对立：一是自然形成的垄断；二是由政治权力特许或特定法律形式人为造成的垄断。在亚当·斯密生活的时代，第二种形式的垄断占据主导地位，他的主要反对目标就是这种政治性的垄断。在他看来，任何形式的垄断都是有百害而无一利，因此必须坚决反对。这种态度的根据是，从个人角度讲，"如果竞争是自由的，个人相互排挤，那么相互的竞争，便会迫使每人都努力把自己的工作弄得相当正确"①。相对社会而言，"一种事业若对社会有益，就应当任其自由，广其竞争。竞争愈自由，愈普遍，那种事业亦就愈有利于社会"②。哈耶克对亚当·斯密的这一思想既得真传，又有点拔高，所以，他在反对强制和专制两个向度之外又增加了效率的向度："自由主义者的论点，是赞成尽可能地运用竞争力量作为协调人类行动的工具，而不是主张听任事物自生自灭。自由主义者的论点是基于这样的信念，即只要能够创造有效的竞争，就是再好不过地引导个人行动的方法。"③进一步说："自由主义之所以把竞争看成是优越的，不仅是因为它在大多数情况下是已知的最有效的方法，而且更由于它是我们的活动得以相互调节适应而用不着当局的强制的和专断的干涉的惟一方法。"④总之，两位经济自由主义思想大师的观点有一共同之处，这就是：反对垄断和强制是经济自由的题中应有之义。

经济自由的含义之二是贸易自由。在存在诸多皇家特许公司、官方专

---

① [英] 亚当·斯密：《国民财富的性质和原因的研究》下卷，商务印书馆1974年版，第319页。
② [英] 亚当·斯密：《国民财富的性质和原因的研究》上卷，商务印书馆1972年版，第303页。
③ [奥] 哈耶克：《通向奴役的道路》，商务印书馆1962年版，第38页。
④ [奥] 哈耶克：《通向奴役的道路》，商务印书馆1962年版，第39页。

营公司和国与国之间布满贸易壁垒的情况下，贸易自由确实是个大问题，在理论上，也必然会成为经济自由的重要组成部分。亚当·斯密显然是充分意识到了这一问题的严重性，所以，他花费了许多笔墨和精力论证自由贸易问题：自由贸易对公众有利，贸易自由能导致一国的繁荣，贸易自由是一国繁荣的重要保卫力量。[①]亚当·斯密希望看到的两个结果是国家富裕和个人富裕，这是他研究政治经济学的根本目的。他看到的实际情况是，国内皇家特许公司阻碍了其他人的贸易自由，国家间的贸易壁垒使不同国家之间的自由贸易难以进行。在亚当·斯密看来，这于个人不利、于国家不利、于进行自由贸易的其他国家也不利。有鉴于此，对自由贸易问题花费精力和笔墨进行论证，也就不难理解了。确实，亚当·斯密在论证贸易自由问题时，给人以雄辩有力的感觉，营造了一种带有伦理倾向的贸易自由就是好、反对贸易自由就是坏的精神氛围。但是，或许亚当·斯密自己也没有意识到，贸易自由问题远非如此简单，其中隐含的外在和内在条件问题就是如此，贸易自由实际效果的多向度问题也是如此。德国经济学家李斯特在《政治经济学的国民体系》一书中，对这两个问题作了深入浅出地论证，这一论证成了对亚当·斯密缺陷的必要补充。在这里作出一个结论肯定是恰当的：亚当·斯密的贸易自由理论是有缺陷的理论，只有把亚当·斯密和李斯特二人的观点结合在一起，才是完整的贸易自由理论。

经济自由的含义之三是反对政府干预。在西方主流经济学的历史中，除凯恩斯属于特例外，反对政府干预经济活动的思想一直占据主导地位。在二百多年的时间里，凯恩斯思想发挥重要影响只不过四十年左右的时间（20世纪30年代到70年代），从这个意义上说，反对政府干预经济活动是西方主流经济学的传统之一。

亚当·斯密是这一传统的奠基人。他肯定在这一问题上动了许多心

---

① 参见［英］亚当·斯密：《国民财富的性质和原因的研究》下卷，商务印书馆1974年版，第64、69、240页。

思，所以，在论证这一问题时，就显得有理有据。具体说，亚当·斯密从三个方面论证反对政府干预经济活动的重要性和必要性。首先，在政府干预的情况下，"最明白最单纯的自然自由制度"就建立不起来，因为政府干预经济活动的行为与经济自由制度根本对立。① 其次，政府干预经济活动带有危险性："如果政治家企图指导私人应如何运用他们的资本，那不仅是自寻烦恼地去注意最不需要注意的问题，而且是僭取一种不能放心地委托给任何个人、也不能放心地委之于任何委员会或参议院的权力。把这种权力交给一个大言不惭地、荒唐地自认有资格行使的人，是再危险也没有了。"② 最后，政府干预经济活动不利于资源的有利配置，因为，"用不着法律干涉，个人的利害关系和情欲，自然会引导人们把他们的资本，尽可能按照最适合于全社会利害关系的比例，分配到国内一切用途"③。亚当·斯密的观点虽然给人以雄辩有力的印象，但其中还是留下了知识性硬伤，尤其是第三个理由，这种人的信息和能力无限论，正是后来哈耶克不断批评、在批评的基础上借题发挥、在发挥过程中有所发现的地方。这一发现是：人的知识、信息和能力是有限的。

亚当·斯密的论证确实有缺陷，但他没有把自己的观点绝对化。把这一观点绝对化的是法国经济学家萨伊。他认为，政府干预经济活动完全多余，干涉经济活动的行为就像用刺刀和军刀恐吓一样，根本不济事。④ 这种极端之论是放诞之言，无助于问题的说明，还会使问题更加混乱。

工业革命完成以后，尤其是进入 20 世纪之后，资本主义市场经济运行过程中的供需矛盾更加尖锐，尖锐的矛盾激发出 20 世纪 20 年代末 30

---

① 参见 [英] 亚当·斯密：《国民财富的性质和原因的研究》下卷，商务印书馆 1974 年版，第 252 页。

② [英] 亚当·斯密：《国民财富的性质和原因的研究》下卷，商务印书馆 1974 年版，第 27—28 页。

③ [英] 亚当·斯密：《国民财富的性质和原因的研究》下卷，商务印书馆 1974 年版，第 199 页。

④ 参见 [法] 萨伊：《政治经济学概论》，商务印书馆 1997 年版，第 156、213 页。

年代初的经济大危机，这一危机几乎致资本主义市场经济运行体系于死地，这种形势促进了凯恩斯宏观调控型经济学的建立，并使其流行起来。在这种情况下，西方主流经济学中坚持经济自由、反对政府干预的思想又有新的发展，这种发展表现于两个方面：一是把人性自私论的假设运用于对政府官员和官员干预行为的分析过程之中，最终的结论是对经济运行过程大加干预的政府官员极有可能从干预过程中渔利。[①] 作出这一贡献者是公共选择学派。不过，这里的贡献性质有必要多说几句。布坎南等人贡献的根本之处是旧话重提，或说是重新发现，但绝对不是创新和发明。因为，这一思想在萨伊的《政治经济学概论》一书中已屡有提及；[②] 在斯宾塞的《社会静力学》一书中，则是明确、直接地论述这一问题："人仍然是自私的，这是一个尚可确定的事实。符合这个形容词的人将会为他们自己的利益使用放在他们手中的权力，这是自明之理。""显然，单是国家权威的存在就证明不负责任的统治者会为他们的个人利益而牺牲公共利益，尽管有一切庄严的许诺、华而不实的宣言和细心安排的检查与保障。"[③] 二是从逻辑上对政府宏观调控行为进行推论，最后得出的结论是：市场运行过程中的缺陷不是政府干预的充足理由。[④] 纵观西方主流经济学的历史可以看出，这两种坚持经济自由主义思想、反对政府干预的新思路和新结论，是对传统经济自由主义思想的新贡献和新发展。

3. 经济自由的地位和作用。弗里德曼充分认识到经济自由的地位和作用，所以，他在《资本主义与自由》一书中辟有专章谈论"经济自由与政治自由之间的关系"。他认为："经济安排在促进社会自由方面起着双重作用。一方面，经济安排中的自由本身在广泛的意义上可以被理解为是自由的一个组成部分，所以经济自由本身是一个目的。其次，经济自由也是达

---

① 参见 [美] 布坎南：《自由、市场和国家》，北京经济学院出版社 1988 年版，第 5 页。

② 参见 [法] 萨伊：《政治经济学概论》，商务印书馆 1997 年版，第 190、199、192—193 页。

③ [英]赫伯特·斯宾塞：《社会静力学》，商务印书馆 1996 年版，第 91 页，还见第 93 页。

④ 参见 [美] 查尔斯·沃尔夫：《市场或政府——权衡两种不完善的选择／兰德公司的一项研究》，中国发展出版社 1994 年版，第 15 页。

到政治自由的一个不可缺少的手段。"①

弗里德曼从构成论、层次论和手段与目的的关系三个角度，把经济自由的地位和作用界定得非常清楚。从构成论角度说，经济自由是自由整体的有机组成部分，在逻辑的意义上，少了经济自由的自由是不完满的自由。从层次论角度看，经济自由是其他自由的基础，在经济自由不具备的条件下谈论其他自由，或者是自我欺骗，或者是有意骗人，二者必居其一。从手段与目的的角度看；整体意义上的自由是目的，经济自由是达到这一目的的最强有力手段之一，没有经济自由作为手段，无论如何理解和界定整体意义上的自由，那只能是纸上谈兵。

经济自由的必然伴随物是经济安全。仅有经济自由，而没有风险或不需要承担责任，这是封建性质的特权，在身份平等化的、以市场经济为前提条件的社会中，这种自由是不存在的，起码不应当存在；因为这种所谓的自由是对真正的经济自由、进而是对自由整体的威胁与危害。这就告诉我们，经济安全是经济自由的题中应有之义。具体说，经济安全有两种：一种是有限度的安全，这是以市场经济为前提条件的竞争社会中的常态；另一种是绝对安全，但这种绝对安全的基础不是个人的能力及其行为，而是源于血统、法统或其他对自由竞争有害的权力性因素。这恰好是封建社会的特征之一。

在凯恩斯以前的西方资本主义社会生活中，经济自由本身不仅意味着享有自由赋有的各种权利，而且，权利的另一面就是享有自由权利者必须自己承担风险，自己担负与自由权利相对应的义务，尽到自己应尽的责任。这样，自由中的权利与义务、责任和风险二者之间是相辅相成的关系，把二者割裂开来，让一部分人享有自由的权利而不承担风险、责任和义务，或是让一部分人承担风险、责任和义务而不让其享有相应的自由，这在以市场经济为前提的社会中是绝对行不通的。

在凯恩斯之后的部分时间里，西方资本主义国家实施福利国家政策，哈耶克充分意识到这是对自由的致命性威胁。因为福利本身意味着权利与

---

① ［美］米尔顿·弗里德曼：《资本主义与自由》，商务印书馆1986年版，第9页。

义务、风险和责任的分离，这种分离的有害后果之一便是对人的精神品质的侵蚀。具体说，"在那些不相信靠自己的奋斗能够找到前途的人们当中，很难找到独立的精神或坚强的个性"[①]。哈耶克的话不无道理，这恰好是中国一句俗话中隐含的社会生活智慧：吃人家的嘴短，拿人家的手短。这意思是说，没有经济基础的自由不是真正的自由，因为不存在真正自由的前提条件；缺乏前提条件的自由是掌握前提条件者的自由，是对无前提条件者的蔑视和剥夺。

4. 经济个人主义思想的根本特点是最大化。经济个人主义思想的核心内容是个人追逐私利的天经地义和合理合法。这样的核心内容内含一个逻辑问题：私利被追逐到什么程度为止？西方主流经济学家几乎是异口同声地回答：最大化。

由于最大化思想与经济个人主义思想有必然联系，所以，它便作为一条必不可少的线索贯穿于西方主流经济学的始终。在重农学派创始人魁奈那里，最大化的思想已露苗头，因为他主张以最小的牺牲求得最大满足。[②]到亚当·斯密的经济学中，这个思想已基本成型：尽量生产最大量产品，[③]生产物的最大价值，个人能力和求利本能会最有利地利用资本，资本最有利的用途[④]……值得我们注意的是，这里的"最大"以形容词的形式出现，还没有作为专有名词固定下来。到后来，这个思想成为新古典主义的根本特征，[⑤]而在新制度学派中，最大化的概念已随处可见[⑥]。在新

---

① ［奥］哈耶克：《通向奴役的道路》，商务印书馆1962年版，第116页。

② 参见［美］约瑟夫·熊彼特：《经济分析史》第1卷，商务印书馆1996年版，第352页。

③ 参见［英］亚当·斯密：《国民财富的性质和原因的研究》上卷，商务印书馆1972年版，第253页。

④ 参见［英］亚当·斯密：《国民财富的性质和原因的研究》下卷，商务印书馆1974年版，第27、199页。

⑤ 参见［英］C.M.霍奇逊：《现代制度主义经济学宣言》，北京大学出版社1993年版，第104页。

⑥ 参见［美］R.科思、A.阿尔钦、D.诺思等：《财产权利与制度变迁——产权学派与制度学派译文集》，上海三联书店、上海人民出版社1995年版，第268、231、221、218、206、187、105、50、47、35、19、9页。

自由主义者中，这一概念已被运用到了庸俗化的地步，如弗里德曼假定，人们在休假时将慎重地选择能使人获得最多阳光的方案。①

从严格意义上说，最大化是在特定性质（求利）范围内的数量化概念，包括如下几个方面的内容：最大化是追求个人私利的过程，是私利追求的最终结果，是利益追求的最高程度，这种追求被限定在一定的条件和范围之内。弗里德曼用达尔文生物进化论解释最大化概念：最大化行为是适者生存竞争过程中的出类拔萃行为。②

最大化概念的基本内容以如下的假定性前提为基础：人在本性上是自私的，求利是人的本能，最大化行为者是有理性的人（这里的理性，其含义不是社会习俗规范的固定化，而是工于算计和计较的工具理性），这样的人具有完全的相关知识，最大化者的行为是有意识有目的的行为。

从以上概念含义的说明可以看出，最大化假设内含的向度是单一性的，这就是逐利目标实现的最大化，求利目的满足的最大化，尽管据笔者极不完全的统计，针对不同问题的有关最大化的表述多达七十余种。由于这种假定已把个人对私利的追求片面化和绝对化，所以，必然的结局是缺乏经验事实和理论两个方面的根据。在经验事实方面，杰文斯试图用边沁的快乐与痛苦的计算表作为凭借，并尝试把人的消费性情感量化，结果是以失败告终。弗里德曼用达尔文生物进化论与最大化行为类比的形式证明最大化假设，最终的结论是蛮不讲理式的胜者王侯败者贼理论："使预期收入最大化或者似乎在这么做的企业将生存和繁荣，而其余的则会衰落甚至破产。这样，通过一个'自然选择'过程，普遍存在的将是遵循最大化的企业。理论性的'进化'论点，旨在说明企业最大化行为假设是有道理的。"③

---

① 参见［英］G.M.霍奇逊：《现代制度主义经济学宣言》，北京大学出版社1993年版，第55页。

② 参见［英］G.M.霍奇逊：《现代制度主义经济学宣言》，北京大学出版社1993年版，第91—92页。

③ ［英］G.M.霍奇逊：《现代制度主义经济学宣言》，北京大学出版社1993年版，第91—92页。

没有根据的道理算什么道理呢？达尔文生物进化论所说明的自然对象与特定社会历史阶段的产物——资本主义企业——之间的类似之处显然与二者之间的本质区别不可同日而语，差别这么大的两类事物硬要生拉硬扯地类比，可见，西方主流经济学家实在是没有其他能服人的办法说明最大化概念了。

就其实质而言，追求私利的最大化，也就是个人主义思想的单向度化和极端化。单向度化和极端化的结果是把个人主义思想隐含的特定层面的缺陷都暴露在光天化日之下。有感于此，有的经济学家说最大化假设是胡说八道。[①] 有的经济学家则是以冷嘲热讽的形式批评最大化假设："几乎所有的教科书都没有直接阐释理性经济人。理性经济人的潜在假定存在于投入和产出、刺激和反应之间。他不高不矮、不肥不瘦、不曾结婚也不是单身汉。我们不知道他是否爱狗、爱他的妻子或喜欢儿童游戏胜于喜欢诗。我们不知道他要什么。但我们知道，无论他要的是什么，他会不顾一切地以最大化的方式得到它。"[②]

实际上，直白地谩骂和冷嘲热讽解决不了最大化假设中隐含的理论矛盾，更不能克服它的荒谬之处。

第一，最大化假设以达尔文的生物进化论作为自己的理论支撑点之一，在这一点上，弗里德曼可说是典型。实际情况是，这二者之间风马牛不相及。达尔文在《物种起源》一书中极力论证的观点之一是"自然界里没有飞跃"[③]，而经济进化的过程正好与此相反，它们是突发式、跳跃式的，一旦有了新的科学发明、组织形式和管理手段的根本创新，甚至新的原料产地的发现，经济革命便会爆发出来。尤其重要的是，生物界的物竞天择、适者生存原则与市场经济中的自由竞争原则二者之间，相似之处不可否认，但本质区别要远远大于和多于相似之处。有一点因对理解这里的

---

① 参见［英］C.M.霍奇逊：《现代制度主义经济学宣言》，北京大学出版社1993年版，第104页。

② ［英］C.M.霍奇逊：《现代制度主义经济学宣言》，北京大学出版社1993年版，第88页。

③ ［英］达尔文：《物种起源》，商务印书馆1997年版，第226页。

问题有重要关系不得不提及，适者生存原则存在于生物界的整个历史过程之中，适者生存意义上的自由竞争，则是人类社会历史中特定历史阶段的人的活动的产物。达尔文胆子小，因为他有科学的实证精神约束，所以他并没有把上述二者联系起来、混淆起来，甚至等同起来，更没有在自己不甚了了的社会科学领域大发议论。最大化式的经济学家们胆子大，因为他们可以在任何人不能冒犯的科学幌子下，把联想力发挥到极致，把没有必然联系的事物胡乱勾连在一起，给人以科学的外观，实际是对科学的强奸。

第二，最大化假设的前提条件之一是最大化行为者的信息是完全的，相关知识是完备的，由这二者决定了行为者的应对刺激的反应能力是无限的；否则，最大化就无从谈起。对市场经济活动稍有常识的人都知道，这是根本不可能的。不要说像三峡工程这样的行为，其行为者永远无法满足最大化所要求的前提条件，就是在日常用品交易市场已重复无数次的购买行为，其最大化的前提条件同样是永远无法满足。因为，市场行情的瞬息万变、企业内外部各要素之间的互动和牵涉，流通渠道的消长不定，物质、知识或服务性商品内聚的无穷无尽对最大化行为者又是陌生无比的各种可能性，这一切都说明，最大化行为者在信息、知识和能力三个方面都不可能是完全的。让人不可思议的是，早在20世纪三四十年代，哈耶克就在《经济学与知识》和《知识在社会中的运用》两篇文章中说明了这一点，可直到现在，最大化概念还是像小丑头上的帽子一样到处乱飞。习惯和习惯掩盖下的懒惰真是一种顽固而又可怕的力量。

第三，最大化假设中隐含的另一个前提条件是行为者必须是理性经济人。首先，这种假设否定了经济行为中大量的、有时无法排除又起关键作用的非理性因素的存在，这说明，最大化假设与客观存在的事实尖锐冲突。其次，在最大化概念家族中起主干作用的提法之一是效用最大化。效用首先是感觉，是体验，感觉和体验是一进入语言表达系统就必然失真的东西，在这种情况下，效用如何用理性去规范和衡量？它们与理性是什么关系？实际情况是，理性在效用最大化过程中不起作用，因为效用最大化把人的经济行为推到了不能相互通约、因而不能相互言传的绝对自我状态；既然客观事实是如此，理性经济人的假设又有什么样的实际价值和意义呢？

第四，在实际的经济生活领域，消费者并非是追求效用的最大化，而是追求满意化。例如，一个追求时尚的年轻人花高价购买新潮服装，潮落之后便弃置不顾，除了一时的心理满足之外，效用最大化体现在什么地方呢？厂家不是利润最大化的追求者，而是在激烈竞争中生存下来成为第一要务，或者，更高的要求是比竞争对手先走一步，在这种情况下，利润最大化指称什么？用什么标准来比较？例如，柯达胶卷的国际平均零售价格是50元人民币左右一卷，而为了与中国生产胶卷的龙头企业乐凯争夺13亿人的市场，在中国的零售价是20多元人民币一卷，在这里，利润最大化体现在什么地方呢？

第五，最大化假设只说自己追求什么，不说自己不追求什么，但最大化本身的单一向度性质决定了它必然排斥和否定其他向度的选择，尤其是排斥与单一向度相悖的选择。例如，厂商拿出一部分资金或产品为社区服务，为特定社会项目如灾区服务，或者捐助慈善事业。这些行为在当今社会并不鲜见，但这些行为与利润最大化的假设是什么关系？最大化假设中能容纳与自身追求目标不同的其他目标吗？回答当然是否定的，但这里的否定是指向客观存在的事实而不是指向本应否定的理论——利润最大化假设。真实的情况是，理论依据性事实被否定以后，理论的存在本身便成为怪诞的事情。

总之，作为经济个人主义思想根本特点的最大化假设，是用以己度人、顺势推理的方式制造出来的；由于这一假设把经济个人主义思想的丰富内容（如亚当·斯密和哈耶克的个人主义思想）片面化、绝对化和凝固化，所以，使得经济个人主义思想的视界和内涵发生了庸俗化的变化。这就一点而言，在新古典主义和新制度主义学派中体现得尤为突出和明显。

第三章 经济个人主义思想的 具体化——自由竞争

经济个人主义思想的客观基础是以财产私有制为前提条件的市场经济活动。在市场经济活动中，经济个人主义思想的根本特点是最大化，实现最大化目标的唯一合理合法的手段是经济竞争性活动，而这一活动的主体是市场上的竞争者。竞争者的根本要求和市场经济运行的客观要求都是自由竞争。这说明，经济个人主义思想与自由竞争有必然联系，经济个人主义思想的具体化就是自由竞争。

如果说经济个人主义是西方经济学中经济价值观的理论抽象，那么，自由竞争就是市场经济运行过程的本质揭示。从这一层面看，不研究自由竞争，很难理解经济个人主义思想，更不能真正理解西方主流经济学中的经济价值观。

第一节 西方主流经济学家对自由竞争的界定

在西方主流经济学家的言谈话语中，自由竞争是具有神奇魅力的字眼。他们竞相夸说自由竞争的好处，以至到了几近崇拜的地步。美国经济学家阿瑟·奥肯说："我们社会中的许多人，包括竞争中的一些失败者和大部分胜利者，无不欣赏竞争游戏的规则。他们为市场中的成功而欢欣鼓舞，转而向角逐的赢家捐助社会地位以资刺激。市场变成美国人的一场大游戏。成功者得意洋洋，失败者垂头丧气。大萧条年代里，长期失业者精神低落，暴发户掩饰不住的心满意足，以及穷人对发迹的梦想都揭示了美国社会根深蒂固的市场竞争道德。从某种意义上说，这几种认识保留了原始社会借助公众场合奖勤惩懒的痕迹。"①

正是对自由竞争几近崇拜的态度，使英国早期的自由竞争论者认为，自由竞争是适用于一切时代和地域的绝对且永恒的法则，拒绝接受这一法则的人是一个傻瓜或是一个坏蛋，或者两者都是。②熊彼特在描述这一情况时指出："对古典作者来说，这种竞争是制度的假设而不是某种市场状况造成的结果。他们坚信自由竞争是人们共知的明显事实，所以不曾费力去分析它的逻辑内容。事实上，这个概念通常甚至连定义也没有。它只是意味着不存在垄断（垄断被认为是不正常的，受到严厉的谴责，但也没有给其下适当的定义），不存在政府决定价格这样的事情。"③

熊彼特的话并非言过其实。西方主流经济学家很少从科学规范要求出发界说自由竞争，几乎没有人按科学规范给它下定义。④

尽管如此，我们还是能够找到一些类似定义的界说。哈耶克在《个人主义与经济秩序》一书中引述了名曰约翰逊博士的定义："竞争是力图获得别人也在力图获得的东西的行为。"⑤这一定义确实抓住了竞争性行为的最一般本质，因为任何竞争性行为都直接或间接地面对对手，都在尽力抓住自己的目标并战胜对手，这与中国传统文化中"并逐曰竞，对辩曰争"的解释相一致。细心思量可以发现，这个定义可以涵盖所有的竞争性行为，如体育竞赛、言辞性辩论、军事对抗性行动等。但是，它有先天性不

---

① ［美］阿瑟·奥肯：《平等与效率——重大的权衡》，四川人民出版社1988年版，第63页。
② 参见［美］约瑟夫·熊彼特：《经济分析史》第2卷，商务印书馆1996年版，第29页。
③ ［美］约瑟夫·熊彼特：《经济分析史》第2卷，商务印书馆1996年版，第258页。
④ 经济学界最权威的工具书《新帕尔格雷夫经济学大辞典》确实给"竞争"一词下了定义："竞争系个人（或集团或国家）间的角逐。"但它没有给"自由竞争"下定义。见约翰·伊特韦尔等编：《新帕尔格雷夫经济学大辞典》第1卷，经济科学出版社1996年版，第577页。
⑤ ［奥］哈耶克：《个人主义与经济秩序》，北京经济学院出版社1989年版，第91页。

足，这就是经济竞争的功利性特点没有得到充分反映。

英国经济学家马歇尔试图从经济学角度给自由竞争下定义："竞争的严格意义，似乎是指一个人与另一个人的比赛，特别是关于物品买卖出价方面的比赛。"① 从用"似乎"一词来判断，马歇尔还不敢认定自己的定义性界说是完整严密的。事实确实如此。经济领域中的自由竞争，早已不是游戏性竞争所能比拟，而是类如战场上的生存搏斗。况且，经济生活领域中的竞争绝非个人间的物品买卖行为所能概括和代表，更具有普遍意义和典型意义的是，是企业与企业、跨国公司与跨国公司，甚至民族国家与民族国家之间的明争暗斗。

哈耶克把政治和经济这二者结合在一起，从制度层面上为竞争作说明："竞争制度就是旨在用分散权力的办法来把人用来控制人的权力减少到最低限度的惟一的制度。"② 这种界说有其长处，它把自由竞争中，尤其是政治竞争中不同势力之间相互制衡、彼此约束的微妙之处揭示出来，但其中的内在本质、经济竞争的根本特点等被舍弃掉了。

确实，像自由竞争这样一个渗透到西方社会生活的每一个方面、与每一个人的生存和发展密切关联的复杂现象，用一个陈述语句表达其如此丰富的内涵，可能是一件困难而又不讨好的事情。分析上面三个定义性界说就可以看出，它们当中的每一个都揭示了自由竞争丰富内容的一个侧面，但在揭示一个侧面的同时，又必然地掩盖、舍弃或是否定了另一个侧面。

看来，用下定义的办法难以说清自由竞争。但是，这并不意味着没有其他办法做到这一点。美国经济学家弗里德曼就是尝试用其他办法界说自由竞争含义的一个代表。在他看来，"竞争有两个非常不同的意思。在一般的论述中，竞争的意思是个人之间的争胜；在其中，人人设法胜过他的已知对手。在经济事务中，竞争几乎意味着相反的事件。在竞争市场上，没有个人的争胜。没有个人的讨价还价。在自由市场内，种植小麦的农民

---

① [英] 马歇尔：《经济学原理》上卷，商务印书馆 1981 年版，第 27 页。
② [奥] 哈耶克：《通向奴役的道路》，商务印书馆 1962 年版，第 140 页。

并不觉得自己在和事实上为自己的竞争者的邻居进行个人竞争或受到他的威胁。竞争市场的本质是它的非个人的特征。没有一个参与者能决定其他参与者将会有获得物品或工作的条件。所有的人都把价格高作为市场决定的事实，而对于价格，每个人只能具有微不足道的影响，虽然所有参与者在一起决定由他们各自的行动的共同影响而决定的价格。"[1]

弗里德曼的说明与亚当·斯密对自由竞争的理解一致，这就是把价格看作自由竞争中最重要和最根本的因素。这种看待自由竞争问题的角度有两个好处：一是它易于与非经济竞争，如体育比赛等区别开来；二是突出和强调市场竞争中的非人为因素，把重点放到价格上，在这里，价格成了决定得失、优劣、胜负和好坏的最高标准，也是最终标准。但是，弗里德曼说明的长处，同时就是短处。因为，一种商品或一宗劳务价格高低的背后是它的质量及与质量密切相关的诸多因素，如管理、市场运作、公关活动和广告等在发挥作用。而这一切因素的背后是不同的市场竞争者在发挥作用。具体说，价格不同的背后，恰恰是竞争者的能力及其运用在发挥根本性作用。这一点，在弗里德曼的说明中不但没有得到应有体现，反而被价格至高无上、君临一切的地位掩盖了。弗里德曼说明的缺陷告诉我们，在界说自由竞争现象时，不能只见物，不见作为竞争参与者的人。

在梳理西方主流经济学家对自由竞争问题的看法时，还有一点我们不能忽略，这就是倡行竞争并非始自以亚当·斯密为代表的古典学派，而早在古典学派之前的重商主义者那里这同样是极其重要的内容。这二者之间的区别是，重商主义者突出和强调国家与国家之间综合经济实力的竞争，[2]古典学派追求和倡导的则是个人与个人之间的竞争。之所以出现这种区别的根本原因是，重商主义盛行的时代，恰好是西欧民族国家的形成时期，重商主义理论体系是适应西欧民族国家形成的需要的产物。德国经济学家古斯塔夫·施穆勒把这一点交代得非常清楚："每一新形成的政治

---

[1]　[美] 米尔顿·弗里德曼:《资本主义与自由》，商务印书馆1986年版，第115页。
[2]　参见 [英] 埃德蒙·惠特克:《经济思想流派》，上海人民出版社1974年版，第40—41页。

团体，必须具有强烈而惟我独尊的团体感，这是它的力量的根源。为了独立自主和自给自足而斗争，这和毫不迟疑地把竞争者经常看作敌人，匹敌它们、超越它们并且粉碎它们的狂暴的竞争精神，是一样自然的。那些年代商业政策的惟一指导，是自给自足的法律。在许多年轻国家，追求商业上自给自足的努力，自然表现出特别狂热而片面的方式。"①

综合以上的诸家观点，我们目前可以获得自由竞争含义的四个规定：首先，在市场经济活动中，不同的竞争者都在追逐同一个目标，最终的结果是有胜利者也有失败者。其次，经济生活领域中的自由竞争，胜败得失的决定性因素是商品或劳务的价格，在这一理解方式中，亚当·斯密、马克思和弗里德曼虽然生活于各不相同的三个时代，但对自由竞争界说的思想特点一脉相承。再次，自由竞争作为一种根本性的经济运行方式正好与集权、干预型的经济运行方式构成了对立的两极，自由竞争的精妙之处和客观要求，尤其是它所造成的客观后果是分权。最后，在理解自由竞争问题时，应当注意到一个事实，重商主义者与古典学派所主张和申说的竞争属于经济竞争范围内两个不同的类别。对两种竞争的界说、推演和尊崇，导致了极为不同的理论后果和实践后果。从实践层面看，重商主义与中央集权专制相互为用，而古典学派的自由竞争理论则导致了限制王权和主张不同权力相互制衡的结果。从这个意义上说，哈耶克关于竞争制度的本质在于分权的见解很有道理。

上述对自由竞争的界说有一个共同特点，这就是就自由竞争论自由竞争。除此之外，西方主流经济学中还有一条思想线索，它不问自由竞争是什么，而是问自由竞争的存在和正常进行需要什么条件。条件罗列清楚了，自由竞争的真实面目自然会显露出来。这种自由竞争的界定方式，有它的道理，也有它的好处。从条件角度着眼认识自由竞争的好处是，能够避免无谓的概念之争，能够防止在把具体问题大而化之的抽象过程中舍弃研究对象具体本质的缺陷。

---

① 参见 [英] 埃德蒙·惠特克：《经济思想流派》，上海人民出版社1974年版，第43页。

　　综合不同时代西方主流经济学家对自由竞争前提条件的论述，我们可以把他们列出的条件归为两类，一类是自由竞争的外部条件，一类是自由竞争的主体条件。

　　其一，自由竞争的外部条件。亚当·斯密生活的时代，政府对经济活动还有诸多人为限制，皇家特权的出让更是使以政治权力为后盾的经济垄断肆虐横行，人们痛恨不已又毫无办法。此种情况下，亚当·斯密认为自由竞争的最大障碍是政府的人为限制和特权，根除政府的胡乱限制和特权，是经济自由竞争的前提条件："一切特惠或限制的制度，一经完全废除，最明白最单纯的自然自由制度就会树立起来。每一个人，在他不违犯正义的法律时，都应听其完全自由，让他采用自己的办法，追求自己的利益，以其劳动及资本和任何其他人或其他阶级相竞争。"[1] 令人感兴趣的是，马克思对自由竞争的理解与亚当·斯密一致，但比亚当·斯密深刻："自由竞争是建立在资本上的整个资产阶级生产的基础。自由竞争只是被否定地理解，即被理解为对垄断、行会、法律调节等等的否定，被理解为对封建生产的否定……从概念来说，竞争不过是资本的内在本性……"[2] 哈耶克把亚当·斯密对自由竞争前提条件的理解具体化为两个方面的规定：一是"无人能以其行为对价格施加可感受到的影响"；二是如果愿意，任何人"能自由进入市场，并且没有其他限制价格和资源流动的阻碍"。[3]

　　在《通向奴役的道路》一书中，哈耶克对自由竞争前提条件的论述更为具体，除了其中的否定性内容外，还有两项内容是自由竞争前提条件中必不可少的："要使竞争发挥作用，不仅需要适当地组织某些机构，例如货币、市场、传递信息的机构——其中有些是私人企业所绝不可能充分提供的——而且它尤其有赖于一种合适法律制度的存在，这种法律制度的目的，在于既要保存竞争，又要使竞争尽可能有利地发挥作用。法律仅仅

---

① ［英］亚当·斯密：《国民财富的性质和原因的研究》下卷，商务印书馆1974年版，第252页。

② 《马克思恩格斯文集》第8卷，人民出版社2009年版，第95页。

③ ［奥］哈耶克：《个人主义与经济秩序》，北京经济学院出版社1989年版，第89—90页。

承认私有财产和契约自由的原则是绝对不够的；更重要的还是对于不同财产的财产权的明确解释。"①哈耶克对自由竞争前提条件的看法既深刻又中肯，从这一点可以看出，哈耶克比其他自由竞争论者更真切地体悟了自由竞争的真谛。但是，细加思量便知，这里还是有问题需要梳理。如果说市场经济活动的发育程度内在地要求并必然会产生出为市场经济服务的组织机构的话，那么，合适的法律制度，却是根据客观需要人为制定出来的。在这里似乎产生了矛盾，因为哈耶克把自己理解的、源于苏格兰哲学传统的个人主义思想与源于法国理性主义传统的个人主义思想尖锐对立起来，他认为，源于苏格兰传统的、真正的个人主义思想以自生自发秩序观念为核心，而理性主义的因而是假个人主义思想的致命缺陷则是人为设计思想。②按照哈耶克的思维逻辑走下去，接踵而至的问题是：强调和突出自生自发性和主张建立人为设计出来的合适的法律制度二者之间能协调一致吗？表面看，这二者之间显然不能协调一致，因为法律制度是人为制定出来的，而哈耶克拼命反对的思想之一就是人为设计的观念。从实质上看，这二者之间并不存在立场和观点的矛盾。自生自发的习惯和秩序并不是不要人为法律制度的固定和维护，所以，这里"所争论的乃是这样做的最好的方法是什么。问题在于：为了达到这个目的，强制权力的掌握者是否最好，一般地把自己只限于创造条件，使个人的智慧和进取心有最好的活动余地，以便他们能够作出最好的计划；或是要合理利用我们的资源是否就得根据某种有意识地想出来的'蓝图'对一切活动加以集中的管理和组织"③。把话说得更直白一点儿，"人为设计"思想的主旨是把理想（实际是少数人的设想、空想）法律化、制度化，并强制性地加到大多数人头上，而大多数人的聪明才智和创造性，则由于被视为离经叛道而列入应受

① [奥] 哈耶克：《通向奴役的道路》，商务印书馆1962年版，第40页。
② 参见 [英] 哈耶克：《自由秩序原理》上卷，生活·读书·新知三联书店1997年版，第4章"自由、理性和传统"；《个人主义与经济秩序》，北京经济学院出版社1989年版，第4—5页。
③ [奥] 哈耶克：《通向奴役的道路》，商务印书馆1962年版，第38页。

到致命打击的另册。基于这样精微细致的思想逻辑，哈耶克对边沁"每一部法律都是一种罪恶，因为每一部法律都是对自由的侵犯"的观点表示强烈不满，并认为这是假个人主义思想。[①]

其二，自由竞争的内在条件。表面看，市场上的自由竞争在不同商品的价格和质量之间展开，实质问题是不同竞争主体之间的较量，商品和劳务只不过是这种较量的中介。这就提出了中介背后进行较量的是什么的问题。对这一问题的简单回答是，在中介背后进行较量的是竞争主体所依凭的各不相同的内在条件。确实，在自由竞争的市场上显示给人们的是不同的商品、劳务与价格，但造成竞争成败得失客观结果的，则是竞争主体的内在条件。

自由竞争过程中竞争主体的内在条件是个难以琢磨和说清的问题。正因为如此，不同的西方主流经济学家依据各自的角度探讨和界说，看法的各有侧重是正常现象。这恰好创造了前提条件，我们将汇拢这些各有侧重的看法，使之成为相对完整的说明。

内在条件之一是强烈的资本主义意识。美国经济学家阿瑟，奥肯说："热衷于竞争的人们似乎格外对意外大成功（jackpot prize）心醉。'发大财'的希望似乎激励着众多美国人为之奋斗，其中有些从来根本就没有发成财。他们梦想从流浪汉一夜成为阔佬，一代又一代人构织着这个梦想。确实有许多人成功了，为人们保留下这个梦，鼓舞他们读书、存钱、培养资本主义意识。"[②]虽然表面上这只涉及美国人的情况，但在本质上这涉及以市场经济为基础的竞争社会中不少人的惯常心态。奥肯把这种心态叫作"资本主义意识"，说得明白一点，这是强烈的发财欲望、出人头地的欲望和竞争中求胜取得成功的欲望。这种欲望是参与竞争的动力，试想，一个人如果没有竞争的动力，他怎么会参与竞争呢？就是消极被动地参与竞争

---

① 参见 [英] 哈耶克：《自由秩序原理》上卷，生活·读书·新知三联书店1997年版，第69页。

② [美] 阿瑟·奥肯：《平等与效率——重大的权衡》，四川人民出版社1988年版，第63—64页。

了，他怎么会在竞争中取胜呢？奥肯的话过于美国生活化，但其中蕴含的道理却是共同的，这就是：要想参与竞争并在竞争中取胜，前提条件之一是参与竞争者要有强大的动力。

内在条件之二是参与竞争者必须尽最大努力了解相关信息。在英国古典政治经济学中，有一个陷阱，实际也是它的严重错误，这就是假定参与竞争者在能力上是无限的，对相关信息的了解是完备的。这种思想在亚当·斯密的《国民财富的性质和原因的研究》一书中以潜在的形式存在，[①]到李嘉图的思想中，它则变成了一条定理："当每个人按着其喜欢的方式自由运用其资本时，自然，他将会最有效地使用资本以追求快乐，如果他能够通过资本获得 15% 的利润，那么，他决不会满足于 10% 的利润。"[②]在竞争的战场上，实际情况正好相反，不确定性随时存在，不确定性存在的根本原因是信息不完整。这说明，在竞争过程中，最大限度地消除不确定性是生存和发展的生命攸关性质的前提条件，满足这一前提条件的根本途径是尽最大努力搜寻相关信息，以使竞争性决策建立在有事实根据的基础上。在这一点上，哈耶克对西方主流经济学作出了重大贡献，这表现在两个方面，一是发现和指出英国古典政治经济学中存在的错误；二是身体力行地指出改正错误的途径："很明显，每个市场参与者完全了解影响市场的每件事这一标准，是不可能达到的。我在此将撇开真正的完全了解和预测会使所有的行为瘫痪这一常见的怪事。即使我们假设每个人都了解每件事，也解决不了任何问题，这也是显而易见的。真正的问题是，如何才能使现有的知识尽可能充分地被利用起来。所以，摆在一个竞争的社会面前的问题，不是我们如何才能'发现'懂得最多的人，而是怎样才能把不计其数的懂得特别适用某一特定工作的专门知识的人，吸引到该特定工作上去。但我们还必须进一步弄清，市场参与者所掌握的是什么样的

---

① ［英］亚当·斯密：《国民财富的性质和原因的研究》下卷，商务印书馆 1974 年版，第 25 页。

② 转引自［英］特伦斯·W.哈奇森：《经济学的革命与发展》，北京大学出版社 1992 年版，第 259 页。

知识。"① 如果我们把李嘉图和哈耶克的观点与市场经济活动的实际情况相对照就会发现，哈耶克揭示出了市场经济活动中的真理之一：知识就是力量，知彼知己，百战不殆。这同时也告诉我们一个最基本的常识：市场竞争的参与者要想生存和发展，就必须最大限度地了解相关信息。

内在条件之三是参与竞争者必须要有才干。人们耳熟能详的基本看法是，参与市场竞争的经济行为主体，相互之间的人格和法律地位是平等的，在权利和义务统一的意义上个人是独立的，其所思所为是自由的。在这三个方面都有政治和法律规定的前提下，参与竞争者要想在竞争中生存下来，发展起来，唯一的凭借手段就是自己的才干或能力。这里的才干或能力一时难以用定义的形式说清楚，但它必须适应市场竞争的需要，使参加竞争者取胜是最基本的条件。在这里，血统、法统在直接的意义上都不起作用，真正发挥关键性作用的就是才干或能力。这种能力或才干，有可能是天生的，更有可能是后天习得的，不管它来自何处，使竞争者在竞争中取胜是唯一的判定标准。从这个意义上说，才干或能力确实是自由竞争的内在条件之一，且是必不可少的内在条件。才干或说能力在自由竞争中的作用的不可缺少性和平等性，证明了市场经济前提条件下的一个新理念，这就是：突出、凭借才干或能力，使自由竞争具有了正义性，因为参与或退出自由竞争是自由的，在竞争中胜利或失败完全以能力为转移而非其他的人为因素。正是因为如此，哈耶克把自由竞争与才干自由运用的正义性直接挂起钩来："虽然竞争与正义很少有共同之处，但值得同样称道的一点，乃是两者俱不徇私。我们不能预测，谁将是幸运的或者谁将受到灾难的打击；对于人们的功过，不能凭一己的私见加以赏罚，而是要凭他们的才干和运气来决定，这和我们在制定法规的时候不能预测执行这些法规将对哪一个人有利和对哪一个人不利，是同样的重要。"②

内在条件之四是参与竞争者的个人努力。中国的俗语说，"天道酬

---

① ［奥］哈耶克：《个人主义与经济秩序》，北京经济学院出版社 1989 年版，第 90 页。

② ［奥］哈耶克：《通向奴役的道路》，商务印书馆 1962 年版，第 98 页。

勤"，"天上不会掉馅饼"，西方的俗语说，"没有免费的午餐"。这些俗语说得都是一个道理，非经个人努力，其酬报和奖赏就不会到来。在以市场经济为前提的社会生活中，尤其是经济生活中，这种哲理的重要程度显然是增加了，它已变为社会生活尤其是经济生活的硬性约束；这种硬性约束的范围显然已是大大扩展了，因为在这里，血统、法统滋生出的名位、关系通通不管用，这里只通行一个准则：不劳动者不得食，不努力劳动者不得好食。这里"好"具有两个方面的含义，一是食的质量，二是食的过程和方式是否为社会习俗和伦理所认可、所尊崇。一旦个人努力占有如此重要的地位，如下两个方面的道理也就易于理解了：一是个人努力成为参与市场竞争者的必备的内在条件，这一条件不具备便一切无从谈起；二是个人努力是个人享有自己的劳动成果或其他社会公益权利的前提。这不是笔者的创见，而是西方主流经济学家的研究成果。美国经济学家布坎南说："一个人的所有权份额在一定程度上可以追溯到他本人的努力，几乎人人会同意，从公正或任何判断标准，由努力得来的权利是'正义'的。真的，我们可以这样说，没付出这样的努力就没有权利要求价值。所以从十分真实的意义上说，这种由努力获得的价值对社会上任何人都不产生机会成本，甚至连一点点可再分配的潜在价值也没有。"[1]布坎南显然是受到了英国哲学家洛克《政府论》一书的影响，他把努力（在洛克那里是劳动）与所有权直接联系在一起，这就把自由竞争的内在条件之一——努力，拔高到一个更高的层次上，使其成为"私有财产神圣不可侵犯"和"拥有私有财产是天赋人权"的最有力的根据。布坎南的观点有为资本主义私有财产的来源辩护之嫌，但我们在认识到这一点的同时还应体悟出一个道理：在以市场经济为前提的社会中，努力是每个人的天然义务，只有在这一前提条件下，才有资格谈到各种各样的权利，个人享有的这些权利才是正义的。

我们应当清醒地认识到，以上列说的自由竞争的内在条件，只是就市

---

① ［美］布坎南：《自由、市场和国家》，北京经济学院出版社1988年版，第130页。

场经济条件下的常规情况而言，但绝对不能认为，自由竞争所需要的内在条件只有这四个方面。实际情况远非如此简单。西方主流经济学家确实意识到了这一点，所以，他们在充分肯定上述四者的同时，还揭示出运气和出身①以及遗产②等特殊情况作为自由竞争的内在条件所发挥的作用。可以肯定地说，相对平等竞争而言，拥有这几个方面的内在条件者处于竞争的优势地位，因而是不平等的，但在以市场经济为前提的社会中，这种情况毕竟是少数，属于偶然和例外，可以通过立法、社会习俗等措施尽量把这些内在条件的作用压低或约束到最低限度，但完全排除显然是知其不可为而为之的一厢情愿。在这里，关键的问题是社会对这些不利于平等的自由竞争的内在条件的态度。这是衡量一个社会公正和文明程度的重要标准。例如，带有封建残余或以封建主义形式保有特权的社会中，出身往往成为竞争的内在条件之一，有时是唯一竞争的内在条件，这样的社会不公正，也不文明。

第二节　西方主流经济学家对自由
竞争的认识和评价

在对自由竞争的界说中，西方主流经济学家的经济个人主义价值观立场并不突出和明显，因为他们要给人以客观描述和"价值无涉"的印象。但是，出于论证自己的观点和说明资本主义市场经济如何运行两个方面的需要，他们势必会把自由竞争的含义进一步展开，正是在展开和论证的过程中，"价值无涉"原则便失去约束力，经济个人主义的价值立场充分显露出来。

出现这种结果是必然的，因为自由竞争是人为事件，且是与人的利害

---

① 参见［美］布坎南：《自由、市场和国家》，北京经济学院出版社 1988 年版，第 130 页。
② 参见［奥］哈耶克：《通向奴役的道路》，商务印书馆 1962 年版，第 99 页。

关系最直接和最密切的人为事件；对自由竞争的论证和说明，同样是与人的利害关系、价值取向和主观需要密不可分的人为事件。这说明，人为事件不反映和表现行为者的价值观是只有在天国才能出现的奇迹，事实是天国并不存在。

不同的时代有不同的社会情势，不同的经济学家有看问题的不同角度，加上自由竞争本身就是复杂异常、在资本主义社会是牵一发而动全身的现象，所以，西方主流经济学家认识和评价自由竞争现象时，在认同和推崇的大前提下，表现出了各不相同的心绪，作出了各不相同的结论。把这些不同的视角、心绪和结论综合在一起，构成了西方主流经济学家对自由竞争的总体性评价。这些认识和评价正是西方主流经济学中经济个人主义思想的有机组成部分。

自由竞争是"神圣不可侵犯"的权利。在市场经济活动中，择业自由和雇用自由是经济自由的基础性构成部分，对这两种自由进行限制，经济自由就不是完整的，甚至说，这不是真正的经济自由。况且，这种限制的客观结果是，市场经济在配置资源、提高效率和训练从业者技能等方面的优势受到遏制或是被扼杀。超出经济生活领域看待择业自由和雇用自由问题，对这二者的限制造成的消极后果更为严重。因为，在资本主义社会被大书特书的"天赋自由"或"天赋人权"，其基础和核心便是人的经济自由，而经济自由的基础和核心便是择业自由和雇用自由。客观现实的内在关联和理论逻辑上的内在关联都说明，侵害到人的择业自由和雇用自由，便是以间接形式侵害了人的"天赋自由"或"天赋人权"。

自由相对于限制而言，没有人为限制便是自由，这是自由的否定性规定，这一规定说明的是拥有自由权利的人与拥有限制自由权利的人及其限制性行为之间的关系。自由的肯定性内容规定了同是拥有自由权利的人之间的关系，在市场经济活动中，这种关系的本质是自由竞争。从这个角度理解对自由的限制，实际就是对自由竞争的限制。亚当·斯密正是从这个角度理解自由与限制的关系的，所以，在讲到当时的英格兰设置条规限制人的迁移自由、择业自由和雇用自由时说："英格兰的乱政，恐以此为最。"① 亚当·斯密之所以如此愤怒，说出语气这么重的话，与他的如下看法有本质联系："劳动所有权是一切其他所有权的主要基础，所以，这种所有权是最神圣不可侵犯的。一个穷人所有的世袭财产，就是他的体力与技巧，不让他以他认为正当的方式，在不侵害他邻人的情况下，使用他的体力与技巧，那明显的是侵犯这最神圣的财产。显然，那不但侵害这个劳动者的正当自由，而且还侵害劳动雇用者的正当自由。妨害一个人，使不能在自己认为适当的用途上劳动，也就妨害另一个人，使不能雇用自己认为适当的人。一个人适合不适合雇用，无疑地可交由有那么大利害关系的雇主自行裁夺。立法当局假惺惺地担忧着雇主雇用不适当的劳动者，因而出面干涉，那明显地不只是压制，而且是僭越。"②

亚当·斯密把自由竞争作为神圣不可侵犯的人权之一，表面上给人以"无限上纲"之嫌，实质上却是资产阶级自由观的画龙点睛之笔。写在《人权宣言》和资产阶级宪法上的自由是空洞抽象的意识形态旗帜，市场经济运行过程中的自由竞争及其苦乐均涉、悲喜交加的结果，才是自由的真实写照。把市场经济运行过程中的自由竞争事实理论化和抽象化，便成为人的天赋权利；把《人权宣言》和资产阶级宪法中的人权规定具体化，便是自由竞争理论。亚当·斯密真正做到了方法论意义上理论和实践的有机统一。

自由竞争制度是最理想的经济制度。这一命题向我们表达了两层含义：自由竞争不是权宜之计，而是一种经济制度；与其他经济制度相比较，它是最好的经济制度。把自由竞争理解为经济运行方式或经济体制，人们易于理解和接受，因为在实际的市场经济活动中，自由竞争确实是引导一切和制约一切的因素，没有自由竞争就不会有真正意义的市场经济，

---

① ［英］亚当·斯密:《国民财富的性质和原因的研究》上卷，商务印书馆 1972 年版，第129 页。

② ［英］亚当·斯密:《国民财富的性质和原因的研究》上卷，商务印书馆 1972 年版，第115 页。

大打折扣的自由竞争与市场经济的不纯正程度成正比，从这个意义上可以说市场经济与自由竞争是词异义同的两个概念。说自由竞争是一种经济制度，人们难以理解的和接受，其原因在于对制度的理解不同。在资本主义社会以前的诸社会形态中，确实存在以交换为手段、以互通有无或获利为目的的市场经济活动。但它不能被称之为市场经济制度。在那里，同行业中不同的从业者之间肯定有竞争，但人为因素会影响价格，对从业者设置人为条规，进出市场会有诸多正式和非正式的壁垒，这一切都在发挥着极其重要、有时是决定性的作用。这里的作用、目的及效果，其核心就是对自由竞争的限制。

在资本主义社会中，理论上倡行自由竞争，经济活动中盛行自由竞争，与其他社会形态相比更为重要和更为根本的是，有一套系统完备的政治法律制度反映自由竞争的内在要求，为自由竞争的正常进行保驾护航。与上述二者平行的是，还有一套同样是完备系统的思想意识形态体系为自由竞争作出论证和说明。这样，从构成要素的角度看，资本主义社会的市场经济行为与此前诸社会形态的市场经济行为没有本质的差别，但从社会整体角度看，本质性差别马上就会显现出来，资本主义社会整体就是以自由竞争性市场经济为基础，它的本质特征就是自由竞争。正是从这个意义上，哈耶克把资本主义社会称为"竞争性的社会"①，弗里德曼则称这样的社会为"竞争的资本主义"②。

自由竞争制度是一种经济制度的判断可以得到事实的确证。说自由竞争制度是最理想的经济制度，这一命题本身就有比较的含义在其中，所以需要论证。英国经济学家马歇尔论证这一命题的方式很独特。他把自由竞争社会中的人分为两类，一类是适应自由竞争环境的成功者，马歇尔称其为"身心健康的人"；另一类是失败者，马歇尔蔑称其为"社会残渣"："对那些在体力上、智力上和道德上都不能做一整日工作赚一整日工资的'社

---

① [奥] 哈耶克：《通向奴役的道路》，商务印书馆 1962 年版，第 93 页。
② [美] 米尔顿·弗里德曼：《资本主义与自由》，商务印书馆 1986 年版，第 14 页，还见第 11 页。

会残渣'（它的人数很多，虽然现在有不断减少的征兆），需要采取迅速措施。这个阶层，除了那些绝对'不能就业的'人以外，也许还包括一些其他的人。但那是一个需要特殊处理的阶层。经济自由制度对那些身心健康的人来说，不论从道德或物质的观点来看也许是最理想的制度。但是那些社会残渣却不能善于利用这种制度。如果让他们按自己的方式教育儿童，则盎格鲁撒克逊的自由通过他们势必贻害后代。把他们置于像德国所流行的那种家长制纪律之下，对他们有利，而对国家更有利。"[①]马歇尔的措辞造句和论证，透露出一种社会达尔文主义的阴暗之气，其社会生活的逻辑则是胜者王侯、败者贼，这是对真正的自由竞争精神的亵渎，所以，这不能算是有学术品位、当然也不会有学术价值的论证。处于"日不落"时期的大英帝国的经济学家，用这种有损个人人格的污垢语言谈人论事说理，使我们这种后来人都感到汗颜。马歇尔在这一问题上的精神境界，降低到了当时伦敦管理社会治安的警官的水平。

　　德国社会市场经济理论和实践之父艾哈德的论证，以历史事实作为比较的参照系因而确实具有说服力，但还是表现出自由竞争崇拜和意识形态论战的姿态："一种竞争的经济制度是所有经济制度中最经济的、同时又是最民主的制度。"[②]"人类进步史中的巨大进展，应归功于自由经济时代的最文明的那一个阶段；这是历史的事实，也是任何经济学派不能加以否认的事实。自从行会制度在经济、道德和行会方面的目的成为经济进步的障碍以后，自由放任的原则解放出来的经济力量是意想不到的。因为行会制度所限制的是个人的创造力与进步思想。在 19 世纪初的生产者生产什么、怎样去生产、在哪里生产、生产多少，以及销到哪里去等问题上，由于所有的生产者都有同等的机会自由活动，竞争因而发生，'市场'也就随之而产生了；市场发展到现在，已成为所有经济利益的焦点。"[③]"只有自由竞争才能把人的力量解放出来，使经济上的进步与工作条件的改善都有

---

① [英] 马歇尔：《经济学原理》下卷，商务印书馆 1981 年版，第 365 页。

② [德] 路德维希·艾哈德：《来自竞争的繁荣》，商务印书馆 1983 年版，第 120 页。

③ [德] 路德维希·艾哈德：《来自竞争的繁荣》，商务印书馆 1983 年版，第 121 页。

保证，不致被更大的利润、私人收入和其他利益所吞噬，而且使这些利益转移到消费者的手里。这是市场经济的社会性理论，不管从哪里得来的经济成就，是从提高效率而获得的利益，以及在劳动生产率中所有的改进，都使全民享受，从而使消费者得到更大的满足。"①

艾哈德从历史和逻辑两个方面论证自由竞争制度的天然合理以及它所带来的种种好处，这给人以有理有据的印象。但是，在承认这些说辞有道理的同时，我们也不要忘记自由竞争制度的另一面，这就是它的社会历史条件性。由于艾哈德以崇拜的心绪看待自由竞争制度，所以，他完全忘记了他的先人的历史——英国自由竞争制度大盛之时，正是德国被自由竞争所累而使德国的平民百姓成为英国人的"劈柴挑水的苦工"②之际；与此同时，艾哈德忘记了自己的先人李斯特痛心疾首于德国误入自由贸易陷阱所写出来的《政治经济学的国民体系》一书，在书中，李斯特把时机不适宜的自由竞争前提下的自由贸易比喻为英国人送给德国人的特洛伊木马，③以此昭示英国在夺取不平等利益的同时所埋藏的不良用心，并以威尼斯的衰亡与国际贸易政策的关系为例说明自由竞争的条件性："国际贸易的自由和限制，对于国家的富强有时有利，有时有害，是随着时期的不同而变化的。无限制的自由贸易对于这个共和国在成立的初期是有利的；它要从仅仅是一个农村的地位上升到商业强国，除此以外又有什么别的路可走呢？当它达到了某一富强阶段时，保护政策也仍然对它有利，因为它由此可以取得工商优势。但是它当时的工业力量已经有了发展，已经处于优势地位时，保护政策就开始对它不利了，因此由此使它与一切别的国家的竞争处于隔离状态，这就要发生懈怠情绪。所以真正对威尼斯有害的，并不是保护政策的采用，而是当采用的理由已成过去以后，对这个政策仍然坚

---

① ［德］路德维希·艾哈德：《来自竞争的繁荣》，商务印书馆 1983 年版，第 121—122 页。

② ［德］ 弗里德里希·李斯特：《政治经济学的国民体系》，商务印书馆 1983 年版，第 323 页。

③ 参见 ［德］ 弗里德里希·李斯特：《政治经济学的国民体系》，商务印书馆 1983 年版，第 129 页。

持不舍。"①这告诉我们一个道理，艾哈德抽掉社会历史条件，把自由竞争拔高为脱离具体条件制约的最好和最高的经济制度，与现实脱节且不说，他还数典忘祖。

把自由竞争视为最理想的经济制度是西方主流经济学中的经济价值观，甚至是政治立场的最明显的表现。这一表现向我们证明了两个事实，一是"价值中立"或"价值无涉"神话的不攻自破；二是西方主流经济学经济价值观的核心是经济个人主义的观点又一次得到了确证：自由竞争的初始含义是个人与个人之间的竞争，这在亚当·斯密那里表现得最典型。至于后来的公司与公司之间的竞争，只不过是个人之间竞争的放大化或集团化，因为其中最根本的维系因素还是个人利益。

自由竞争是最好的方法。方法是中性概念，在这里似乎可以"价值无涉"。如果我们真是如此认识方法问题，尤其是如此认识西方主流经济学中的方法问题，肯定要误入"陷阱"。在社会科学领域，方法是人为总结的产物，用什么方法表达和论证自己的观点，是人为选择的结果。要说明的对象与人们有利害关系，说明者的目的之一是要说明这一利害关系，而说明者自己与这一说明过程及其结论也有直接或间接的利害关系，所有这些利害关系缠结在一起，说明了方法论中的"价值无涉"是神话，方法论中包括价值观成分是在劫难逃的。如果我们的思维再进一步，方法论有关判断中的价值观成分便会自我展现："最好的方法"、"再好不过的方法"等，"好"标明方法设定者或使用者的价值观倾向的选择，这本身就隐含了另一种价值判断，实际是价值选择：其他方法不好，甚至很坏。

在西方主流经济学那里，当说自由竞争是"好"方法时，"好"字包含了许多内容，透过他们赋予"好"的含义及其他论证，其经济价值观及其核心——经济个人主义，充分表现了出来。

既是经济学家又是哲学家的约·穆勒，把自由竞争看作是治愈人类天性懒惰和能力衰退痼疾的最好方法："人类天生懒惰，听凭自己的能力

---

① ［德］弗里德里希·李斯特：《政治经济学的国民体系》，商务印书馆1983年版，第15页。

衰退。竞争也许并非是可想像的最好的刺激物，但却是必不可少的刺激物。进步就需要竞争。"①正是因为如此，结论便不言自明："限制竞争是一种罪恶，扩大竞争将带来最大的利益。使人免受竞争，就是使人陷于无所事事、头脑发术的境地，就是使人不积极进取、聪明智慧。"②约·穆勒的论证有三点值得注意：一是把自由竞争放到好坏两极的思维模式中加以考察，这本身就使人难以用另外的思维方式看待自由竞争。二是在这一思维模式中，把人类的好品质都归功于自由竞争，把人类的坏品质都归罪于不自由竞争。三是这里的人类品质的所谓好或者坏，都与资本主义市场经济的客观需要直接联系在一起，好者，是适应资本主义市场经济需要的人类品质；坏者，则是与此相反的人类品质。作为一种面对普通人的意识形态宣传，约·穆勒的论证是有说服力的，但在符合实际的意义上，他的论证则会大打折扣。经济上的自由竞争是人类社会历史长河中特定阶段的产物和盛行的原则，而所谓的人类品质的形成或改变，则与长长的人类社会历史相联系。

哈耶克把自由竞争看作是提高效率和反对强制性专断干预的最好方法："自由主义者的论点是基于这种信念，即只要能够创造有效的竞争，就是再好不过的引导个人行动的方法。"③为什么说自由竞争是"再好不过"的方法？哈耶克给出的根据是："经济上的自由主义者反对用协调个人行动的低级方法去代替竞争。自由主义者之所以把竞争看成是优越的，不仅是因为它在大多数情况下是已知的最有效率的方法，而且更由于它是使我们的活动得以相互调节适应而用不着当局的强制的和专断干涉的唯一方法。其实，赞成竞争的主要论点之一，就是它免除了所谓'有意识的社会控制'的需要，并且使个人有机会来判断某一职业的前景是否足以补偿该

① [英] 约·穆勒：《政治经济学原理——及其在社会哲学上的若干应用》，商务印书馆1991年版，第362页。
② [英] 约·穆勒：《政治经济学原理——及其在社会哲学上的若干应用》，商务印书馆1991年版，第363—364页。
③ [奥] 哈耶克：《通向奴役的道路》，商务印书馆1962年版，第38页。

项职业所带来的不利和风险。"①哈耶克的论证显然比约·穆勒的论证老练和深刻，他不把自己的论点建基于难以说清的人类品质好坏和优劣的区分上，而是把目标规定在三个方向上：自由竞争在经济上是最有效率的，在政治上是最自由的，对个人才能的发挥和个人权利的维护是最有成效的，由此证明，自由竞争是最好的经济制度。

　　弗里德曼把自由竞争当作利益公正分配的最好方法，并把它与计划经济体制的分配方法尖锐对立起来："从基本上说，仅有两种方法来协调千百万人的经济活动。一个方法是包括使用强制手段的中央指挥——军队和现代极权主义国家的方法。另一个是个人自愿的结合——市场的方法。"②"通过自愿的结合进行协调的可能性来自一个基本的——然而经常被否定的——命题，即：进行交易的双方都可以从中获利，只要交易双方是自愿的而且是不带欺骗性的。"③弗里德曼把自由竞争在利益分配过程中的作用简单化，在他的视野里，似乎只有以物易物的双方交易，至于自由竞争中的偶然事件、一方把另一方挤垮或者是吞掉，就像不存在一样。就像前者是市场经济中自由竞争的正常结果一样，后者同样是市场经济中自由竞争的正常结果。弗里德曼性急了点儿，经济学教师爷的架子大了点儿，④所以，自由竞争在利益分配过程中的作用似乎一笔带过，别人就能心领神会，并把他的心思全部猜出来。这怎么可能呢？在经济学内容的表述过程中，简化细节并不等于把对自己不利的内容一笔画掉，因为任何人都没有这个权利，弗里德曼也没有这个权利。从这个角度看问题，弗里德曼显然是大大地越权了，越权的实际后果是他没有尽到作为经济学家的义务：把真实的情况客观全面地告诉读者。他在《实证经济学方法论》的长文中一再告诉别人要客观，不要把自己的价值倾向带入经济学，现在，弗里德曼自己由于这篇论文及其观点而陷入了两难境地：如果价值倾向确实可避

---

① 　[奥] 哈耶克：《通向奴役的道路》，商务印书馆 1962 年版，第 38—39 页。

② 　[美] 米尔顿·弗里德曼：《资本主义与自由》，商务印书馆 1986 年版，第 14 页。

③ 　[美] 米尔顿·弗里德曼：《资本主义与自由》，商务印书馆 1986 年版，第 14 页。

④ 　参见 [美] 约瑟夫·熊彼特：《经济分析史》第 2 卷，商务印书馆 1996 年版。

免，那么他就是有意误导读者，因而在学术品格上是一个不诚实的经济学家；如果价值倾向不可避免，那么他的《实证经济学方法论》一文就像是唐·吉诃德与大风车搏斗，显得既没有道理，也非常可笑。明知价值倾向不可避免，为什么还要以大经济学家的身份去告诉读者相反的结论呢？

萨缪尔森把自由竞争比喻为一架精妙绝伦的机器，它不仅能传达竞争参与者所需要的信息，而且能解决个人能力所不能及的复杂问题："竞争制度是一架精巧的机器，通过一系列的价格与市场，发生无意识的协调作用。它也是一具传达信息的机器，使千百万不同个人的知识和行动汇合在一起。虽然不具有统一的智力，它却解决着一种可以想像到牵涉到数以千计未知数的关系的最复杂的问题。"① 可以肯定地说，萨缪尔森的这种观点是在哈耶克关于个人知识有限、市场信息不足可以弥补的观点基础上的继续推演。但他忘记了，哈耶克的观点只是揭示了自由竞争过程中解决知识有限难题尝试的部分真实情况，但绝对没有把这个谜团全部解开。真实的情况是，这个谜团永远不能全部解开，这是由人的有限性决定的，也是由市场信息本身和层级信息的无限性、变动不居性决定的。萨缪尔森试图解开这一谜团，可以说，他营造了解开的气氛，但谜团照样客观存在。否则，自由竞争过程中的个人失败就不会接连不断了，经济周期中的低谷就不会让政府、经济学家和企业家头痛难耐而又像热锅上的蚂蚁焦急万分，却没有解决问题的办法。

上述诸位经济学家对作为方法的自由竞争的认识，以弗里德曼为典型，都是平面上的浅层次认识，在这个意义上说，他们还停留于对教科书观点的修修补补上。但是，有一位经济学家打破了这种平庸、沉闷的局面，他就是熊彼特。熊彼特对作为方法的自由竞争意义的深刻独到的认识，导源于他对自由竞争过程中一个细节的发现："只要我们深入事情的细节，追踪进步最惊人的个别项目的进步的由来，那么我们就不会追踪到工作于比较自由的竞争条件下的商行门上，却分明会追踪到大企业门

---

① 转引自邹东涛、杨秋宝：《经济竞争论》，四川人民出版社 1989 年版，第 39 页。

上——在农业机器的事例中，竞争性企业所获进步的一大部分同样应该归功于大企业——于是我们不免要吃惊地怀疑，大企业也许和创造这种生活水平有更多关系，而不是和降低这种生活水平有更多关系。"①基于自己的发现，熊彼特首先是批评传统的自由竞争理论没有抓住要害，因为"对零售商业而言，真正竞争并非来自相同类型的店铺的增设，却来自早晚一定会毁灭这类金字塔的百货商店、连锁商店、邮购商店和特价市场。现在，一个忽略了实例中本质要素的理论结构，不免也忽略了事例中最典型的资本主义的一切东西；纵令它在逻辑上和事实上都正确，还会像一出没有丹麦王子的《哈姆雷特》剧"②。熊彼特的话很重，他指责传统的关于竞争方法的理论既没有抓住要害，也不符合市场经济运行的客观实际。因为，"人们通常摹想的问题是，资本主义是怎样支配现存结构的，而有关的问题是，资本主义是怎样创造和毁灭现存结构的。当人们还没有意识到这一点时，研究者所做的工作就是毫无意义的工作"③。

在熊彼特看来，自由竞争方法的真正意义在哪里呢？在由自由竞争造成的"创造性的毁灭过程"④中，他认为："在迥然有别于教科书构图的资本主义现实中，有价值的不是这种竞争，而是关于新产品、新技术、新供给来源、新组织类型（例如大规模的控制单位）的竞争——也就是占有成本上或质量上的决定性有利地位的竞争，这种竞争所打击的不是现存企业的利润和产量，而是在打击这些企业基础，危及它们的生命。这种竞争和其他竞争在效率上的差别，犹如炮击和徒手攻门的差别，因此，按其通常意义来考虑竞争能否更敏捷地发挥作用，就变得比较不重要了；长时期内

① ［美］约瑟夫·熊彼特：《资本主义、社会主义和民主主义》，商务印书馆 1979 年版，第 103 页。

② ［美］约瑟夫·熊彼特：《资本主义、社会主义和民主主义》，商务印书馆 1979 年版，第 108 页。

③ ［美］约瑟夫·熊彼特：《资本主义、社会主义和民主主义》，商务印书馆 1979 年版，第 106 页。

④ ［美］约瑟夫·熊彼特：《资本主义、社会主义和民主主义》，商务印书馆 1979 年版，第 104 页。

扩大产量降低价格的强有力的杠杆，无论如何总是用通常竞争以外的其他材料制成的。"①

熊彼特对传统的关于自由竞争方法意义的看法有道理吗？他自己关于自由竞争方法意义的观点有根据吗？虽然他历来自视甚高，发表议论用的是居高临下的腔调，但我们看问题可要实事求是。教科书上关于自由竞争的意义的定见，经济学家对这些定见的扩展和修补，都是有价值的，没有这些东西，我们就不会有对自由竞争方法认识的基础，当然也不会有关于自由竞争方法的意义的全面认识。从这个角度看问题，熊彼特的批评显然过头，把该肯定的东西也否定掉了，这就像少妇给婴儿洗澡，脏水倒掉是聪明之举，连同婴儿一同倒掉，是愚不可及的行为。不过，熊彼特确实有过人之处，这就是他看到了其他经济学家没有看到的东西，这既是熊彼特的功绩，也是其他经济学家的过错。至于熊彼特新见的根据，显然是充分的，资本主义市场经济越是往后发展，这种根据也就越多，因为，创新恰好是资本主义市场经济发展的生命线。从这个角度看问题，我们可以肯定地说，他比任何其他经济学家都更了解资本主义市场经济的本质，因此，也更了解自由竞争方法的本质作用和意义。

在这里需要作一点说明。熊彼特创造的"创造性的毁灭过程"短语后来以"创新"概念名垂后世并因此而得"创新理论大师"的美誉；他围绕自由竞争方法而提出的创新理论也已成为经济学教科书的经典内容。这里需要思考的问题是，创新思想是熊彼特的独创还是在提出时有所凭借？可以肯定地说，他在提出创新理论时确实有所凭借，这个凭借是马克思主义的经典著作。虽然在用语上稍有差别，但思维方式上，二者之间肯定有一脉相承的关系。在《共产党宣言》中，马克思、恩格斯就提出了创新是资本主义市场经济生命线的观点："资产阶级除非对生产工具，从而对生产关系，从而对全部社会关系不断地进行革命，否则就不能生存下去。反

---

① [美]约瑟夫·熊彼特：《资本主义、社会主义和民主主义》，商务印书馆1979年版，第106—107页。

之，原封不动地保持旧的生产方式，却是过去的一切工业阶级生存的首要条件。"① 过了将近二十年之后马克思又在《资本论》中说："现代工业从来不把某一生产过程的现存形式看成和当做最后的形式。因此，现代工业的技术基础是革命的，而所有以往的生产方式的技术基础本质上是保守的。"② 由于阶级立场、自视甚高的傲慢和偏见使然，熊彼特对马克思的评价总是酸溜溜中带着刻意的贬低、讽刺和挖苦，但在上述的思想脉络问题上，他还是承认了二者之间的前后相继关系，虽然不情愿且羞羞答答："对读者来说，这一点可能是显而易见的，即这一想法和这一目标（解释资本主义过程）与作为卡尔·马克思的教诲基础的想法和目标完全相同。但我在开始时并不清楚这一点。实际上，使马克思与其同时代的经济学家以及他以前的经济学家区别开来的正是把经济演变视为一个经济体系自身生成的独特过程这样一种见解。"③

综上所述可以看出，在西方主流经济学家的眼中，自由竞争就像一面多棱镜，从不同的角度观察，便会显现出各不相同而又五彩缤纷的诱人画面。这与自由竞争现象复杂异常有关，更与西方主流经济学家观察时的主观立场有涉。在观察之前早已有了自由竞争美好无比的定见，根据这个定见选择事实和论证推理，这时的画面必然是好之又好，在把自由竞争作为一种根本方法时，这一点表现得尤为突出和明显。这样，方法已不仅仅是方法，更是一种用独特方式表达出的经济价值观——经济个人主义。

第三节　自由竞争的作用

在西方主流经济学家的思想中，自由竞争占有中心位置。他们认真地

---

① 《马克思恩格斯文集》第 2 卷，人民出版社 2009 年版，第 34 页。

② 《马克思恩格斯文集》第 5 卷，人民出版社 2009 年版，第 560 页。

③ ［美］洛林·艾伦：《开门——创新理论大师熊彼特》，吉林人民出版社 2003 年版，第 488—489 页。

对这一概念进行界说和评价，其根本的激发性因素是看中了它的作用。情况之所以如此的原因有两个：一是在资本主义市场经济活动中，自由竞争的作用之大和影响范围之广是有目共睹的事实；二是在自由竞争理论中，对它的作用的观察、概括和说明，是西方主流经济学家们投入精力最多的工作。

自由竞争作用的大小和好坏，与资本主义市场经济存在的必要性和合理性，甚至与资本主义制度存在的必要性和合理性，有直接和必然的联系。有感于此，西方主流经济学基本原则的奠基人亚当·斯密、二百余年后亚当·斯密在德国的忠实信徒路德维希，艾哈德和美国公共选择学派的创始人之一布坎南，还有毕其一生精力论证资本主义自由竞争制度合理和社会主义计划经济体制荒谬的哈耶克，都把自由竞争的作用作为自己探讨和论述的重点。

亚当·斯密对自由竞争理论、进而对自由竞争作用理论的贡献是全方位的。他不仅对封建王权对自由竞争的限制和干预进行了有理有据的批判，在此基础上提出了许多自由竞争正当合理、自由竞争的作用功不可没的基本观点，更为根本和主要的是，他提出了闻名遐迩、经久不衰的"看不见的手"的理论。就对自由竞争作用的说明和论证而言，任何其他的相关观点和说明都不能与之匹敌。亚当·斯密因此而声名显赫于全世界，"看不见的手"这一哲学隐喻也成了自由竞争特别是自由竞争作用的代用语。路德维希·艾哈德，其理论贡献和名声都不能与亚当·斯密相比，但他在一个特殊的历史条件下（20世纪40年代末50年代初是计划经济理论在西方世界影响最大的时期），在一个特殊的国度里（按照哈邪克和熊彼特这两位成长于德语文化气氛中的大经济学家的看法，德国是现代计划经济思想的发源地之一，是计划经济思想的大本营之一），把自由竞争理论变为一国经济实践的指导原则并获得成功，这是一个了不起的成就。对这一实践的理论概括，便是他的以实际材料和实践经验见称于世的《来自竞争的繁荣》一书。

詹姆斯·布坎南在西方国家盛行福利政策和遵奉国家宏观调控信条的

情况下，大声疾呼要回到亚当·斯密的"交换科学"（自由竞争的另一种说法）去，并用亚当·斯密首先提出其思想的"经济人"理论说明政府行为、进而是政府官员的行为，以反证的形式再一次确认自由竞争作用的正当合理性和不可替代性。

哈耶克对自由竞争作用的论证超出了西方主流经济学的范围，这表现在两个方面。一是在第二次世界大战即将结束、战后重建需要确立思想方向之际，他发表论文和演说，出版专著（以《通向奴役的道路》为代表），系统批判社会主义计划经济体制，把它与德国的法西斯主义经济制度归属一类。虽然这是偏见和荒谬且是反动之举，但他对社会主义计划经济体制的分析和批判，还是有许多发人深思之处。二是在战后时期，哈耶克熔经济学、哲学、法学、政治学、历史学和心理学于一炉，以广泛久远的社会历史为背景，系统博深地论证和说明自由竞争及其作用的理论，尤其是这一理论背后的灵魂——经济个人主义。

在西方主流经济学的历史中，对自由竞争理论作出独特贡献者肯定不止上述四人，但通过他们几个人的观点，我们大概可以了解：关于自由竞争的作用，他们到底说了什么，是如何说的。

其一，只有自由竞争才能使消费者受益。自由竞争作用的表现之一是使消费者的权益受到尊重，在交换中得到好处，这是大部分西方主流经济学家都强调的一点。亚当·斯密指出，在有限资本的前提下，"如果分归两个杂货商人经营，这两人间的竞争，会使双方都把售价减低得比一个人独营的场合便宜"[1]。艾哈德以自己的实践经验为依据，对自由竞争的这一作用进行赞美："竞争是获致繁荣和保证繁荣最有效的手段。只有竞争才能使作为消费者的人们从经济发展中受到实惠。它保证伴随着生产力的提高而俱来的种种利益，终于归人们享受。"[2]在面对这一问题时，就连哈耶克也一改博学和晦涩难解的玄学风格，把道理讲得通俗易懂："竞争在很

---

[1]　［英］亚当·斯密：《国民财富的性质和原因的研究》上卷，商务印书馆1972年版，第331页。

[2]　［德］路德维希·艾哈德：《来自竞争的繁荣》，商务印书馆1983年版，第11页。

大程度上是信誉和善意的竞争，这一重要事实能使我们解决许多日常问题。在这里，竞争的作用正好是告诉我们谁为我们服务得更好，即我们能指望哪一个杂货商或旅行社、哪家百货店或旅馆、哪一个医生或律师能为我们最满意地解决我们面临的各种特别的个人问题。显然，在所有这些领域，竞争会非常激烈，因为不同的个人和公司所提供的货物和服务绝不会完全一样。正是由于这种竞争，我们才能得到像现在这样的服务。"①实际上，三位时代不同和背景不同的经济学家论证的是一个道理：只有在自由竞争的作用下，消费者的主权才有保障，消费者主权论才是对客观现实的描述。

其二，只有自由竞争才能使每个人把自己的工作做好，才能使工作优秀者战胜工作低劣者，才能使有才华者脱颖而出。就这一点而言，亚当·斯密和路德维希·艾哈德都论述得非常精彩："如果竞争是自由的，各人相互排挤，那么相互的竞争，便会迫使每人都努力把自己的工作弄得相当正确。当然啰，在某些职业，只有成功才可获得伟大目标，这个情况，有时会诱使一些意志坚强雄心远大的人去作努力。但是，最大的努力，却明明用不着大目标来敦促。哪怕是卑不足道的职业吧，竞争和比赛，亦可使胜过他人成为野心的目标。竞争和比赛往往引起最大的努力。"②亚当·斯密以非常通俗易懂的语言，向他的读者讲明了一个大道理：只有在自由竞争的作用下，个人工作的积极性才会被激发（说被挤压也可）出来，个人的自我奋斗和自我负责的才能才会培养出来。往深里说，这是经济体制与个人工作状况的关系问题，如果我们用计划经济体制下人们的工作状况来比照，便会发现，亚当·斯密的话是真理，他说得太符合实际了。路德维希·艾哈德显然是注意到了自由竞争这一作用中的更深一个层次的问题，把亚当·斯密的观点往前推进了一步：自由竞争的原则"同时也能保证一个优秀工作者得到较高报酬；在这个社会意义上，也

---

① [奥] 哈耶克：《个人主义与经济秩序》，北京经济学院1989年版，第91页。
② [英] 亚当·斯密：《国民财富的性质和原因的研究》下卷，商务印书馆1974年版，第319—320页。

能保证一个优秀生产者获得较大的安全与新的好机会"①。让自由竞争的优胜者获得经济安全，把好机会留给自由竞争中的优胜者，这都是自由竞争的作用，也是它的功劳。纵观人类社会历史，这样的功劳和作用怎样评价也不会过分。这样说的理由有二。一是相对于个人而言，只有在自由竞争的环境中并通过自由竞争的作用，才能真正摆脱血统、法统和习俗等的约束，使自己的聪明才智充分发挥出来，在回报社会的同时，获得了自己应该获得的东西，这其中包括物质财富、权力或者名誉，这三者结合或其中的某一项、某两项内容，构成了可以不依附于任何人的个人安全。二是相对于社会而言，在自由竞争的作用下，个人聪明才智的发挥所创造出来的各种性质的社会财富，个人不可能都据为己有，所以，贡献于社会者，还是占有各种性质财富的更大份额。这二者及二者的结合，恰好是社会进步和繁荣的前提条件，从这个意义我们可以说，自由竞争的最大作用是保障和促进社会的不断进步和繁荣，保障和促进个人的成长与安全。

其三，只有自由竞争才是企业良好经营的可靠保障。在这里我们应抓住两点：一是这里的自由竞争相对于官营独立或自然形成的垄断而言；二是在社会精神氛围、文化习俗和法律制度诸方面，能够保障自由竞争企业的正当利益，能够让企业家生存在一个只要经营好就能受尊重的社会和法律环境中。在资本主义市场经济的历史中，对企业和企业家的这种威胁始终是存在的，所以，西方主流经济学家们，也始终没有放松对这两种威胁的警惕。亚当·斯密说："独占乃是良好经营的大敌。良好经营，只靠自由和普遍的竞争，才得到普遍的确立。自由和普遍的竞争，势必驱使各个人，为了自卫而采用良好经营方法。"②亚当·斯密的思维逻辑很清楚，独占与良好经营相敌对，只有自由竞争，才能为良好经营提供可靠保证。从这个意义上说，自由竞争是企业良好经营的前提条件，没有自由竞争就不会产生和存在良好经营的企业。

① ［德］路德维希·艾哈德：《来自竞争的繁荣》，商务印书馆1983年版，第125—126页。
② ［英］亚当·斯密：《国民财富的性质和原因的研究》上卷，商务印书馆1972年版，第140页。

与此同时，我们还应当意识到企业良好经营的另一种前提条件，这就是企业家能否在自由竞争的环境中，把企业经营好的同时获得社会的认可和回报。艾哈德曾是原西德经济起飞的设计师和指挥官，他对这一点的看法不仅具有理论价值，也具有实践经验总结的味道："自由商人是与市场经济的制度同生共死的。""如果商人再也不愿意承担这自由竞争的任务——如果在压力、理想、智慧、效率和创造的愿望不再需要的地方，建立起一种制度，如果不能够再让，或者不再允许能力强的人比能力差的人获得更大的成就的话，那么，自由的商业经济立刻会不存在。一种普遍的消沉和逃避责任的现象就要抬头了；力求安全和稳定的状态再也不会跟真正的企业精神相协调。"①艾哈德告诉我们，例如德国这样高度发达的国家也有这种扼杀企业家自由竞争精神的习惯性的社会力量。看来，这是普遍现象。这种社会力量的抑制，是自由竞争得以存在和普遍发挥作用的前提，而自由竞争的存在和普遍发挥作用，又是企业良好运营的前提。这种用语言表达出来的强劲逻辑所代表和揭示的，是市场经济良好运行的客观逻辑。不管逻辑的哪一个环节出了问题，更具体地说，自由竞争的作用在哪里受到阻碍，市场经济都不能良好地运行起来。

其四，只有自由竞争才能鼓励企业家创新。自从 20 世纪初青年熊彼特把创新作为企业家的本质规定以来，已有一百多年的时间。②这期间，创新日益受到企业家的重视和社会的关注，这里的重视和关注决定了创新作为一种不可多得的企业家素质因素和综合国力中的资源因素，日益受到经济学家的重视。经济学家看重的是企业家创新的客观后果，例如，马歇尔看到的是创新带来的效率；③熊彼特看到的是创新对资本主义市场经济存在和发展生命攸关的作用，用熊彼特自己的话表述这一思想或许更有说服力："开动资本主义发动机并使它继续动作的基本推动力，来自新消费

---

① [德] 路德维希·艾哈德：《来自竞争的繁荣》，商务印书馆 1983 年版，第 153 页。
② 熊彼特最早提出企业家创新理论是在《经济发展理论》一书中，这部著作 1912 年以德文正式出版，那一年他 29 岁。
③ 参见 [英] 马歇尔：《经济学原理》下卷，商务印书馆 1981 年版，第 92 页。

品，新的生产或运输方法，新市场，资本主义企业所创造的产业组织的新形式。"① 我们思考的重点不在这里，而是自由竞争与企业家创新的关系。为什么只有自由竞争才能鼓励企业家创新呢？这一问题可能有多种解答方式。一种是把二者一一对应起来，这种解答方式的结果是自由竞争成为企业家创新的充分条件。第二种解答方式是把自由竞争作为企业家创新的必要条件但不是充分条件，这种解答方式的结果是没有自由竞争企业家创新当然不可能，但只有自由竞争，企业家创新也未必可能，因为企业家创新还需要其他条件。第三种解题方式是把这一问题作为一个伪问题看待，这意思是说，自由竞争与企业家创新二者之间没有必然联系，如果实际情况真是如此，那么，这个伪问题就无解。这里的要害问题是，根据资本主义市场经济的历史和当下实践可以作出结论，第三种，解答问题的方式是错误的。表面看，第二种解答方式的问题的方式是正确的，因为，企业家创新除了需要自由竞争的条件外，还需要自身的创新素质和创新欲望，这两个条件如果不存在，光有自由竞争的外部环境，就像没有生育能力的男女即使交合也不能生小孩一样，创新还是不能发生。但是，就我们的论题需要而言，这里关注和思考的重点是企业家创新与外部条件的关系，仅从外部条件角度着眼，第一种解答问题的方式就是正确的，自由竞争既是企业家创新的必要条件，也是充分条件，相应地，第二、三种解答问题的方式都是错误的。现在我们可以作出最后的结论了：理论逻辑和历史事实都证明，只有自由竞争，才能保证企业家创新的产生和存在，因此，才能鼓励企业家去创新。

其五，只有自由竞争才能净化经济交往环境，才能培养人们诚实和守信用的品德。实际情况是，在以市场经济为前提的生活环境中，自由竞争造成的生存压力迫使人们不得不诚信，不得不守信用。在这里，并没有谁进行道德说教，只有竞争的压力在扮演免费教师的角色。英国经济学家马

---

① ［美］约瑟夫·熊彼特：《资本主义、社会主义和民主主义》，商务印书馆 1979 年版，第 104 页。

歇尔以我们在情感上难以接受的形式指出了这一点："近代的贸易方法一方面包含信任他人的习惯，另一方面包含抵抗欺诈行为的引诱的力量，这两点在落后民族之中是不存在的。在一切社会条件之下，虽不乏单纯的真理和个人忠诚的事例，但是那些曾经要在落后国家建立新式营业的人，感到他们常不能对当地的人委以重要的职位……贸易上的掺假和欺诈行为盛行于中世纪，达到惊人的程度，我们现在却考虑当时这种错误行为很难不被人发觉。"①马歇尔向我们展示了客观存在的事实，但他也有欠缺的一方面，这就是：造成这种状况的原因是什么？仅从道德角度发议论解决不了这里的问题，如果从种族、民族文化传统中找答案，不仅是荒谬至极，而且是离题万里。

耐人寻味的是，马克思和恩格斯看到了与马歇尔同样的客观事实，却在观点上与马歇尔根本不同："在私有财产制度下，最发达的竞争，例如在英国，当然是'尽可能把事情做好'。小工商业者的骗术只有在浅陋的竞争条件下，在中国人、德国人和犹太人中以及一般地走街串巷的小商贩中才盛行。"②马克思、恩格斯的话点出了问题的实质，商业环境、社会风气的好坏，与自由竞争的发育程度成正比，自由竞争的发育程度高，商业环境、社会风气自然要好，因为不诚信的时机没有或者很少，况且，不诚信的机会成本之高会让不诚信的念头退缩回去。从这里看，只有自由竞争才是良好的经济交往习惯和环境的可靠保证，这是真理，而不仅仅是一条经济学原理。在19世纪40年代，马克思、恩格斯把中国人、德国人和犹太人列为不诚信的典型，后来，德国人和犹太人靠自己的诚信行为远离了不诚信者名单，而我们这个民族，还有不少人把欺诈之类的小把戏作为聪明和智慧遵奉。这一方面说明我们在优化经济交往环境方面还有许多工作要做；另一方面也说明，我们把自己叫作市场经济国家，但自由竞争的发育程度还实在太低。

---

① [英]马歇尔：《经济学原理》上卷，商务印书馆1981年版，第28—29页。
② 《马克思恩格斯全集》第3卷，人民出版社1965年版，第427页。

　　这里需要多说几句的是，在自由竞争与经济交往诚信二者之间的关系问题上，马克思主义经典作家的看法要远远高于和优于西方主流经济学家的看法。① 这样说的根据是，马克思主义经典作家不是像马歇尔等人那样就诚信论诚信，而是把诚信放到与自由竞争有必然联系的高度看问题。尤其重要和可贵的是，马克思主义经典作家把自由竞争导致诚信概括为一条现代经济规律："现代政治经济学的规律之一（虽然通行的教科书里没有明确提出）就是：资本主义生产越发展，它就越不能采用作为它早期阶段的特征的那些小的哄骗和欺诈手段。波兰犹太人，即欧洲商业发展最低阶段的代表所玩弄的那些猥琐的骗人伎俩，可以使他们在本乡本土获得很多好处，并且可以在那里普遍使用，可是只要他们一来到汉堡或柏林，那些狡猾手段就失灵了。同样，一个经纪人，犹太人也好，基督徒也好，如果从柏林或汉堡来到曼彻斯特交易所，他就会发现（至少在不久以前还是这样），要想廉价购入棉纱或布匹，最好还是放弃那一套固然已经稍加改进但到底还很低劣的手腕和花招，虽然这些手腕和花招在他本国被看做生意场上的智慧顶峰。但是，随着大工业的发展，据说德国的许多情况也改变了，特别是德国人在费城打了一次工业上的耶拿会战以后，连那条德国市侩的老规矩也声誉扫地了，那条规矩就是：先给人们送上一些好的样品，再把蹩脚货送去，他们只会感到称心满意！的确，玩弄这些狡猾手腕和花招在大市场上已经不合算了，那里时间就是金钱，那里商业道德必然发展到一定的水平，其所以如此，并不是出于伦理的狂热，而纯粹是为了不白费时间和辛劳。在英国，在工厂主对待工人的关系上也发生了同样的变化。"② 恩格斯的话涉及几个国家，有英国、德国和波兰。就像马克思、恩格斯在《德意志意识形态》中的论述一样，英国商人的诚信度最高，这两处论述不一样的地方是，德国人由不诚信的典型已改变为诚实可信的贸易伙伴。这里需要我们深思的问题是，造成这一切的原因是什么呢？恩格斯

---

① 较详细的论证参见宫敬才：《诚信的经济规律性质》，《求是》2002 年第 15 期。

② 《马克思恩格斯文集》第 1 卷，人民出版社 2009 年版，第 366 页。

虽然在论述中没有使用自由竞争概念，但从语境中我们可以强烈地体会出来，这里的根本原因是由市场经济的发育程度所决定的自由竞争发育程度。并不是英国商人天生就诚信，而是自由竞争的硬性约束迫使他不得不如此；并不是德国商人突然良心发现，而是德国在现代化发展过程中自由竞争已约束到了每一个商人；并不是波兰的犹太人生性低劣，而是波兰由于自由竞争发育程度低使不诚信有机可乘且不用花费机会成本。由此看来，诚信确实是一条经济规律，但它的基础和本质是自由竞争。

其六，只有自由竞争才是获致繁荣和保证繁荣的最有效手段①，尤其重要的是，自由竞争是自由社会制度的主要支柱②。在现代，持这种观点者的典型有哈耶克和弗里德曼等人。但最有资格宣教这一观点者，则是德国人路德维希·艾哈德。因为，他不仅是原西德战后重建过程中的社会市场经济理论之父，而且更重要的是原西德"经济起飞"、"经济奇迹"的设计者和指挥者。相对于这一观点而言，他既有理论体会，也有实践经验。艾哈德确实为自己也代表原西德人总结了实践经验："由于我在经济改革中所获得的一切成就，都能追溯到积极参加人们的行动中去，所以我认为'德国奇迹'这种说法是不成立的。西德在过去九年中发生的一切，绝不是奇迹，而是全体人民辛勤劳动的成果。他们在自由的原则下，有机会来发挥个人创业的精神和动力。如果德国这个例子对别国有些价值的话，其价值只能是向全世界证实个人自由与经济自由所带来的幸福。"③这里的"自由"就是竞争的自由，用更规范的学术语言说，就是经济个人主义。艾哈德确实谈到了自己的理论体会："我之所以不断斗争是为了获得真正的和自由的竞争，其目的首先是在支持我们国内的那些有益的势力，尤其是那些有助于德国经济，使它的生产力不断增加的势力。没有竞争的地方，就没有进步，久而久之就会陷入呆滞状态。使每个人只想保持他已有的东西，也就是说，他不想再作出更大的努力——这种努力是促进国内

---

① 参见［德］路德维希·艾哈德：《来自竞争的繁荣》，商务印书馆1983年版，第11页。
② 参见［德］路德维希·艾哈德：《来自竞争的繁荣》，商务印书馆1983年版，第115页。
③ ［德］路德维希·艾哈德：《来自竞争的繁荣》，商务印书馆1983年版，第113—114页。

经济繁荣的一个极重要的因素。"① 各个国家的具体情况不一样,自由竞争作用发挥的大小、方式和特点就会不一样,但相对于我们的论题而言,艾哈德的实践经验总结和理论体会足以证明,对于促进经济发展、社会繁荣和个人的独立、自由与自我实现来说,自由竞争原则是最好的原则。在自由竞争原则发挥作用的过程中,肯定会有不适应、社会罪恶等我们不愿意见到的现象随之发生,但这是需要辩证分析的问题,绝对不是彻底否定自由竞争原则的理由。

实际上,不管我们以现象罗列的形式找出自由竞争作用的多少表现,都不能穷尽自由竞争作用的所有表现形式,因为,个案枚举和一般性结论之间,总有一道无法跨越的逻辑鸿沟。这说明,如果我们对自由竞争作用的认识仅停留于个案枚举阶段,那肯定不能抓住自由竞争作用的本质,更不能真正理解自由竞争的作用在西方主流经济学的自由竞争理论中、进而在整个西方主流经济学的体系中,占有何种地位,发挥何种作用。令我们高兴的是,亚当·斯密以他提出哲学隐喻"看不见的手"的形式,成功地跨越了这一逻辑鸿沟。我们这样说的根据是,虽然这只不过是个比喻,但把它还原到亚当·斯密的理论体系进而放到资本主义市场经济的历史和当下实践中加以观照,它绝对不只是一个比喻,而是内含诸多理论前提和理论原理的体系,我们可以这样说,亚当·斯密的整个理论体系就是围绕这一比喻而展开的,把话说白了,就是围绕自由竞争及其作用而展开的。由于在这一著名的比喻中具有哲学逻辑上的自我完满性,所以我们说它成功地跨越了个案枚举和一般性结论二者之间无法协调一致的逻辑鸿沟。

"看不见的手"的比喻几乎伴随亚当·斯密的一生。第一次使用这个比喻是在他的关于天文学的一篇论文中,② 但这里的思想旨在说明自然界的规律和秩序,与经济学和伦理学并无直接关系。第二次使用局限于伦理学领域,但经济学意义上的"看不见的手"思想直接表达出来了:"富人

---

① [德] 路德维希·艾哈德:《来自竞争的繁荣》,商务印书馆 1983 年版,第 153 页。

② 参见 [英] 亚当·斯密:《道德情操论》,商务印书馆 1997 年版,"译者序言"第 17 页。

只是从这大量的产品中选用了最贵重和最中意的东西。他们的消费量比穷人少；尽管他们的天性是自私的和贪婪的，虽然他们只图自己方便，虽然他们雇用千百人来为自己劳动的惟一目的是满足自己无聊而又贪得无厌的欲望，但是他们还是同穷人一样分享他所作一切改良的结果。一只看不见的手引导他们对生活必需品作出几乎同土地在平均分配给全体居民的情况下所能作出的一样的分配，从而不知不觉地增进了社会利益，并为不断增多的人口提供生活资料。"①《国民财富的性质和原因的研究》与《道德情操论》谈论"看不见的手"问题的区别是，后者是从消费角度切入主题，而这第三次谈论"看不见的手"问题，其切入角度则是生产："确实，他通常既不打算促进公共的利益，也不知道他自己是在什么程度上促进那种利益。由于宁愿投资支持国内产业而不支持国外产业，他只盘算他自己的安全；由于他管理产业的方式目的在于，使其生产物的价值能达到最大程度，他所盘算的也只是他自己的利益。在这场合，像在其他许多场合一样，他受着一只看不见的手的指导，去尽力达到一个并非他本意想要达到的目的。"②

这里的"手"指什么？所要表达的意义是什么？细究起来我们发现，这只手虽有万能的神奇力量，但它并不是弥漫于西方社会生活细节之中的基督教里边的上帝之手。实质上，它是资本主义市场经济之"手"。作为一个比喻，此处的"手"当然有人的劳作之手的含义，否则，物质性商品和劳务性商品便是无中生有。这里的"手"的具体含义是，商品市场上的价格和价格中包含的获取利益的无限机会，让市场经济的行为主体东流西窜、搬南挪北、勤奋劳作、不断创新。让这种神奇的力量发挥作用，变为物质财富，变为整个社会的繁荣，造成一种貌似自然而然、天经地义、顺理成章、和谐一致的秩序，其背后的东西是什么呢？如果我们用封建社会的生产方式、政治制度和文化理念作为比较的参照系，背后的东西马上就

---

① [英] 亚当·斯密：《道德情操论》，商务印书馆 1997 年版，第 229—230 页。

② [英] 亚当·斯密：《国民财富的性质和原因的研究》下卷，商务印书馆 1974 年版，第 27 页。

会显现出来，这就是自由竞争。把话说得绝对一点，没有自由竞争，这一切都无从谈起。正是由于自由竞争，既形成了巨大的、有时让人喘不过气来或是让人苦不堪言的压力，又构筑了极具诱惑力、有时是天堂一般的机会和前景。自由竞争的根本动力是什么呢？是个人的私利动机。在这里，一只"看不见的手"，把经济个人主义的本质体现得淋漓尽致，刻画得惟妙惟肖。更重要的是，这只"看不见的手"让我们真正理解了在市场经济中，自由竞争巨大而又无所不在的作用。

亚当·斯密"看不见的手"的哲学隐喻，伴随西方资本主义市场经济和西方主流经济学的发展，历二百余年而不衰，并且"走"遍全世界。正是由于它的走红，在它出现时，甚至比它名气还大、影响力还强的英、法两国共用的自然法理论和法国重农主义的"自然秩序"思想，逐渐退出了历史舞台，起码是退出学术舞台。实际上，这三者之间有一致的东西，这就是面对封建王权和天主教势力，提出资产阶级源于经济、政治和文化需要的理论，这一理论的本质就是自由竞争。自由竞争的好与坏用什么作为判断标准呢？对资产阶级最有利、也确实最具说服力的，就是自由竞争的作用。

由此可以看出，亚当·斯密"看不见的手"的哲学隐喻，在深厚的社会历史和人文思想两大背景基础上产生，它与自由竞争理论整体、进而与西方主流经济学体系必然地联系在一起，或者说，是它的有机组成部分。从这个层面理解自由竞争的作用，我们会对自由竞争作用的理论是自由竞争理论整体的核心、在西方主流经济学体系中占有核心地位的定位和评价，感到心服口服。

第四节　自由竞争与进化论

在西方主流经济学家的眼中，自由竞争神力无比、完美无缺。在他们构筑的一个个经济理论体系中，自由竞争更是成了着意界说与肆意发挥的基础和核心。但是，面对资本主义市场经济历史中自由竞争的客观现实，西方主流经济学家也有一系列不得不面对和回答的问题：自由竞争真能解决一切社会问题吗？甚至，自由竞争真能解决经济生活中的一切问题吗？在解决问题时，自由竞争真是完美无缺因而是再好不过的方法吗？如何看待和对待自由竞争过程中的失败者（主要是失业者和破产者）？

这里着重探讨西方主流经济学家在如何看待和对待自由竞争中的失败者问题上的基本观点。这个问题对我们理解西方主流经济学中的经济个人主义思想非常重要，因为在这一问题上的立场和观点如何，直接表现出西方主流经济学家最内在的价值观倾向，尤其是他们在人学上的基本倾向，间接地表现出他们的阶级立场，尽管有时他们进行非常狡猾的掩饰。同时，也可表现出他们在吸取自然科学研究成果为我所用时，其经济学方法论（实质上是哲学方法论）的随意性和不严谨性。

从社会历史发展的角度说，自由竞争中的失败者问题伴随着资本主义市场经济历史的始终。在社会经济政策和社会舆论两个方面，如何看待和对待自由竞争中的失败者，大体经历了三个历史发展阶段。第一阶段始于16世纪至19世纪末或20世纪初。[1] 在这一阶段的社会舆论中，竞争中的失败者是无能者，是不务正业者，英国经济学家马歇尔称这些人为"社会残渣"，是"感染全民的大毒瘤"[2]。在这种思想支配下，失败者的失败，在失败后的磨难和痛苦，甚至死，便成了活该如此、天经地义的事情。虽然英国率先颁布了《济贫法》，其实际效果对失败者的帮助来说微乎其微暂且不说，[3] 令我们吃惊的是，正是在批判《济贫法》的过程中，激发出了英国哲学家和社会学家赫伯特·斯宾塞先于达尔文《物种起源》问世的"社会达尔文主义"。[4]

---

① 我们采用马克思的看法，他认为，资本主义市场经济始自16世纪。参见《马克思恩格斯文集》第5卷，人民出版社2009年版，第171页。

② ［英］马歇尔：《经济学原理》下卷，商务印书馆1981年版，第365页。

③ 参见恩格斯在《英国工人阶级状况》和马克思在《资本论》第1卷中所列举的实例。

④ 斯宾塞的《社会静力学》发表于1850年，达尔文的《物种起源》发表于1859年。达尔文公开承认斯宾塞的思想是自己的理论来源之一。参见［英］达尔文：《物种起源》，商务印书馆1997年版，第10页。

第二阶段始自 19 世纪末 20 世纪初一直到 20 世纪 70 年代。在这一阶段，迫于工人运动和无产阶级革命运动的压力，俾斯麦的德国首先推出了失业工人的救济金制度，随后，其他资本主义国家纷起效仿。第二次世界大战后，福利政策从广度和深度上说都有很大发展，像北欧一些国家，号称是人的一生从出生到坟墓都有福利政策护其左右。这种福利政策的大踏步、跨越式的发展，保守的自由主义经济学或其他社会科学学科深恶痛绝，当政的统治者心里高兴。毕竟，工人运动的势头小了，无产阶级革命运动的威胁已基本消除，把话说白了，他们以为，花钱买到了安宁：社会生活的安宁和自己统治的安宁。

第三阶段始自 20 世纪 70 年代，这与西方资本主义国家的重新私有化浪潮有直接关系。这时，人们一再对由福利政策导致的负担过重、国民的事业心渐衰、依赖心日重和经济效率低下等弊端发出抱怨。但长时间形成的制度和习惯一时难以改变，值得我们注意的只是，随这股重新私有化浪潮而来的，是福利政策的逐步退缩和保守主义经济学走向前台。重新私有化运动的急先锋美国前总统里根和英国前首相撒切尔夫人都视铁杆保守主义经济学家哈耶克为精神导师。哈耶克为此沾沾自喜，[1] 他的第二次世界大战后被边缘化的保守主义经济学，重又走向前台，成为政治、经济生活中的主流。新保守主义经济学在经济政策和政治生活中的走红，我们不知它还能持续多长时间。

宏观经济政策和政治文化气氛中的济贫扶弱倾向并没有从根本上改变西方主流经济学对竞争失败者的基本立场，他们大部分人还是在亚当·斯密有关思想的基础上发挥自己的看法，有时，是刺耳的极端化。

在亚当·斯密的经济学说中，由于他的个人思想倾向，更由于他预设的经济学前提是自由竞争能解决一切问题，所以他认为，只要没有政府的限制和干预，参与竞争的人就能立于不败之地。他确实谈到了竞争过程中

---

[1]　参见［英］阿兰·艾伯斯坦：《哈耶克传——市场经济和法制社会的捍卫者》，中国社会科学出版社 2003 年版，第 37 章 "撒切尔夫人"。

的失败者问题，但其立场和语气可以明显地告诉我们一个信息：他没有深入地思考这一问题，更没有以同情和负责任的态度探讨这一问题，因为他的语气太轻松和随意了："他们间的竞争，也许会使他们中一些人弄得破产，但这种事情，我们不必过问，当事人应该自己小心。他们的竞争，决不会妨害消费者，亦不会妨害生产者。"① 态度的主体是"我们"，我们是什么人？经济学家？制定宏观经济政策的政府官员？政府官员不注意这类社会问题，社会秩序就会出现麻烦，社会秩序出现麻烦，国家宏观的经济运行就不会正常，宏观的经济运行不正常，国家就会闹出大乱子，所以，政府官员对竞争中的失败者问题是必须要过问的。看来，按照亚当·斯密的本意，这里的"我们"是指经济学家，像亚当·斯密这样的经济学家，当贵族的家庭教师挣了钱，靠关系（但不是靠能力）当了海关官员又挣了钱，并且这种收入是固定的，所以，相对于经济学家个人的收入和生活而言，这类问题他确实可以不过问。但是，他的身份是经济学家，他作为经济学家负有社会道义责任，从这个角度看问题，亚当·斯密及其他持这种态度的经济学家该受指责，因为他们没有负起应尽的社会道义责任。

在亚当·斯密的经济学说面世 20 年之后，这个问题被明确地提出来了。一位名叫汤森的人写有一部《论济贫法》（1786）的著作，书中的基本观点是：对懒人和坏人的布施就会增加比较节俭、谨慎和勤劳者的负担，使他们不愿意结婚。农人只从牛群中挑出最好的来进行繁殖，而我们的法律却把最坏的保存下来。② 亚当·斯密以事不关己、高高挂起的态度来到这里演变为一种情绪，在这种情绪中明显的特征就是憎恨和厌恶。自此以后，这种情绪成为一种自由主义经济学家的恶习，直到现在，这种恶习也没有得到根本性的医治。

这种恶习来到以人口理论著称于世的马尔萨斯的思想中，已经发展成

---

① ［英］亚当·斯密：《国民财富的性质和原因的研究》上卷，商务印书馆 1972 年版，第 331 页。

② 参见 ［美］约瑟夫·熊彼特：《经济分析史》第 1 卷，商务印书馆 1996 年版，第 338—389 页。

为一种理论，这种理论会使稍有同情心的人感到厌恶和不可思议。他以物质生活资料按算术级数增长、人口按几何级数增长的所谓理论为依据，大胆地提出自己对自由竞争过程中失败者的政策主张：预防性抑制人口增长的办法是晚婚和不生育孩子；积极性抑制人口过剩（所谓过剩的人口实际就是自由竞争过程中的各种失败者）的办法，则是战争、瘟疫和饥饿。有什么根据说马尔萨斯憎恨和主要的针对性目标是自由竞争过程中的失败者呢？根据来自他自己。他有一段以文学笔法表露心迹的话，只在《人口原理》的第二版中出现，后来的版次中都删掉了。这段话足以说明他最真实的想法是什么："一人出生在早已被人占有的世界之上，如果他不能够从他享有正当要求的父母那里获得生活资料，而且假使这个社会不需要他的劳动的话，那么他就没有要求获得最小一份食料的权利，事实上，就没有他嗷饭之地的问题。在大自然的伟大宴会上，也就没有为他而设的席位。她（大自然）告诉他必须滚开，而且要马上执行她自己的命令，如果她不顾他的某些客人的同情心的话。假如这些客人起身给他席位，那么其他的闯入者也立即会出现来要求同样的照顾。来者不拒的传说，将使大厅上挤满了无数的申请者。筵会的秩序与和谐将被破坏，以往盛行的丰裕将变成稀少；而宾客的幸福也将遭到下列情景的残毁，即在大厅的每个角落笼罩着不幸的惨状并挤满着依人为生者，以及那些被传说告诉他们指望获得食料但无法达到目的而正在发怒的喧哗硬要之徒。宾客们从下列的错误中吸取教训已经太迟了，即他们违犯宴会的伟大女主人所下不许一切外人闯入的严格命令，而她则但愿她的一切宾客都能享用丰裕的筵席，但她知道她无法供应无限制的人数，故在她的餐桌坐满的时候，文雅地拒却新来的人们。"①

我们佩服马尔萨斯的勇气，因为他敢于用文学笔法把这么阴暗丑恶的心迹表露出来；我们不能同意他的观点，因为连"天赋人权"这么响亮的

---

① 转引自［英］埃德蒙·惠特克：《经济思想流派》，上海人民出版社 1974 年版，第 171—172 页。

口号他也充耳不闻；我们不敢恭维他这种蔑视一切的派头，他有什么资格以这种口气面对竞争中的失败者说话呢？他预演了后来的不讲道德的经济学，貌似科学，实际是不负道义责任的胡说。

比马尔萨斯稍后一点，英国又冒出一个名叫赫伯特·斯宾塞的人，正是他使进化论在社会科学领域正式登堂入室，这比达尔文在自然科学领域完成自己的伟业要早十年左右的时间。1850 年，他出版了名为《社会静力学》的论文集。在这本书中，他把马尔萨斯缺乏科学事实根据因而是半生不熟但影响很大的人口理论，转换为以对自然界的观察和猜测为基础，把哲学与社会学结合在一起的比较系统化的理论。他对自然界的观察和猜测结果是这样的："在整个自然界，我们可以看到有一条严格的戒律在起作用，这条戒律有一点残酷，可它也许是很仁慈的。在一切低级动物中保持的普遍战争状态使许多高尚的人大惑不解；归根到底，它们却是环境所允许的最慈悲的规定。当反刍动物因年龄而丧失了使其生存成为乐事的活力时，被一些食肉动物杀死，比起苟延因虚弱变得痛苦的残生而最终死于饥饿，其实要好得多。由于毁灭了所有这类动物，不仅使生存在成为累赘以前结束，而且为能够充分享受的年轻一代腾出了地方；此外，对于食肉动物来说，它们的幸福正源于这种替代行动。请进一步注意，食草动物的食肉敌人不但除掉了它们群中那些已过壮年的，而且也把多病、残废、最不善奔跑和最没有力量的全部除掉了。由于这种净化过程的帮助，也由于在配偶季节如此普遍的争斗，阻止了因次劣个体繁殖引起的种族退化，并确保充分适应周围的环境，因而使最能产生幸福的素质得以保持。"[1]虽然斯宾塞对自然界的观察和猜测与电视片《动物世界》里描写的情况有些出入，但我们还是应该说他没有离谱。这里的问题是，这种观察和猜测与竞争中的失败者问题有什么关系呢？与经济政策、进而与经济学有什么关系呢？如果没有关系，我们就会让斯宾塞在天国或地狱老实待着而不翻腾出这些陈年旧谱。这里的关系表现在三个方面。

---

[1]　[英] 赫伯特·斯宾塞：《社会静力学》，商务印书馆 1996 年版，第 143 页。

首先，我们应该注意到，斯宾塞这番议论是在批判济贫法的《济贫法》一文中发出的，醉翁之意不在酒，他的心思真正用在了既涉及社会经济政策又涉及经济学原理的《济贫法》上，如果议论与《济贫法》没有关系，他发表这些议论干什么呢？虽然这是个细节问题，但我们可以通过这一细节发现他的真实意图。

其次，斯宾塞发表这篇议论的学术目的是建立一种"社会哲学"[①]，这种社会哲学的基本原则是弱肉强食，适者生存。为了支撑起这里的基本原则，他不得不拉出自然界的一些现象作为自己的事实根据。显然，生拉硬扯一些自然现象就蛮横地生造出一种所谓的社会哲学，这其中既有斯宾塞没有意识到的跨界禁忌，也有永远无法跨越的逻辑鸿沟。问题是斯宾塞不顾及这些，他真正关心的是尽快为他对经济政策、经济学原理和其他的社会问题的看法拼凑出能唬住人的哲学价值原则和方法论原则。

最后，最为根本和要害的，斯宾塞的这番议论是为自己直接引申出先于达尔文的"社会达尔文主义"结论作铺垫："在事物的自然秩序下，社会在不断地排出它的不健康的、低能的、呆笨的、优柔寡断的、缺乏信心的成员，由于看不见这一事实，虽然好心好意但未加思考的人们，竟然倡导一种不仅会停止它的净化过程，而且甚至要加剧它的品质降低的干预——由于向他们提供源源不断的必需品，绝对地鼓励了轻率、无能的人的繁殖，而由于加重了维持家庭的困难，妨碍了有能力、有远见的人的繁殖。"[②]这个地方的政策议论味浓了点，所以，我们似乎看不出他的观点与前边对自然的观察和猜测有多少一致性，也看不出哲学高度的基本原则的水准。在另一个地方，这两个缺陷都得到了弥补："根据哲学的一般法则，必须把那些因自己的愚蠢、恶习或懒惰而导致丧失生命的人，与那些因虚弱的内脏或残废的肢体而牺牲的人归入同一类。前者所处的场合，和后者所处的场合一样，存在着一种致命的不适应；从理论上说，是道德方

---

① [英] 赫伯特·斯宾塞:《社会静力学》，商务印书馆 1996 年版，第 224 页。
② [英] 赫伯特·斯宾塞:《社会静力学》，商务印书馆 1996 年版，第 114—115 页。

面的，智力方面的，还是身体方面的不适应，并不重要。这样不完善的人是大自然的失败，当发现他们是这类人时大自然就要把他们召回……无论这一法则看起来有多么不规则——无论看上去像是有许多应该簸出去的糠皮被留下来，而许多应该留下来的谷粒却被扔掉了；可是适当的考虑必然使人人满意，因为平均的效果是为社会清除了在某一方面或其他方面有根本缺陷的那些人。"[①]斯宾塞发起谬论来痛快淋漓，我们读起来却是心情沉重。他带着一己之见观察和猜测大自然，观察的结果中杂糅着他的毫无同情心和怜悯心的偏执想法。更可怕的是，他把这类东西拔高为"哲学的一般原则"，这样，他的谬论便可以哲学原则的形式向其他学术领域和社会精神氛围中扩散。扩散的结果可想而知，负面的效应远远大于正面的效应，正面的效应也由于经济学家的不自重而变成了负面效应，至于负面的效应，后来的西方学术史可为证明，"社会达尔文主义"的精神祖师爷原来就是他。

1859年达尔文发表了《物种起源》一书。这部著作以自然界为观察和研究对象，以实证材料为基础和根据，以亚当·斯密、马尔萨斯和斯宾塞等人的进化观为灵魂，系统地提出了生物界中"自然选择"、"生存斗争"和"适者生存"的理论体系。[②] 这一理论体系与经济学有着太复杂的关系，所以，后边还将有专章论述。在这里必须明确的一点是，自此以后，自由竞争理论与自然科学中的进化论搭上了关系，自由竞争理论似乎有了自然科学基础，而自由竞争中的失败者问题，不管经济学家如何发表议论，发表什么样的议论，似乎都可以理直气壮，因为这其中有达尔文的生物学进化论作为自然科学根据。在这一点上表现明显者，我们马上就可以拿出其经济学理论左右英国学术界几十年的马歇尔为例证。

公正地说，达尔文并没有认为《物种起源》一书中的生物学进化论可以适用于人类社会。但西方主流经济学家却不这样认为。他们见到达尔文

①　[英] 赫伯特·斯宾塞：《社会静力学》，商务印书馆1996年版，第198页。

②　参见 [英] 达尔文：《物种起源》，商务印书馆1996年版，第77—81、221—222、226、76、102、106页。

的生物学进化论就像抓住了一根救命稻草，即在他们苦于没有事实根据和理论根据因而对自由竞争中失败者的真实想法难以和盘托出的时候，达尔文的生物学进化为他们雪中送炭般地提供了科学根据。正是因为如此，在西方主流经济学的历史演变中起承上启下作用的马歇尔大声疾呼，"经济学家必须从生物学的新近经验中学许多东西：达尔文对于这个问题的渊博研究，有力地解释了我们当前的困难"[1]。马歇尔似乎意识到了生物界的生存斗争和自然选择与资本主义市场经济中的自由竞争并不完全是一回事，所以，他极力论证这二者之间的相似之处。[2] 通过论证，他得出了最后结论，从结论中，我们可以发现马歇尔受到了达尔文生物学进化论多么深刻的影响："最高度发达的——照我们刚才所说的意义——的有机体，就是在生存竞争中最会生存的有机体的学说，本身还在发展过程之中。它与生物学或经济学的关系，都还没有完全思索出来。但是，我们可转而考虑下一法则在经济学上的主要意义：生存竞争使最适合于从环境中获得利益的有机体增多。"[3] 中间没有过渡，生物学与经济学研究对象二者之间的区别也不说，直接把达尔文的生物学进化论搬到经济学来。这样处理"困难"问题的结果是，自由竞争中的失败者问题得到了生物学——自然科学和经济学——社会科学的双重论证，而具体的立场和倾向，就隐藏在对达尔文生物学进化论的引进和吸收过程中：自由竞争中的失败者是不适合生存者，既然如此，他就没有权利要求自己的就业权等基本的生存权利。如果不信服这一套东西，马歇尔理论的意识形态强势逻辑便会显现出来，这就是用自然科学做挡箭牌——人们能违抗自然科学规律吗？

自马歇尔之后，生物学进化论已不是潜伏于西方主流经济学中的暗流，而是正式登堂入室，在经济学家的观点及其论证过程中有了名正言顺的一席之地。号称发动西方主流经济学一场"革命"的凯恩斯说："经济问题，生存竞争，到现在一直是人类首要的、最迫切的问题——不仅是人

① [英] 马歇尔：《经济学原理》上卷，商务印书馆 1981 年版，第 70 页。

② 参见 [英] 马歇尔：《经济学原理》上卷，商务印书馆 1981 年版，第 257 页。

③ [英] 马歇尔：《经济学原理》上卷，商务印书馆 1981 年版，第 257—258 页。

类，而且整个生物界，从最原始的生命开始，情况都是这样。"①凯恩斯不是在引证生物学，也不是在宣教经济学，而是在讲哲学。实际上，他以全称性命题的形式对斯宾塞的理论进行了概括：国家和民族内部人与人之间的关系、国家和民族与国家和民族之间的关系、人与其他动物之间的关系等，其核心问题都是生存竞争。既然把达尔文的生物学进化论任意拔高到这种程度，那么，这个全称性命题不用改装便能直接成为经济学的逻辑前提。

从西方主流经济学的历史发展着，凯恩斯的这一观点有两点表现出"离经叛道"。一是经济学中通行的逻辑前提是人性自私论，来到凯恩斯这里逻辑前提变成了生存竞争是普遍规律。二是他对自由竞争失败者的政策主张，既不是像马歇尔那样以诬蔑和咒骂为能事，也不像马尔萨斯那样必欲置之于死地而后快，亦不像斯宾塞那样把强权说成公理，把自由竞争失败者的灭亡说成是文明进步的标志；而是力主国家干预经济生活，通过宏观调控政策，以举办公共工程的形式，让失业者重新找到工作。与其思想先辈比起来，凯恩斯既聪明，又"仁慈"。

实际上，两个经济学逻辑前提——人性自私论和生存竞争说二者之间并不存在根本对立的矛盾。因为，它们的差别只是在于表述方式不同和描述重点不一。自私，是相对于自我生存和自我发展的行为而言的自私，不同的自我生存和自我发展的行为之间的关系，是生存竞争的关系，在西方主流经济学中，它被表述为自由竞争。生存竞争中的竞争是以生存为目的的竞争，这里的生存以自我生存为目的、为核心、为前提，至于其他生存竞争者能否生存、如何生存，是不能作为目的存在的。他人是生存竞争的对象和手段，必要时可以消灭这种对象和手段，根本目的还是自己的生存。由此可以看出，凯恩斯以前西方主流经济学的逻辑前提突出和强调目的性，凯恩斯经济学的逻辑前提突出和强调过程性，二者结合在一起，才把同一个对象说完整了。从这个意义上我们说，二者之间并无根本对立的矛盾。说得更具体一点，凯恩斯经济学的逻辑前提是用达尔文生物学进化

---

① ［英］凯恩斯：《劝说集》，商务印书馆1962年版，第275页。

论的语言表达出来的人性自私论。

从表面看，凯恩斯的宏观调控经济学及其以此为基础的经济政策主张，相对于他的思想先辈如何对待自由竞争中的失败者的观点而言，确实很有特点，实际上二者之间也有很大差别。但是，细加分析便可发现，凯恩斯与其思想先辈之间的差别只是在于，他的理论所面对和依托的社会生活环境发生了变化，他看问题的视域更宽广，相对于资本主义社会的整体需要而言更深谋远虑，可实质上并没有差别。凯恩斯自己公开承认，工人阶级"并不是我所属的阶级"，"我是站在有教养的资产阶级一边的"。[1]他自己的神明与其思想先辈的神明在本质上是同一个神明："我们还得把贪得无厌、重利盘剥和小心防备这几点奉为神明。因为只有这几位神明，才能把我们从经济需求的漫漫长夜中，引向昭昭的白日。"[2]在固守这一前提的情况下，凯恩斯认为，在当今形势下，个人主义的资本主义如何与环境的演变相适应是关系到资本主义生死存亡的大问题，[3]所以，自己才提出了被短视的人们斥为"离经叛道"的理论说明和政策主张，而这一主张的本质是它的策略性质，绝对不是要离资本主义的"经"和叛资本主义的"道"。[4]或许，用他自己的话表明这一点更易于理解，也更为确当："对现代资本主义在技术上有所改进。"[5]人们（也包括西方主流经济学家）往往看不到这里的差别，把凯恩斯"革命"理解为是全面的、整体的，这既误解了凯恩斯，也误导了凯恩斯的读者。

尤其是第二次世界大战以后，原先作为西方国家原料产地、商品和资本输出市场的殖民地，经过斗争成为独立国家。与此相伴随，资产阶级改变原来仅把体力和劳动时间作为效率和利润源泉的立场，它把智力、人际关系和体制也包括在效率和利润源泉的范围之内。这一点在理论上的表现

---

[1] [英] 凯恩斯：《劝说集》，商务印书馆 1962 年版，第 244—245 页。

[2] [英] 凯恩斯：《劝说集》，商务印书馆 1962 年版，第 280 页。

[3] 参见 [英] 凯恩斯：《劝说集》，商务印书馆 1962 年版，第 246 页。

[4] 参见 [英] 凯恩斯：《劝说集》，商务印书馆 1962 年版，第 269 页。

[5] [英] 凯恩斯：《劝说集》，商务印书馆 1962 年版，第 241 页。

是梅奥的霍桑实验、麦克雷格的《企业的人性面》和马斯洛的需要层次理论。实际情况是，这些资产阶级学者显然是反应迟缓，因为恩格斯早在19世纪末就发现这一刚刚出现不久的变化了："大工业从表面看来也变得讲道德了。工厂主靠对工人进行琐细偷窃的办法来互相竞争已经不合算了。"① "此外，企业规模越大，雇用的工人越多，每次同工人发生冲突时所遭受的损失和经营方面的困难也就越多。因此，工厂主们，尤其是最大的工厂主，就渐渐产生了一种新的想法。他们学会了避免不必要的纷争，默认工联的存在和力量，最后甚至发现罢工——发生得适时的罢工——也是实现他们自己的目的的有效手段。于是，过去带头同工人阶级作斗争的最大的工厂主们，现在却首先起来呼吁和平与和谐了。他们这样做是有很充分的理由的。"② 当然，这是加速资本积累和更有效竞争的一种手段。③恩格斯使用了一套与资产阶级学者不同的词汇，反映和描述的客观对象是一样的。但是，西方主流经济学家们还是不改初衷，经济个人主义还是它誓死捍卫的经济价值观根基。这些经济学家已不再直接说对自由竞争中的失败者应顺其自然，任其自生自灭，而是改为对自由竞争胜利者由于政策原因其利益受到"损失"鸣不平，对自由竞争胜利者受到税收、法律和道德等约束表示强烈不满。哈耶克明确表示反对平均主义，他的"平均主义"概念有特定含义，那就是对收入分配不公的矫正。④ 布坎南和弗里德曼是活跃于20世纪中后期的主流经济学家，他们的著作，如《自由市场与国家》和《资本主义与自由》等，无不依照上述的思维定势行事。⑤ 现在看来，20世纪中后期活跃于学术舞台的大经济学家远远不如19世纪晚期的工厂

---

① 《马克思恩格斯文集》第1卷，人民出版社2009年版，第367页。

② 《马克思恩格斯文集》第1卷，人民出版社2009年版，第367页。

③ 参见《马克思恩格斯文集》第1卷，人民出版社2009年版，第368页。

④ 参见［英］F.A.冯·哈耶克：《自由秩序原理》上卷，生活·读书·新知三联书店1997年版，第294页。

⑤ 参见［美］米尔顿·弗里德曼：《资本主义与自由》，商务印书馆1986年版，第176—177页；［美］布坎南：《自由、市场和国家》，北京经济学院出版社1988年版，第16章"舍弃福利国家"。

主老实和聪明，因为他们承认现实的客观存在，在这一前提下，他们知道为了自己的效率和利润不断调整自己的思想和行为，以适应变化了的客观环境。恩格斯和后来的管理思想家也比这些经济学家聪明，因为他们看到了现实的变化，在思想上反映和表达这一变化。反观这些大经济学家，死死抓住19世纪上半期的以弱肉强食为灵魂的经济个人主义不放，把这种现在看来已不道德的意识形态偏见当作放之四海而皆准且是万古不变的真理。尤其可笑的是，他们还以为众人皆醉我独醒，把他们与唐·吉诃德作一比较，真是一件十分有意思的事情。

以上的叙述和分析旨在说明，如何看待和对待自由竞争中的失败者，是西方主流经济学的题中应有之义。它不能回避这一问题，因为理论上的回避，必然导致自己与资本主义市场经济现实的严重脱节，最终的结果是失去自己的正统地位。西方主流经济学确实没有回避这一问题，但它的理论阐释和政策主张及这二者变为客观存在的社会现实，真的产生了令人难以想象的效率，马克思、恩格斯曾大加赞扬："资产阶级在它的不到一百年的阶级统治中所创造的生产力，比过去一切世代创造的全部生产力还要多，还要大。自然力的征服，机器的采用，化学在工业和农业中的应用，轮船的行驶，铁路的通行，电报的使用，整个整个大陆的开垦，河川的通航，仿佛用法术从地下呼唤出来的大量人口——过去哪一个世纪料想到在社会劳动里蕴藏有这样的生产力呢？"[1]但是，马克思和恩格斯也揭露出资本主义的自由竞争制度所制造出的人类亘古未有的罪恶。[2]为了坚持资产阶级立场和固守理论上的前后一致性，西方主流经济学家不得不以无视社会历史发展的客观事实和蔑视"天赋人权"的口号为代价。更有甚者，同样是为了自己理论上的前后一致性，它不惜以败坏自己的学术名声为代价，把达尔文的生物学进化论、进而是臭名昭著的社会达尔文主义拉来作为自己的理论根据，这恰好反映出它与社会达尔文主义血脉相连。毫无疑

---

① 《马克思恩格斯文集》第2卷，人民出版社2009年版，第36页。

② 参见恩格斯《英国工人阶级状况》和马克思《资本论》第1卷的有关章节。

问，西方主流经济学确实保住了自己理论上的前后一致性，但这种一致性由于其内含的诸多虚假因素和与社会历史现实的极度不协调，便在客观上反映了始终困扰资本主义社会生活和政客、学者思维的另一根本矛盾：平等与效率的矛盾。在对这一矛盾的思考和理论表达中，同样能反映出西方主流经济学中经济个人主义的本质和特点。

第四章 经济个人主义思想的判定标准——效率

在资本主义市场经济活动中，经济行为的终极目标是个人的生存、生活条件的改善和保有与争夺特定的社会地位。后一点用社会学语言表述就是自我实现。不过，终极目标潜藏其后，人们能够感受到的是它的直接目的——求利，这就是像幽灵一样游荡于西方主流经济学之中的"经济人"的唯一动机。

资本主义市场经济就是这样残酷无情和铁面无私，求利的唯一途径是自由竞争，要求利就必须进入自由竞争的过程，参与自由竞争。这既是资本主义市场经济的内在逻辑，又是它向人们提出的客观现实的强迫性要求。

以自由竞争的方式求利是一个过程，这一过程的本质性要求和最终的判定标准是效率，因为它可以直观且用数字表达地告诉我们利的大小、多少或得失之比。这就是自由竞争的最终结果。

由此看来，效率是经济个人主义内在逻辑的有机组成部分，同时也是经济个人主义发展向度上的特定层次和阶段。

第一节 效率的界说和定位

著名经济学家保罗·A.萨缪尔森说："效率是经济学所要研究的一个

中心问题（也许是惟一的中心问题）。"① 他的话不是夸张而是道出了事实，因为在西方主流经济学中，效率确实被置于学术研究的中心地位，这一地位恰好与资本主义市场经济的客观现实构成了逻辑和历史相统一的综合体。在这里，逻辑是历史的反映和抽象；历史是逻辑的注脚和客观基础。

由于效率在西方主流经济学和资本主义市场经济运行中占有这样重要的地位，所以，西方主流经济学家从不同的层面和角度对它加以研究和界说，对它的重要性加以肯定和强调，便成了首先要做的工作。

美国经济学家阿瑟·奥肯对效率的界说简单且直观："对于经济学家来说，犹如工程师一样，效率意味着从既定的投入中获得最大的产出。生产过程中的投入就是指人的努力，加上机器、厂房等固定资本以及矿物资源和土地等自然物。而产出就是成千上万种不同的商品和服务。如果一个社会能在投入不变的情况下，寻求到一种能生产出更多产品的新方法并且不减少其他产品，那它的效率就有所提高。""只要增产的数量限定在人们购买力的范围内，效率这个概念就意味着'越多越好'。"② 阿瑟·奥肯的界说方法是投入—产出之间的比较，这种方法简单实用，但也掩盖了隐含在比较中的诸多问题，其中最明显的是效率与效益二者之间的冲突问题。

按照阿瑟·奥肯的界说，效率是可度量的，尤其是可用货币单位衡量的效果，但效果概念包含相对人而言的好坏两个方面的内容，它并不能向我们表示出好坏或善恶的倾向，因为效果与效率一样，是个中性概念。最明显者，在这种界说中，效率不能与效益统一起来。效益是效果与益处的有机统一，它限定和缩小了效果概念的指称范围，增加了相对人而言的价值倾向，所以我们在效益中既能知道有效果，又能明了这种效果对人有好处以及有什么样的好处和多大的好处。我们之所以这样说的根据是，效率和效益二者有时是一致的，这就是说，既有效果又有效益，效益存在于效率之中，效率通过效益表现出来。有时二者是矛盾的，此种情况下，有效

---

① ［美］保罗·A.萨缪尔森、威廉·D.诺德豪斯：《经济学》（第12版），中国发展出版社1992年版，第45页。

② ［美］阿瑟·奥肯：《平等与效率——重大的权衡》，四川人民出版社1988年版，第5页。

率无效益，并且效率会对自身与效益之间的冲突起一种有害的掩饰作用。这里的冲突起码有如下三种情况。一是个人或企业的经济活动确实有效率，但这种效率与对他人或自然环境的伤害同时并存，如空气、噪音和水资源的污染。个人或企业确实有效率了，但社会效益则是降至零以下，不但无益，反而有害。二是个人或企业的经济活动效率以对他人的直接或间接剥夺为前提，如美国南部的以奴隶劳动为主体的棉花种植园、英国资本原始积累时期以"羊吃人"为根本特征的圈地运动，这都是效率和效益尖锐冲突的典型例证。三是从投入与产出看有效率，但生产出的产品以积压品的形式存在，根本上不能形成消费者愿意购买的商品，在这种情况下，生产越有效率，对生产者和消费者双方来说，害处越大。阿瑟·奥肯在给效率下定义时，过多地考虑简单明了和通俗易懂，但其中隐含的这么多要害问题，他显然是忽略了。理论上忽略不仅会造成理论本身的残缺不全，更重要的是它在实践上造成的可怕后果。由此看来，在理解效率问题时，效益须臾不能离开价值的约束，果真离开了这一约束，其理论上的表现是不讲道德的效率理论，以此为基础形成的经济学，就是不讲道德的经济学。经济学可能不同意这样的理论推理，但其经济学理论的内在逻辑不就是如此吗？经济学就不需要讲逻辑吗？经济学敢于公开主张不讲道德，但没有胆量公开主张不讲逻辑。

西方主流经济学界说效率的第二种方式是从效用角度着眼看问题。"效率意味着不存在浪费。"[1]"当可能通过重新组织生产使每一个人——穷人、富人、小麦生产者和鞋子的生产者，等——的情况变为更好，配置就是有效率的。在实现了效率的情况下，只有减少了另一个人的效用才能增加一个人的效用。"[2]这种界说方式把人的生活与资源配置方式结合在一起，它能够避免第一种界说方式中存在的缺陷，但在避免一种缺陷的同时，又产

---

[1]　[美] 保罗·A.萨缪尔森、威廉·D.诺德豪斯：《经济学》（第12版），中国发展出版社1992年版，第45页。

[2]　[美] 保罗·A.萨缪尔森、威廉·D.诺德豪斯：《经济学》（第12版），中国发展出版社1992年版，第798页。

生了另一种缺陷。表面看，这一界说的逻辑非常严密，它把资源配置方式与经济行为的终极目的直接挂钩，事实是，资本主义市场经济并不是如此运行，因为在资源配置与其终极目的之间有一个必不可少且作用巨大的中间环节，这就是求利。少了求利的经济运行过程，肯定不是资本主义市场经济的运行过程，甚至不是一般意义上的市场经济运行过程。而这种效率的界说方式所缺少的，恰恰是可以度量的求利过程及其结果。况且，从全称意义上界说效率，实际得到的是关于效率的特称意义上的判断，因为这一界说与非商品性生产的实际情况相符合，与以商品性生产为典型特征的市场经济不相符合，所以，它在逻辑上是说不通的。从这里我们可以看出，正像效率和效益不能画等号一样，效率和效用也不完全是一回事。这二者之间最明显的区别是：效用不能用基数表示和衡量，效率则完全符合这一标准。

从另一个角度看问题，萨缪尔森等人关于效率的定义同样有问题。具体说，这一定义既设有意识形态陷阱，又内含了逻辑矛盾。这一定义把富人与穷人并列，给人的印象是生产出的同一种物品对穷人和富人的效用都是一样的。但是，这里的穷人穷到什么程度？假如穷到对基本的生活必需品没有支付能力的地步，那么，这里的物品对他有什么效用可言？实际情况是，这种物品对他的效用的重要程度，甚至可以达到生命攸关的地步。因为这种穷人没有支付能力，所以，他的需要及其满足，满足带来的效用，实际上并不是它们自身。导致这种结果的原因是，西方主流经济学的内在逻辑所包括的是具有支付能力的需要、满足及由此所产生的效用。假如穷人穷到只能维持生存的地步，那么，穷人与富人支付能力上的差别暂且不说，同样的货币支付单位，在穷人那里和在富人那里产生的效用是不一样的。用牛奶洗脸和用牛奶充饥的效用性质不一样，"撕扇子千金一笑"和用扇子驱热纳凉的效用也不一样。另外，同样的货币单位，例如一元钱，当用它买面包时，这里的面包对饥饿难耐的穷人与对脑满肠肥的富人的效用能一样吗？由此看，把效率与效用直接挂钩定义效率，显然是犯了两个错误，第一，没有看到和区分有支付能力者的效用和无支付能力因而无效用的情况；第二，没有严格区分同一货币支付单位对不同的人具有的不同的效用。通过分析我们可以看出，以效用定义效率是个难以收到好效果的界说方法。

西方主流经济学家界说效率的第三种方式较为独特，这里没有可度量的硬性指标，而是用人的主观倾向——同意作为根本性的判定标准。公共选择学派的创始人之一布坎南认为："凡是高效率的东西也就是所有潜在有关各方对它同意的东西，不管是公然的还是含蓄的同意。"①具体说，"如果没有判断资源使用的客观标准用来衡量结果并作为间接检验交换过程功效的方法，那么只要交换保持公开，只要看不到强迫和欺诈，在这种情况中达到的同意，根据定义可以归类为高效率"，"同意是效率的惟一最后的检验标准"。②

布坎南的界说给人以如坠五里云雾之感，因为他的界说完全偏离了可用数据衡量的投入—产出比较模式。如果我们把这一层面纱揭去，布坎南的神秘性的界说就不难理解。他是在讲美国宪法改革问题时涉及效率问题的，所以，他的效率是制度效率，他界说效率的方式是从制度入手。他的根本性看法是："任何资源分配要达到'高效率'，必然有赖于作出资源利用和估价决定的制度结果。"③如此界说以后，布坎南的话就好理解了。他要解决的问题是，把政治体制和经济运行结合在一起看问题，在宏观的层面上，什么样的体制使投入—产出过程更有效率？他似乎意识到人们有可能从投入—产出的比较模式出发理解他对效率的界说，便举例说明他的界说的特定含义："这个定义是这样简单，以致常被人忽视。设想有两个商人，每个人最初拥有一批单一的'商品'，一个人有苹果另一个人有橘子。这里没有能够客观辨认得出来的交易过程有独一无二的结果。整套结果将满足效率标准。在正统经济理论中，结果可以接近独一无二的限度，因为交换双方商人的人数接近于无限。但是为了分析制度改革的'交换协议'，

① ［美］布坎南：《自由、市场和国家》，北京经济学院出版社1988年版，第108页。
② ［美］布坎南：《自由、市场和国家》，北京经济学院出版社1988年版，第97页。
③ ［美］布坎南：《自由、市场和国家》，北京经济学院出版社1988年版，第98页。

对独一无二的总均衡的强调往往会令人严重误解。如上文指出的，'公共性'必然具体表现在制度上。因此，倘若效率标准要合并个人估价，那么必须把全体个人置入有关的'交换'，在全体个人中的同意必定是惟一有意义的概念检验。"①

布坎南把极为复杂的经济交换过程加以简化，用简化后的例子说明交换规则（制度），在这里确实没有绝对准确的统计数据衡量一种交换规则与另一种交换规则之间的效率差别，没有办法的办法便是个人的同意。同意必须以两个条件为前提：一是同意者必须具有充分的权利表达自己的意见和作出自己的选择；二是同意者在表达自己的主观倾向时，一定要有充分的自由和民主的保障机制，因为，"只要交易对相互作用中所有各方都是自由的，各方均有含义明确的权利，那么资源将不受条件限制地趋向最高价值使用。只要潜在交易人受到强制，或者是禁止他们签订必须执行的契约，或者强征无补偿的公用开支，就不能得出价值最大化资源使用的结果，因为规则不容试验"②。由这两个前提条件可以看出，布坎南经济学理论背后的灵魂是经济个人主义思想：政府干预或宏观调控不足信、不可取，自由放任式的个人同意制度才是最有效率的制度。

从以上的引证和分析可以看出，布坎南对效率的界说有两个特点。一是他并不以科学名义掩饰自己的经济价值观立场，把经济个人主义思想推向经济学理论的前台；二是他从制度层面看待和界说经济效率，这样，效率概念内含的便不是一个向度而是两个向度：经济利益和经济制度。经济利益体现于进行经济活动的经济人身上，而经济制度，应视其对经济人服务的好坏和经济人自身得利的多少来判定效率的高低。制度效率概念的提出和被重视，使西方主流经济学在效率问题上的视野大大扩展，在这一点上，布坎南与科思和诺思等人的新制度学派的思想有相近的地方。我们应该注意到，在布坎南的效率视野中，经济制度与政治、法律制度密不可

---

① ［美］布坎南：《自由、市场和国家》，北京经济学院出版社 1988 年版，第 86—87 页。

② ［美］布坎南：《自由、市场和国家》，北京经济学院出版社 1988 年版，第 99 页。

分，所以，当从效率角度看待制度问题时，便把三个层面的因素联结为一个以效率为轴心的整体：人人都同意为前提的经济交换过程——为这一交换过程直接服务的经济制度规定——为经济制度规定保驾护航的政治法律制度。制度效率以这三个因素的有机统一为前提，这三个因素中的任何一个发生了问题，制度效率都不可能发挥出来。这告诉我们一个道理：传统的西方主流经济学离开制度谈效率问题，这种处理问题的方式及其结果，既不符合实际，也没有什么根据。

　　西方主流经济学界说效率的第四种方式是把它具体化为三个层面分别加以厘定。美国经济学家查尔斯·沃尔夫认为："所谓的市场产出的高效率，是指已不能用更低的成本来取得与已获得的总利润相等的利润，换一种说法是，在相同的成本情况下，已不能获得更大的利润。"[1]这可称之为"静态的效率"[2]，也可被叫作技术的效率。技术上的效率着重于企业寻找和使用各种目前最好的，因而能够使产出成本低或质量提高的技术的能力。[3]为了表述准确和内容简单，沃尔夫假设创新因素和管理因素都不存在的当下状态，在这个状态中，企业的投入—产出之比，后者超过前者就是有效率。为了研究和叙述的方便而把效率的相关因素减少到这种程度无可厚非，但在看到这一点的同时，我们一定不要忘记实际的情况。在现代市场经济条件下，没有创新的企业就难以生存下去，更别说发展了，在这种情况下追求效率，只能是一种空想。与此同时，在实际的经济运行过程中，没有管理因素发挥作用的企业根本不存在，所以，在缺乏管理因素的前提下谈论效率问题，这是"真正的"学术研究，但与实际的效率问题不沾边。

---

① ［美］查尔斯·沃尔夫：《市场或政府——权衡两种不完善的选择／兰德公司的一项研究》，中国发展出版社 1994 年版，第 15 页。

② ［美］查尔斯·沃尔夫：《市场或政府——权衡两种不完善的选择／兰德公司的一项研究》，中国发展出版社 1994 年版，第 16 页。

③ 参见［美］查尔斯·沃尔夫：《市场或政府——权衡两种不完善的选择／兰德公司的一项研究》，中国发展出版社 1994 年版，第 109 页。

与静态效率有必然联系的是动态效率。这就是熊彼特在《经济发展理论》一书中提出的创新效率，"它包括在较低的成本下，推出新的技术，改善产品质量或创造新的和适合市场销售的产品，以及促使这些方面能够在较其他方式更低的成本条件下进行"[①]。创新效率肯定是客观存在的。虽然沃尔夫试图按照熊彼特的思维方式谈论创新效率问题，但他显然是把熊彼特的创新效率思想简单化了。站在企业家的立场上看待创新效率问题，这一问题就不复杂。熊彼特就是站在这一立场上看待创新效率问题的。他认为，相对于企业家而言，只有创新，企业才能获得利润，从特定的角度说，这就是效率。这里的创新或说发展是什么呢？按熊彼特自己的话说是"执行新的组合"。新的组合包括下列五种情况："(1)采用一种新的产品——也就是消费者还不熟悉的产品——或一种产品的一种新的特性。(2)采用一种新的生产方法，也就是在有关的制造部门中尚未通过经验检定的方法，这种新的方法决不需要建立在科学上和新的发现的基础之上；并且，也可以存在于商业上处理一种产品的新的方式之中。(3)开辟一个新的市场，也就是有关国家的某一制造部门以前不曾进入的市场，不管这个市场以前是否存在过。(4)掠取或控制原材料或半制成品的一种新的供应来源，也不问这种来源是已经存在的，还是第一次创造出来的。(5)实现任何一种工业的新的组织，比如造成一种垄断地位（例如通过'托拉斯化'），或打破一种垄断地位。"[②]按照熊彼特的思路，创新效率有这五种表现形式，这五种形式与沃尔夫在谈论创新效率所涉及的内容相比，明显地内容要丰富得多，全面得多。这说明，沃尔夫是以简单化的形式旧话重提，在重提创新效率问题时，他的思想却毫无创新之处。

与静态效率和动态效率相伴而行的是 χ 效率，这种效率是指"在任何给定的技术条件下，降低成本、提高产量的能力——这种成本的降低和产量的提高是通过这样几个方面实现的：刺激组织改善、增加工人和管理部

———————————

① 参见［美］查尔斯·沃尔夫：《市场或政府——权衡两种不完善的选择/兰德公司的一项研究》，中国发展出版社1994年版，第16页。

② ［美］约瑟夫·熊彼特：《经济发展理论》，商务印书馆1991年版，第73—74页。

门的动力以及大范围地改进经营决策，包括雇用和解聘、推销、工资和奖金、空间的分配、设备、电话、停车设施等"①。实际上，这是管理效率。

沃尔夫对 χ 效率的界说，从一个角度看并没有超出传统的投入—产出比较模式，但从另一个角度看则有新奇之处：他把效率析解为三部分并分别加以界说，在界说过程中突出创新效率和管理效率，这既符合市场经济发展的实际，也在理论上给人以新的启发。从理论完满性和与现实的接近程度两个方面看，沃尔夫对效率的理解确实值得肯定。

以上论列的对效率概念的四种界说方式，其间虽有布坎南界说的"离经叛道"，但从总体上看，还是以投入—产出的比较模式为核心。按照常规的理解，这一核心是技术性说明的特定方式，究其实质，由于它恰好是资本主义市场经济存在和运行的根本性要求，所以，如果说在对它的界说过程中经济个人主义思想表露还不太明显的话，在对效率的评价和定位上，经济个人主义思想则是直接地走向前台了。确实，效率的既定存在是客观事实，但我们必须看到的是这种客观事实充满利害关联，这种利害关联把每一个当事人牵涉其中，任何人概莫能外。具体说，这种利害关联表现在两个层面上。第一个层面是生产和分配过程。在这一过程中，效率与资本持有者、运营者和劳动力所有者的经济利益密切地交织在一起，这种交织使每一个关涉其中的人都会基于实际利益产生和表达价值倾向性的看法。如此看来，效率绝对不是中性的事实，而是事实与价值倾向性的结合体。第二个层面是它所包含的经济学和经济哲学内容。效率的取得和合理合法性质，是由经济自由和经济公正这两大原则来保证的，而这两大原则，恰恰是经济个人主义思想的本质规定。这一切都告诉我们，就像效率是资本主义市场经济存在和发展的生命线一样，对效率的定位和评价同样是资本主义市场经济存在和发展的必要前提。这意思是说，从资本主义市场经济发展的内在逻辑中，必然会产生出、实际上也客观地要求对效率的

① ［美］查尔斯·沃尔夫：《市场或政府——权衡两种不完善的选择／兰德公司的一项研究》，中国发展出版社1994年版，第109页。

定位和评价，并且，这种定位和评价给人以任意拔高的印象，事实上却是切中要害，抓住了本质。

在西方主流经济学中，有时也会出现对效率崇拜式评价的抱怨，虽然这种声音比较微弱："我们常常听到'效率'是经济的最高目标以及必须采取某些步骤来促成这一目标的说法。这可能有道理，但是，只有当效率能导引人们需要的满足时，才可能这样来评判。否则，效率可能会成为使人误入歧途的咒语。"① 这种评价虽有部分道理，但肯定言过其实，因为，就是对效率有着顶礼膜拜式心态的路德维希·艾哈德也充分意识到，提高效率，追求效率，这本身并不是最终目的，② 最终目的是人的更丰富的生活。③ 实际情况是，这是两个层面的问题，直接的和看得见摸得着的目的是效率，更浅显地说是金钱，真正的和终极的目的是人的生活。哈耶克把这一道理说得更透彻，所以，对我们看待西方主流经济学对效率的定位和评价更有好处："除开守财奴的病案以外，纯粹的经济目的是不存在的。有理性的人都不会以经济的目的作为他们的活动的最终目标。并没有什么'经济的动机'，而只有作为我们追求其他目标的条件的经济因素。在日常用语中被错误地称为'经济动机'的东西，只不过意味着对一般性机会的希求，就是希冀取得可以达到不能——列举的各种目的的权力。如果我们力求获得金钱，那是因为金钱能提供我们享受努力的成果的最广泛的选择机会。因为在现代社会里，是通过我们货币收入的限制，才使我们感到那种由于相对的贫困而仍然压在我们身上的束缚，许多人因此憎恨作为这种束缚的象征的货币。但这是把使人感到一种力量存在的手段误认为原因了。更正确地说，钱是人们所发明的最伟大的自由工具之一。"④ 这说明，西方主流经济学家对效率的推崇和褒扬，只不过是充当了资本主义客观要

① [美]查尔斯·K.威尔伯、肯尼斯·P.詹姆森：《经济学的贫困》，北京经济学院出版社1993年版，第4页。
② 参见[德]路德维希·艾哈德：《来自竞争的繁荣》，商务印书馆1989年版，第153页。
③ 参见[德]路德维希·艾哈德：《来自竞争的繁荣》，商务印书馆1989年版，第162页。
④ [奥]哈耶克：《通向奴役的道路》，商务印书馆1962年版，第86—87页。

求的代言人，但在代言时，他们并没有因为把效率放到与资本主义市场经济客观要求相适应的位置而失去理智。

对效率在资本主义社会整体中的地位和作用予以最重要估价者，首推路德维希·艾哈德。在他看来，"经济上的成就，同时也是一切社会进展的基础与原因，也只有经济成就才能提供很大程度的经济稳定——这是无可否认的，因为在没有经济基础的地方，就是工会也要失去它的权力"①。也就是说，"我们必须保证有一个效能很高的经济制度，作为一切上层活动以及满足精神要求的基础。人们有了一个巩固的物质基础之后，才能自由自在，从而准备从事于更加高尚的事情"②。正是因为经济效率对社会生活发挥这样的基础性作用，所以，任何社会政策和行为，绝对不能损害经济效率，就是间接损害也不行。③艾哈德并非是抱着语不惊人誓不休的目的说大话，客观的社会生活就是这个样子。没有经济效率的提高就不会有社会财富的增加，没有社会财富的增加，社会生活的任何改善就无从谈起，这应当是连老百姓都明白的道理。至于社会财富增加以后如何分配以及由分配政策导致了社会问题的出现，那是另一个层面的问题。

艾哈德不仅把经济效率作为整个社会生活的基础，而且还把经济效率视为社会制度及其社会制度变革成败得失的判定标准。为了说明和论证自己的这一立场，他引证了瓦尔特·奥肯的一段话："如果说先有东西生产才能从事分配这句话是正确的，那么社会改革家首先注意的应该是效率最高的经济制度。只有在有了这种制度以后，才说得上其他问题。在任何一种制度中，如果大家同样都吃不饱，这绝不是合理解决分配问题的办法，也不是解决安全问题或任何其他社会问题的办法。尽管对于不良的制度，尽量加以粉饰，或者呼吁大家关心共同利益使它动听些，也是不能令人信服的。"④如果站在中国传统文化中"饿死事小，失节事大"的立场上，或

---

① ［德］路德维希·艾哈德：《来自竞争的繁荣》，商务印书馆 1983 年版，第 64 页。
② ［德］路德维希·艾哈德：《来自竞争的繁荣》，商务印书馆 1983 年版，第 166 页。
③ 参见 ［德］路德维希·艾哈德：《来自竞争的繁荣》，商务印书馆 1983 年版，第 179 页。
④ ［德］路德维希·艾哈德：《来自竞争的繁荣》，商务印书馆 1983 年版，第 157 页。

者站在传统的以计划经济体制为前提的社会主义立场上看待奥肯和艾哈德的观点，我们会说这是效率崇拜，不先问一下到底姓资还是姓社就毫无限定地大谈有效率的制度就是好制度，就是施放烟幕，根本目的是麻痹我们的社会主义精神意志，偷运资本主义的经济制度。真该感激邓小平，他把姓资姓社问题悬置起来，实际是把它从任何人不能问一个为什么的大前提地位上拉下来，放到同样需要接受事实检验的位置上，这就使得社会制度问题成为也可以思考的常规理论问题，制度与效率的关系问题成为人们探讨的学术问题，进而，经济效率成为判定社会制度好坏的标准之一。回过头来再看奥肯和艾哈德的观点，它在言之成理的表面之下，也有需要我们注意和思考的问题。首先，有效率的制度未必就是大家都能吃饱的制度，这二者之间并没有必然的逻辑联系。美国的经济制度可以说效率最高，但它的贫民人数以及因冻饿而毙于街头的人不在少数。这是事实方面的证明。其次，效率最高的制度未必就是分配最公正的制度，因为分配包括两个层面：国民收入的第一次分配和第二次分配，这两种分配遵行的原则是不一样的。如果第一次分配的原则支配第二次分配，第二次分配就不会公正；如果第二次分配原则支配第一次分配，这样的分配会导致经济制度的无效率。最后，在逻辑上也是最重要的，效率只是判断社会制度好坏的标准之一，但绝对不是唯一标准，因为社会制度好坏的构成因素有多个，所以，标准也就不能是一个。从这三点分析可以看出，奥肯和艾哈德的观点显然是矫枉过正了。

实际上，从社会生活水平和社会制度两个方面着眼，把效率看作资本主义市场经济的生命线，不仅仅是艾哈德如此。例如，新制度学派就把以产权制度为核心的一系列制度，如国家制度和意识形态制度视为资本主义市场经济的生命线。[①] 在这里，我们看到的是新制度学派与西方主流经济学传统在效率问题上的观点分歧。包括艾哈德在内的西方主流经济学传

---

① 参见[美]道格拉斯·C.诺思：《经济史上的结构和变革》，商务印书馆1999年版，第9、18、48页。

统，把效率视野局限于企业内部的个人、技术等因素；虽然熊彼特的创新理论中包括了组织（制度）创新，但这里的组织或制度是企业运转的组织或制度而不是国家的组织或制度。新制度学派把这一视野大大地扩展，使之达到国家和国家之间关系的范围，这样的话，制度问题就不是仅仅局限于企业运转这种微观局面，而是把国家的经济制度、政治制度和意识形态制度都包括在内了。在制度与效率的关系问题上，新制度学派与西方主流经济学传统之间的第二个区别是前者把制度放到最核心的地位，这一地位由两个指向构成，一是横向诸多因素之间，二是纵向的社会历史演变之中。新制度学派试图把制度及其创新放到一个国家生存和发展的位置上来检验，检验的结果是，没有制度创新，国家就衰落；有了制度创新，国家就兴旺发达。实际情况是，当把制度及其创新与国家的生存和发展直接联系在一起时，千万当心，这并不是为了特定意识形态的纯洁性而不顾一切，它要突出和强调的是制度及其创新与经济效率之间的关系。这意思是说，有效率的制度及其创新使国家兴旺发达，无效率的制度导致国家衰落。

在这一点上，新制度学派的创始人之一道格拉斯·C.诺思的思想是个典型。他认为："我们列出的原因（创新、规模经济、教育、资本积累等）并不是经济增长的原因；它们乃是增长……除非现行的经济组织是有效率的，否则经济增长不会简单地发生。"[①]与此同时，科学技术的采用因有效率导致经济增长的说法也不符合实际："知识存量和技术存量扩大人类福利的范围，但它们不决定人类在那些范围内怎样达到成功。决定经济绩效和知识增长率的是政治经济组织的结构。"[②]由此，诺思得出了一个让人不得不认真对待的结论："有效率的经济组织是经济增长的关键；一个有效率的经济组织在西欧的发展正是西方兴起的原因所在。"[③]为了证明自己

---

① [美] 道格拉斯·诺思、罗伯斯·托马斯：《西方世界的兴起》，华夏出版社 1999 年版，第 7 页。

② [美] 道格拉斯·C.诺思：《经济史上的结构和变革》，商务印书馆 1999 年版，第 18 页。

③ [美] 道格拉斯·诺思、罗伯斯·托马斯：《西方世界的兴起》，华夏出版社 1999 年版，第 55 页。

的观点是正确的，诺思像其他西方主流经济学家一样，又拉出西班牙作为数落对象和出气筒，虽然在具体内容上有差别："不发展一种有效的经济组织究竟有什么后果和影响，在这方面西班牙倒是提供了一个出色的范例。"①

诺思在扩张和放大制度的效率功能时，虽然以西方从古至今的经济史作为经验基础，但由于发思古之幽情是为了他心爱的理论，所以，漏洞在所难免。具体说，他为了理论上的自圆其说，竟把经验研究必须注意的问题和必须遵守的规则忘记了，有人批评这一点的证据是：他们"常忽视企业的最初起源问题，或把其作为效率问题来回答。他们引用达尔文的进化论来说明，在效率和存在之间有一种等价的关系。某一种类型的组织存在或不存在，都被认为是有效率或无效率的直接证据；然而，仅仅用理论效率去解释一种组织的存在是难以成立的"②。这种批评不管是否有道理，起码提醒我们，经济效率的存在和发展是由多种原因促成的，突出和强调其中的一种原因可以使人们加深对这种原因的理解和印象，与此同时也就潜伏了一种危险：对其他原因的否认或忽视。诺思的所作所为，应当是一个有教育意义的例子。

第二节　影响经济效率的因素分析

经济效率是资本主义市场经济的生命线，这是我们在上节得出的结论。以服务于资本主义市场经济为宗旨的西方主流经济学，倾其全力研究影响经济效率的因素问题，是顺理成章的事情。人们不会忘记，作为西方主流经济学奠基人的亚当·斯密，在《国民财富的性质和原因的研究》一

---

① [美]道格拉斯·诺思、罗伯斯·托马斯：《西方世界的兴起》，华夏出版社1999年版，第164页。

② [英]G.M.霍奇逊：《现代制度主义经济学宣言》，北京大学出版社1993年版，第253页。

书中，第一篇第一章论述的主题思想就是分工对效率的有益影响，开篇第一句话，讲的就是劳动效率的提高是分工的结果。[①]

西方主流经济学的产生和发展已有二百多年的历史，在这段时间里，不同的经济学家根据不同时代的需要，从不同的角度和层次入手，对影响经济效率的因素进行了不断拓展且是卓有成效的研究和分析。概而观之，他们涉及和分析的影响经济效率的因素有如下几类：分工、工资、生活水平、竞争、人力资本投资、创新、管理、制度、平等、价值观（在新制度学派中叫意识形态）。在相对有限的篇幅内，如此多的因素分析实难一一论述，现实的办法是择其要者而论之。

1. 人力资本投资对效率的影响。在西方主流经济学的起始阶段，分工和工资高低对经济效率的影响是经济学家分析的重点。亚当·斯密认为："充足的劳动报酬，鼓励普通劳动人民增值，因而鼓励他们勤勉。劳动工资，是对勤勉的奖励。勤勉像人类其他品质一样，越受奖励越发勤奋。丰富的生活资料，使体力劳动者体力增进，而生活改善和晚景优裕的愉快希望。使他们益加努力。所以，高工资地方的劳动者，总是比低工资地方的劳动者活泼、勤勉和敏捷。"[②]这种观点是基于一定的价值立场对经济生活的观察而形成的，并没有什么统计数据等事实材料的佐证。尽管如此，如此看待劳动报酬对劳动效率及其他方面的有益影响，既能打动劳动者，让其他人听起来也觉可信。可是，与亚当·斯密同时的重农学派和晚于亚当·斯密的李嘉图却认为，高工资由于影响资本家的利润而有损于经济效率。[③]亚当·斯密讲的是劳动效率，按动态的角度看问题，由于劳动效率高导致产出效率高，产出效率高的结果是资本家的利润也高，所以，高工资导致总体的经济效率高。重农学派和李嘉图的观点，是一种静态分析模

---

① 参见［英］亚当·斯密：《国民财富的性质和原因的研究》上卷，商务印书馆1972年版，第5页。

② ［英］亚当·斯密：《国民财富的性质和原因的研究》上卷，商务印书馆1972年版，第75页。

③ 参见［英］马歇尔：《经济学原理》下卷，商务印书馆1981年版，第182页。

式。例如有 100 元钱，高工资的劳动者拿走 50 元，资本家只剩 50 元，低工资的劳动者拿走 30 元，资本家就得 70 元。这种观点的价值倾向性很明显，但与经济运行的实际情况差别很大。马歇尔沿袭了亚当·斯密的思路，反对李嘉图等人的观点："高工资不仅能提高工资领受者的效率，而且能提高他们子孙的效率，这种影响的认真研究只是在上世纪才开始的。在这方面，首推沃克和美国的其他经济学家。运用比较方法来研究欧美各国的工业问题，不断地使人越来越注意这一事实，即报酬优厚的劳动一般地是有效率的劳动，因此，不是昂贵的劳动。"[1] 马歇尔的分析模式是动态的，所以他与亚当·斯密的观点一致。实际上，他的可取之处还有一点，这就是他脱离资本家的近视观点，注意到高工资与下一代劳动者效率的关系问题。这是人力资本经济学思想的源头之一，这一思想演变到后来，便是人力资本经济学的产生。由此我们可以看出，一种经济学思想的产生，并不只是聪明经济学家的一时心血来潮，而是要凭借和吸纳特定的思想养料，以此为基础，才能让新的经济学思想形成和登场。

让我们后人感到惊奇的是，早在一百多年前，马歇尔就以准人力资本经济学家的口气谈到教育投资对工业效率的影响问题。他认为，"虽然即使普通教育对于工业效率的影响，也比表面上为大。工人阶级的孩子只学习了读书、写字、算术和图画的初步知识之后，往往就不得不失学了，这是确实的；有时确有人认为，花在这些课程上的这一点时间的一部分，还是用于实际工作来得好。但是在学校中得到的进步之所以重要，除了由于它本身的缘故之外，更多的是因为学校教育所给予的将来进步的能力之故。因为，真正高级的普通教育，使人能在业务上使用最好的才能……"[2] 马歇尔甚至认为，美国教育是影响工业效率的一个重要因素。[3] 正是因为看问题的思路找对了，所以，马歇尔才能在一百多年前就作出这

① ［英］马歇尔：《经济学原理》下卷，商务印书馆 1981 年版，第 184 页。
② ［英］马歇尔：《经济学原理》上卷，商务印书馆 1981 年版，第 225—226 页。
③ 参见 ［英］马歇尔：《经济学原理》上卷，商务印书馆 1981 年版，第 230 页。

样的结论："一切资本中最有价值的莫过于投在人身上的资本。"①"知识是最有力的生产动力，它使我们得以征服自然并满足自己的需要。"②

　　在一百多年前的精神文化气氛中，马歇尔准人力资本经济学的观点不要说资本家难以理解和接受，因为工资和税收等方面的影响，他们的眼前利益有可能受一点损害，就是资产阶级立场浓重的其他知识分子和官僚，也未必能充分认识到这一观点的重大意义。这决定了马歇尔除了面对资本家说话以外，还要对这些人陈述自己观点的理由："把公私资金用于教育之是否明智，不能单以它的直接结果来衡量。教育仅仅是当作一种投资，使大多数人有比他们自己通常能利用的大得多的机会，也将是有利的。因为，依靠这个手段，许多原来会默默无闻而死的人就能获得发挥他们的潜在能力所需要的开端。而且，一个伟大的工业天才的经济价值，足以抵偿整个城市的教育费用；因为，像白塞麦的主要发明那样的一种新思想之能增加英国的生产力，等于十万人的劳动那样多。医学上的发明——像吉纳或巴士特的发明那样——能增进我们的健康和工作能力，以及像数学上或生物学上的科学研究工作，即使也许要经过许多代以后才能显示出增大物资福利的功效，它们对生产所给予的帮助，虽然没有前者那样直接，但重要性是一样的。在许多年中为大多数人举办高等教育所花的一切费用，如果能培养出像牛顿或达尔文、莎士比亚或贝多芬那样的人，就足以得到补偿了。"③马歇尔的话很多但不啰唆，因为他把道理讲得很透彻。得自教育的生产力直接影响工业效率，但这种生产力有两种表现形式，一种是转化物质生产力，另一种则是通过影响精神气质而形成精神生产力。从这个角度看待和分析莎士比亚和贝多芬，其精妙和高度，就是现代的人达到如此境界者，也为数不多。马歇尔的准人力资本经济学观点实在难能可贵。怪不得人力资本经济学的创始人之一西奥多·舒尔茨，一再引证马歇尔的观

---

① 　[英] 马歇尔：《经济学原理》下卷，商务印书馆 1981 年版，第 232 页。

② 　转引自 [美] 西奥多·舒尔茨：《对人进行投资——人口质量经济学》，首都经济贸易大学出版社 2002 年版，第 20 页。

③ 　[英] 马歇尔：《经济学原理》上卷，商务印书馆 1981 年版，第 233—234 页。

点作为自己的思想渊源和理论根据。①

　　道理好讲，实践难行。马歇尔提出并论述的人力资本投资对经济效率的影响问题到现在已有一百多年的历史，但让人们身体力行并以政策或法律的形式固定下来，还是困难重重。尤其重要的是，越是贫穷的国家，接受这一观点越困难，实行起来阻力也就越大。情况之所以如此的根本原因有两个，一是认识水平问题，二是直接的利害关联。从认识层面说，看问题的角度不同，其政策必然有别，实践结果肯定不一样。美国人认为投资于穷人孩子身上，这有违于他们信奉的自由原则，所以，美国经济学家阿瑟·奥肯抱怨说："贫穷家庭中子女的人力资源开发不足。而这种人力资源的损失在我看来才是当前美国经济中最为严重的一种低效率。"②人力资本投资要解决的核心问题之一是获取或说提高效率的能力。但是，在人力资本投资和效率的获取或提高之间，并非是一一对应的关系，而是有着极为复杂的关系。这种关系中，有决策正确与否的内容，有体制运转的内容，还有经济利益上投资者与获益者不一致的内容，如此等等。这种种矛盾交织在一起，使得人力资本的潜在投资者往往是选择眼前的、看得见、摸得着的利益，放弃未来的、与自己的当下利益没有直接关联的利益。人们往往对这种想法和做法感到不理解，更甚者是多有批评和指责，实际情况是，人力资本的潜在投资者（私人和握有教育经费的政府官员）选择后一种思路对付人力资本投资问题自有他的道理。他们都是人，既然如此，他们都是"经济人"。这种行为是"经济人"的理性行为，并没有违背或超出西方主流经济学中的"经济人"原则。看来，在这一问题上，宏观和微观的认识层次要严格区分开来；现在与未来时间差中的经济内容要充分考虑到；投资者与获益者的一一对应关系要真正受到冲击。这几点做到了，人力资本投资的各种效率潜质才能真正发挥出来、表现出来。

---

① 参见［美］西奥多·舒尔茨：《对人进行投资——人口质量经济学》，首都经济贸易大学出版社 2002 年版，第 20、95 页。

② ［美］阿瑟·奥肯：《平等与效率——重大的权衡》，四川人民出版社 1988 年版，第106 页。

现在与一百多年前的马歇尔时代大不一样了。在马歇尔那里还以零散地偶发议论形式存在的准人力资本经济学，来到美国经济学家西奥多·舒尔茨等人这里，已变为一门真正的学科，这一学科对经济学、教育学、国家的宏观经济政策和教育政策，都在发挥着日益增大的影响。在这里，马尔萨斯人口理论所造成的危害和混乱得到了清理，人力资本投资对效率的影响受到了高度重视，人口质量与人力资本投资的关系和人力资本投资与效率的关系这样的理论逻辑已建立起来，人力资本的本质特点和人力资本投资的风险性也得到了应有的探讨。[①] 总之，人力资本投资与效率正相关的关系，在理论上已确立起来，并得到人们的认可，这确实是一种可喜的现象。

2.平等因素对效率的影响。在市场经济条件下，平等是个敏感、实在而又对效率有重要影响的因素。在平等与效率的关系范围内如何看待平等问题，不仅能直接表现出人们的经济学思想是什么，更能集中体现出人们的经济价值观立场是什么。在这里，经济个人主义思想将会受到艰难的磨炼与拷问。因为，西方主流经济学的逻辑主线是对效率的关注、说明和追求，而平等，虽然涉及市场经济条件下每个人的现实生活，但它显然与效率并不总是处于一一对应的正相关关系之中；这意思是说，越平等并不意味着效率越高，毋宁说，在不少的时间内，平等对效率有有害影响，起码是不利影响。尤其重要的是，平等与效率二者之间绝不仅仅存在正向或反向的线性关系，就其实际存在的状态而言，二者之间的关系比线性关系所具有的两个向度要复杂得多。对说明平等与效率的关系、平等对效率的影响而言，这些问题的存在就是一种挑战，当然也是一种诱惑。

平等是个美好的字眼，但它歧义丛生；平等是大部分人（除了少数极端的自由至上主义者之外）向往的状态，但它总也不能使人满意。在西方主流经济学中，平等之所以处于这样尴尬的境地，从理论层面说，是由于

---

① 参见［美］西奥多·舒尔茨：《对人进行投资——人口质量经济学》，首都经济贸易大学出版社2002年版，第24、25—27、45、48、53—54、102页。

在它的历史中始终弥漫着特别浓厚的效率崇拜气氛，这种气氛在亚当·斯密那里已露苗头，李嘉图用特别强劲的演绎逻辑为这种苗头助威加油，到西尼尔的《政治经济学大纲》中，这种气氛便夹杂着强烈的资产阶级偏见正式粉墨登场了。马克思在《资本论》中对他大加痛斥和批判，并没有冤枉他。一直到现在，哈耶克主义的重新走红和公共选择学派与新制度学派的占据学术主流地位（代表人物荣获诺贝尔经济学奖就是证明），都说明效率崇拜的气氛仍然在主宰着西方主流经济学。在这种气氛中，平等问题被探讨，进入公共政策领域，实在是难上加难的事情。就这一点而言，想想贡德·弗兰克这位《白银资本》的作者在芝加哥大学当自由主义经济学大师弗里德曼的博士研究生，由于其思想不容于效率崇拜而受到不公正对待，我们不会感到惊奇。① 为此，人们为效率崇拜式的经济学家送上一个颇为形象但又不远离实际的名号："认钱不认价值的钱串子。"②

从实践层面说，资本主义市场经济的生命线是效率，在资本主义市场经济运转的逻辑中，只能有效率，不能有平等。如果个别企业或个人偏离这一逻辑，当然不会有人阻拦它或他，但强有力的市场逻辑会出来教训它或他，由于在效率问题上失手，它或他必须退出"竞赛"，因为效率受到平等的影响，它或他不是破产就是失业。由此看来，资本主义市场经济在自己的运转过程中，只承认和服从效率的权威，绝难让平等占有一席之地。这种强劲的逻辑当然还有它的另一面，这就是在现实的社会生活中，效率毕竟不能解决一切问题，对效率的追求，也不能代替对其他社会生活领域的向往和关注。况且，对效率的追求本身在不断地制造着作为平等理想的对立面——现实社会生活中的不平等。这样，平等与效率这二者便成为资本主义市场经济（应当说一切市场经济）中在劫难逃的一对矛盾，并且这是客观内在的矛盾，理论上的探讨和说明，政策或法律上的关注和调整，只能加剧它或减弱它，但绝对不能彻底消除它。马克思确实想出了彻

① 参见［德］贡德·弗兰克：《白银资本——重视经济全球化中的东方》，中央编译出版社 2000 年版，第 2 页。

② ［美］阿瑟·奥肯：《平等与效率——重大的权衡》，四川人民出版社 1988 年版，第 16 页。

底消除的办法，但这必须以彻底消灭资本主义市场经济（实际是所有市场经济）为前提。这对矛盾时时困扰着资本主义社会的经济学家，在他们看来，资本主义市场经济"在一定程度上是成功的，它创造出了有效率的经济。但是，这种对效率的追求必然带来不平等。因而，摆在社会面前的便是在平等与效率之间作出权衡"[①]。事实上，"我们难以在享受市场经济效率的同时获得平等"[②]。这说明，这些经济学家还是清醒的。

尽管西方主流经济学家在平等与效率二者孰轻孰重的选择问题上给人以犹豫不决、举棋不定的印象，在实际生活的过程中及对实际生活过程的理论阐释中，他们还是选择了效率而牺牲了平等。当他们作出这样的选择时，并没有忘记陈述自己的理由："要追求收入平等，社会必得放弃用物质奖励作刺激生产的手段。而这将导致效率降低，公众福利也会受到损害。无论如何坚持等分馅饼，结果必然是馅饼给扯得越来越小。这一事实要求我们在经济平等和经济效率之间做出权衡。以下我将细述经济上的不平等确实在许多方面增进效率，作为权宜之策我乐意接受一定程度的这种不平等。"[③]这位经济学家在陈述自己的理由时可谓开诚布公，但细加分析便不难看出，虽然情感上给人以虽不情愿但不得不如此的印象，实际的演化逻辑是，他在效率高于和优于平等的大前提下论证为什么要选择效率而不选择平等的根据。这意思是说，不管谁创造了"馅饼"，谁要是抓住了"馅饼"，谁就天经地义、合理合法地该得"馅饼"，至于创造"馅饼"过程中的应该由谁得、未抓住"馅饼"者为什么没有抓住、没有抓住"馅饼"者的后果怎样以及未得"馅饼"的后果是否天经地义、活该如此等这一系列问题，没有人提出，也没有人回答，最终的结果是不得而知，只有沉默。实际上，在西方主流经济学中，效率至上的意识形态霸权就是这么形成的。这种意识形态霸权营造了一种气氛，形成了一种格局，造就了一

---

① [美]阿瑟·奥肯：《平等与效率——重大的权衡》，四川人民出版社 1988 年版，第 4 页。

② [美]阿瑟·奥肯：《平等与效率——重大的权衡》，四川人民出版社 1988 年版，第 5 页。

③ [美]阿瑟·奥肯：《平等与效率——重大的权衡》，四川人民出版社 1988 年版，第 62—63 页。

种话语系统，对自己不利的理论甚至情绪，都会被这种气氛、格局和话语系统销蚀掉，要不，就以不入学术主流的冷讥热讽扼杀掉。

尤其需要我们注意和深思的是，西方主流经济学家明确、直接和尖锐地把平等与效率对立起来，似乎作为整个社会的选择，要权利平等就不会有经济效率，要经济效率就不能顾及权利平等，这是二者必居其一的两难选择："权利的领域里满目皆是对孜孜以求经济效率的背离。我们的权利可以被视为是反效率的，因为它排斥价格，所以放弃了对权利的节俭；拒绝选择，于是排除了优劣比较；鄙视刺激，就压制了社会创造的动力；弃绝交换因而将买卖双方潜在的利益化为乌有。"①奥肯这位西方主流经济学家的道理讲得痛快淋漓，语言也显得生动优美。但是，在痛快和优美的背后，我们能够发现其失衡的逻辑。在平等与效率对立的两极中，不知作者是没有觉察还是有意为之，效率是第一位的、绝对不能动摇的唯一选择；平等，则是任凭主观好恶选择的权宜之计。在逻辑上，这二者并未被放置在平等的地位上。实际情况是，平等和效率二者都不是社会选择的最终目的，从这个意义上说，二者之中不管优先选择了谁，都是权宜之计。至于一个社会到底选择效率或是选择平等，这与特定的社会情势和选择者的诸多考虑有直接关系。从另一角度看问题，由于平等与效率处于对立的两极，所以，其中的任何一方都没有天然合理的理由压过自己的对立面而成为唯一的被选对象。

当然我们也应该注意到，西方主流经济学家并未忘记为经济平等的要求提供理由，这种理由有三：自由主义、多元主义和人道主义。②与效率至上天然合理的理由比起来，这些理由显然是苍白无力因而难以服人。我们这样说的根据是，效率选择关乎人的，尤其是社会生活中最有权势（这里权势可以是政治的，也可以是经济的，还可以是大众传媒的）者的切身

---

① ［美］阿瑟·奥肯：《平等与效率——重大的权衡》，四川人民出版社 1988 年版，第 13—14 页。

② 参见 ［美］阿瑟·奥肯：《平等与效率——重大的权衡》，四川人民出版社 1988 年版，第 14—18 页。

利益，所以，效率选择者首先考虑和维护的是自己的切身利益；只有当不顾及一下平等问题自己的切身利益就会受到威胁时，他们才会以"天使"的姿态表示自己的慈悲胸怀。而诸如多元主义、人道主义甚至自由主义这样的理由，一旦离开物质基础、政治权势和话语霸权，便会成为十足的镜中画饼，好看但不能充饥。实际上，我们仅从人道主义这一理由就可以体会出来，平等的要求处于弱势的地位，它不可能在西方主流经济学中、进而在西方主流社会中，成为主流话语和话语影响下的社会选择。因为人道主义是弱者的诉求，当弱者不再是弱者时，再诉求人道主义便是自我的约束和限制。

3.制度对效率的影响。在人们的习惯性印象中，西方主流经济学厌恶制度，起码是对制度没有好感。这肯定与西方主流经济学的奠基人亚当·斯密有关系，因为在他的思想体系中，虽然没有彻底否定制度，还给制度尤其是国家法律制度留下一点发挥作用的余地，[①] 但在他的代表作《国民财富的性质和原因的研究》一书中，随处可见对封建性质的旧有制度的批判[②]。西方主流经济学在不区分封建制度和资本主义制度的前提下便继承了亚当·斯密的这一思想情绪，把后人归到法国人古尔内名下的一句话"自由放任，允许通行"[③] 拉来作为旗帜性口号，借以表达自己的思想情绪。这种思想情绪到了法国经济学家萨伊的思想中便进一步极端化，极端化的表现是绝对化的口号："干涉本身就是坏事。"[④] 这种思想情绪用英国伦理学家边沁的话表达出来同样令人吃惊："每一部法律都是一种罪恶，因为每一部法律都是对自由的侵犯。"[⑤] 这种思想情绪给西方主流经济学的后

---

① 参见［英］亚当·斯密：《国民财富的性质和原因的研究》下卷，商务印书馆1974年版，第252—253、473页。
② 参见［英］亚当·斯密：《国民财富的性质和原因的研究》下卷，商务印书馆1974年版，第27—28、153、102页；上卷，商务印书馆1972年版，第314—315、134、135页。
③ 《新帕尔格雷夫经济学大辞典》第3卷，经济科学出版社1996年版，第124—125页。
④ ［法］萨伊：《政治经济学概论》，商务印书馆1997年版，第199页。
⑤ 转引自［英］F.A.冯·哈耶克：《自由秩序原理》上卷，生活·读书·新知三联书店1997年版，第69页。

人造成了思想混乱，表现之一是把亚当·斯密对封建制度的深恶痛绝变为对任何制度都持怀疑甚至否定的态度。这种对亚当·斯密的理解既有失公允，也不符合实际。在亚当·斯密时代，封建势力还存在，对市场经济的正常运转产生极坏影响的人为干预和制度性规定还大量存在。从理论上批判和扫清这些市场经济正常运转的障碍，是亚当·斯密首先要面对的历史性课题，所以，对封建性干预制度的深恶痛绝，是必然会表露出来的正当情绪。但是，这种情绪并不说明亚当·斯密对任何制度都深恶痛绝。从这个意义上我们说，后来的西方主流经济学对制度患有厌恶病，与亚当·斯密的思想情绪有关，但他又不能对此负责任，因为他的思想子孙们没有能公正、客观和准确地理解他当时的思想情绪。

后来，伴随资产阶级在政治上的全面胜利和封建制度性干预的逐步消失，西方主流经济学似乎失去了对制度影响效率问题的兴趣，新古典主义经济学可算作鲜明的例证。只是到了 20 世纪 30 年代以后，凯恩斯的宏观经济学时兴起来，国家宏观经济政策的干预性质重又表现出来。尽管有像哈耶克这样的自以为是亚当·斯密思想正宗传人的极力批判和死命反抗，干预性宏观经济学和宏观经济政策还是左右学术主流和社会生活主流几十年。再到后来，尤其是 20 世纪 70 年代以后，制度对效率的影响问题重又成为西方主流经济学谈论的热门话题之一，并以此为契机形成了两个学派：公共选择学派和新制度学派。它们的兴奋点不是制度对效率有否影响或有什么样的影响，而是似乎又回到了亚当·斯密的起点上：什么样的制度对效率有好影响，什么样的制度对效率有坏影响。有一点我们可以肯定：制度对效率有影响的观念已确立起来，在它们的视野中，制度已成为注目的焦点和中心。就这一点而言，举一个例子就够了，美国经济学家、新制度学派的创始人之一道格拉斯·C. 诺思说："国家的存在对于经济增长来说是必不可少的，但国家又是人为的经济衰退的根源。"[①] 在这里，作为经济增长必备因素的国家和作为经济衰退根源的国家不是一个国家，具

---

① ［美］道格拉斯·C. 诺思：《经济史上的结构和变革》，商务印书馆 1999 年版，第 21 页。

体说，不是一种国家制度。

公共选择学派的创始人之一、美国经济学家布坎南认为："任何资源分配要达到'高效率'，必然有赖于作出资源利用和估价决定的制度结构。"① 换一个角度表述问题，布坎南的意思更好理解：没有合适的法律和制度，就不会有市场经济的高效率，所以，市场经济的运行过程同时也是一种制度选择和建设的过程。布坎南自己的详细论证是："我说市场是一种制度过程，在这种过程中个人彼此相互作用，目的在追逐他们各自个别的不论哪一种目的，同时说 18 世纪哲学家的伟大发现是：在适宜地设计的法律和制度中间，市场中分散的谋私利的行为产生一种自发的秩序。我然后继续又说，这种秩序反映个人价值的最大化，因为这些价值是在过程本身中展现的。这里我要着重指出的是，没有合适的法律和制度，市场就不会产生体现任何价值最大化意义上的'效率'，如果我们真的能谈到'市场'的话；因为法律和制度包括明确受尊重和／或强制执行的私有财产权和保证实行契约的程序。霍布斯学派无政府状态的自发秩序不能使个人价值最大化，可能会趋向价值最小化。这里要指出的是，在任何社会相互作用中，人们的行为常常产生于至少有两种方向各异的形成动机的吸引力的紧张拉曳之中：如一方面为推进狭隘和眼前的私利，另一方面为开明的长期的私利，后种行为具体表现为在相互作用过程中尊重他人的平等权利……这就是说，在任何交易或交换中，个人参加者有一种作伪、欺诈、骗取和违约的自私自利的动机。法律、习惯、传统、道德教训——这些都是设计出来和／或演化形成以限制或控制这些短期私利的做法。只有这些制度限制成功地运用，从市场过程形成的自发秩序才能使个别想象的个人价值最大化。"②

布坎南的冗长论证给人以啰唆之感，尽管如此，他的思想的内在逻辑还是清晰的：这里的制度是广义的，它由法律（包括实体法和程序法）、

---

① ［美］布坎南：《自由、市场和国家》，北京经济学院出版社 1988 年版，第 98 页。

② ［美］布坎南：《自由、市场和国家》，北京经济学院出版社 1988 年版，第 89 页。

习俗、传统、道德规条等组成。为了保证资本主义市场经济的正常运转，制度是必不可少的前提，但人们必须明白的是，制度不是任意的人为规定，而是在市场经济运行过程中自发形成的有利于个人价值最大化习俗的制度性法律性固定。制度的功用不在于抑制或干预市场经济的最大化行为，而在于限制和禁止不利于市场经济正常运行和个人价值最大化的行为与因素。制度形成的根本目的是使逐利竞争中的个人取得效率的最大化和价值自我实现的最大化。这样的思想逻辑的必然结论是，没有制度就不会有市场经济的正常运行，当然也就不会实现效率的最大化。为了使人们对他关于制度影响经济效率的思想有一个更明确全面的了解，布坎南把自己的观点概括为如下五点：(1) 假使制度能够限制行为，在合法市场秩序中商人之间的自愿交换往往能保证资源流向并留在最高价值使用的地方。(2) 最高价值资源使用依靠自愿交换能够在其中进行的制度环境。(3) 制度本身是可能改革的变数，在制度限制中经营的人们之间的同意完全类似已经确立规则中的自愿交换。(4) 几种所谓"交易成本"对资源分配"效率"的阻碍可以在关于制度改革假设的构架中加以更适当的分析。(5) 制度改革的最后检验在于受影响各方之间的同意。①

实际上，布坎南是站在传统经济个人主义立场上，把亚当·斯密的经济个人主义思想与哈耶克的自生自发秩序思想嫁接在一起，根据新的形势需要，勾画出经济自由主义制度对效率会产生有益影响的思想脉络。② 这一思想脉络的新奇之处表现在两个方面，一是他在新环境中接续亚当·斯密的经济个人主义传统，对这一传统中的薄弱环节——制度因素分析——加大力度地探讨和补充，这无疑会使经济个人主义的思想传统在逻辑上更完满，在内容上更丰富，在新环境中的传播和推广有更多的思想资源可资利用。二是布坎南接续休谟、萨伊和斯宾塞的传统为我所用，把它与亚当·斯密的经济个人主义思想更紧密地糅合在一起，使其形成力量更强大

---

① 参见 [美] 布坎南:《自由、市场和国家》，北京经济学院出版社 1988 年版，第 107 页。
② 参见 [美] 布坎南:《自由、市场和国家》，北京经济学院出版社 1988 年版，第 17—18 页。

的分析框架，用以分析政府官员的"经济人"行为和由这种行为导致的政策和法律，以期达到推动宪法改革的目的，为自由市场经济提供更适宜和更有力的法律保障。这一思想传统由于亚当·斯密的大意而未能在西方主流经济学中占据显位，使"经济人"的分析框架在政府官员行为面前失去了效力。这一思想传统的逻辑其实很简单：既然人的本性是自私的，政府官员也是人，所以，政府官员只要有机会，同样会掠夺不法的私利。其实，这是西方近几百年来对政府文明探讨和发展的政治哲学的逻辑结晶，也可算作人类精神文明的重大成果。如果追本溯源，这一传统的最终源头应当是马基雅维里。① 或许，这一思想传统的逻辑并不适用于所有的政府官员、经济政策和法律法规，但历史经验和现实都可证明，它适用于大部分政府官员的行为。看看我们现在的现实，也就是 20 世纪 80 年代以来的现实，政府官员的行为是"内圣外王"的表现还是"经济人"的逐利竞赛，不是很清楚吗？真是太清楚了，已经清楚到扎人眼球、悲不可视、怒不敢视的地步。相对于我们而言，西方人的这套思想逻辑中需要我们研究的东西太多了，需要我们学习、消化和吸取的东西更多了。可悲的是，我们以无视其存在的态度对待这套思想逻辑，以为无视其存在它就不存在，情况真是如此就好了。问题是，无视其存在，它照样存在；无视其存在，我们就不能进入每个人都可被称其为人的境界。

与布坎南相比，新制度学派的道格拉斯·C.诺思，在理论上显然有不小的突破。他把制度、国家安全、效率和公民的民主权利四者有机结合地看待制度对效率的影响，给人以耳目一新之感。在他看来，"在与更有效率的邻邦相处的情况下，相对无效率的产权将威胁到一个国家的生存，统治者面临着或者灭亡或者修改基本的所有权结构以使社会降低交易费用和提高增长率的选择"② 。细心思考便可发现，这不仅仅是理论，更是近代以来世界几百年历史经验教训的总结。大凡一国被另一国欺凌，如西方国

---

① 参见 [意] 尼可洛·马基雅维里的代表作《君主论》一书，尤见其中的第 17、18 两章（商务印书馆 1988 年版）。

② [美] 道格拉斯·C.诺思：《经济史上的结构与变革》，商务印书馆 1999 年版，第 30 页。

家对亚洲国家的欺凌，或者是一国国内爆发旧式政权垮台的革命，如英国和法国的资产阶级革命，甚至一个强大无比的政权突然倒台，如苏联的解体，我们可以找出其中许许多多的原因，但其中最根本的原因肯定是制度与效率之间的关系不顺畅，出了问题，不是制度保证和促进效率的提高，而是制度在阻碍和破坏效率的保持与提高。这种最根本性的毛病可能由多种原因造成，尤其是它会滋生出许多更具危害性的毛病。从这个角度看问题，诺思的观点已超出纯经济学的范围，因为它更是政治哲学的智慧、历史哲学的智慧和经济哲学的智慧。在西方主流经济学中，把制度与效率的关系放到国家安全的角度来认识、来定位，诺思可算是第一人。这使人回想起重商主义的思想，因为虽然二者之间有根本性区别，但在这一点上，二者是相似的，或者说，这是重商主义思想的现代回归。

诺思不仅把制度与效率的关系上升到国家安全的角度来认识，而且还把这一关系与公民的民主权利结合在一起来认识："统治者总是有竞争对手的：竞争的国家或其国内可能成为统治者的人。后者类似于一个垄断者的潜在竞争者。在没有势均力敌的替代者的地方，现有的统治者在特征上便是暴君、独裁者或专制君主。替代者的势力越是接近，统治者所拥有的自由度便越小，由选民所持有的边际收入的比例越大。"[1]诺思的这段话有点费人思量，但实质性内容并不难理解，他把西方人对人类的一大思想贡献——政治权力之间相互制衡的思想用于分析制度与效率之间的关系，最终的结论是，越是民主的制度，公民的民主权利也就越充分和越有保障，顺带的结果是，公民的经济效率也就越高。这一结论的内在逻辑是，统治者恣意妄为的限度小，公民相应的政治自由度和经济自由度就大，经济自由度大的地方，有利于公民个人积极性和聪明才智的发挥，个人积极性和聪明才智充分发挥出来了，经济效率当然就会高。把话说得直白一点，这是讲政治自由主义和经济个人主义二者相辅相成的关系，通过这一关系的

---

[1] ［美］道格拉斯·C.诺思：《经济史上的结构与变革》，商务印书馆 1999 年版，第 28—29 页。

展开，说明经济个人主义的优越之处。

　　诺思关于制度与经济效率二者之间关系的思想还有一个突破之处，这就是把"经济人"思想运用于分析制度的设立者和维护者——统治者的个人利害考虑对经济效率的影响："国家将规定章程，以使统治者及其集团的收入最大化，而后在其约束下，将发明一些章程来降低交易费用。非自愿的组织形式如果对统治者有利（如非自愿的奴隶制）将会存在；如果比较有效的组织形式从内部或外部威胁着统治者的生存（如今天苏联的集体农庄，或古典世界雅典谷物贸易的组织），相对低效的组织形式也会存在。此外，统治者衡量征税的费用较低的那些组织形式，即使效率相对较低也会持续存在下去（如柯尔伯特当政时法国专利权的转让）。"① 诺思是在用典型的历史事实讲述经济学的道理。道理的背后是政治哲学和经济哲学。从经济哲学的角度看问题，统治者是经济个人主义的特定体现者和实践者，虽然其社会身份有其特殊性，但他们的社会身份只是提供了实现经济个人主义的便利，并没有由于特定的社会身份而逃脱经济个人主义的框衡。统治者首先是人，其次才是统治者。统治者作为人，必然具有经济人的属性，就这一点而言，在逻辑和事实两个方面都是说得通的。这一前提已经确立，下面的道理便不言自明：在自身利益受到来自更有效率的组织形式和制度安排的威胁时，统治者未必都只顾自己的既得利益而拒绝更有效率的组织形式和制度安排；但不能否认的是，其中一大部分人会是宁要低效率的组织形式和制度安排以保住自己的既得利益，而不会放弃自己的既得利益，采用高效率的组织形式和制度安排，不管这种既得利益多么不合理，也不管高效率的组织形式和制度安排对国家和民族多么有好处。许多发展中国家改革进程的步履维艰和险象环生的事实，为诺思的这一思想提供了十分有说服力的注脚。当然，统治者会开动所有的意识形态机器借以掩饰自己的"经济人"本性和自私动机，但事实胜于雄辩，说得好听未

① ［美］道格拉斯·C.诺思：《经济史上的结构与变革》，商务印书馆1999年版，第43—44页。

必总能打动人；"虚假的动机"和行动脱节，人们会依行动判定真正的动机，而不会仅看虚假的"动机"不顾及真实的动机和行动。

总之，在西方主流经济学中，制度与经济效率关系的思想是我们理解经济个人主义时不能忽视的一个基本内容。布坎南的有关思想相对于我们而言思想史的价值的成分要大于当下的指导价值，但诺思的有关思想，除了思想史的价值之外，更有分析框架的意义。因为，布坎南的有关思想是在对传统经济自由主义加以理想化的基础上，对凯恩斯经济学思想及其政策主张的不满和批判，而诺思的思想则是在总结以西方世界为主的经济发展史和政治制度与经济效率相互影响史的经验教训基础上，提出的极富启发意义的洞见。有了这样的洞见再去思量制度与效率的关系问题，其深厚广博的内容便会呈现在我们面前，隐身于制度之后的统治者的真实面目和心迹便会暴露在我们面前。诺思的有关思想已不仅仅是经济学思想，因为它更是经济哲学的智慧。

4. 意识形态对效率的影响。在晚近的西方主流经济学中有一个引人注目的变化，这就是把意识形态作为影响经济效率的重要因素加以分析。从某种意义上说，这是亚当·斯密经济学传统的回归。在亚当·斯密的经济学体系中，除了经济学原理的论证和说明外，还有大量的纯粹是意识形态方面的内容，这种内容主要由经济伦理和宗教伦理两个方面的因素组成，[①] 这些因素都直接或间接地对效率发挥影响作用。只是到了亚当·斯密发表《国民财富的性质和原因的研究》70 年以后，风向发生了极大变化。牛津大学历史上第一位政治经济学教授西尼尔，是西方主流经济学历史上第一个为了追求所谓的科学纯粹性而拒斥价值立场的人。拒斥的后果极为恶劣，科学的纯粹性没有追求到，但确立和形成了追求科学纯粹性这种白费力气的风气，而事实上对经济效率有极大影响的意识形态因素则是由于这种风气而被排除于经济学的探讨之外。就这一点而言，西尼尔是

---

① 参见 [英] 亚当·斯密：《国民财富的性质和原因的研究》上卷，商务印书馆 1972 年版，第 310—313、271、242、75—76 页；下卷，商务印书馆 1974 年版，第 351—354、355—356、364—367 页。

应负一部分责任的，因为正是他，首先开启了这种不好的风气："作为一个政治经济学家的职责，既不是有所推荐，也不是有所告诫，而只是说明不容忽视的一般原理；但是，如果以这类原理作为实际事务处理中惟一的——或者，即使是作为主要的——指导，那就既不适当，事实上也恐怕行不通。这里各个经济学作家的任务是明确的。他所从事的是科学，其间如果有了错误或是有了疏忽，就会产生极为严重、极其广泛的恶劣影响；因此，他就像个陪审员一样，必须如实地根据证据发表意见，既不容许同情贫困，也不容许嫉视富裕或贪婪，既不容许崇拜现有制度，也不容许憎恶现有的弊害，既不容许酷爱虚名，投合嗜好，也不容许标新立异或固执不变，以致使他不敢明白说出他所相信的事实，或者是不敢根据这些事实提出在他看来是合理的结论。"① 由于西尼尔这段典型的话是一种风气登上学术舞台的正式"宣言"，所以，我们在理解时必须谨慎小心。他的话有两个逻辑层次。第一个逻辑层面是基础性的，这涉及事实的认定问题：在经济学研究中，作为研究对象的事实与作为自然科学研究对象的事实二者之间肯定有本质区别，本质区别的典型表现是经济学研究的事实中有意识或意见的成分，这种成分广义地讲就是意识形态，起码其中的价值倾向性是在劫难逃的，否则，"经济人"的假设就不能成立。如果认为经济学中的事实与自然科学中的事实二者之间并无本质区别，那么，像西尼尔所主张的这种经济学就会陷入两难选择的境地：要经济人假设，就得承认经济事实的特殊本质，这与自己的主张截然相反；要经济事实与自然事实的共通本质，②"经济人假设"就不能成立，而"经济人"假设是西方主流经济学的逻辑前提。没有逻辑前提的经济学会是什么样子呢？这还涉及研究者本人的问题。如果把研究者本人的价值倾向或说意识形态因素排除得一干二净，那么，在逻辑上就会推导出经济学研究者不是人的结论，这显然不符合实际，也荒唐可笑。经济学家也是人，既然是人，当他以经济学家的

---

① ［英］西尼尔：《政治经济学大纲》，商务印书馆1977年版，第12页。

② 参见［英］F.A.冯·哈耶克《个人主义与经济秩序》（生活·读书·新知三联书店2003年版）一书中的《社会科学的事实》一文。

身份大谈科学性时，他的"经济人"本性并没有消失，当然也不能被排除，如能消失或排除，那就不是本性而是习惯。按照西尼尔的逻辑，经济学家在谈论经济学时要排除"经济人"这一人的本性，排除了人的本性的人还能算作人吗？西尼尔及西尼尔一类的科学经济学家聪明反被聪明误，把自己绕到坚持经济学的科学性、排斥意识形态性的人就不是人的逻辑怪圈中去了。

第二个逻辑层面涉及西尼尔立场的理解问题。一种理解是经济学家在坚持排斥意识形态立场的同时把意识形态作为一个科学的研究对象问题来处理。马克斯·韦伯在《社会科学方法论》一书中已明确地区分这一点，尽管这种立场已如上边分析过的，在逻辑上是不能贯彻到底的。另一种理解是把西尼尔的立场极端化，不仅坚持经济学拒斥意识形态因素，而且在经济学的研究对象中也不能出现意识形态因素，这样，意识形态对经济效率的影响问题就被彻底排除在经济学的研究视野之外了。可悲的是，在相当长的时期内，西方主流经济学家就是这么理解和处理意识形态与经济效率的关系问题的。

实际上，西尼尔心目中不带意识形态痕迹、只有客观的科学是唯一追求目标的政治经济学家，就像不食人间烟火的神人、仙人一样，在现实的社会生活中根本不存在。他的这一主张，既违背西方文化传统的祖训——亚里士多德说：人是社会政治性动物，又与意识形态是"社会水泥"（阿尔都塞语）的论断相冲突，还对经济学研究传统的确立和改进，起了极为有害的影响。一直到第二次世界大战后，这种情况才有所改观。

西方主流经济学中的意识形态概念，在它的法国起源中含义就非常广泛，① 后来，人们还是接受了这一理解传统。凡是对经济效率产生有益或有害性影响、带有价值判断倾向的主观性因素，都是意识形态的有机组成部分，例如信誉、诚实、合作倾向等。

英国经济学家霍奇逊有感于日本特有的企业运转模式与经济上的高效

---

① 参见［英］F.A.冯·哈耶克：《科学的反革命》，译林出版社 2003 年版。

率二者之间的必然联系，提出信任和合作与企业的经济高效率成正比的观点："如果信任与合作对企业的效率具有一定的作用，那么根据它所履行的职责创立一种组织形式就会更好一些。企业体现的这种信任和忠诚的程度越高，企业的效率也往往就高。例如，许多具有组织参与形式的企业都有很高的生产率。这表明企业的成绩和效率是与其成员间的合作和信任水平成正比的。"[①]这是好现象，霍奇逊的观点作为一个事例说明，意识形态对效率的影响问题，已经进入了西方主流经济学家的研究视野。

合作与信任是影响经济效率的企业内部的意识形态因素。事实是，企业外部的意识形态因素——信誉，已被人们公认为是难以估价的无形资产，这种无形资产对企业的经济效率同样有重要的作用。经济学家阿罗明确地指明了这一点："信誉是社会系统赖以运行的主要润滑剂，它非常有效，它省去了许多麻烦，使人们可以对他人的话给予一定的信赖。信誉及类似的价值观、忠诚、讲真话等，都是商品，它们具有真正实际的经济价值，它们提高制度的运行效率，从而使人们能够生产更多的产品或任何人所重视的东西。"[②]阿罗的观点直白浅显，但指出的是客观存在的事实：企业在自己的运行中，甚至在一个国家的社会生活中，内部的意识形态因素是效率得以形成和提高的必备条件，外部意识形态因素同样是这样的必备条件。这不是经济学家主观选择中的倾向性问题，而是经济学家是否尊重客观存在的事实问题。主观选择中的倾向可任由经济学家自由选择，尊重客观存在的事实，是经济学家必须承担的责任。

如果说霍奇逊、阿罗等人对意识形态和经济效率二者之间关系的认识是只就意识形态中的个别因素与经济效率的关系发表看法因而带有自发性的话，那么，美国经济学家诺思则是自觉地把意识形态整体与经济效率联系起来研究。他不仅在《经济史上的结构和变革》一书中辟有专章研究意

---

① ［英］C.M.霍奇逊：《现代制度主义经济学宣言》，北京大学出版社1993年版，第248页。

② ［美］R.科思、A.阿尔钦、D.诺思等：《财产权利与制度变迁——产权学派与新制度学派译文集》，上海三联书店、上海人民出版社1995年版，第405页。

识形态问题（第一篇第五章："意识形态与搭便车问题"），而且还在模式的层次上论述意识形态对效率的影响。这意思是说，诺思已经有了一套系统的、逻辑上首尾一贯的意识形态理论，当然，他并没有忘记，这一理论紧紧围绕对效率的影响而展开。

　　诺思与其他西方主流经济学家不同的地方之一是他意识到意识形态的客观存在及这种客观存在的必要性："如果没有一种关于意识形态的清晰理论，或广义上关于知识社会学的理论，那么，我们解释现行资源配置或历史变革的能力便会有很大的缺口。"[①]诺思是个聪明人，也是实在人。实在之说在于他有想法就直说出来，不像其他西方主流经济学家那样拉出科学名义、用高深的数学模型唬人；聪明之说在于他确实发现了西方主流经济学的弱点，这就是经济学研究的事实中，确实客观存在着意识形态因素并发挥巨大作用。这种因素及其作用不说清楚，怎么能说清经济事实呢？经济事实说不清楚，怎么能说清效率问题呢？这种思想逻辑实际上是客观现实的反映，而客观现实中，意识形态确实对经济效率有巨大的影响作用。

　　既然意识形态是客观存在的事实并对经济效率有影响，那么，学理上的起码要求是说清意识形态是什么。诺思意识到了这一点，所以，他对意识形态作出了定义性界说："意识形态是由一种有内在联系、通观世界的看法组成，它应当说明现存所有权结构和交易条件怎样成为一个大系统中的一部分。"[②]"意识形态是使个人和集团行为范式合乎理性的智力成果。""它是前理论的，即个人的日常行为受一组习惯、准则、行为规范所支配。"[③]这里的定义性界说包括了三个层面的含义：一是相对于经济学而言，它是对产权结构和交易条件的说明。这种说明的特点是把哲学的最高层次抽象与对具体事物如经济事实的说明结合在一起，意识形态创造者按照自己（实际是特定社会阶级或集团）的需要、能力和对将来的企盼营

---

① ［美］道格拉斯·C.诺思：《经济史上的结构与变革》，商务印书馆1999年版，第48页。

② ［美］道格拉斯·C.诺思：《经济史上的结构与变革》，商务印书馆1999年版，第52页。

③ ［美］道格拉斯·C.诺思：《经济史上的结构与变革》，商务印书馆1999年版，第49页。

造出一个"世界"，一定要给人造成一个印象，这个"世界"是自然而然的、天经地义的，当然也是合理合法的。反对这个"世界"，实际是反对某种特定的意识形态，这是违背基本规律、与社会背道而驰的行为。二是这种意识形态中包括规劝、约束性内容。这里的规劝、约束性内容是此种意识形态的灵魂，因为这种意识形态所需要、所维护的经济要求、实际利益和价值立场都包摄其中，它以全称性命题的形式表达出来，但反映的实质性内容，却是特定的"产权结构和交易条件"，意识形态虚假性的一面正是在这里表现出来。三是这种意识形态并不像自然科学知识那样主要局限于专业圈子内传播，当平民百姓与它相遇时，它已变为科普常识或是潜化在商品中，直接向社会生活的各个层面和各个方向弥散，弥散的结果是逐渐成为平民百姓的日常思维，进入无意识状态，这时的老百姓再也不会对这种意识形态提出是什么和为什么的问题了。由诺思对意识形态的界定我们可以发现，他是经济史思想家，也是经济学家，更是意识形态理论的专家。

　　无论对意识形态存在必要性的论证，还是对意识形态是什么的界说，根本目的是"发现"和凸显意识形态的功能和作用。在这里，诺思的思路同样走在了其他西方主流经济学家的前面，因为他把这一问题理论化、系统化了。在他看来，一种合意的意识形态会发挥如下三个方面的作用：（1）意识形态是一种节省的办法，个人用它来与外界协调，并靠它提供一种"世界观"，使决策过程简化。（2）意识形态与个人所理解的关于公平的道德伦理判断不可分割地交织着。这一情况显然意味有几种可供选择的方案——几种对立着的合理化或意识形态。关于收入"适当"分配的规范性判断便是意识形态的一个重要部分。（3）当个人的经验与他们的意识形态不一致时，他们便改变自己的思想观念。实际上，他们试图提出一套更"适合"他们经验的新的合乎理义的准则。[①] 关于意识形态作用问题的三

---

① 参见［美］道格拉斯·C.诺思：《经济史上的结构与变革》，商务印书馆 1999 年版，第 50 页。

点模式化说明不太好理解，但它的核心思想还是能够被人抓住。它的根本性作用是附着于特定的制度安排之上，直接为制度安排的合理性和制度安排运转费用的节约服务，这二者的紧密配合和统一，使经济效率不仅真正地得到提高，而且还得到天经地义、合情合理的身份。由此看来，仅从经济效率方面着眼，意识形态的作用就表现在两个方面：一是间接的，它通过为制度安排服务的形式最终服务于经济效率的提高。二是直接的，它为制度安排服务，使制度安排易于被人接受，这会大大减少制度安排的运转费用，提高制度安排的运转效率，所以，这种"减少"和"提高"，可以直接用经济数据表达出来。我们可以设想一下，一个地方是劳动者心悦诚服地努力工作，另一个地方是劳动者不断地上街游行、罢工甚至起义，这两个地方的制度安排的运转费用能一样吗？最终的经济效率能一样吗？答案只有一个：不一样。这两种极端局面的出现，当然并不只是意识形态的作用所致，但意识形态在其中发挥了很大作用，当是不争的事实。

在说明意识形态与经济效率的关系问题时、进而在模式提炼层次上说明意识形态对经济效率的影响问题时，诺思作了上面三点概括后似乎意犹未尽，所以，他又以大量事例为根据，说明意识形态的作用："维持现存秩序的成本反而与现存制度的明显的合法性有关。在参与者相信制度是合理的范围内，实施规章和所有权的成本由于以下简单的事实而大幅度下降，这就是甚至当私人成本收益计算认为不服从规章或违犯所有权是合算时，个人也不会这么行动。如果人人都信奉个人住宅'不可侵犯'，房屋便用不着关闭，即使空闲也不必担心盗窃或有人故意破坏。如果一处优美的乡村被认为是一种公共'产品'，人们便不会去搞乱它。如果人人信奉政治民主的价值，他们便会出于公民的义务去投票。劳工会努力工作，而管理部门会孜孜不倦地关心所有者的利益；契约不仅会受到法律文书而且会受到发自内心的尊崇。"① 这些事例，都与减少制度安排的运转费用有关，而这一问题的另一面则是两个结果：直接提高经济效率和促进、保障

---

① ［美］道格拉斯·C.诺思：《经济史上的结构与变革》，商务印书馆1999年版，第54页。

经济效率的提高。

智者千虑也会有一失。虽然在客观对待意识形态问题上诺思比其他西方主流经济学家聪明许多，但他的意识形态理论还是留下了缺憾。这一缺憾表现在两个方面：一是它没有说清统治者出于什么目的建构意识形态的问题；二是统治者与意识形态和效率更复杂的关系没有充分论述。我国经济学家林毅夫以自己的独特视角和研究弥补了这一缺憾："如果选民们对统治者权威的合法性和现行制度安排的公平性有较强的信心，那么统治国家的交易费用将下降。因此，统治者将发展一种服务于他的目的的意识形态，并投资于教育使人们能受到这种意识形态的谆谆教诲。而统治者个人和他所倡导的意识形态是被人们联系在一起的。随着制度不均衡的出现，意识形态和现实之间的缝隙在增长。然而，为了恢复均衡而强制推行新制度安排，并改变原来的意识形态，很可能会伤害统治者权威的合法性。因此，统治者可能不是去创造新的制度安排，而是去维持旧的无效率的制度安排并为纯洁意识形态而战，他害怕他如果不这样做，他的权威可能被动摇。因此，新的制度安排往往只有在老的统治者被新的统治者替代以后，才有可能建立。"[①] 在这里，林毅夫比诺思的分析多了一个因素，这就是统治者或集团的私利。经济效益、特定意识形态、制度安排的交易费用和统治者个人或集团的利益四者错综复杂地纠结在一起，各种可能的组合情况都有可能出现。我们的分析目标是意识形态与经济效率二者之间的关系问题，但在由四个因素组成的复杂局面中，大部分情况下是统治者的私利占上风，其他三个因素处于被利用和被组合的地位。这符合西方主流经济学中的"经济人"假设，因为统治者或集团也是人或也由人构成，也有私利要追求，通常情况下，这种人比平民百姓更贪婪、更自私。在各种可能的组合形式中，最理想的组合形式当然是：低交易费用且能维护高经济效率的意识形态与统治者的利益相一致，这不仅能使意识形态的经济效率

---

① ［美］R.科思、A.阿尔钦、D.诺思等：《财产权利与制度变迁——产权学派与新制度学派译文集》，上海三联书店、上海人民出版社 1994 年版，第 398 页。

功能得到充分发挥，经济的高效率得以保持，而且还能使统治者的私利最大化。这里的问题是，四个因素的组合并不总是如此完美，更常见的情况是出现非常复杂的情况。在这种情况下，最好的结局是统治者放弃一部分私人既得利益，改变意识形态的部分内容或全部内容，以便达到降低交易费用和提高经济效率的目的。但这种局面的出现，必须以统治者具有开明的心胸、具有奉献精神和准确判断时势的能力为前提。最坏的结局是统治者为了保住自己的既得利益，置国家和民族的最高利益于不顾，用为纯洁意识形态而战的旗帜和内容，维持经济上的低效率，排斥或是消灭经济上的高效率。在这里会出现反客为主的状态，名为大家实为一己之利的意识形态口号高于一切，实为大家却不得不背负卑污之名的经济效率，处于无足轻重的地位。最大量也是最常见的结局则是处于两者之间的状态，即是说，统治者在不损害或是保持自己既得利益的大前提下，逐渐改变意识形态内容，改变的限度是不危及自己的既得利益和统治地位，在这些前提条件得到满足的情况下，不断地提高经济效率。

以上的引述和分析表明，西方主流经济学为了保持和不断提高资本主义市场经济的效率，进行了二百多年的卓有成效的研究和探索，其涉及范围之广，出乎我们的预料。这些探索及其结果，在有限的篇幅内实难逐一介绍和分析，但我们必须充分意识到，这种研究和探索本身就具有多重的价值和意义，因为它是一种特定的行为方式，也是一种特定的思维方式。从思维方式的层面说，它本身又是一个开放的系统，只要按照这种思维方式研究问题和思考问题，我们就有可能发现西方主流经济学家未曾涉足但对经济效率又有重大影响的新事实、新天地。

西方主流经济学的这种特定的行为方式和思维方式，其中潜藏着同样是独特的向度，这就是一切以效率为目标，一切以效率为标准。这种特有的向度有其合理之处，西方人在不长的历史时期内创造出来的（当然其中包括掠夺和对有色人种的征服、奴役和剥削，这是西方人永远无法洗净的污迹和永远无法赦免的原罪）惊人的物质财富和科学文化成果就是证明。西方人创造出来的一系列提高经济效率的制度、手段和方法也是证明。但这种向度也潜藏危险的一面，这就是由极端化导致的效率崇拜或效率第一主义。在这种极端化的状态中，效率被强化为最终目的，而作为最终目的的人，成了效率的"工具"，甚至"奴隶"。马克思、恩格斯在自己的许多著作中对资本主义社会的揭露和控诉，其许多令人发指的事实令现代人难以置信，[1] 可以肯定地说，与这里的效率第一主义有直接关系。

第三节　效率第一主义的功与过

西方主流经济学对影响经济效率因素的分析，给人以"价值无涉"的印象，虽然细究起来，这里的"价值无涉"并非百分之百真实，例如，极力推崇私有产权和自由竞争制度对经济效率重要而有益的影响就是"价值有涉"的证明。但是，西方主流经济学家在表明对经济效率问题的态度时，情况与此相反，他们的立场和态度不仅给人以价值倾向明白宣示的印象，而且这种价值倾向直接跳入前台，以经济学的论证为基础，毫不掩饰地向人们推销特定的价值判断。由内在的倾向转变为外显的经济价值观判断，形成了表面是劝导性、实质是强迫性的经济价值观律令：效率第一，否则，你将无法生存。我们暂且把这种经济价值观律令称为效率崇拜或效率第一主义。

正像在自由竞争问题上一样，近代以来的西方主流经济学对效率的推崇也有一个历史演化过程。重商主义经济学同样推崇效率，但这种效率指称的是国家整体的经济效率或作为独立生存单元的民族国家经济效率，德国经济学家古斯塔夫·施穆勒以特有的语言风格对这一点作了说明："每一新形式的政治团体，必须具有强烈而惟我独尊的团体感；这是它的力量

---

① 1845 年英国的《印染工厂法》规定，8—13 岁的儿童每天工作不得超过 16 小时，黑心的资本家能遵守这一法律吗？更黑心的资本家"竟雇用 2 岁到 2 岁半的儿童干活"。这是当时英国皇家医学调查委员会公布的材料。参见《马克思恩格斯文集》第 5 卷，人民出版社 2009 年版，第 341、539 页。

的根源。为了自给自足与独立自主而斗争，这和毫不迟疑地把竞争者经常看作敌人，匹敌他们、超越他们并且粉碎它们狂暴的竞争精神，是一样自然的。那些年代商业政策的惟一指导，是自给自足的法律。在许多年轻国家，追求商业上自给自足的努力，自然表现出特别狂热而且片面的方式。"① 这里的效率的含义及其特点被掩盖在政治性、好斗性的术语中，但"独立自主"、"竞争"、"自给自足"等概念，无不透露给我们强烈的讯息：对民族效率或国家效率的推崇和追求。亚当·斯密对效率的理解介于重商主义和后来的西方主流经济学家之间，这说明，虽然他对重商主义的限制性政策主张深恶痛绝，但还是受到了重商主义的影响。我们这样说的根据是，他认为："政治经济学的大目标，即是增进本国的富强。"② 他还说，政治经济学研究的根本"目的在于富国裕民"③。亚当·斯密以后的西方主流经济学家，把效率视为个人效率，继而又包括企业效率。到诺思等人的新制度经济学以降，国家效率或民族效率重又进入西方主流经济学的研究视野。与重商主义不同的是，这里的国家效率以个人效率和企业效率为基准、为前提。

当我们用效率崇拜或效率第一主义概摄西方主流经济学对效率的特定态度和立场时，其中包含比较的意味和成分。在社会经济生活中，效率绝对不是孤立存在的现象，而且还包括努力追求的过程、内外条件、方式方法及其结果。作为结果出现的效率，更与社会生活中的诸多因素如平等权利、自然环境后果、外部影响等密不可分的交织在一起。从另一种意义上说，效率只有相对于人而言才具有价值和意义，但相对于人而言具有价值和意义的事情，除了效率之外还有其他。人们只要在实践活动中追求经济效率，就必然面临两难的选择问题：效率、人的平等权利、自然环境的保

---

① 转引自［英］埃德蒙·惠特克：《经济思想流派》，上海人民出版社1974年版，第43页。

② ［英］亚当·斯密：《国民财富的性质和原因的研究》上卷，商务印书馆1972年版，第342页。

③ ［英］亚当·斯密：《国民财富的性质和原因的研究》上卷，商务印书馆1972年版，第1页。

护、有害外部影响的避免和消除，在这些同时并存的诸多因素中，人们到底选择什么？当然，最好的选择是在保持经济高效率的同时，人的平等权利得到体现、自然环境受到保护、有害的外部影响被避免或是被消除。问题是，这些因素之间，尤其是效率和其他因素之间始终存在着矛盾。矛盾的存在逼迫人们作出选择，到底选择什么，恰好体现出经济价值观的本质。不出我们所料，西方主流经济学家选择了效率。在他们看来，与其他因素相比，效率具有至高无上因而其他因素不能挑战的地位。德国经济学家路德维希·艾哈德用形象生动的比喻说明这一点："必须使蛋糕增大。"①具体说，"与其喋喋不休地争辩国民财富的分配，倒不如集中所有的人力来增加国民财富要明智得多；何况争论不休往往会走入歧途，耽误国民收入的增加。有了一个比较大的蛋糕，就不难让每个人分得较大的一份，如果只有一个较小的蛋糕，尽管讨论了怎样分法，总不可能使每个人多得一点"②。艾哈德是在追求经济效率和维护人的平等权利二者之间关系的范围内阐释自己的观点的。线性地看问题，他的观点较有说服力，但是，他把问题搞混乱了，因为经济效率的追求和人的平等权利的维护并不在一个逻辑层面上，所以，二者之间并不存在因果链条式的关系。这意思是说，对经济效率的追求过程，并不意味着必然有一个人的平等权利得到维护的结果，同时，人的平等权利得到维护，也不意味着经济效率就必然受到损害。虽然从艾哈德缺乏学术雅量的语气中我们可以感受到他自以为理直气壮，但稍加分析便可看出，理直气壮的背后是逻辑混乱，缺乏学术雅量的背后是资产阶级的傲慢。就逻辑的前半部分而言，我们有大家公认的典型例证说明，艾哈德的推论是错误的。"曼彻斯特资本主义"的经济效率人人都说高，但人的平等权利遭到了践踏。艾哈德或者是健忘，那段悲惨的历史他忘得一干二净，或者是他根本不了解那段历史，如果情况真是如此，他真应该好好读一读恩格斯的《英国工人阶级状况》一书。

---

① ［德］路德维希·艾哈德：《来自竞争的繁荣》，商务印书馆 1983 年版，第 158 页。

② ［德］路德维希·艾哈德：《来自竞争的繁荣》，商务印书馆 1983 年版，第 13 页。

实际上，在艾哈德宣讲他的效率第一主义的观点以前很久，美国人早就这么干了，并且以法律和其他社会制度的形式把效率独一无二的地位固定下来。就这一点而言，美国人自己坦诚认可。经济学家阿瑟·奥肯说："我们难以在享受市场经济效率的同时兼得平等。"[1] 在美国，"居民生活水平和物质财富的参差不齐，反映了一种企图以赏罚来鼓励和刺激人们去发展社会生产力的制度。这种制度在一定程度上是成功的，它创造出了有效率的经济。但是，这种对效率的追求必然带来不平等"[2]。这种不平等的具体表现是，"成功者的爱兽所受的待遇，竟比失败者的子女更为优厚"[3]。阿瑟·奥肯的内心表白有广博的事实根据，因为按照美国经济史家道格拉斯·诺思的说法，19世纪的法学和经济学这两大与人的平等权利和经济效率密切相关的学术领域，盛行效率第一主义的标准，与此相适应，"19世纪中叶出现的美国社会的法律结构，是明显反映与新古典理论有相同的效率准则的一种法律结构"[4]。由此看来，效率崇拜或效率第一主义不仅是盛行西方主流经济学之中并具有强势地位的经济价值观判断，而且还是发达资本主义国家政治、经济和法律制度的灵魂。同时，效率崇拜或效率第一主义还成为社会生活的指导原则。这说明，效率崇拜或效率第一主义具有三种面孔和三个层面：制度、实践和理论。制度是实践的保障和规束；实践是制度的动态化和客观化；理论是对制度和实践的说明和论证。西方主流经济学家的功能和作用集中体现于这个地方。在这个地方，西方主流经济学家再向我们标榜自己理论的科学性和价值中立性，我们会露出让这类经济学家心虚和羞惭的微笑。值得我们注意的是，理论、制度和实践三者的有机统一，构成了既与资本主义市场经济以前的社会生活相区别，又与东方的社会生活有很大不同因而是非常独特的人文景观，同时也形成了具有强大势能的文化霸权。这种人文景观和文化霸权，值得我们回味，更

---

[1] [美]阿瑟·奥肯：《平等与效率——重大的权衡》，四川人民出版社1988年版，第5页。
[2] [美]阿瑟·奥肯：《平等与效率——重大的权衡》，四川人民出版社1988年版，第4页。
[3] [美]阿瑟·奥肯：《平等与效率——重大的权衡》，四川人民出版社1988年版，第3页。
[4] [美]道德拉斯·C.诺思：《经济史上的结构和变革》，商务印书馆1999年版，第186页。

值得我们分析，只有在回味和分析中，才能真正发现西方主流经济学及西方主流经济学家的秘密。这个秘密是：它是资本主义市场经济制度、实践和理论三位一体中的有机组成部分。西方主流经济学家手中的文化霸权，其力量源泉不是其理论的科学性或说真理性，而是它与资本主义市场经济制度和实践的血肉联系，是它为资本主义市场经济制度和实践的理论服务。

西方主流经济学把效率放到独一无二的地位，只不过是它效率崇拜或效率第一主义的头一个层面，其第二个层面，表现于对具体问题的经济学论证和阐释过程中。

1. 效率崇拜或效率第一主义的表现之一。在当代市场经济活动中，由于对自然自身秩序干预的日渐加深、波及范围日渐广泛，所以，对经济效率的追求有时会与生态环境的保护发生冲突。这种冲突给法律制度的制定和经济政策的出台，尤其是西方主流经济学家的表态提出了二者必择其一的难题：要经济效率还是生态环境的保护？西方主流经济学家选择了经济效率。美国经济学家科思在《社会成本问题》这篇著名论文中，认为要求工厂对排放烟尘造成的损害负责赔偿或责令该厂搬出居民区的"解决办法并不合适"，因为这里的"关键在于避免较严重的损害"。在讲到河流污染致使鱼类死亡时他还说，要决定的问题是，"鱼类损失的价值究竟大于还是小于可能污染河流的产品的价值"。在谈到由于污染引起的法律诉讼问题时，科思更是明确地表示，"经济问题是如何使产值最大化"。①

科思效率第一主义的态度不可谓不明确，但明确的态度涉及一系列复杂的问题：什么是"较严重的损害"？按照投入—产出模式的效率标准，工厂停产、转产或减产造成的经济损失可以计算出来，但河流或其他性质的污染造成的当下和未来的损害用经济指标怎么能衡量出来和计算出来

---

① 参见［美］R. 科思、A. 阿尔钦、D. 诺思等：《财产权利与制度变迁——产权学派与新制度学派译文集》，上海三联书店、上海人民出版社1995年版，第3—9页。

呢？况且，污染问题能仅仅用经济指标衡量和计算吗？在后边的论述中，科思还把养牛与种谷物冲突导致的要牛肉还是要谷物的矛盾与要鱼还是要因污染而来的其他产品之间的矛盾混为一谈，进而把这两种性质不同的矛盾简单化为只具有数量性质的产值最大化问题。现在需要我们思考的问题是，这两种不同性质的矛盾能混为一谈吗？混为一谈之后，生态环境遭到破坏和社会生活受到有害影响的原因怎么能显现出来？由于经济效率崇拜的心态在作怪，所以，别说对上述问题作出负责任的回答，甚至科思根本就没有提出这样的问题。有人说，经济学是"不讲道德的经济学"，这意思是说，经济学只追求科学，不作价值判断。用这个标准衡量科思的观点，他确实追求到了"科学"，但这里的"科学"已不是真理或事物的本质的含义，而是偷偷换成了经济效率。至于生态环境的保护这种重大的价值立场问题，由于是价值观问题，所以也就不能顾及了。在这个语境中，上面的话其含义发生了变化，"不讲道德的经济学"变成了违背道德的经济学。起码，科思的观点符合第二种理解。问题是，违背道德的经济学还有存在的理由吗？

细心想来，对于上述问题，科思或是没有考虑到，假如情况真是如此，那么，他的效率第一主义就是建立在片面事实的基础之上，因而其科学水准大打折扣；或者是考虑到了，但为了经济效率（即他所讲的产值最大化），生态环境被污染也在所不惜。假如情况真是如此，那么，科思的观点真是病态的效率崇拜了。一种学术观点一旦发展到对某种东西的态度是病态式崇拜的时候，别说是保持自身的科学性质，甚至它还算不算一种学术观点都成问题了。

2.效率第一主义的表现之二。在同一篇论文中，科思把企业的起源解释为是由出于节约交易费用而来的对效率的考虑："显而易见，采用一种替代性的经济组织形式能以低于利用市场时的成本而达到同样的结果，这将使产值增加。正如我多年前所指出的，企业就是作为通过市场交易来组织生产的替代物而出现的。在企业内部，生产要素不同组合中的讨价还价被取消了，行政指令替代了市场交易。那时，毋须通过生产要素所有者之间的讨价还价，就可以对生产进行重新安排。"① 所谓起源就是对历史肇始地的追溯。在这里我们关心的问题是，科思营造的企业起源理论是根据历史事实还是别有意图的假说？实际情况是，科思为了说明企业产生于效率追求的原因不惜歪曲历史事实。从某种意义上说，企业的产生确实与追求效率有关，但这里的效率，不是由于节约交易费用而来，而是由增加人手和流动资金而来。具体说，这里的效率是由规模变大而来的效率："在工业革命时期，资本家建立工厂组织模式是为了与小型分散的、半独立的不守秩序的生产者争夺对纺织工业和其他工业的控制权。"② 英国经济学家霍奇逊不无讽刺地说："这种讲法有许多问题，这比把企业的进化说成是上帝的选择好不了多少。它既没有说明这种随机突变是怎么产生的，也没有说明企业一旦建立起来后为什么不继续突变、甚至是向相反的方向突变。这就好像在生存的轮盘上赌博一样。"③

我们说科思为了表达效率第一主义的偏见不惜捏造历史事实，确实没有冤枉他。马克思在《资本论》第 1 卷中对西方近现代企业的起源和流变进行了实证性研究，研究结果表明，企业产生的根本性原因是分工协作所产生的规模效率，因为，"分工是特殊种类的协作，它的许多优越性是由协作的一般性质产生的，而不是由协作的这种特殊形式产生的"④。"且不说由于许多力量融合为一个总的力量而产生的新力量。在大多数生产劳动中，单是社会接触就会引起竞争心和特有的精力振奋，从而提高每个人的个人工作效率。"⑤"在这里，结合劳动的效果要么是个人劳动根本不可能达到的，要么只能在长得多的时间内，或者只能在很小的规模上达到。这里的问题不仅是通过协作提高了个人生产力，而且是创造了一种生产力，

---

① ［美］R.科思、A.阿尔钦、D.诺思等：《财产权利与制度变迁——产权学派与新制度学派译文集》，上海三联书店、上海人民出版社 1995 年版，第 21 页。
② ［英］G.M.霍奇逊：《现代制度主义经济学宣言》，北京大学出版社 1993 年版，第 253 页。
③ ［英］G.M.霍奇逊：《现代制度主义经济学宣言》，北京大学出版社 1993 年版，第 253 页。
④ 《马克思恩格斯文集》第 5 卷，人民出版社 2009 年版，第 393 页。
⑤ 《马克思恩格斯文集》第 5 卷，人民出版社 2009 年版，第 379 页。

这种生产力本身必然是集体力。"① 这才是西方近现代企业起源的最根本的原因。科思发挥想象力捏造出来的节约交易费用的因素在哪里呢？发挥了什么作用呢？恐怕科思自己也不知道。

科思歪曲历史事实是不可否认的基本事实。现在需要我们思考的问题是，什么原因促使科思冒险去歪曲历史事实呢？根本原因是效率在他的思想中占有的地位太突出、太重要了。他认为，效率不仅是值得追求的唯一目标，而且具有解释一切、说明一切的能力，当然企业的起源问题也在能够解释和说明之列。在这个思想前提的支配下，他便用主观想象代替实事求是的历史研究，用效率第一主义的武断结论冒充有事实根据的科学分析，严肃认真的科学态度被效率第一主义的随意性挤压得无影无踪。

3. 效率第一主义的表现之三。在市场经济条件下，消费是个牵一发而动全身的大问题。特别是在工业革命以后，消费问题更显突出和重要。在这里，西方主流经济学家同样面临两难选择境地。以提高工人工资的形式鼓励消费，他们认为这是"违犯社会利益的，也是近视的，从而会引起迅速的报复"②。鼓励节俭，势必会以抑制生产的形式破坏供给和需求之间的均衡。消费的主力军是普通劳动者，因为他们除人数众多外，还由于支付能力有限而只能消费成批量生产的中、低档工业产品，这恰是企业家利润的主要来源。

困难境地逼使英国经济学家马歇尔找一个解决问题的突破口，这就是既不像亚当·斯密那样纯粹从资本积累角度看问题，也不像曼德维尔、马尔萨斯和后来的凯恩斯那样从宏观经济均衡的角度看问题，而是从微观经济效率的角度看问题，从这一角度看待劳动阶级的消费问题。在他的眼中，劳动者的消费首先不是人的消费，而是像马或蒸汽机那样给企业家赚取利润的"生产工具"的消费。马歇尔的这一思想来源于对概念的进一步细化。社会学和经济学都把人们的生活用品区分三个级别或说三种性

① 《马克思恩格斯文集》第 5 卷，人民出版社 2009 年版，第 378 页。

② ［英］马歇尔：《经济学原理》下卷，商务印书馆 1981 年版，第 352 页。

质：必需品、舒适品和奢侈品。马歇尔盯上了必需品概念。他问道："必需品究竟是维持生活所必需的东西，还是维持效率所必需的东西？"①这是马歇尔的精明之处，因为人们赋予必需品的含义是维持生存。他显然是意识到这样理解必需品概念对企业家赚取利润是不利的，所以，他赋予必需品以维持效率所必需的含义："当我们研究决定有效劳动的供给的原因时，我们必须对维持各种工人的效率的必需品加以详细的研究……我们可以说，这种必需品是由以下的东西构成的：一所有几个房间和良好下水道的住宅、温暖的衣着以及一些调换的内衣、干净的水、供给丰足的和有适当补充的肉类和牛奶以及少量的茶，等等；一点教育和娱乐，最后，他的妻子在其他的工作之后有充分自由使她能适当地尽她做母亲和料理家务的职责。在任何地方不熟练的工人如果缺少其中任何一样东西，他的效率之将受到损害，正像一匹马饲养不良或一架蒸汽机没有充足的煤的供给一样。达到这种限度的一切消费都是严格地生产性的消费：这种消费的任何节省，都是不经济的，而是会造成损失的。"②

在这里，关键的问题是马歇尔看待问题的角度以及由角度所决定的人的性质和地位。因为，从这里我们可以体悟出他把劳动者仅仅看作"生产工具"，这种性质决定了劳动者的人的权利和尊严没有摆放的地方，所以，劳动者只能与作为生产工具的马、蒸汽机为伍，属于为企业家赚取利润的同一类东西。可能马歇尔觉得很得意，要不然，他就不会把为了效率而不是作为人的生活及身心健康愉悦的食物结构都加以细化："一个人所有的食物供给与他可用的力气之间有密切的关系，而在体力操作方面尤其如此。如果工作是间歇的，像有些码头工人的工作那样，则廉价而有营养的谷类食物就够了。但是，对于非常繁重的连续紧张的工作，像炼铁工人和最艰苦的铁路工人的工作所包含的紧张那样，则需要即使在身体疲劳时也能消化和吸收的食物。高级劳动者工作包含很大的精神紧张，他们的食物

---

① ［英］马歇尔：《经济学原理》上卷，商务印书馆1981年版，第87页。
② ［英］马歇尔：《经济学原理》上卷，商务印书馆1981年版，第89页。

就更需要具有这种质量,虽然他们所需要的食物数量一般是少的。"①

由于看待问题的特定角度使然,马歇尔在细化消费概念的同时,导致了一个最能表现西方主流经济学效率第一主义倾向的结果,这就是把劳动者的消费限定在一个更狭小的范围,至于劳动者作为人所应该具有的消费范围,尤其是劳动者作为消费者的自主选择权,在作为经济学家的马歇尔眼里都不见了。我们尊重经济学家看问题的独特角度,但"独持"的限度不能被突破,这就是劳动者作为人的基本权利。这是每一种社会科学家必须承担的道义责任,西方主流经济学家也不能例外,因为他们没有权利例外。在这个问题上,以马歇尔为代表的西方主流经济学家显然是走过了头,在自己的眼中除了效率之外什么也不要了。中国古语说,"食色,性也"。这是人的最基本的权利,劳动者也应当享受这种权利。我们现在关心的问题是,谁赋予了马歇尔这类经济学家剥夺劳动者的消费自主选择权,食物结构如何搭配要由经济学家的胡扯来调整的权力?实际上,按照资本主义国家的法律规定,任何人都不具有这样的权力,任何社会组织都不具有这样的权力。马歇尔利用自己的学术霸权在挖空心思地为效率着想,事实上是为企业家的利润着想。把话说白了,效率第一主义或说效率崇拜把马歇尔搞昏了头。

在西方主流经济学中,效率第一主义的表现绝对不仅仅是这三种,如对经济人假设和企业家的推崇备至,以结果论英雄的思维方式等。但是,连同第一个层面的效率第一主义,加上这里的三个方面的表现,足以能使我们得出结论:西方主流经济学中存在效率第一主义的思想线索是既定的事实。

作为既定事实存在于西方主流经济学之中的效率第一主义,并不甘于理论状态的存在,它要表现于外,它要影响经济、法律和政治制度,甚至它要影响军事制度。同样地,它还要对资本主义市场经济条件下人的行为发挥作用。从西方资本主义市场经济的发展历史看,效率第一主义的影响

① [英]马歇尔:《经济学原理》上卷,商务印书馆1981年版,第215页。

确实深刻和重要，这从它的最终社会结果上可以明显地表现出来。例如，社会生产力以加速度的方式发展，社会物质财富的极大丰富，与封建社会相比人的技能性素质的大大提高等。但是，与这些显著成果相伴而行的是它所带来的触目惊心因而不容忽视的弊端。这些弊端包括：社会不平等，人、社会和自然环境为经济效率的追求而付出的巨大代价，转嫁由追求经济效率而来的巨大压力所造成的其他社会罪恶——早期是西方资本主义国家的扩张、征服、侵略和掠夺，现在则是以跨国公司的形式与不发达国家争夺原料、商品和资本市场，这是新的历史条件下一场没有硝烟的战争。有时，真正意义上的局部战争，如美国发动的两次伊拉克战争，人道主义理由，清除大规模杀伤性武器的理由，有理智的人听后会笑掉大牙，因为真正的理由是那里的石油和那里的地缘性的其他经济和政治利益。

　　实际上，上述种种弊害性的后果直接导源于效率第一主义的内在矛盾之中。对效率的追求被放到合理的层面和环境中便显示出中性的品质，但如果把它放到独一无二的至尊地位，则会明显地带上价值倾向性，这种倾向性波及效率追逐者和其他人，效率的内在矛盾便以分配实际利益的形式充分地表现出来。第一，效率是经济人追求的直接目标，这种目标有时发展为具有独立个性的力量，这种力量一旦被人为控制便会直接为害他人，莫尔和马克思对"羊吃人"现象的揭露和批判就是证明。有意思的是，实际是令人悲哀的事例，新制度学派的经济学家翻脸不认人，认识的只有效率，在他们眼里，"羊吃人"这一丑恶无比的现象成了英国逃脱灾难的救星：17世纪的圈地运动"消除了地权中的许多公有制成分并提高了耕作者利用更有效的技术的收益"[①]。"17世纪时，英国得以摆脱马尔萨斯抑制而法国和西班牙则未能幸免，原因就在于，英国确立的私人所有权和商品贸易的竞争引起了交易费用下降。"[②] 第二，在效率第一主义的人文环境中，人同样具有各种各样的需要，但这些需要的满足，必须以对效率的追逐为

---

① 　[美]道格拉斯·C.诺思、罗伯斯·托马斯：《西方世界的兴起》，华夏出版社1999年版，第187页。

② 　[美]道格拉斯·C.诺思：《经济史上的结构和变革》，商务印书馆1999年版，第155页。

前提，无效率者已失去或根本不具备追逐效率的能力的人，马歇尔蔑称其为"社会残渣"，满足生存需要的要求便失去了道义上的正当性和合理性；在实际的社会后果上，则是使资产阶级反封建主义时大写的"天赋人权"变成了一幅绝妙的讽刺画，使人的生存的正当权利和尊严扭曲变形。第三，经济活动的最终目标是效益而不是效率，但在效率第一主义营造的气氛中，只有可以用数字计量的效率是实实在在的；可亲可敬的、同样是实实在在的效益，或是被效率所代替——有效率就是有效益，效率就是效益，或者是被笼罩在效率的沉闷的阴影之下，处于可大可小、可多可少、可有可无因而是无足轻重的婢女地位。

以上的论述和分析试图说明，任何社会，尤其是在市场经济条件下，追求效率是必要而又合情合理的，舍弃它，社会难以正常运转，更难持续发展。但是，如果把追求效率变为效率第一主义，理论上的纰漏明显可见，实践上的弊害既伤及个人，又坑害社会。西方资本主义市场经济几百年的历史是对上述结论的最好注脚。

尽管如此，我们还是应当认真对待西方个人主义经济学中关于效率的经济价值观。这一经济价值观的具体内容由三个核心因素构成：效率的界定、影响效率的因素分析和对效率的尊崇性评价。这三个要素中，影响效率的因素分析内容客观性最强，对我们可能具有的启发和教益也最大。我们自己和西方主流经济学家面临同样的课题：探索提高经济效率的途径和方法。从这一角度看问题，西方主流经济学的相关分析，可以在两个方面供我们借鉴。第一，在西方主流经济学的效率经济价值观中，关涉平等的效率，实际是效率内容的特定层面而不是效率内容的全部。这种分析效率的层次和角度，可以改变我们仅从效率与平等这一特定层面看问题的缺陷，使我们在看待效率问题时有更广阔的视野和更深入的层次。第二，在对一些具体因素的分析中，西方主流经济学家同样给我们提供了有价值的模式和思路。例如，关于人力资本投资对效率的影响的分析。我们承持几千年来的文化传统，仅把人力资本投资视为政治问题，只是近些年我们才意识到这种投资中的经济效率问题。西方主流经济学家中的马歇尔，早于我们一百多年就认识到了人力资本投资对经济效率的生命攸关的影响，后来的舒尔茨等人又把这一分析扩展为人力资本经济学，这对西方教育的发展，尤其是对西方经济效率的提高和经济发展，不能不说是一大理论贡献。人力资本投资当然与政治有必然联系，但它与经济发展同样有必然联系，甚至相对于国际竞争而言，它与经济发展的必然联系更重要。站在一个更高的层次上看问题，把政治和经济与人力资本投资都挂起钩来，是走向现代文明社会的标志。

又如关于意识形态对效率的影响问题，意识形态对效率的影响我们充分意识到了，但有一点我们与西方主流经济学的分析模式有本质区别：西方主流经济学总在寻找的是与经济效率的提高相应的意识形态，不断改变与经济效率的提高不相适应的意识形态。反观我们自己，恰恰与此相反，我们常常提出效率为意识形态服务，有时让效率适应于意识形态。就这一点而言有非常典型的例证，如，"宁要社会主义的草，不要资本主义的苗"，草和苗被赋予强烈的意识形态属性，真可谓天下奇闻。又如，为了"大锅饭"式的平等（实际是平均主义）而不断割资本主义的"尾巴"，真让人啼笑皆非。

第五章　经济个人主义思想的通俗
表达——经济人

在我们的日常生活中，尤其在人文社会科学中，像政治人和道德人一样，"经济人"也是一个常用词汇。与竞争、效率和企业家等纯正的经济学概念不同，"经济人"是一个哲学与经济学杂糅交织、相互渗透和影响而形成的概念。哲学向经济学渗透，为其确立不假思索和论证的推论前提，经济学作为对经济行为事实的反映，为哲学思考提供素材和事实论证并在特定维度上体现哲学思想。由此我们可以说，经济人概念，哲学的意味十足，但它又是西方主流经济学中最基础性的概念之一。

经济人概念的这种特点，是近代以来西方社会、经济和思想文化特点的集中反映，经济人概念的形成及围绕它而来的争辩和思想流变，恰好是近代以来西方社会、经济和思想文化发展历史的典型表现。这意思是说，近代以来西方整个思想文化的核心和灵魂是个人主义，与近代以来的西方社会相伴而行并发挥不可或缺又十分重要作用的是西方主流经济学，它的核心和灵魂是经济个人主义，经济人概念就是经济个人主义思想的通俗化表述。这里的通俗化，绝对不是庸俗化，因为经济人概念的具体化及其运用，包含极其久远、丰富的社会历史内容，在结果上，则是理论上的学派林立，异彩纷呈；社会生活中，经济人还原为现实人，孜孜求利，各显神通。

作为经济个人主义特定表达形式的经济人概念，有自己相对独立且是极富特点的发展历史。这一历史的第一阶段，[①] 是英、法两国的哲学思想。

---

① 除了经济人思想产生有几个阶段之外，可能还有萌芽时期。参见［美］约瑟夫·熊彼特：《经济分析史》第 1 卷，商务印书馆 1996 年版，第 238 页。1629 年出版的 B. 弗里赫里奥的《精明的管家》一书中，"管家这一概念显然是'经济人'这一概念的先驱"。

在反对封建专制和天主教势力、为谋划未来资本主义社会确立思想前提这两个向度上，英、法两国的哲学家吸取文艺复兴和宗教改革运动的思想成果并继续前进，从哲学的高度提出并详加论证的理论前提便是人性自私论。这一理论前提的价值和功用，不在其本身能否被客观的社会历史事实直接地验证，因为全称性命题与枚举式论证之间的逻辑鸿沟在这里也是存在的，而在于它的极强的生发性。从这一理论前提出发，向政治学、经济学、社会学和伦理学等具体学科延伸，会产生出基本能自圆其说又富有感召力的理论体系。有一点需要说明，此时的经济人思想，尤其是经济人概念，并没有产生，但是，一旦人性自私论作为逻辑前提确立下来，经济人思想的产生，既不艰难，也为期不远。

第二阶段是经济人思想的正式提出时期。像在其他西方主流经济学的核心问题上一样，在这里，亚当·斯密同样是开拓者。他在《国民财富的性质和原因的研究》一书中，全面且是带有辩证法味道地提出和论证了经济人思想，并从人的天赋权利和社会后果两个方面详加分析，使这一思想丰满具体而没有后继者的片面性。从方法论的角度看，亚当·斯密提出的经济人思想，对西方主流经济学的最大贡献是：与重商主义相比较，它彻底改变了经济学的分析单元，由重商主义的国家变成了秉有天赋权利的个人。[①] 这种方法论的彻底转向导致了价值观的彻底转变，或者说解决了价值观彻底转变的难题：由把国家富强视为最终目标变为把个人欲望的满足视为最终目标。由此可以看出，西方主流经济学在产生过程中就把经济个

---

① 这一看法可由如下事实证明。奥地利重商主义经济学家洪尼克在土耳其人侵占奥地利大部分领土并包围维也纳时，为当时的统治者提出了九条经济政策建议：(1) 国家的自然资源应当充分开发。(2) 原料应在国内加工，以免为了制造它们而支付货币给外国人。(3) 奥地利人民应予训练，以从事有用的活动，必要时可从外国延聘教师。(4) 贵金属应在奥地利境内保持流通，既不贮藏，也不输出。(5) 奥地利人应当避免使用外国货物，尤其是奢侈品。(6) 当输入品成为绝对必需时，应直接从生产它们的人们那里购入，并用奥地利输出的货物来支付，不应支付金银硬币。(7) 如有可能，必要的输入品应当作为原料买进，而在奥地利加工制造。(8) 应为奥地利的剩余产品找寻国外市场。(9) 当国内供给足够时即应禁止输入，不论输入国是友好国家或政治同盟国。参见 [英] 埃德蒙·惠特克：《经济思想流派》，上海人民出版社 1974 年版，第 57 页。

人主义作为自己的核心和灵魂。① 法国经济学家萨伊和英国经济学家李嘉图紧随亚当·斯密之后，以经济人思想为核心，建构了各自的经济学思想体系。但是，他们仅在表层而非神韵上理解、接受和运用亚当·斯密的经济人思想，只是看到了经济人思想中孜孜求利的一面，这为片面理解经济人思想开了不好的先例。这里需要注意的问题有两个：一是亚当·斯密并没有明显提出经济人概念，虽然他提出了较为系统的经济人思想；二是他并没有自觉意识到经济人思想需要作出功能生发性和实体描述性的区分，这既为小穆勒明确区分这一点提供了机会，也为后来的西方主流经济学家中拒斥经济人思想者、调动一切词汇讽刺挖苦经济人思想留下了靶子。

在经济人思想的历史发展中，第三阶段最为重要。说其最为重要的根据有两个。一是此时明确提出"经济人"概念，二是此时自觉认识到并详加说明：经济人概念及其思想只具有方法论上的功能性价值和意义，不具有实体描述性的价值和意义。做到这两点的是英国经济学家约·穆勒。自此后，丰富的经济个人主义思想用通俗易懂的经济人概念表达，实体性理解与功能性理解二者分道扬镳。

自约·穆勒至现在，经济人便有了双重面孔：作为实体性描述的经济人和作为方法论意义上的功能性经济人。这是经济人思想历史发展的第四阶段。这时的经济人思想在表现上也有自己的特点。实体性描述意义上的经济人思想被肯定远不如被否定的多。方法论意义上的功能性经济人思想，在得到继承的同时又被拓展。美国公共选择学派经济学家用这种经济人思想分析国家的宏观经济调控行为，执掌宏观经济调控大权的政府官员，受到了经济人思想的责询和检验。② 现代资本主义企业与亚当·斯密时代相比变化甚大，最典型者为企业所有者与经营者的分离。产权学派用经济人思想为工具，分析企业经营者的经济行为，为人们全面认识现代资

---

① 与后来的西方主流经济学家相比，亚当·斯密的思想中似乎还带有一点儿重商主义的痕迹，例如，他认为政治经济学的大目标即是增进本国的富强。（参见［英］亚当·斯密：《国民财富的性质和原因的研究》上卷，商务印书馆1972年版，第342页）

② 参见［美］布坎南：《自由、市场和国家》，北京经济学院出版社1988年版，第23—27页。

本主义企业找到了一条极富特点的途径。[①]

由简单的历史概述我们可以看出，经济人思想以特有的视野、角度和方式表达出西方主流经济学的经济价值观核心——经济个人主义思想，这会使我们更全面和更深入地理解西方主流经济学中的经济价值观及其核心——经济个人主义思想。

第一节　经济人思想的形成

在西方主流经济学中，经济人不仅是常用概念之一，而且是核心概念之一，把话说得绝对一点，抽掉经济人概念，西方主流经济学将会变得面目全非。

如此重要的概念非一日之功所致，它有自己长达几百年的历史。在这一历史中，有起源、拓展和流变，也有论争、批驳和捍卫。有一点可以肯定，必须搞清它的起源和流变，我们才能真正弄懂它的确切含义及其在理论和实践两个向度上的利弊得失。具体说，经济人思想的起源有三个：社会历史起源、思想起源和概念起源。很有意思的是，经济人思想起源的这三个方面几乎与经济个人主义思想起源的三个方面同步，社会起源上二者重合，思想起源方面情况也是如此，只是在概念起源方面稍有差异，不过差异很小，仅达十年或四年的时间。[②]

---

① 参见［美］R. 科思、A. 阿尔钦、D. 诺思等：《财产权利与制度变迁——产权学派与新制度学派译文集》，上海三联书店、上海人民出版社 1994 年版，第 223—232 页。

② 英国经济学家马克·布劳格认为，约·穆勒提出经济人概念的时间是 1836 年。（参见［英］马克·布劳格：《经济学方法论》，北京大学出版社 1990 年版，第 68 页）英国经济学家马歇尔认为，约·穆勒提出经济人概念的时间是 1830 年。（参见［英］马歇尔：《经济学原理》下卷，商务印书馆 1965 年版，第 409 页）德国经济学家李斯特提出经济个人主义概念的时间是 1841 年。（参见［德］弗里德里希·李斯特：《政治经济学的国民体系》，商务印书馆 1961 年版，第 152 页）令人不可思议的是，马克·布劳格在同一本著作中还有第二种说法："这个概念是约翰·莫拉斯·克拉克提出来的，它是指对毫无感情的计算具有不可思议的理性热情的人。"（［英］马克·布劳格：《经济学方法论》，北京大学出版社 1990 年版，第 181 页）

　　不管从哪个角度理解经济人思想，它都是资本主义市场经济生活的概括和反映。经济人思想与孕育它的社会母体——资本主义市场经济一道产生。要理解和说清经济人的思想起源，首先必须做的工作是梳理它的社会起源。

　　西方学者认为，"在 1050—1150 年之前的欧洲与此后的欧洲之间确实存在着根本的断裂"。这就是说，"在西方，近代起源于 1050—1150 年这一时期而不是此前时期，这不仅包括近代的法律制度和近代的法律价值，而且也包括近代的国家、近代的教会、近代的哲学、近代的大学、近代的文学和许多其他近代事物"①。这位学者找了如此之多的标志近代产生的证据，唯独没有提到经济生活，实际上，标志西方近代产生的诸多证据，其客观基础是经济生活领域中发生的根本性变化。法国著名历史学家雷吉娜在《法国资产阶级史》一书中，为这里的经济变化提供了有说服力的证据："资产者"一词出现于 1007 年，② 它的社会原型是近现代资本主义社会生活的主角，也是近现代资本主义市场经济活动的主宰者。

　　熊彼特以资本主义企业为核心，较为系统地说明了资本主义市场经济的兴起及它对西方社会生活的影响："虽说以前并非不存在资本主义企业，但只是从 13 世纪起，它们才慢慢开始动摇多少年代以来束缚了但也保护了农民和手工业者的封建制度的基础，并开始画出现在或直到最近仍然是我们自己的经济形态的轮廓。到 15 世纪末，习惯上与'资本主义'这个意思模糊的词相关联的大多数现象都已显露了出来，其中包括大企业、股票和商品投机以及'资金高速流转'。"③"资本主义企业的成长不仅带来了新的经济形态和问题，而且还使人们对所有问题采取了新的态度。商业、

① [美] 哈罗德·J.伯尔曼：《法律与革命——西方法律传统的形成》，中国大百科全书出版社 1993 年版，第 4 页。
② [法] 雷吉娜·佩尔努：《法国资产阶级史》上卷，上海译文出版社 1991 年版，第 1 页。在此书"中译本序"中，作者又说"资产者"一词在文献中首次出现于 1022 年。两种说法不一致，不知原因何在。
③ [美] 约瑟夫·熊彼特：《经济分析史》第 1 卷，商务印书馆 1996 年版，第 124—125 页。

金融和工业资产阶级的兴起，自然改变了欧洲社会的结构，从而改变了它的精神，如果愿意的话，也可以说改变了它的文明。……随着工商业者在社会结构中的地位不断上升，他的思想也愈来愈多地灌输给了社会，正如在它之前骑士所做的那样。事务所的工作造成的特殊思想习惯、这种工作带来的价值观或以及这种工作对公众和私人生活采取的特殊态度，慢慢地扩散到了所有阶级那里，扩散到了人类思想和行动的领域。叫人实在难以理解的是，这种转变被误称为文艺复兴。"①

熊彼特坚持从经济运行过程的变化说明社会生活和社会思想的变化，所以，他对马克斯·韦伯用精神生活的变化说明经济运行过程的变化表示了极度轻蔑和强烈不满："所谓'资本主义的新精神'这样的东西是根本不存在的，也就是说，并非人们得先具有新的思维方法，然后才将封建经济转变成与其完全不同的资本主义经济。""令人遗憾的是，马克斯·韦伯利用其崇高的权利地位，提倡这样一种思维方法，这种方法只不过是对理想类型方法的滥用而已……历史对这种解释的反驳是非常明显的，我们无需再多啰唆。重要得多的一点是看出其中包含的方法论上的根本错误。"②现在需要我们思考的问题是：宏观社会生活的变化及其性质已能成定论，经济人思想的社会原型或说原始形态——资产者或商人是什么样子？人们对他的评价如何？西方学者用文学语言描述了经济人原始形态的基本状况："约在 1000 年左右，商人在西欧初次出现时，其形象却有所不同。他们被称为 Pies poudreux——'泥腿子'，因为他们带着货物徒步或骑马四处奔波，从这个镇到那个镇，从这个集市到那个集市，从这个市场到那个市场，一路售卖货物。在封建领主的大厅里，商人乃是嘲笑、侮弄甚至憎恨的对象。那时候的许多流行抒情歌曲，既歌唱骑士的骁勇善战和偷情通奸，也歌唱他们如何掳掠商人，利润，即商人买进卖出的差价，在那时的社会被认为是不名誉的，那时社会赞誉的是高贵的杀伐之功，敬重的

---

① [美] 约瑟夫·熊彼特：《经济分析史》第 1 卷，商务印书馆 1996 年版，第 125—126 页。
② [美] 约瑟夫·熊彼特：《经济分析史》第 1 卷，商务印书馆 1996 年版，第 127—128 页。

是——用当时一份特许状上的话来说——'全仗辛苦和勤劳'过活之人。获得利润也被视为高利贷的一种形式，人们因此认为，商人的灵魂是要进地狱的。对商人的憎恨来得稍晚，贵族需要现钱打仗和维持生活风采时，才发现商人比他们有钱得多。"①

在不成熟的经济生活和社会生活基础上产生了不成熟的思想。这里的思想是对资本主义经济主体之———商人实践的概括和反映。这种概括和反映预示了未来几百年后对经济人思想的褒贬不一。在当时的诗歌中，对商人实践持赞扬态度者不乏其人，例如：

> 不管人们怎样褒贬评论，
>
> 礼貌待人的资产者仍然存在，
>
> 他们勤劳勇敢、和蔼可亲、善良聪明、光明正派。②

这首诗的侧重点在于商人的道德品质。还有的诗歌，褒扬的角度是商人包括经济作用在内的社会作用：

> 任何国家都离不开商人，
>
> 他们历尽千辛万苦，
>
> 从各地运来短缺的商品；
>
> 没有理由再来虐待他们。
>
> 商人漂洋过海，
>
> 为各国提供必需的物品，
>
> 并使他们因此而和睦相亲；
>
> 诚实的商人绝对不会
>
> 弄虚作假，让人责备，

---

① 〔美〕泰格·利维：《法律与资本主义的兴起》，学林出版社 1996 年版，第 4 页。
② 〔法〕雷吉娜·佩尔努：《法国资产阶级史》上卷，上海译文出版社 1991 年版，第 9 页。

他们童叟无欺，惹人喜爱，

受到了真诚和衷心的赞美。①

与此同时，骂商人的诗歌也流传广泛，受人欢迎：

世上何谓商人，

如果不是骗人作弊的恶棍；

无论是买是卖，

他们总要坑人……

他们样样有假，

分量、账目、尺寸；

这早已司空见惯，

分量不足，缺尺少寸。②

这些诗歌是当时社会生活的白描式写照，既没有后来经济人思想的抽象程度，也没有后来的经济人思想那么深刻复杂的思想韵味。但是，把褒、贬两方面的诗歌作为整体看待，我们便会得到较为完整的印象，当经济人的原始形态在社会历史的地平线显现时，经济人思想也开始自己的历史行程了。尽管如此，我们还是要注意到，这时经济人的原始形态还以本来面目显现于人们面前，商人由于未经哲学家的抽象、改造和加工而没有变为一般意义上的人，更由于缺少经济学家沿特定向度的演绎而给人一种质朴纯正、轮廓清晰可辨的印象。这告诉我们，经济人以西方主流经济学家赋予的特质和形象出现在我们面前，中间还需要一个环节，这就是经由经验归纳而来的一般哲学前提的确立。

---

① ［法］雷吉娜·佩尔努：《法国资产阶级史》上卷，上海译文出版社 1991 年版，第 76—77 页。

② ［法］雷吉娜·佩尔努：《法国资产阶级史》上卷，上海译文出版社 1991 年版，第 91—92 页。

为了完成这一看似简单的任务，西方学者花了不少时间和精力，有人付出了进监狱甚至生命的代价。这一过程就是经济人概念的思想起源。

伴随资本主义市场经济到来的脚步，西方学者也赋予人以与中世纪完全不同的特质和形象。对人的自觉探讨始于被熊彼特认为是误用名称的文艺复兴时期。中世纪最强大的力量、对人权衡最广泛也最严格的是天主教势力，所以，西方学者首先拿它开刀，为全新视野、角度和基调中人的出现扫清思想障碍："上帝认定人是本性不定的生物，并赐他一个位居世界中央的位置，又对他说：'亚当，我们既不曾给你固定的居处，亦不给自己独有的形式或特有的功能，为的是让你可以按照自己的愿望、按照自己的判断取得你所渴望的住所、形式和功能。其他一切生灵的本性，都被限制和约束在我们规定的法则的范围之内，但是我们交予你的是一个自由意志，你不为任何限制所约束，可凭自己的自由意志决定你本性的界限。'"[①]这是抽象肯定、实质否定和抽象否定、实质肯定并用的手法。抽象肯定的是上帝，但这里的上帝对人已形同虚设，因为它对人已无约束力；实质否定的也是上帝，因为这里的上帝其至高无上、无所不在、无所不能的权威已被剥夺净尽。此一手段的后半部分直接针对人而言，抽象否定的是人，因为人自己是被创造者，上帝才是创造者；实质肯定的也是人，因为人除了顶着被创造者的帽子外，具有了完全的自由意志，具有了自由行动的意志、品质和权利。在人与上帝的关系上，被费尔巴哈称其为异化的中世纪性质发生了根本性转向：人是创造者，人是自己和外在世界的创造者。

上帝（实际是资本主义市场经济的天敌——天主教势力）这个障碍一旦清除，西方学者便按照自己的意愿（实际是资本主义市场经济的客观要求）理解人、界说人："我不想变成上帝，或者居住在永恒中，或者把天地抱在怀抱里。属于人的那种光荣对我就够了。这是我所祈求的一切。我自己是凡人，我只要求凡人的幸福。"[②]凡人的幸福是什么呢？就是被后来

---

① 转引自全增嘏主编：《西方哲学史》上卷，上海人民出版社 1983 年版，第 366 页。

② 转引自冒从虎、王勤田、张庆荣：《欧洲哲学通史》上卷，南开大学出版社 1985 年版，第 273 页。

的英、法两国的哲学家和经济学家作为立论基础的快乐："的确，如果你把生活中的快乐去掉，那么生活成了什么？它还配得上称作生活吗？……如果没有快乐，也就是说没有疯狂来调剂，生活中哪时哪刻不是悲哀的，烦恼的，不愉快的，无聊的，不可忍受的？"①为了追求快乐，人就既不能像天主教所要求的那样，几乎是一个阉人；也不能如后来的西方主流经济学家所说教的那样，除工具理性外是一无所惧的"机器人"，因为"我在本性上具备一个哲学的、宜于从事科学的头脑；我是机智的，文雅的，有教养的，放纵的，快乐的，虔敬的，忠诚的；我是智慧的爱好者，是内省的，有进取心的，勤勉好学的，乐于帮助他人的，充满竞争心的，有创造性的，自学成功的；我热望做出奇迹，我是奸诈的，狡猾的，辛辣的，蓄满密谋的，清醒的，用功的，小心翼翼的，多口舌的；我是宗教的鄙夷者，我热衷于报复，妒忌他人，忧郁，恶毒，阴险；我是一个巫师，一个术士，我是不幸的，对待家人凶暴的，说淫秽话的，诽谤他人的，顺从人意的，变化不定的；——在我身上有着这种本性和举止的矛盾"②。

此时西方学者对人的体悟和界说很有特点。第一，与不成型的资本主义市场经济相适应，对人的界说具有不定型的特点，这一点首先表现在人的形象的不定型上。第二，由于刚刚就人论人，所以，界说方法不是下定义，而是诉诸自己的感受，情急之中，"我"便跃居前台，现身说法。第三，此时人的形象质朴纯真，与现实生活中存在的人在距离和抽象层次上更接近。第四，在抽象程度上，内涵小，外延大，这不仅反映了思维能力上有待提高，而且在概念的提炼和固定化方面还有不少工作需要做。

文艺复兴时期学者勾画的人的形象，不能直接成为西方主流经济学的立论前提，因为他们并没有建立起固定的人性概念，更没有确定出人性自私、逐利求乐、趋乐避苦天然合理这样的全称性哲学命题。出于资本主义

---

① 转引自冒从虎、王勤田、张庆荣：《欧洲哲学通史》上卷，南开大学出版社1985年版，第272页。

② 转引自冒从虎、王勤田、张庆荣：《欧洲哲学通史》上卷，南开大学出版社1985年版，第283—284页。

市场经济发展的客观和急迫的需求，假以时日，这项工作总有人来做。事实表明，社会历史发展的内在逻辑必然地衍生出了担当此一重任的人物，这就是英、法两国的哲学家。他们顺着文艺复兴时期思想家的思考路子继续前进，与资本主义市场经济的逐渐成熟相一致，在观点的提出及论证上也日趋规范化、体系化。霍布斯说："一个人对于时常想望的事物能不断取得成功，也就是不断处于繁荣昌盛状态时，就是人们所谓的福祉，我所说的是今生之福。"① 所以，"旧道德哲学家所说的那种终极目的和最高的善根本不存在。欲望终止的人，和感觉与映像停顿的人同样无法生活下去。幸福就是欲望从一个目标到另一个目标不断地发展，达到前一个目标不过是为后一个目标铺平道路"②。这是对幸福——个人欲望的不断产生和不断满足——的定义性说明。洛克从法律的角度论证自由意志为何物："法律按其真正的含义而言与其说是限制还不如说是指导一个自由而有智慧的人去追求他的正当利益，它并不在受这种法律约束的人们的一般福利范围之外作出规定。"在这个范围内，所谓自由，就是"随其所欲地处置或安排他的人身、行动、财富和他的全部财产的那种自由……"③

把霍布斯的幸福和洛克的自由结合在一起看，人的行为的外在限制——旧道德——没有了，人的行为的法律哲学依据——依法办事便天经地义——建立起来了；人的行为的运思目标——个人欲望的满足——明确了。相对于资本主义市场经济的人而言，可以尽其所能，为所欲为，因为外在限制和内心禁忌都没有了。从这一角度看，英国经济学史专家惠特克可以从霍布斯和洛克的观点中"找到亚当·斯密经济学的哲学基础"④ 的说法，的确很有道理。

实际上，对于经济人思想的提出，法国哲学家也作出了贡献。在这

---

① ［英］霍布斯：《利维坦》，商务印书馆 1985 年版，第 45 页。

② ［英］霍布斯：《利维坦》，商务印书馆 1985 年版，第 72 页。

③ ［英］洛克：《政府论》下篇，商务印书馆 1964 年版，第 35—36 页。

④ ［英］埃德蒙·惠特克：《经济思想流派》，上海人民出版社 1974 年版，第 85 页，还见第 84 页。

一点上，法国哲学家与英国哲学家之间的差别，不在于思想内容，而在于同一内容用不同的概念表述。英国哲学家用"自私"，法国哲学家代之以"自爱"。法国哲学家拉·洛席福科对自爱的界定是："自爱是对于自己、对于一切对自己有益的事物的爱……"①爱尔维修说得更具体："人是能够感觉快乐和痛苦的，因此他逃避前者，寻求后者。就是这种经常的逃避和寻求，我称之为自爱。"②从自爱立场出发，爱尔维修提出了判断一切的标准："个人利益是人类行为价值的惟一而普遍的标准。"③

与文艺复兴时代的思想家相比，英、法两国哲学家对经济人思想前提的确立，作用更直接，特点更显明。具体说，表现于如下几点。第一，这里的论证采取了概念界说和下定义的形式，这样的以哲学命题形式出现的意义，几乎可以直接进入西方主流经济学之中，成为它的立论前提。第二，这里的论证具体化了，提出了在亚当·斯密经济学甚至其他经济学家的思想中作为核心范畴的概念，例如个人幸福、快乐与痛苦、个人自由等。第三，从纯哲学的角度看，英、法哲学家确实使人性自私、追求私利乃天经地义的命题成为人们思考问题的前提，但它缺少亚当·斯密经济人思想中的那种辩证法思想。

实际上，说当时的哲学家为西方主流经济学准备的逻辑前提中缺少辩证法思想，并不全面。因为，当时不止一个思想家用哲学的语言，甚至用诗歌的形式，表达出了亚当·斯密经济人思想中的辩证法内涵。从这个角度说，这里的辩证法内涵是亚当·斯密经济人思想的主要理论来源。

例证一。比亚当·斯密的活动年份早大约一百年的斯宾诺莎说："当每一个人最能寻求他自己的利益时，则他们彼此间便最为有益。"④

例证二。比亚当·斯密活动年份早大约一代人的曼德维尔以诗歌形式表达这里的辩证法思想，他在《蜜蜂的寓言》这首长诗中，认为在蜂群死

---

① 周辅成编：《西方伦理学名著选辑》下卷，商务印书馆 1987 年版，第 6 页。
② 周辅成编：《西方伦理学名著选辑》下卷，商务印书馆 1987 年版，第 55 页。
③ 周辅成编：《西方伦理学名著选辑》下卷，商务印书馆 1987 年版，第 47 页。
④ 周辅成编：《西方伦理学名著选辑》上卷，商务印书馆 1964 年版，第 635 页。

命追逐私利的过程中：

> 几百万只竭力供应，
>
> 彼此的情欲和虚荣；
>
> 而另几百万只则只被雇佣，
>
> 眼看它们手工灵巧的作品被毁灭；
>
> 它们装备了宇宙半个；
>
> 可是所有的工作却比劳工人数还要多。
>
> 一旦私利追逐停歇，
>
> 一切工艺和技能都被忽视于一旁。①

工艺和技能被忽视，蜜蜂王国的命运只有一条：等待灭亡。

例证三。与亚当·斯密活动年份几乎同时而且两人是生死之交的休谟，在《人性论》一书中对经济人思想中辩证法因素的揭示，既全面又深刻："人类因为天性是自私的，或者说只赋有一种有限的慷慨，所以人们不容易被诱导去为陌生人的利益作出任何行为，除非他们要想得到某种交互的利益，而且这种利益只有通过自己作出有利于别人的行为才有希望可以得到。"②"因此，我们就学会了对别人进行服务，虽然我对他并没有任何真正的好意；因为我预料到，他会报答我的服务，以期得到同样的另一次的服务，并且也为了同我或同其他人维持同样的互助的往来关系。"③

从以上的论述看，起始于文艺复兴时代的经济人思想的形成过程，到亚当·斯密时代，已面临发生质变的时刻。因为经济人思想的逻辑前提——人性自私论和经济人思想中的辩证法因素——利己利他辩证关系论，都已具备，现在需要做的工作是以这两个因素为核心，创立一套经济

---

① 转引自〔英〕埃德蒙·惠特克：《经济思想流派》，上海人民出版社 1974 年版，第91—92 页。

② 〔英〕休谟：《人性论》下卷，商务印书馆 1980 年版，第 559—560 页。

③ 〔英〕休谟：《人性论》下卷，商务印书馆 1980 年版，第 561 页。

学的概念系统，使之成为首尾一贯、基本能自圆其说的经济理论体系，以期为资本主义市场经济作出经济学论证，使资本主义市场经济的核心和灵魂——经济个人主义思想具体化、学术规范化，让资本主义市场经济获得精神层面的天经地义和合理合法性质。这一艰苦而伟大的工作，由亚当·斯密完成，他因此而获得不朽声誉。

尽管经济人思想的形成过程以亚当·斯密经济学理论的出现为最根本性标志，但经济人概念的首创者不是他而是约·穆勒。

西方学者一致公认，经济人概念首次出现于约·穆勒《论政治经济学的定义》的文章中。英国经济学家马克·布劳格称其为"邪恶的概念"[1]，哈耶克则认为，这是一个可怕的字眼[2]。说其"邪恶"或认为它"可怕"，都有一定道理。道理在于，约·穆勒试图用此概念表述或说通俗化以亚当·斯密为代表的古典经济学的灵魂和核心，但后人的理解则大相径庭，由此造成了过多的无谓无益的争论，错误的理解则给西方主流经济学带来了洗刷不掉的污名。

实际上，整个经济人思想的演变和争论历史表明，对经济人概念的含义有三种较为典型的理解。

第一种理解以著名经济学家熊彼特为代表，他偏离西方主流经济学的理解轨道，把经济人（Economic Man）理解为经济主体（Economic Subject），并拒绝亚当·斯密传统的理解。[3] 这种意义上的经济人只是描述了经济运行过程中的一个基本事实，没有任何时代限制，因为有经济活动，必然有经济主体，与此同时，这里也没有强烈的价值倾向性，因为经济主体只是相对于客体而言。这种理解的经济人，既没有在西方主流经济学中引起反响和争论，也没有在其他人的经济学思想中占有重要地位。

第二种理解把经济人与人等同起来，以为人，起码是经济活动中的

①　[英] 马克·布劳格:《经济学方法论》，北京大学出版社1990年版，第68页。
②　参见[奥]哈耶克:《个人主义与经济秩序》，北京经济学院出版社1989年版，第11页。
③　参见[美] 约瑟夫·熊彼特:《经济发展理论》，商务印书馆1991年版，第6、15、68、101页。

人，除了孜孜逐利，别无他求。这种理解的错误有三个。一是没有看到经济人的特定社会历史性质。二是没有看到经济人求利动机以外还有其他动机，亚当·斯密的《道德情操论》说明的主题之一便是人除利己动机外还有利他动机。三是最要害的错误，没有看到把经济人作为实体描述性的人，既不符合事实，也后患无穷。正是因为如此，此种理解招来无数批判、讽刺和挖苦。

第三种理解符合亚当·斯密的思想实际，尽管他并没有自觉提到和区分这一点，这就是由约·穆勒第一次明确意识到并明确加以区分的：经济人只具有方法论的功能和意义，除此之外，经济人概念便没有实际和有益的价值。确实，在西方主流经济学的发展历史中，方法论意义上的经济人，像黑格尔哲学中的正、反、合三段论一样，时时离不开，因为它是逻辑支撑点，也是内在本质和灵魂——经济个人主义思想的形象化、通俗化表述。

经济人思想的形成经历了几百年时间，先是资本主义市场经济的形成，与此相伴而行的是经济人思想的形成，随后，才是经济人概念的形成。这三者相互交织，真正起母体和基础性作用的是资本主义市场经济运行过程，起催化剂和激发器作用的则是人性自私论的哲学思想。亚当·斯密的功绩是把经济现实放于人性自私论的思维框架之中，创立一套经济学范畴，使资本主义市场经济的客观现实经济理论化。约·穆勒的作用不可小视，他用哲学与经济学融为一体的范畴概摄亚当·斯密的经济学思想。从这个意义上我们可以说，经济人概念是严格意义上的经济哲学范畴，绝对不仅仅是经济学范畴。

第二节　亚当·斯密的经济人思想

在上一节中，我们较为详细地追溯了经济人思想及其概念的产生过程。这给人造成一种印象，亚当·斯密的经济人思想似无独创之处。事实远非如此。我们这样说的根据如下。第一，亚当·斯密把散见于哲学领域中已成命题的有关哲学论断进行学术领域置换，使其变为经济学的立论前提，在这里，方法论功能凸显出来，成为与自己的经济学体系水乳交融的一部分。第二，亚当·斯密扩展了原有经济人思想的概摄范围，由个人与他人的利益关系一条思想线路变为个人与他人和个人与国家利益关系这两条思想线路，这不仅使经济人思想更加丰富，而且使它更贴近资本主义市场经济的运转现实。第三，在论证方式上，亚当·斯密不像自己的思想前辈——英、法两国的哲学家和后继者——如李嘉图等人那样，抓住一种方法死死不放，而是经验归纳和逻辑演绎两种方法交替并用，使以经济人为核心的经济思想体系深厚丰满，给人以言之成理、持之有故的印象。由此看，亚当·斯密的经济人思想大有展开的必要，只有在展开的过程中，我们才能发现其中的利弊得失和隐含的诸多问题。

细心思考亚当·斯密的经济人思想，最让我们惊奇之处在于，他既不像英、法两国的一部分哲学家那样，提出和论证问题的范围仅为个人与其私利的关系，也不像他的后继经济学家那样，把目光只是盯在个人的经济私利上，而是把个人的逐利活动与个人之利、他人之利和社会之利紧密结合在一起，真正追求的目标不是一个——个人之利，而是三个，除了个人之利外，还有他人和社会之利。这其中，充满了既实在又奇妙的经济辩证法和社会辩证法思想，虽有自身没有自觉意识到且难以克服的逻辑矛盾，还有理想化成分太多的粗陋，但从整体看，这实在是一个精巧深邃的经济辩证法思想体系。

亚当·斯密说："各人的利害关系必然会促使他寻求有利的用途，避开不利的用途。"①他还说资本和劳动这两种资源，政府横加干预，不如持有者自由运用有利。但这里也有问题：利为谁家之利？片面理解，仅为一己之利。亚当·斯密认为，除了一己之利外，还有他人和社会之利："各个人都不断地努力为他自己所能支配的资本找到最有利的用途。固然，他

①　[英] 亚当·斯密：《国民财富的性质和原因的研究》上卷，商务印书馆 1972 年版，第91 页。

所考虑的不是社会的利益，而是他自身的利益，但他对自身利益的研究自然会或者毋宁说必然会引导他选定最有利于社会的用途。"① 具体说，"用不着法律干涉，个人的利害关系和情欲，自然会引导人们把社会的资本，尽可能按照最适合于全社会利害关系的比例，分配到国内一切不同用途"②。

通观亚当·斯密关于经济人的论述，逻辑思路非常清晰：个人追逐私利的活动，有利于自己，有利于他人，有利于社会。像其他经济人思想家那样，认为个人逐利行为有利于逐利者自己，这好理解，说个人逐利活动有利于他人和社会，实在不好理解。不好理解之处在于，这与市场经济活动中的表面现象不一致，也与人们对市场经济的常识性认识相悖谬。亚当·斯密似乎明确地意识到了这一点，所以，在不同的地方，利用不同的形式，对这一点进行充分论证。

首先是分工角度的论证："一个人尽毕生之力，亦难博得几个人的好感，而他在文明社会中，随时有取得多数人的协作和援助的必要。别的动物，一达到壮年期，几乎全都能够独立，自然状态下，不需要其他动物的援助。但人类几乎随时随地都需要同胞的协助，要想仅仅依赖他人的恩惠，那是一定不行的。他如果能够刺激他们的利己心，使有利于他，并告诉他们，给他做事，是对他们自己有利的，他要达到目的就容易多了。不论是谁，如果他要与旁人做买卖，他首先就要这样提议。请给我以我所要的东西吧，同时，你也可以获得你所要的东西：这句话是交易的通义。我们所需要的相互帮忙，大部分是依照这个方法取得的。我们每天所需要的食料和饮料，不是出自屠户、酿酒家或烙面师的恩惠，而是出自他们自利的打算。我们不说唤起他们利他心的话，而说唤起他们利己心的话。"③ 亚

---

① ［英］亚当·斯密：《国民财富的性质和原因的研究》下卷，商务印书馆 1974 年版，第 25 页。

② ［英］亚当·斯密：《国民财富的性质和原因的研究》下卷，商务印书馆 1974 年版，第 199 页。

③ ［英］亚当·斯密：《国民财富的性质和原因的研究》上卷，商务印书馆 1972 年版，第 13—14 页。

当·斯密认为，交换和分工乃人之天性，交换中伴随利己与利他的关系问题是势所必然。处理这一关系的办法有两种，仅仅鼓动人们利他，结果是利己利他两个目的都不能达到；唤起人们的利己心，让其激发出聪明才智和创造性，利己利他两个目的都能达到。相对于经济行为主体而言，利己当然是目的，恰似在把利己目的变为现实的过程中，事情的性质发生了变化，达到了利他的目的，相对于经济行为的客体而言，利己成了手段。

民族关系角度的论证："支配着最初计划建立殖民地的动机，似乎是痴想与不义。探求金银矿山，足见其痴想；贪图占有一个由从未损害欧洲人，而且亲切殷勤地对待欧洲最初冒险家的善良土人居住的国家，足见其不义。"[①] 但是，在客观效果上，"它哺育了、造就了能够完成如此伟大事业，建立如此伟大帝国的人才。世界上，没有任何其他国家的政策，能够造就这种人才，实际上亦不曾造就此种人才。这些殖民地应当把它们富有积极进取心的建设者所受的教育与他们所以具有伟大眼光归功于欧洲政策"[②]。亚当·斯密的论说内容超出了经济生活范围，但其潜含的哲理是一样的：卑鄙无耻的贪欲变为实际结果，是值得称颂的人才辈出。应当从两个角度看待亚当·斯密用心良苦的论证。从思想内在逻辑的角度看，他走得通，因为舍弃具体社会历史内容以后的"道理"确实如此，谁能否认到美洲、亚洲和非洲开拓殖民地的冒险家们，具有过人的胆识和才能呢？不过，在看待这一问题时，我们无论如何也不能忘记第二个角度：这里的利己动机导致的利他效果局限于欧洲人范围之内，超出这个范围，相对于其他有色人种而言，没有丝毫的利可言，有的，是罄竹难书的害；欧洲人，尤其是欧洲冒险家，有的只不过是永远无法洗刷的"原罪"或说罪恶。如此看来，像其他欧洲人一样，亚当·斯密自以为强劲的逻辑中也有盲点，

---

① ［英］亚当·斯密：《国民财富的性质和原因的研究》下卷，商务印书馆 1974 年版，第 159 页。

② ［英］亚当·斯密：《国民财富的性质和原因的研究》下卷，商务印书馆 1974 年版，第 160—161 页。

把盲点还原到具体的社会历史生活中，是同样强劲有力因而无法去掉的污点。

消费角度的论证："骄傲而冷酷的地主眺望自己的大片土地，却并不想到自己同胞们的需要，而只想独自消费从土地上得到的一切收获物，是徒劳的。眼睛大于肚子，这句朴实而又通俗的谚语，用到他身上最为合适。他的胃容量同无底的欲壑不相适应，而且容纳的东西绝不会超过一个最普通的农民的胃。他不得不把自己所消费不了的东西分给用最好的方法来烹制他自己享用的那点东西的那些人；分给建造他要在其中消费自己的那一小部分收成的宫殿的那些人；分给提供和整理显贵所使用的各种不同的小玩意儿和小摆设的那些人；就这样，所有这些人由于他生活奢华和具有怪癖而分得生活必需品，如果他们期待他的友善心和公平待人，是不可能得到这些东西的。……他们的消费量比穷人少；尽管他们的天性是自私的和贪婪的，虽然他们只图自己方便，虽然他们雇佣千百人来为自己劳动的惟一目的是满足自己无聊而又贪得无厌的欲望，但是他们还是同穷人一样分享他们所作一切改良的成果。一只看不见的手引导他们对生活必需品作出几乎同土地在平均分配给全体居民的情况下的所能作出的一样的分配，从而不知不觉地增进了社会利益，并为不断增多的人口提供生活资源。"①

亚当·斯密不仅对从休谟等人那里继承来的经济人思想进行了可谓是雄辩的论证，而且还继续前进，找到发掘和论证经济人思想的新视野，使经济人思想在向度上增添了新内容：各人追逐自己的私利，是社会消除暴政和各种弊端、维护社会进步和个人自由的重要途径和保证。这意思是说，人们追求自己私利的过程，不仅会产生利己、利他和利国的实际后果，而且还创造出人们一时难以自觉意识到的积极意义，即对社会弊害的抑制和消除："各个人为改善自身境遇自然而然地、不断地所作的努力，就是一种保卫力量，能在许多方面预防并纠正在一定程度上是不公平和压

---

① [英] 亚当·斯密：《道德情操论》，商务印书馆 1997 年版，第 229—230 页。

抑的不良后果。"①正是从这一角度着眼，亚当·斯密认为："一种事业若对社会有益，就应当任其自由，广其竞争。竞争愈自由，愈普遍，那事业就愈有利于社会。"②还是从这一角度着眼，亚当·斯密极力反对政治权力对个人逐利行为的横加干涉："如果政治家企图指导私人如何运用他们的资本，那不仅是自寻烦恼地去注意最不需注意的问题，而且是僭取一种不能放心地委托给任何人、也不能放心地委之于任何委员会或参议院的权力。把这种权力交给一个大言不惭地、荒唐地自认为有资格行使的人，是再危险也没有了。"③

亚当·斯密对经济人自利性的充分而有说服力的论证，确实折服和启发了无数人，但是，可能是由于他的论证太充分和太雄辩有力的缘故，其副作用也表现出来了，这就是19世纪后半叶德国经济学家提出的所谓"斯密问题"。一些德国经济学家认为，亚当·斯密在《国民财富的性质和原因的研究》一书中确立的自私乃人之本性且天然合理的命题，与他的另一部重要著作《道德情操论》的立论前提不相符，因为他在这部著作中，认为利他性的同情心也是人之本性。这样，亚当·斯密在自己前后相继（从1759年至1776年）的思想发展中，产生了无法克服的自相矛盾，先说利他为人之本性，后说利己为人之本性，到底何谓人之本性？确实，亚当·斯密在《道德情操论》中，开篇第一句话说的就是人有利他本性："无论人们会认为某人怎样自私，这个人的天赋中总是明显地存在着这样一些本性，这些本性使他关心别人的命运，把别人的幸福看成是自己的事情，虽然他除了看到别人幸福而感到高兴以外，一无所得。"④

尽管亚当·斯密说过貌似与后来的经济人思想相矛盾的话，但我们不

---

① ［英］亚当·斯密：《国民财富的性质和原因的研究》下卷，商务印书馆1974年版，第240页。

② ［英］亚当·斯密：《国民财富的性质和原因的研究》上卷，商务印书馆1972年版，第303页。

③ ［英］亚当·斯密：《国民财富的性质和原因的研究》下卷，商务印书馆1974年版，第27—28页。

④ ［英］亚当·斯密：《道德情操论》，商务印书馆1997年版，第5页。

能由此断定，德国经济学家指出的"斯密问题"是真正的问题。这样说的根据如下：如果从实体性描述的角度看待人性问题，结论不言自明：它是一个多面体，在不同的社会历史阶段和各异的社会生活情境中，人性的不同方面就会表现出来。人们以为表现出来的人性就是人性的唯一向度和表现形式，殊不知，这只不过是复杂多变的人性中的一个方面、一个向度和一种表现形式。古往今来，中外哲学家建构的人性学说千姿百态，这从特定角度证明了人性的多面性、多向度性和多种表现形式。从认识论角度看，德国经济学家错怪亚当·斯密因而犯错误的原因不难查明，他们把亚当·斯密在不同语境中描述的人性的一个方面，一个向度和一种表现形式，理解为人性的唯一方面、唯一向度和唯一表现形式，把不同情境中的"唯一"并列在一起，亚当·斯密的"自相矛盾"之处便表现出来。如果把"唯一"理解为多中之一，这样的"自相矛盾"是不存在的。看来，真正的问题不是出在亚当·斯密的思想逻辑中，而是出在德国经济学家理解亚当·斯密理论逻辑的形而上学思维方式上。

换一个思维方式看待德国经济学家提出的所谓"斯密问题"，此为假问题的结论同样可以得出。近代以来的西方学者中，盛行先假设命题，然后加以论证的论说方式。这里的要害和精妙不在于假定的对象存在与否和以什么样的方式存在，而在于假定之后的论证言之成理，持之有故，把自己的前提性命题确立起来。这还不是最终目的，因为最终的目的是顺着前提性命题的思路继续前进，提出自己的一个理论体系。理论体系转化为政治原则、法律规定或社会政策，这些东西正确与否，除理论逻辑上的自圆其说和前后一贯之外，更重要的是社会实践的验证。在西方近代以来的学术领域中，诸多命题都属于这种情况，如天赋人权论、人性自私论、人生而自由平等论等。① 亚当·斯密的论说方式不是游离于这一传统之外，而是这一传统的正宗创始人之一。在这种情况下，他假定人性自私或人性中

---

① 对这一问题的较为详细的论证，参见宫敬才：《人学研究中的两种追问方式》，《江海学刊》1998 年第 2 期。

都有利他性的一面，其重要程度根本不能与由此衍生出来的一套经济学理论相比，因为恰似这套经济学理论，为西方二百余年的市场经济实践确立了理论框架和思想基础，尤其重要的是确立了一套理解和把握市场经济的思维方式。这样，理论的验证方式发生了变化：不是把人在现实生活中的各种表现与亚当·斯密的人性自私论进行比照，而是用西方市场经济的实践及其历史与亚当·斯密的市场经济理论进行对比，市场经济实践在亚当·斯密经济思想的导引下成功了，这说明他的经济理论是正确的，进而证明，他的经济人思想是正确的，这两个正确保证了他的人性自私的假设也是正确的。至于亚当·斯密指出的人所具有的利他性和同情心，那要用它指称的社会生活情境去验证，生活常识告诉我们，人们的利他性和同情心确实存在，这就够了。

把不同的指称对象舍弃掉，转换特定命题的论述语境，将孤立存在的命题放到一起对比，找出其间的"相互矛盾"之处，貌似"发现"，实则扭曲，这是人文社会科学研究中的大忌。德国"发现""斯密问题"的经济学家，显然是犯了这一大忌。从他们犯忌的原因中不难发现，把亚当·斯密的假设性命题误认为是描述性命题，把功能性方法论问题转换为实体描述性问题，这注定了他们必然会错怪亚当·斯密，且给后来的学术研究制造了麻烦。

德国经济学家在亚当·斯密的经济人思想中发现的"问题"是假问题，这是否意味着这一经济人思想中没有问题呢？采取逆溯的方法，用亚当·斯密的后继者讨论的话题衡量这一经济人思想，我们可以发现，其中不仅有问题，而且问题还很严重。

问题出在亚当·斯密系统论述经济人思想的过程中。要想使经济人思想不是在日常生活感受而是在逻辑上得以成立，必须具备一系列预设性逻辑前提，这些预设性逻辑前提的运用者，首先要自觉意识到它们确实存在，其次要对它们的得以成立进行论证。反观亚当·斯密，既没有自觉意识到这些预设性逻辑前提的确实存在，也没有对它们进行论证，而是径直地把隐含在市场经济活动中的经济人现象及其背后的辩证关系揭示出来。

他不知道，他塑造的经济人形象揭示出的经济人思想，没有预设性逻辑前提，势难在逻辑上站稳脚跟。

综观亚当·斯密对经济人的界说，我们完全可以体会出来，这里的经济人在能力上是无限的，作出决策和实施决策时依据的信息是完全的，交易费用为零，应当是完全竞争的状态且产权明晰。实际上，在现实的市场经济运行过程中，这些前提性条件（在亚当·斯密的经济人思想中是预设性逻辑前提）中的任何一个，都不会得到完全的满足。经济人的能力无限，显然是神话而非事实，否则，市场经济运行过程中的大量失败、破产、周期性经济危机等，都不会发生。信息完全，同样是神话而非事实。市场经济运行过程中的信息种类繁多，瞬息万变，作为个人的经济人，甚至作为集团（公司）出现的经济人，决策时要想做到信息完全，绝对不可能，所以，信息完全的预设性逻辑前提不能成立，应当是不争的基本事实。至于交易费用为零、完全竞争和产权明晰，情况类似于能力无限和信息完全的逻辑结局。

亚当·斯密在提出和论证自己的经济人思想时没有意识到这些必须具备的预设性逻辑前提的存在，并不能说明它们不存在，实际情况是，它们像影子一样伴随着亚当·斯密的经济人思想，经济人思想在哪里出现，它们便会在哪里出现。这个给人以无所不能、无往而不胜印象的经济人，遇到了真正的难题，它必须回答这些难题，自己才能获得名正言顺的地位，可悲的是事实不与它合作，注定了它不能回答这些难题。这些难题实际是给经济人的创造者亚当·斯密提出的，他无法回答，他甚至没有自觉意识到还有这些难题需要回答。由此我们应当说，德国经济学家发现的所谓"斯密问题"，变换理解角度以后会发现是假问题，而这里指出的亚当·斯密应当回答又没有回答的问题，才是真正的"斯密问题"。这可能是亚当·斯密创立的完美精巧、博大精深的经济学思想体系中最显眼也是最严重的瑕疵。

要说清亚当·斯密的经济人思想，还有一个问题需要费些笔墨。亚当·斯密的经济人讲不讲道德？这里的道德不是指自我约束性的勤奋、节俭、积累等行为规范，而是指在人际交往中，经济人是否应当奉行道德规范，在追求私利的过程中，手段是否正当？后来的一些经济学家，尤其是平民百姓，往往把经济人理解为孜孜求利，为了达到目的可以不择手段。可以公正地说，这样理解的经济人思想与亚当·斯密的经济人思想之间，没有本质和必然的联系，把这样理解的经济人思想安到亚当·斯密名下，实在是错怪了亚当·斯密，冤枉了亚当·斯密，因为亚当·斯密一再强调，经济人必须遵奉道德规范。

在讲到竞争问题时，亚当·斯密注意到这其中有一个公正的界限绝对不能逾越："在为财富、荣誉和晋升的竞争中，他可以尽其所能地努力，使他的每一条神经和每一块肌肉都紧张起来以超过所有的竞争者。但如果他必须排挤或压倒他们中的任何一个人，观众的迷恋就会完全中止，这不再是一个公正的活动了。"①这是说用不正当手段击败竞争对手，违背公正原则。亚当·斯密还注意到，对自由竞争带来致命性危害的，还有一种形式，这就是垄断。他对垄断深恶痛绝，认为垄断者的利益"与人民大众的利益正相反对"②。亚当·斯密在另一个地方还指出，不道德的商人的利益，"在于欺骗公众，甚至于压迫公众。事实上，公众亦常为他们所欺骗所压迫"③。此外，亚当·斯密还对商人在其他方面不讲道德的恶习进行批判："我国商人和制造者，对于高工资抬高物价，从而减少国内外销路的恶果，大发牢骚；但对于高利润的恶果，他们却只字不谈。关于由自己得利而产生的恶果，他们保持沉默。他们只对由他人得利而产生的恶果，大喊大叫。"④

由以上的引证可以看出，亚当·斯密的经济人不是不讲道德，而是

---

① 转引自陶永谊：《旷日持久的论战》，陕西人民教育出版社1992年版，第16—17页。

② ［英］亚当·斯密：《国民财富的性质和原因的研究》下卷，商务印书馆1974年版，第66页。

③ ［英］亚当·斯密：《国民财富的性质和原因的研究》上卷，商务印书馆1972年版，第243页。

④ ［英］亚当·斯密：《国民财富的性质和原因的研究》上卷，商务印书馆1972年版，第90页。

有许许多多的道德规束在发挥作用。这里出现了一个烦人的解释学问题：亚当·斯密的本意是说 2+2=4，后继的解释者偏要说亚当·斯密说的是 2+2=3 或 =5，到底谁错？事实是亚当·斯密正确，后继的解释者理解有错误，但给人造成的虚假事实却是亚当·斯密错了。亚当·斯密系统论述的经济人思想，这对西方资本主义市场经济的理论论证和现实发展起到了无法替代的作用，就这一点而言，他预料到了；但有一点他无法预料，也无法实现，这就是对他的经济人思想各个向度和立场的理解与说明。

第三节 后继者对亚当·斯密经济人
思想的界说及其应用

亚当·斯密的经济人思想是深邃的，内在张力是强盛的，所以，就像其身后的资本主义市场经济按照自己的固有逻辑急剧发展和不断嬗变一样，他的经济人思想也脱离其创始者的固有思路而按照自己的既定轨道演变、发挥效力和任人界说。就像谈论中国传统文化不涉及孔夫子是外行者所为一样，进入西方资产阶级主流经济学领域，不发表对经济人思想或肯定或否定的看法，也会被人视为没有摸到门径的胡乱闯荡。伴随西方资产阶级主流经济学的演变和发展，经济学家尽情挥洒自己的聪明才智，不断地界说经济人思想，修补经济人思想，以此表示自己是亚当·斯密经济学传统的门人和接续者。这里的界说和修补，以各自不同的理解为前提，理解上的相近或相异，构成了经济人思想发展的特定历史阶段。

亚当·斯密逝世（1790）十余年后，法国的经济学家萨伊出版了《政治经济学概论》（1803）一书。这部著作试图忠实地继承亚当·斯密的经济学思想传统，所以，经济人思想是这部著作的重要内容之一。应当引起我们注意的不是有时偏激的议论，而是他对经济人思想理解和界说的新角度。这里的"新"体现于如下两个方面。首先，萨伊从认知角度看待经济人思想及其对市场经济行为主体的益处："利己主义是最好的教师。"①这里的"利"是经济效益之利，"己"则是揭示经济主体的性质。为什么说利己主义是最好的教师？因为逐利的经济主体，只有在市场经济行为过程中，向自己以往的经验教训学习，向他人的经验教训学习，才能生存，才能实现目标。市场经济的"战场"是个人学习和成长的最好场所。其次，萨伊知道亚当·斯密的经济人思想除了利己以外还有两个向度，一是逐利过程及其结果中的个人与他人的关系；二是这一过程及结果中的个人与国家的关系。就第一个向度的内容，他说过与亚当·斯密类似的话："在一切情况下，个人利害关系总是牺牲的程度以及可望获得的补偿的最好衡量。"②这里也有需要我们注意的地方，亚当·斯密在这个向度上看问题时侧重点在关系上，关系中包括了个人与他人两个方面，萨伊露出了凸显和强调个人、忽略或轻视他人的苗头。从认识的客观性角度看，此为走向片面性的开始。实际上，萨伊把自己论述的重点放在第二个向度上，因此，他成为公共选择学派的思想先驱之一。他认为，在市场经济运行过程中，政府干预弊害无穷，而让经济行为主体循着自己的意愿尽其所能，任其所为，个人和国家都会得利。他之所以如此认为的理论根据是干涉完全多余，知道利润最多者是生产者而非政府，事实根据是英国的强盛归功于政府对经济行为主体的自由放任。③由此，他得出有点过头的结论："干涉本身就是坏事。"④从总体上看，萨伊的突出之处是从认识论角度看待经济人思想，凭此，他应在经济人思想史上占有一席之地。

在经济人思想发展的历史上，1836年是个重要的年份。在这一年，英国经济学家西尼尔出版了《政治经济学大纲》一书，开启了从实体描述性角度理解经济人思想的先河，把经济人思想片面化、庸俗化由此起

① 〔法〕萨伊：《政治经济学概论》，商务印书馆1963年版，第196页。
② 〔法〕萨伊：《政治经济学概论》，商务印书馆1963年版，第158页。
③ 参见〔法〕萨伊：《政治经济学概论》，商务印书馆1963年版，第156、173页。
④ 〔法〕萨伊：《政治经济学概论》，商务印书馆1963年版，第199页。

步。① 与此同时，英国经济学家约·穆勒发表了《论政治经济学的定义》一文，他不仅在此文中第一次提出经济人概念，更为重要的是，他明确指出，应从功能方法论角度理解经济人思想，而不是从实体描述性角度理解经济人思想。自此以后，亚当·斯密的经济人思想便在不同的理解者和界说者中沿着两个方向发展，二者之间的差异和距离越来越大，亚当·斯密在生前肯定没有预料到会发生这种情况。

西尼尔认为，"政治经济学所依据的一般事实"，就是简单的几个命题，其中具有第一位重要意义者是"每个人都希望以尽可能少的牺牲取得更多的财富"②。此命题成立的根据是："金钱似乎是共同期求的惟一目标；这是因为金钱是抽象的财富。一个人只要有了钱，就可以随其所好地满足他的种种奢望或虚荣，就可以使他游惰度日，就可以发挥他急公好义的精神，或施行他私人间的恩惠，就可以千方百计地求得肉体上的快乐，避免肉体的劳苦，就可以用更大代价求得精神上的愉快。"③ 西尼尔还自信地说："这一命题在政治经济学中的地位，就和万有引力在物理学……中的地位一样，离开了这一基本事实，推理就无法进行，差不多一切其他命题

---

① 我们应该注意到，在伦理学领域中把亚当·斯密的经济人思想作实体描述性理解并把它极端化、庸俗化，略早于经济学领域。伦理学领域中如此干的典型是英国的边沁。例如他说："自然使人类受两个最高主宰者——痛苦和快乐——的支配。只有苦乐能指出我们应该做什么，以及决定我们去做什么。一方面是非的标准，另一方面因果的连锁，都系在它们的宝座上。它们掌握我们的一切言、行和思想：倘若我们企图摆脱我们所受的束缚，结果将徒然予以证实和加强。在口头上，一个人尽管假说要脱离苦乐的统治；可是，实际上他仍时时刻刻受它的支配。效用原则承认这种控制，并且假定是这样，作为一种制度的基础，目的在于运用理智和法律造成幸福。所有企图怀疑这种控制与服从的制度，都只是讲空话不讲实际，只凭幻想不凭理智，只向黑暗不向光明。"（转引自[美]康芒斯：《制度经济学》上卷，商务印书馆1962年版，第266—267页）稍有差别的译文见2000年由商务印书馆出版的《道德与立法原理导论》，这是第1章第1自然段的内容。这里的实体描述角度理解表现在两个方面：一是这里只说个人，脱离了个人与他人等的关系；二是这里只涉及个人的苦与乐，至于对他和社会的不自觉的助益，根本没有提到。

② [英] 西尼尔：《政治经济学大纲》，商务印书馆1977年版，第46页。

③ [英] 西尼尔：《政治经济学大纲》，商务印书馆1977年版，第47—48页。

只是对这一基本事实的注解。"①

　　表面看，西尼尔忠实地继承了亚当·斯密的经济人思想，并且还把这一思想拔高为一切政治经济学中的第一原理，实质上，这是对亚当·斯密经济人思想的粗暴歪曲。首先，他把个人求利的所谓原理与自然科学中万有引力定律相提并论，这就从根本上把经济人思想的功能方法论性质扭曲为实体描述性质，经济人思想不是为了得出符合市场经济运行实际的结论而作出的有益假设，而是把它定格为对现实经济运行过程中人的真实写照。其次，在亚当·斯密那里，经济人思想的核心是关系，是逐利者与他人、社会和国家的经济利益关系。来到西尼尔这里，经济人思想的核心变成了逐利者与个人生活的关系。这样，经济人思想已非亚当·斯密那里的辩证思维及其结果，它实际上已成为不完全归纳加想象。最后，西尼尔把经济人思想的理论张力完全束缚于自己的褊狭理解之中，使本来具有强盛生发力的经济人思想变成像上帝意旨一样的呆板教条。

　　在思维方式上，英国经济学家马歇尔是西尼尔经济人思想的正宗传人："所谓经济人就是他不受道德的影响，而是机械地和利己地孜孜为利。"② 经济人的这一定义，典型而简练，思想内容表达非常清楚。在这里，亚当·斯密经济人思想中的关系内容不见了，道德约束解除了，剩下的只是逐利。马歇尔也有与西尼尔不一样的地方，这就是对改装以后的经济人思想的态度有重大区别。西尼尔不仅认同改装后的经济人思想，还对它推崇备至，马歇尔则认为这样的经济人思想不符合市场经济运行过程实际。他认为，人的"近代特色是精明而不是自私"③。尤其重要的是，人的活动动机不仅仅是私利，此外还有民族义务、同情心、爱国心等。④ 所以，"当我们说到一个人的活动的动机，是为他能赚得的金钱所激发时，这并

① ［英］西尼尔：《政治经济学大纲》，商务印书馆1977年版，第49页。
② ［英］马歇尔：《经济学原理》上卷，商务印书馆1964年版，第11—12页。
③ ［英］马歇尔：《经济学原理》上卷，商务印书馆1964年版，第27页。
④ 参见［英］马歇尔：《经济学原理》上卷，商务印书馆1964年版，第258—259页。

不是说，在他的心目中除了惟利是图的念头之外，就没有其他一切考虑了。因为即使生活中最纯粹的营业关系也是讲诚实与信用的；其中有许多关系即使不讲慷慨，至少也没有卑鄙之心，并且具有每个诚实的人为了洁身自好所具有的自尊心"①。

马歇尔在没有真正理解亚当·斯密经济人思想到底何谓的情况下，妄自下定义，胡乱发议论，表面上给人以尊重事实的印象，实际上是丢弃亚当·斯密经济人思想的神韵。这一例证告诉我们，从思维方式上分类，自西尼尔和穆勒之后，经济人思想的理解有两种，一种为实体描述性理解，另一种是功能方法论意义上的理解。马歇尔的理解和界定，属于实体描述性理解一类，只是在态度上，他与西尼尔的完全赞同正相反对。在马歇尔以后的时代里，对亚当·斯密的经济人思想先是作实体描述理解，然后持赞同态度的人已不多见，但在实体描述性理解基础上持反对态度的人，则是不绝如缕。据此，我们说马歇尔开启了对经济人思想作出特定理解，表示反对态度的新传统，在经济人思想发展的历史中，他应该占有一席之地。

马歇尔对经济人的理解和态度，形成了一种固定的思维模式，这一思维模式有两个支撑点，先是把经济人理解为客观实在的人，然后，从各种不同的角度，利用各种不同的事实，对经济人思想进行批判。实际上，这种对经济人思想的理解模式也有自己的思想渊源，例如，德国经济学家李斯特以马歇尔类似的思维方式且是早于马歇尔50年，对亚当·斯密的经济人思想进行批判："流行学派的理论体系（指亚当·斯密学派的理论体系——引者注）处处只考虑到个人，在这种理论的设想下，个人彼此之间的商业关系是完全自由，毫无拘束的，如果我们让每个人按照他自己的自由意向追求他自己的私人利益，他就满意了。这种论调指的当然不是国家经济体系而是人类的私人经济体系；假使没有任何政府方面的干预，没有战争，没有敌对的外国关税限制，这样的体系就会自然形成。至于那些现

---

① ［英］马歇尔：《经济学原理》上卷，商务印书馆1964年版，第43页。

在已经强盛起来的国家，它们是凭什么方法达到并保持强盛地位的，还有些以前曾经一度强盛的国家，它们是由于什么原因失去了原有强盛地位的，这个理论体系的拥护者对于这些问题却向来置之不顾。"[1]这里的批判立场是国家而非个人，矛头直指亚当·斯密的经济人思想，可悲的是，李斯特的理解方式是实体描述性的。

李斯特那里初露端倪，马歇尔形成模式的理解方式，极其强烈地影响了后来人。这其中的共同点明显可见，区别之处只是利用的社会经济生活内容有所不同。

批判一。美国经济学家凡勃伦以西方主流经济学中的怪杰著称于世。他理解和批判经济人思想带有自己的观点，一改以往局限于生产领域谈论经济人思想的成规，跳到社会心理学领域对经济人思想大加挞伐，在他的挞伐中，不是亚当·斯密而是边沁成了目标："经济人是一个闪电似的快乐和痛苦的计算者，他在使他到处移动但是于他无损的种种刺激的冲动下，像一个快乐欲望的同性血球那样，踌躇摆动。他没有前因，也没有后果。他是一个孤立的、固定不变的标准人，处于稳定的平衡状态，除非受到刺激的力量的冲击，这种力量把他推到这个或那个方向。他自己置身于自然力的空间之中，绕着自己的精神轴心两面旋转，听任不同的力量对他发生影响，最后跟着合力的路线走。冲击的力量完竭，他就停止不动，仍旧是一个独立的欲望的血球，和以前一样。"[2]这种批判是一种风格，俏皮的话在凡勃伦的口中说出来，更显一种讽刺、挖苦和刻毒的气质。在20世纪70年代，还有人模仿这种风格，行文上，只不过稍稍文雅一点儿："几乎所有的教科书都没有直接阐释理性经济人。理性经济人的潜在假定存在于投入和产出、刺激和反应之间。他不高不矮，不肥不瘦，不曾结婚也不是单身汉。我们不知道他是否爱狗，爱他的妻子或喜欢儿童游戏胜于喜欢诗。我们不知道他要什么。但我们知道，无论他要的是什么，他会不

---

① ［德］弗里德里希·李斯特:《政治经济学的国民体系》，商务印书馆1961年版，第149页。

② 转引自［美］康芒斯:《制度经济学》上册，商务印书馆1962年版，第272页。

顾一切地以最大化的方式得到它。"①

　　相对于阅读心理而言，这种批判很有力量，但在理论逻辑内部，我们实在看不出创新之处何在。因为，这种理论逻辑的奠基者是马歇尔而不是凡勃伦。凡勃伦也有特异之处，它表现于论证风格而不是思想内容。

　　批判二。凯恩斯对经济人思想的批判与凡勃伦适成鲜明对照。在风格上，他直接面对传统经济人思想的内在逻辑；在目标上，他径取亚当·斯密的经济人思想而不是这一思想的有点扭曲的折射物——边沁的经济人思想。在凯恩斯看来，"在鲁宾逊·克鲁索（Robinson Crusoe）经济体系中，交易不存在，个人之所得，全由生产活动而来。他所消费的或所保存的，真正是——而且只是——他自己生产的实物。经典学派不察，把从鲁宾逊·克鲁索经济体系中得来的结论，用错误类比法搬到现实经济体系中来应用。这是谬误由起之一可能解释"。"如果一个人可以使自己致富，而看来似乎并未损及他人，则亦必使社会全体致富……"②

　　被约·穆勒明确指出的亚当·斯密的经济人思想，假设性逻辑前提与实际的市场经济运行过程二者之间显然有别是基本事实。凯恩斯否认这一基本事实的客观存在，所以，他认为经典学派用"错误类比法"把这二者连接在一起。正是因为如此，经典学派产生出许多错误，个人储蓄有其必然伴随物——投资——的观点，就是例证之一。在这种判断的导引下，凯恩斯找到了这种观点的思想源头：个人致富与社会致富的关系。确实，在亚当·斯密的经济人思想逻辑中，个人得利与致富和社会得利与致富二者之间有正比例关系，但个人致富就一定能使社会致富吗？个人致富如何使社会致富？亚当·斯密对问题的回答是用"看不见的手"。令人奇怪的是，在凯恩斯的视野中，"看不见的手"的辩证法思想似乎不存在。由于凯恩斯局限于经济理论逻辑内部谈论问题，通过谈论问题表现出对经济人思想的实体描述性理解，所以，他对经济人思想的否定和批判态度难以让人觉

① 转引自［英］G.M.霍奇逊：《现代制度主义经济学宣言》，北京大学出版社1993年版，第88页。
② ［英］凯恩斯：《就业利息和货币通论》，商务印书馆1983年版，第21—22页。

察；尽管如此，我们还是能从他的字里行间领悟出其基本的观点和价值倾向性。

批判三。在西方主流经济学中，哈耶克的思想体系最为深邃博大，在经济人思想的理解问题上，哈耶克同样独树一帜。他既不说经济人思想正确，也不说经济人思想错误，而是朝经济人背后起制导作用的逐利动机下手。在他看来，经济人的逐利动机（经济动机）根本不存在：有一种错误的观念，"即认为有一些纯粹的经济的目的，与生活的其他目的是毫无关系的。但是，除开守财奴的病案以外，纯粹的经济目的是不存在的。有理性的人都不会以经济的目的作为他们的活动的最终目标。严格说来，并没有什么'经济的动机'，而只有作为我们追求其他目标的条件的经济因素。在日常用语中被错误地称为'经济动机'的东西，只不过意味着对一般性机会的希求，就是希冀取得可以达到不能一一列举目的的权力。如果我们力求获得金钱，那是因为金钱能提供我们享受努力的成果的最广泛的选择机会"[①]。哈耶克的错误出在要小聪明上。谁也不否认，在市场经济行为过程中，经济动机不是最终意义上的，因为逐利是为了生活或其他目的。但是，经济行为的直接动机是逐利、赚钱，同样是谁也不能否认的。哈耶克把经济行为动机与赚钱目的混为一谈，进而否认经济动机的客观存在，由此，把经济人思想捏塑为无中生有的人为杜撰，最终，经济人的不存在，说明经济人思想的无意义。如果从实体描述角度理解经济人思想，哈耶克的逻辑有道理；如果从功能方法论角度理解经济人思想，这一逻辑毫无根据。

总起来说，自从马歇尔以来，西方主流经济学中有一个不时显现的传统，这一传统的要点是从实体描述角度理解经济人思想，然后加以否定和批判。人们的精力主要放在批判之上，至于经济人思想的原本含义和内在逻辑，他们再也不去顾及了。

与实体描述角度理解经济人思想的传统相伴而行，在西方主流经济学

---

① ［奥］哈耶克：《通向奴役的道路》，商务印书馆1962年版，第86—87页。

中还有一个传统同样具有生命力，同样以各种形式表示自己的存在，同样在西方主流经济学中扮演重要角色，发挥重要作用，这就是从功能方法论角度理解经济人思想的传统。

虽然哈耶克一口咬定，亚当·斯密根本没有关于经济人的假定："也许，当前对于亚当·斯密及其信徒中的个人主义的许多误解当中，最突出的一点就是人们普遍认为，他们发明了'经济人'这个可怕的字眼；人们还认为，由于他们的结论是根据严格的理性行为假设以及错误的理性主义心理学得出来的，因此这些结论有很大缺陷。但是实际上，亚当·斯密及其信徒们根本没有作此假定。要说他们认为懒惰、目光短浅、恣意挥霍是人的本性，只有通过环境的力量才能迫使人经济地或谨慎地调整其手段来实现其目标，或许更加符合实际。"[①]哈耶克的观点让人不可思议，一生中他对亚当·斯密赞扬有加，无数次地把亚当·斯密列为自己的精神先师，他自视甚高的"自生自发秩序"概念与亚当·斯密的经济人思想和"看不见的手"思想有密不可分的关系，基于此，我们可以发问：哈耶克下此断语的根据是什么呢？目的又是什么呢？或许，面对这样的发问，哈耶克会无言以对，因为他的理解和基于理解而来的断语毫无事实根据。因为无法否认的基本事实是，在西方主流经济学领域中，首先对经济人思想在功能方法论意义上进行界说者，确为亚当·斯密，这在本章第二节已有翔实论证。亚当·斯密以后，不少人对经济人思想作出实体描述性理解，有害后果无穷。首先是误解了西方主流经济学的创始人亚当·斯密的思想；其次是玷污了西方主流经济学的学术名声，因为鼓吹实体描述性理解的经济人思想，与海淫海盗无异；最后是这种理解方式中的经济人思想，其中的辩证法智慧、内含的理论张力，通通被舍弃掉了。有鉴于此，约·穆勒感到很有必要对经济人思想正本清源，以便从中梳理出头绪，什么样的理解是亚当·斯密意义上的经济人思想，什么样的理解与亚当·斯密意义上的经济人思想背道而驰。约·穆勒以谈论政治经济学方法论的形式实现了这一目标：

---

① 　[奥]哈耶克：《个人主义与经济秩序》，北京经济学院出版社 1989 年版，第 11 页。

　　政治经济学把人视为仅仅是要取得财富和消费财富；它要表明，
生活在一个国家或社会中的人，除非他们的行为动机处于我们上面说
到的有两个永远相互对立的动机制约的程度，否则，只要他们的动
机是他们的全部行为的绝对统治者，那么有的行为过程是应该鼓励
的……这种科学……进行……处于这样的假设之下，即人是一种由其
本质需要所决定的东西，无论在什么情况下，人都想要更多的财富而
不是更少的财富，这一点就像我们在上面已经特别指出的人是由两种
相互对立的动机构成的一样，没有任何例外。这并不是说哪一位政
治经济学家曾经荒唐到认为人真的是这样构成的，而是因为以上所说
的是科学有必要处理的一种模式。当一个结果是依赖于多种原因的共
同作用时，这些原因每次只能研究一个，必须分别地考察它们的作用
规律，如果我们希望通过这些原因来取得预告或者控制结果的能力，
我们就必须这样做……也许，没有哪一个人在他的一生中的活动仅仅
是由于对财富的欲望而没有受到任何冲动的直接或间接的影响。考虑
到人的这部分行为，财富甚至不是人的主要目标，政治经济学也并没
有假装它的结论可用于对此进行解释。但是，在人的活动中也有特定
的部分，在那里取得财富是主要的和众所公认的目的。仅仅对这部分
政治经济学才关心。政治经济学需要采取的研究方式就是要把这个主
要的，公认的目的当作就像真的是人的活动的惟一目的一样；在所有
同等简单的假说里面，这种假说是最接近真真理的。政治经济学家所
研究的是，在我们所提出的人的活动的特定部分里面，如果没有来自
其他因素的阻碍，取得财富的欲望会产生什么样的活动。以这种方式
就可以取得比采取其他可行的方式更接近于人的这部分活动秩序的
理论。[1]

---

[1]　转引自［英］马克·布劳格：《经济学方法论》，北京大学出版社1990年版，第68—
69页。

如果亚当·斯密地下有知，真该重重感谢约·穆勒。正是约·穆勒，对经济人思想的功能方法论意义进行了准确区分和界说。如果人们认真品味和对待约·穆勒的准确区分和界说，就不会产生貌似真实实则虚假的所谓"斯密问题"，也不会让亚当·斯密的后继者把正经歪念，对经济人思想大加讽刺和批判。约·穆勒准确区分和界定的亚当·斯密的经济人思想，逻辑思路非常清楚：第一，经济人思想只不过是出自研究需要而作出的科学假设；第二，这一假设以承认人的动机绝非只有逐利一种为前提；第三，政治经济学有自己特定的研究范围，所以，这一假设只适用人的市场经济行为而非人的所有行为；第四，在此假设指引下，政治经济学的根本目的不是作出道德评价，而是找出人的经济行为的内在秩序；第五，在出于研究目的而作出的所有假设中，相对于市场经济行为而言，这一假设最接近真理。

细心思量便会看出，在约·穆勒的区分和界说中，少了亚当·斯密经济人思想中对关系的重视和揭示，因而少了辩证法的灵气和内容。这一差异不难解释。亚当·斯密并没有自觉意识到对这一假设作出功能和性质的界说，而是径直利用这一假设去研究具体的经济问题，所以，他的侧重点在假设的运用上而不是在对假设自身的区分与说明上。约·穆勒恰好把亚当·斯密忽略的方面作为自己区分和界说的侧重点，他们要解决的是经济人思想与现实市场经济行为，与人的整个行为的关系问题，进而是经济人思想存在的理论根据问题，因此，产生上述的差异是情理之中的事情。

约·穆勒对经济人思想发展历史的贡献非同小可，正是由于他的准确区分和界说，使亚当·斯密的经济人思想不致因遭曲解而被埋没，而是让亚当·斯密的经济人思想以自己的本来面目继续留存在西方主流经济学中，继续保持自己的神韵和理论张力，继续发挥其应该发挥的作用。

确实，不管对经济人思想作实体描述性理解的人如何讽刺、挖苦和批判，亚当·斯密传统的经济人思想还是留存了下来，在当代西方主流经济学中，它以新的姿态和新研究领域的开拓为凭借，重新获得了生命力，屡屡在经济学奖项中的最高层次——诺贝尔经济学奖中获得殊荣。下边，我们将通过三个例证证明，亚当·斯密传统的经济人思想在当代西方主流经济学中所处的地位和所发挥的作用。

例证一。对现代厂商理论和管理理论研究有突出贡献，因此而获1978年度诺贝尔经济学奖的赫伯特·西蒙，在承认、继承亚当·斯密传统经济人思想的前提下，对经济人思想中隐含的前提条件——人的能力无限进行深入思考和重新界定，提出了"有限理性"理论，这无疑是对亚当·斯密传统经济人思想的一个重大贡献。

赫伯特·西蒙认为："仅仅指责人家的缺陷和不足，是无法推翻一项措施，或击败一个竞选人的。你必须提供出替代措施或另一人选。"[①]他这样说，也这样做。在他看来，传统理论假定的经济人是能力无限者，但这种假定背离基本事实，基于此，传统的经济人理论需要作重大修改。[②]如何修改呢？赫伯特·西蒙的思路很简单：既然传统经济人能力无限的假定不符合实际，那就提出符合实际的假定代替它，这个替代物就是"有限理性"说。他把有限理性具体界定为人在生存环境中实际具备的信息存取能力和计算能力，在这里，必须考虑到活动者处理信息能力的限度。[③]具体说，有限理性就是受限制的理性，主要指如下三点：一是活动者不能知道全部备选方案；二是活动者生存其中的环境将会发生意外事件并具有不确定性；三是活动者没有能力计算活动的全部后果。[④]赫伯特·西蒙自信地认为，经济人的有限理性假定与传统经济人思想关于人的能力无限的假定相比，其优点明显可见："古典理论讲的是全知全能的理性，其简洁和漂亮，令人赞叹。此外，那种理论使我们不用站起身来实际观察人类行为，

---

① ［美］赫伯特·西蒙：《现代决策理论的基石》，北京经济学院出版社1989年版，第94—95页。

② 参见［美］赫伯特·西蒙：《现代决策理论的基石》，北京经济学院出版社1989年版，第6、95、7页。

③ 参见［美］赫伯特·西蒙：《现代决策理论的基石》，北京经济学院出版社1989年版，第7、46页。

④ 参见［美］赫伯特·西蒙：《现代决策理论的基石》，北京经济学院出版社1989年版，第82页。

便能坐在椅子里预测它们……所有这些预见效力都来自一个源泉，即对人类行为所处的环境形态所作的刻画。体现着完美理性的那个环境，完全决定了行为。关于理性抉择的行为理论——有限理性论——不具备这种简单性。但是，作为一种回报，它们对人的能力所做的假定，要比古典理论宽松得多。因此，它们对人的知识和计算能力所提出的要求，是比较适中的和现实的。"①

相对于经济人思想而言，赫伯特·西蒙论及的范围只是涉及其中的一小部分，但工作的性质和绩效可圈可点。他顺着亚当·斯密传统的经济人思想的思路往前走，发现其不足之处便设法予以弥补，由此我们说他的工作具有建设性。当然我们必须清醒地意识到，赫伯特·西蒙并没有解决经济人思想中隐含的所有逻辑前提问题，就是人的能力预设问题也只能说朝解决的方向前进了一步，而不能说最终解决了问题。例如，"有限理性"已成为确定下来的基本事实，人的伦理能力却未被涉及，实际上，人的伦理能力也包括在经济人思想的能力预设之中。就像我们不能苛求亚当·斯密一样，我们也不能苛求赫伯特·西蒙，他毕竟前进了一步，理论的发展就是由于无数人的努力，积少成多，一步一个脚印地往前发展的，一步到位的绝对化理论，中看不中用。

例证二。伴随资本主义市场经济的发展，企业所有权与管理权逐渐分离。这种情况在亚当·斯密时代刚露苗头，所以，他不可能予以充分注意，并用经济人思想对此加以分析。②资本主义工业革命以后，企业所有权与管理权的分离已成必然之势，到第二次世界大战以后，它成了资本主义企业的基本存在形式。在这种情况下，企业的管理者虽然不具有企业的所有权，但具有企业钱、财、物的支配权和使用权，他是大公无私的吗？经济人思想假定的人性自私论对他适用与否？或者说，能否用经济人思想分析企业管理者？如果与企业所有权发生分离的管理者是企业家阶层中的

---

① ［美］赫伯特·西蒙：《现代决策理论的基石》，北京经济学院出版社1989年版，第70页。
② 参见［英］亚当·斯密：《国民财富的性质和原因的研究》上卷，商务印书馆1972年版，第44页。

极少数人，用经济人思想探讨这种管理者的行为似乎价值不大，但这种管理者是企业家阶层中的主体，用经济人思想对此加以探讨就显得尤为必要和重要了。兴起于 20 世纪 50 年代的产权学派，适应了这一时代发展的客观需要，用亚当·斯密传统的经济人思想探讨企业的管理者，获得了令人瞩目的成果。由此显示出，作为功能性方法论意义的经济人思想，在当代同样具有生命力，同样具有理论生发性。细细品味，会给我们不少启发。

具体来说，产权学派的经济学家们，利用亚当·斯密传统的经济人思想中的思维方式，但指称目标发生了变化。因为管理者作为一个特殊的市场经济行为者，在亚当·斯密时代还不存在，起码是不成气候："假定每个决策者都受自利动机的驱使，并能有效地达到更好的境地。因此，一个人无论他是苏联的管理者，还是西方的企业家，都假定他在制度结构所允许的限度内追求他自己的目标，他的效用能达到所能达到的均衡状况。"[①]

这里的假定并不是毫无根据的任意想象，因为"观察表明，利润最大化不是企业的惟一目标……一般的结果是，管理者在某些限度内能追求它们自己的目标，因而会将企业导向偏离所有者所期望的利润最大化状况"[②]。例如，"管理者会以牺牲股东的财富为代价去满足他的任何欲望。他所消费的特殊'物品'可能包括奢华的办公室，漂亮的接待员，并不很有效率但更为称心的雇员，利用到拉斯韦加斯和帕尔马海滨开会来进行经常的商业性旅行，等等"[③]。按照产权学派经济学家的看法，这种情况的出现至少有三个方面的原因。最一般性原因是人性自私乃人之通例，没有企业所有权但握有企业管理权的管理者亦不例外。二是特殊原因，资本主义

---

① [美] R. 科思、A. 阿尔钦、D. 诺思等：《财产权利与制度变迁——产权学派与新制度学派译文集》，上海三联书店、上海人民出版社 1994 年版，第 231 页。

② [美] R. 科思、A. 阿尔钦、D. 诺思等：《财产权利与制度变迁——产权学派与新制度学派译文集》，上海三联书店、上海人民出版社 1994 年版，第 219 页。

③ [美] R. 科思、A. 阿尔钦、D. 诺思等：《财产权利与制度变迁——产权学派与新制度学派译文集》，上海三联书店、上海人民出版社 1994 年版，第 223 页。

市场经济只是发展到特定阶段才产生企业所有权与管理权分离这种特殊需要，正是这一点，使纯粹管理者的出现成为可能。三是个别原因，企业所有权分散为股权以后，由于对企业管理权控制的成本增大，导致管理者自身权限的增强。相互制约的双方，一方权能减弱，另一方权能增强，致使管理者利用手中的权力，追求偏离企业利润最大化目标的自身利益，有了实实在在的客观条件，只要他愿意，就能把不便公之于众的想法变为现实。①

从经济人思想发展的历史看，产权学派的经济人思想无疑应占有相应地位。他们的独特贡献在于，根据经济人思想的内在逻辑，对新的客观事实进行概括提炼，使经济人思想的适用范围进一步扩大，使人们能在充分肯定现代管理者对社会经济生活巨大贡献的前提下，也认识到管理行为自身潜在的不利于他人、国家和社会的倾向，并利用法律、道德和社会舆论等手段，有效地抑制这种倾向。

例证三。在亚当·斯密那里，经济人思想是以全称的形式提出来的，这意思是说，社会生活的任何一个领域，都有可能是个人私利的追逐战场。亚当·斯密提出问题的形式与对问题的实际回答不怎么相符，因为他基本上局限于经济生活领域展开自己的思想体系。亚当·斯密的行为似乎形成了固定的模式，起码政治生活领域中的人是否为私利的追逐者这一问题，沉寂了近二百年的时间。公共选择学派的创始人之一布坎南说："从来没有类似的假设，用以分析个人在政治或公共选择任务和位置上的行为，不管这个人是投票过程中的参加者还是政治团体中的代理人。不论是古典经济学家或他们的后继人均未提出过像这样的假设。也从未有过从个人选择行为演绎出'政治的经济理论'。"② 这种状况的必然伴随物是政治人或说"公务人"（Public man）被人们视作"圣人"。③ 这种"圣人"在

---

① 参见［美］R.科思、A.阿尔钦、D.诺思等：《财产权利与制度变迁——产权学派与新制度学派译文集》，上海三联书店、上海人民出版社1994年版，第220页。

② ［美］布坎南：《自由、市场和国家》，北京经济学院出版社1988年版，第24页。

③ 参见［美］布坎南：《自由、市场和国家》，北京经济学院出版社1988年版，第37页。

自己的公务活动中没有自己的私利要追逐，一切行为均在为公。①

布坎南的话我们应从两个角度理解。他之所以如此说的根本目的是为自己提出"公务人"同样是私利追逐者的观点作历史和逻辑的铺垫，这无可非议；但要说自己的观点是毫无历史凭借和理论渊源的独创，那就有点离谱了。

我们先从第二个角度看问题。毫无疑问，布坎南的观点有历史凭借和思想渊源，这表现于三个方面：哲学、经济学和社会学。哲学方面的有关内容本章第一节已有论及，此处不再赘述。经济学方面，萨伊对问题的提出和论述已经很清楚了：政府同样具有强烈的利己心，公务人为了私利同样可以贪赃枉法。② 英国社会学家赫伯特·斯宾塞把问题交代得更清楚："人仍然是自私的，这是一个尚可确定的事实。符合这个形容词的人将会为他们自己的利益使用放在他们手中的权力，这是自明之理。直接地或间接地，无论用这种或那种手段，如果不是公开地就是秘密地，总要为他们私人的目的服务。既然承认人是自私的这一命题，我们就无法避免下面的推论：拥有权威的那些人，如果得到允许，就会为自私的目的而使用权威。"③

布坎南顺着亚当·斯密开启的思路继续前进，在新形势下，面对新的社会历史课题，提出了自己的观点。他认为，公务人必须被看作是一有机会便会追逐个人私利的经济人，因为政治运作过程与市场运作过程类似，政治活动中的人与市场经济活动中的人一样是私人利益的追逐者。④ 布坎南确立公务人像经济人一样是个人利益追逐者的观点不是根本目的，他只不过以此为手段、为武器，反对凯恩斯主义经济学味道的宏观经济调控政策和社会福利计划，他的理想目标是返回到亚当·斯密描述的自由竞争的

---

① 参见 ［美］布坎南：《自由、市场和国家》，北京经济学院出版社 1988 年版，第 39 页。

② 参见 ［法］萨伊：《政治经济学概论》，商务印书馆 1963 年版，第 214、193 页。

③ ［英］赫伯特·斯宾塞：《社会静力学》，商务印书馆 1996 年版，第 91 页。

④ 参见 ［美］布坎南：《自由、市场和国家》，北京经济学院出版社 1988 年版，第 36—37、88、91、5 页。

理想王国中去。

从第一个角度看问题，布坎南对经济人思想的发展作出了巨大贡献。首先，第二次世界大战以后，凯恩斯主义经济学盛行，与此相对应，政府干预市场经济运作过程的力度大大加强，范围逐步扩大，这导致了政府官员的权力非昔日可比。政府官员的行为是否超越了私利而能做到正确和公正？这是时代提出的课题，布坎南以亚当·斯密的经济学理论为指导，成功地解决了问题：政府官员的另一面就是经济人，因此，政府官员的行为同样需要法律的规束和道德的检视。其次，公务人与经济人必然联系的揭示使亚当·斯密的经济人思想顺理成章地多了一个适用领域，即公共政治生活领域，这种政治生活领域中流动着大量的经济及其他方面的资源，所以，这使得经济人思想具有了更广泛的适用性。最后，布坎南在新的时代、以新的事实证明：亚当·斯密传统的经济人思想具有极大的理论张力和生发性，因为他的公共选择经济学，两大理论支柱之一便是亚当·斯密的经济人思想。实际上，另一理论支柱——交换理论，应当说是亚当·斯密经济人思想的有机组成部分。①

我们不能小看布坎南自夸为创新实则为旧话重提的经济人理论，因为我们正经历着一部分以公务人身份活跃于社会生活舞台的经济人离开法律和道德追逐个人私利最严重也是最疯狂的时期。如何从立法、执法和司法三个层面上制度性地解决这一为害民族和普通百姓的问题，是摆在我们面前的刻不容缓的任务。布坎南的经济人思想为我们改变中国传统文化中的人治恶习，从制度上彻底解决这一问题提供了思考问题的逻辑前提。公务人背离法律和道德追逐私利，不仅是逻辑推演的必然结论，而且也为触目惊心的经验事实所证实。那些公务人的贪得无厌、胆大妄为、无孔不入、寡廉鲜耻的恶绩，让人深恶痛绝得透不过气来。西方国家也经历过这样的时期。它们利用经济人思想基本上解决了这一问题。这是人类精神文明和政治文明的最大成果之一，我们有什么理由不借来一用呢？

---

① 参见［美］布坎南：《自由、市场和国家》，北京经济学院出版社 1988 年版，第 23 页。

第六章　经济个人主义思想的哲学隐喻——"看不见的手"

亚当·斯密"看不见的手"的思想是著名的。著名的原因有二：一是思想用比喻表达，形象生动，易于理解和传播；更主要的是比喻深藏的意味无穷、运思精妙、主旨凸显、功能完备的思想。从这个角度看问题，它当然是经济学的隐喻，但更是哲学的隐喻。二百余年来，学者们在经济学层面上用功既勤且深，但哲学层面似乎受到了冷落，本章目的是再现隐喻中蕴涵的哲学思想。

这一哲学思想的具体内容及特点是什么呢？概括地说，它涉及经济个人主义思想的认识论基础、辩证法特点、历史观本质、伦理学依据以及经济个人主义思想的理论缺陷等内容。与其他人的经济个人主义思想相比，亚当·斯密通过"看不见的手"这一哲学隐喻，使经济个人主义思想充分展示出自己的特点，这就是把它还原到资本主义市场经济的运行过程之中，揭示出经济个人主义思想在自己的社会和经济母胎中运转和发挥作用的过程与机制。这一特点非同小可，因为它使经济个人主义思想的框架、基调、走向和思维方式被确定下来，后继者据此可以拓展经济个人主义思想的新空间，如哈耶克；概摄资本主义市场经济运行的新现实，如凯恩斯；找到经济个人主义思想发展的新向度，如科思和布坎南。这说明，通过"看不见的手"这一哲学隐喻展示给我们的经济个人主义思想是立体性、开放性和动态的。

第一节 "看不见的手"思想的理论渊源

在亚当·斯密一生的文字著述中，曾用"看不见的手"思想说明四个领域中的问题：自然科学、法学、经济学和哲学。粗略统计，直接运用比喻或不出现比喻但讲到类似思想的地方，不下十四次之多。[①] 从思想内容博深、涉及领域广泛和运用次数众多三个方面看，"看不见的手"的思想既非空穴来风，也非一时心血来潮，而是有着深厚广博的理论渊源。细心想来，在对亚当·斯密研究的历史中，人们之所以忽略哲学层面上的含义，没有注意到其理论渊源，可算是根本原因之一。

在研究"看不见的手"思想的理论渊源问题时，有三点需要我们注意。一是这一思想的理论渊源与亚当·斯密整个经济学体系的理论渊源二者之间有必然联系，虽然有时各有侧重，但在本质上是一个东西。二是它的理论渊源有宏观和微观之分。宏观者，涉及思想传统之久远可追溯到古希腊罗马时代，涉及学科也不仅仅是经济学，甚至主要的还不是经济学，此外还有自然科学、文学、哲学、伦理学、政治学，甚至宗教学等。亚当·斯密提出这一思想时，给予启发者，也不仅仅是英国人的思想，实质上，西欧当时的整个学术氛围，是亚当·斯密最根本的启发者。微观者，则是具体到一个学者甚至一个学者的一个观点启发了亚当·斯密，成为"看不见的手"思想的有机组成部分。三是"看不见的手"思想与其理论渊源二者之间的关系机制有两种：一为直接式，像休谟、曼德维尔和魁奈诸人，其学术观点直接促使和启发亚当·斯密提出"看不见的手"的思想；二为间

[①] 参见 [英] 亚当·斯密：《道德情操论》，商务印书馆1997年版，"译序"第17页（还见 [美] 亨利·威廉·斯皮格尔：《经济思想的成长》，中国社会科学出版社1999年版，第191页），正文第230、302页。[英] 亚当·斯密：《关于法律、警察、岁入及军备的演讲》，商务印书馆1997年版，第184—185、196页。[英] 亚当·斯密：《国民财富的性质和原因的研究》，商务印书馆1972、1974年版，上卷，第15、260、334、13—14页；下卷，第30、27—28、7、252、25页。

接式，许许多多的学者、思想家以其自己的思想影响时代，营造了特定的时代精神氛围和主流趋向，特定的时代精神氛围和主流趋向促使和启发亚当·斯密提出"看不见的手"的思想，像法国重农学派、法国启蒙学派、英国的经验主义哲学传统，就是这种关系机制的典型例证。

　　包括亚当·斯密在内的西方人都是在基督教的文化氛围中成长起来的，因此，西方人的精神世界，包括用文字表达出来的那一部分，不可能不打上基督教文化氛围的印记。具体到亚当·斯密"看不见的手"的思想，我们可以说最早、最终（从思维方式角度说）的影响和渊源来自《圣经》。《圣经》的开篇是《创世记》，正是在这里，上帝的无形之手或说"看不见的手"，在六天之内创造了世界。在思维方式上，上帝的无形之手与亚当·斯密"看不见的手"之间起码有四点类似之处。第一，这只"手"非个人意志所能左右；第二，"看不见的手"在活动（在上帝那里是劳动，在亚当·斯密那里是追逐私利的经营活动）；第三，这只"手"的活动造成既定秩序；第四，这种秩序，人类只能适应、顺从它，不能反抗它，更不能改变它。实际上，在基督教的文化传统中，确实有人利用"看不见的手"的隐喻说明特定的道理。早在17世纪，这一短语就出现了，查理二世国王的牧师约瑟夫·格兰维尔（1630—1680）曾写道："大自然在万物之中都通过看不见的手发挥作用。"①

　　对西方人而言，与基督教文化传统同等重要的还有一大文化背景，这就是古希腊罗马文化。在这一文化传统中，是否有类似"看不见的手"思想的萌芽或因素足以启发亚当·斯密提出"看不见的手"的思想或有助于提出这一思想呢？哈耶克的挖掘和论述极有见地："当阿里斯托芬提到下面的寓言时，他指的就是这种信念：古时有个寓言说，吾辈愚蠢的算计与虚妄，皆被迫为公益效力。——这是一种那个国家并不陌生的感觉。"② 哈

---

① 转引自［美］亨利·威廉·斯皮格尔：《经济思想的成长》，中国社会科学出版社1999年版，第72—73页。

② ［英］F.A.冯·哈耶克：《经济、科学与政治——哈耶克思想精粹》，江苏人民出版社2000年版，第576页。

耶克还认为，古希腊自然与人为二分法的思维方式至今余感犹存。[①]正是顺着这两种思路，产生了近代以来的自然法理论和人为设计思想，而自然法思想恰似亚当·斯密包括"看不见的手"思想在内的整个思想体系最切近的理论渊源。

《经济思想的成长》一书的作者斯皮格尔认为，牛顿的自然体系与秩序思想，在当时的英国，尤其是苏格兰有巨大影响，大学则是传播牛顿思想的前沿。[②]此话可信度如何？具体到亚当·斯密的情况如何？作为佐证，亚当·斯密曾在格拉斯哥大学热心帮助瓦特搞蒸汽机的科学实验。就直接的证据而言，最好是看看亚当·斯密自己如何说："当艾萨克·牛顿爵士以卓越的天才和洞察力发现，他可以通过一个如此为人熟知的联系原则（如重力）——这个原则完全消除了迄今为止人们在想象中所感受到的全部困难——将所有行星的运动联系在一起时，他……达到了……在哲学中从来没有过的最大，而且令人赞叹的改进。"[③]"……牛顿的方法无疑是最有哲学意义的，在每一门科学中，不管是道德科学（当亚当·斯密说这番话时，经济学还没有从道德科学中分离出来——引者注）还是自然科学，都具有广泛的独创性，而且比起其他方法也更加迷人。"[④]从这些话中，我们能真切地感受到，牛顿的思想，尤其是方法论思想，在亚当·斯密的思想成长中发挥作用，当是不争的事实。

不仅如此，亚当·斯密在提出"看不见的手"思想时，还受到了当时西欧整个思想氛围，尤其是法国重农学派、启蒙学派的强烈影响。下述三个方面的理由足以证明这一点。其一，1765年10—12月间，亚当·斯密访问日内瓦，其间，多次到离城7公里的费尔奈拜访伏尔泰，并同他就

---

① 参见［英］F.A.冯·哈耶克：《经济、科学与政治——哈耶克思想精粹》，江苏人民出版社2000年版，第575页。

② 参见［美］亨利·威廉·斯皮格尔：《经济思想的成长》，中国社会科学出版社1999年版，第191页。

③ 转引自陶永谊：《旷日持久的战争》，陕西人民出版社1992年版，第4—5页。

④ 转引自陶永谊：《旷日持久的战争》，陕西人民出版社1992年版，第5页。

政治制度问题交换意见。1765 年 12 月至 1766 年 10 月，他在巴黎留居 10 个月，会见法国启蒙运动和重农学派几乎所有重要的人物：狄德罗、达朗贝、孔狄亚克、魁奈、杜尔哥、老米拉波等，经常与他们交谈的是经济学、哲学、政治学、文学等方面的问题，而《国民财富的性质和原因的研究》一书正是从 1764 年开始写作的。其二，亚当·斯密曾想把《国民财富的性质和原因的研究》题献魁奈，只因魁奈于 1774 年去世才未成事实。其三，当时西欧的不少思想家虽然未用"看不见的手"这一短语，但较为明确、直白地表达了这一思想。例如，斯宾诺莎说："假如每一个人愈能寻求他自己的利益时，则人们彼此间便最为有益。"[①] 又如，法国哲学家拉洛席福科说："自爱似乎是受骗的善良天性，当我们为别人的利益工作时它似乎就忘记自己了。然而，那只是最可靠的达到我们目的的办法；它借口赠与而在作高利的货与；简言之，它是最狡猾、最微妙的赢得每一个人欢心的手段。"[②] 稍做调查便知，如此表白者，在当时的西欧大有人在。[③] 可见，"看不见的手"的思想在当时的西欧是不少人思维的定势和路向。

与宏观层面相比，在微观层面上，亚当·斯密在提出"看不见的手"思想时，受到的影响和启发更直接，在作用上更重要。因为，这些人或是他的生死之交，或是直接的授业老师，或者虽未曾谋面，但神交已久且深，在作用上，与授业老师无异。

休谟以哲学怀疑论著称于世，但他对亚当·斯密的影响却是在人性论上。这种影响不仅直接，而且作用巨大，休谟在自己的遗嘱中指定亚

---

① 周辅成编：《西方伦理学名著选辑》上卷，商务印书馆 1987 年版，第 634 页。

② 周辅成编：《西方伦理学名著选辑》下卷，商务印书馆 1987 年版，第 5 页。

③ 参见周辅成编：《西方伦理学名著选辑》下卷，商务印书馆 1987 年版，第 76、89 页；[英] F.A. 冯·哈耶克：《自由秩序原理》上卷，生活·读书·新知三联书店 1997 年版，第 339 页；[英] F.A. 冯·哈耶克：《经济、科学与政治——哈耶克思想精粹》，江苏人民出版社 2000 年版，第 334、524、594 页；[美] 亨利·威廉·斯皮格尔：《经济思想的成长》，中国社会科学出版社 1999 年版，第 650、651、72—73、521、588 页。

当·斯密处理自己的文稿一事就足以说明这一点。[①] 在提出"看不见的手"思想时，休谟对亚当·斯密的影响主要表现在两点上。一是为亚当·斯密提供了功能性因而是最切近的逻辑前提："政治作家已将它作为一个座右铭：即在设计任何管理体制、设定一些检查和控制制度时，每一个人都应被看做是'无赖'，在他的所有行为中，除了他的私利之外再无别的目标。"[②] 二是直接地为亚当·斯密揭示了"看不见的手"在私利追逐过程中的运行机制："人类因为天性是自私的，或者说只赋有一种有限的慷慨，所以人们不容易被诱导了去为陌生人的利益作出任何行为，除非他们要想得到某种交互的利益，而且这种利益只有通过自己作出有利于别人的行为才有希望可以得到的。"[③]"因此，我们就学会了对别人进行服务，虽然我对他并没有任何真正的好意；因为我预料到，他会报答我的服务，以期得到同样的另一次的服务，并且也为了同我或同其他人维持同样的互助的往来关系。"[④] 尽管表述方式有差别，细加对照便知，在亚当·斯密的著述中，尤其在《国民财富的性质和原因的研究》中，不难发现与休谟思想一致的对应之处。

马克思数次说亚当·弗格森（Adam Ferguson，1723—1816）是亚当·斯密的老师。师之何处呢？熊彼特认为，弗格森的自然法哲学观点直接影响了亚当·斯密。[⑤] 马克思则认为，对分工有害后果的批判性分析，亚当·斯密受到了弗格森的强烈影响。[⑥] 哈耶克的关注点和具体分析与此不同，他认为，弗格森对亚当·斯密的贡献是发现了不同于源自古希腊的自然秩序和人为秩序的第三种秩序："只是到了 18 世纪，弗格森才终于指

---

① 斯密与休谟交往密切程度，下述事实可见一斑：二者互相指定自己的对方作文字上的遗嘱执行人。参见 [英] 休谟：《人性论》（下），商务印书馆 1996 年版，第 781、782 页。

② 转引自 [英] 马克·布劳格等：《经济学方法论的新趋势》，经济科学出版社 2000 年版，第 292 页。

③ [英] 休谟：《人性论》（下），商务印书馆 1996 年版，第 559—560 页。

④ [英] 休谟：《人性论》（下），商务印书馆 1996 年版，第 561 页。

⑤ 参见 [美] 约瑟夫·熊彼特：《经济分析史》第 1 卷，商务印书馆 1996 年版，第 279 页。

⑥ 参见《马克思恩格斯文集》第 5 卷，人民出版社 2009 年版，第 410、419 页。

明，它们虽可归因于人的行为，却不可归因于人的设计，它们既可以视为自然现象，也可以视为习俗，这全看采用哪一种区分方法。"①这是被哈耶克称之为出自英国传统的自生自发秩序。②这一秩序的具体样态如何？弗格森有过经典性描述："芸芸众生的每一个步骤和每一个行动，即使在我们的启蒙时代，都是在对未来茫然无知的情况下作出的。各国摸索出一些典章制度，那固然是人类行为的结果，却不是因为实施了任何人类的设计。如克罗姆维尔说，当一个人不知道自己要去哪儿时，他绝不可能达到更高的境界；但是更有理由用那些社会来证实：它们赞同最伟大的革命，但其中没有任何变化是它们意料到的；即或最老练的政治家也并不总是清楚，他们按照自己的计划会把国家引向何处。"③上述三个人的看法都有道理，但与我们的论题最为切近者，当是哈耶克。确实，"看不见的手"理论设想的理想化的秩序状态，就是作为结果出现的自生自发秩序。从这个意义上说，弗格森直接、要害地影响了亚当·斯密提出"看不见的手"思想，是能够确立的基本事实。

曼德维尔对亚当·斯密的影响问题，西方学术界向有争论。直到现在，还有学者以亚当·斯密曾著文批评《蜜蜂的寓言》为由，否认亚当·斯密曾受到曼德维尔强烈影响的事实。④我们有两个例证说明，亚当·斯密在提出"看不见的手"思想时，确实受惠于曼德维尔很多。一是马克思曾指出，亚当·斯密虽未注明出处，但直接抄引曼德维尔《蜜蜂的寓言》一

① ［英］F.A.冯·哈耶克：《经济、科学与政治——哈耶克思想精粹》，江苏人民出版社2000年版，第522、546页。

② 参见［英］F.A.冯·哈耶克：《自由秩序原理》上卷，生活·读书·新知三联书店1997年版，第63—65页；还见《法律、立法与自由》第1卷，中国大百科全书出版社2000年版，第19页。

③ 转引自［英］F.A.冯·哈耶克：《经济、科学与政治——哈耶克思想精粹》，江苏人民出版社2000年版，第588页。

④ 参见［美］亨利·威廉·斯皮格尔：《经济思想的成长》，中国社会科学出版社1999年版，第195页。亚当·斯密对曼德维尔的批判见《道德情操论》，商务印书馆1997年版，第405—415页。

书中的相关观点。① 二是熊彼特虽为用心不良地猜测但也不是毫无道理地指出："斯密肯定感觉到了，曼德维尔的论点正是斯密自己的纯天赋自由论的一种特殊形式。读者不难体会到，这一事实一定会严重震动这位可敬的教授，特别是假如他真的从这本触怒了众人的小册子中学到了一些东西的话。"② 曼德维尔究竟在《蜜蜂的寓言》以及后来的作品中表达了什么思想影响了亚当·斯密呢？哈耶克认为，"曼德维尔是亚当·斯密经济自由观点的先驱，这是他长期以来得到公认的地位……"③ 他这样讲的根据是："随着曼德维尔在后来的散文作品中对他最初的奇谈怪论进行捍卫和发挥，有一点逐渐变得明确起来：这种现象仅仅是某个非常普遍的原则的一个实例，他那种激起所有道德义愤的特殊对比，同这个原则几乎毫不相干。他的主要主张变得十分简单，在复杂的社会秩序中，人们的行为结果同他们所设想的非常不同，个人在追求自己的目标时，无论是出于自私还是利他，都会产生一些他们并未预料甚至一无所知的对他人有用的结果。最后的结论是，整个社会秩序，甚至我们称之为文化的全部现象，都是并不以这种文化为目的的个人努力的结果，而这种结果，又通过并非被有意发明、而是因为成功的生存而发展起来的各种制度、习惯做法和规则，服务于个人目的。""正是在构想这个更具普遍性的论点时，曼德维尔第一次完整地提出了有序的社会结构——法律和道德、语言、市场、货币以及技术知识的发展——自发生长的经典模式。要想理解它的重要意义，就必须了解在过去两千年里很难将这些现象纳入其中的那个概念框架。"④ 自生自发秩序——曼德维尔虽然没有提出这一概念，但确实恰切地表达了这一思

---

① 参见《马克思恩格斯文集》第 5 卷，人民出版社 2009 年版，第 411 页。

② [美] 约瑟夫·熊彼特：《经济分析史》第 1 卷，商务印书馆 1996 年版，第 280 页。对亚当·斯密观点的原创性持怀疑态度者，不仅仅是熊彼特，还可参见 [英] 迈克尔·佩罗曼：《资本主义的诞生》，广西师范大学出版社 2001 年版，第 173 页。

③ [英] F.A. 冯·哈耶克：《经济、科学与政治——哈耶克思想精粹》，江苏人民出版社 2000 年版，第 581 页。

④ [英] F.A. 冯·哈耶克：《经济、科学与政治——哈耶克思想精粹》，江苏人民出版社 2000 年版，第 574—575 页。

想，正是靠这一点，他在西方思想史上留下了独特印迹，也表明他对亚当·斯密在提出"看不见的手"思想时有影响以及影响是什么。"看不见的手"以哲学隐喻的形式所竭力揭示的，不正是这种思想吗？

毋庸讳言，在提出"看不见的手"思想时，亚当·斯密受到的直接影响不仅仅是这三个人，其他人如洛克、哈奇森、魁奈等，也发挥了同样的作用。但三个人的具体影响作用足以说明：亚当·斯密"看不见的手"的思想，确有其明显深博的理论渊源。

第二节 "看不见的手"思想的理论框架

"看不见的手"思想理论来源的渊博广远，向我们预示着它的基本特点：如果只从经济学角度加以理解和把握，肯定会出现内容上挂一漏万的后果，因为它的理论框架除经济学层面的含义以外，哲学层面的含义更加丰富深刻。

（一）"看不见的手"思想的哲学基础

在《自由秩序原理》一书中，哈耶克不厌其烦地梳理以"看不见的手"思想为典型代表的英国传统的历史线索和基本框架，其哲学上的概括是经验主义。[1] 在他看来，此为"看不见的手"思想的认识论基础。这一认识论基础，其历史渊源可追溯于古希腊罗马，近代的典型则是休谟、弗格森和曼德维尔，[2] 亚当·斯密处于这一历史线索的中间。确实，亚当·斯密在不少地方表述"看不见的手"思想时，其认识论内容与经济学内容紧密

---

[1] 参见［英］F.A.冯·哈耶克：《自由秩序原理》上卷，生活·读书·新知三联书店1997年版，第63—65页。

[2] 参见［英］F.A.冯·哈耶克：《经济、科学与政治——哈耶克思想精粹》，江苏人民出版社2000年版，第584、587、611、616—617页。

地交织在一起：要履行监督、指导私人企业的义务，"君主们极易陷于错误；要行之得当，恐不是人间智慧或知识所能做到的"①。"如果政治家企图指导私人应如何运用他们的资本，那不仅是自寻烦恼地去注意最不需注意的问题，而且是僭取一种不能放心地委托给任何个人、也不能放心地委之于任何委员会或参议院的权力。把这种权力交给一个大言不惭地、荒唐地自认为有资格行使的人，是再危险也没有了。"②"大多数人对于自己的才能总是过于自负。这是历代哲学家和道德家们所说的一种由来已久的人类通病。"③ 此处如此多地引证亚当·斯密，目的在于较为完整地再现"看不见的手"思想的认识论基础及其特点。这一认识论基础的逻辑思路清晰，构成要素完备。首先，就经验性的事实而言，个人的认识能力有限，经济活动的当事人和官员都是如此。其次，由于经济活动的当事人是利害所系者，信息的收集和经验的积累两个因素使然，他对事物的判断比政府官员要正确得多，就是君主也不能例外。加上失败教训的自我教育和试错作用，这一点进一步得到加强。再次，政府官员由于是非当事人的私利追逐者，信息收集相对而言少于当事人、经验丰富程度不如当事人，所以，从认识论的内在机制角度看，政府官员对经济的胡乱干预，有百害而无一利。最后，由上述三点决定了："看不见的手"思想的认识论基础的特点是，在继承英国经验主义哲学传统的前提下，有机统一地把认识论内容与价值立场结合在一起，给人以哲学认识论、经济学真理的印象；同时，自由主义的价值立场就包藏其中，并随上述二者传播出去。这只是"看不见的手"思想认识论前提的一个层面。就另一个层面而言，事情可能并不如此简单，因为其中还有人的认识能力无限论的倾向。这是亚当·斯密并没

---

① ［英］F.A. 冯·哈耶克：《经济、科学与政治——哈耶克思想精粹》，江苏人民出版社 2000 年版，第 252 页。

② ［英］亚当·斯密：《国民财富的性质和原因的研究》上卷，商务印书馆 1972 年版，第 99 页。

③ ［英］亚当·斯密：《国民财富的性质和原因的研究》下卷，商务印书馆 1974 年版，第 27—28 页。

有自觉意识到的、有可能出现自相矛盾的地方。

在历史观上，"看不见的手"思想遵循的是线性进步历史观。实际上，以过去、现在和未来三维时间结构搭建起来的线性历史观，是西方文化从古至今的灵魂之一。近代以来西方文化对内含于线性历史观中进步因素的顶礼膜拜自不待言，就是古代，情况也是如此。[①]在西方文化的渊源之一《圣经》中，有伊甸园时期，有偷吃禁果后的人类罪苦时期，其后便是灵魂得救的天国时期。在亚当·斯密看来，历史进步的关键是让"看不见的手"依法尽情地发挥作用，否则，历史便会停滞。事实是，亚当·斯密对与进步正相反对的停滞有一种本能的惧怕和厌恶情绪。他的《国民财富的性质和原因的研究》一书，据不完全统计，至少有十几次提到中国，其中7 次是说中国由于忽视、轻视、蔑视对外贸易而陷入停滞状态。[②]不仅如此，他还把社会进步状态视为最理想的状态："也许值得指出，不是在社会达到绝顶富裕的时候，而是在社会处于进步状态并日益富裕的时候，贫苦劳动者，即大多数人民，似乎最幸福、最安乐。在社会静止状态下，境遇是艰难的；在退步状态下，是困苦的。进步状态实是社会各阶级快乐旺盛的状态。静止状态是呆滞的状态，而退步状态是悲惨的状态。"[③]正是由于线性进步历史观的支撑，"看不见的手"思想才有了表示存在的理由，尽情发挥作用的文化氛围和批驳各种相反论调的有力武器。或许，我们可以从中受到一点启发，"看不见的手"思想长期以来不能在中国发挥作用，与我们秉持的儒家"祖宗之法不能变"的逆溯式历史观有直接关系。

在人性观上，"看不见的手"思想承袭了当时西欧，尤其是英、法两国哲学家的观点，坚持人性自私论。在把握这一点时，有三个方面的内容

---

① 参见［美］理查德·布隆克：《质疑自由市场经济》，江苏人民出版社 2000 年版，第 28—62 页。

② 参见［英］亚当·斯密：《国民财富的性质和原因的研究》上卷，商务印书馆 1972 年版，第 337、182、87、65、19 页；下卷，商务印书馆 1974 年版，第 246—247、67 页。

③ ［英］亚当·斯密：《国民财富的性质和原因的研究》上卷，商务印书馆 1972 年版，第 74—75 页。

特别需要我们注意。第一，人性自私论对于"看不见的手"思想，进而对于亚当·斯密的整个经济学体系甚至对整个西方资产阶级主流经济学，具有生命攸关的重要意义。没有人性自私论，上述一切都无从谈起，因为人性自私论是"看不见的手"思想的最基本和最重要的逻辑前提。第二，对于这里的人性自私论，有两个理解角度。其一是事实描述性理解。这种理解方式不仅不是亚当·斯密的本意，而且也会涉及逻辑上无法解决的问题。就是在现实经验论证上，也会陷入永远无法确证的死胡同。德国历史学派经济学家提出的所谓"斯密问题"，实际是一个根本不存在的伪问题，因为错误的理解方式导致问题的出现，换一种理解方式，就不会提出"斯密问题"。其二是功能发挥性理解。这意思是说，把人性自私论作为逻辑假设，着眼点和注意力不是径直地用它去描述人的真实存在状态，而是把它作为逻辑前提，由此出发演化一套系统理论。它发挥的是逻辑前提的功能，至于自身的事实验证，方式较为独特：系统理论导致的社会现实验证理论，对理论的验证就是对逻辑前提的验证。两种理解方式交织在一起会形成难以摆脱的怪圈，人们理解不了"看不见的手"思想或错怪"看不见的手"思想，可以说这是重要原因之一。第三，理解至此，并非是万事大吉，因为同样是依循人性自私论的逻辑大前提，会导致截然分立的两种理论后果：人为设计思想和自生自发思想，这恰恰是哈耶克不厌其烦、精梳细爬的主题。

在社会观上，"看不见的手"思想建基于"天赋人权论"之上："禁止人民大众制造他们所能制造的全部物品，不能按照自己的判断，把自己的资财与劳动，投在自己认为最有利的用途上，这显然是侵犯了最神圣的人权。"①"劳动所有权是一切其他所有权的主要基础，所以，这种所有权是最神圣不可侵犯的。一个穷人所有的世袭财产，就是他的体力与技巧。不让他以他认为正当的方式，在不侵害其他邻人的条件下，使用他们的体力

---

① [英] 亚当·斯密:《国民财富的性质和原因的研究》下卷，商务印书馆 1974 年版，第153 页。

与技巧，那明显的是侵犯这最神圣的财产。"①凝结于语句中的，不仅是理智，还有炽热的情感。不过，我们必须记住，这同样是逻辑假设，因为经验归纳的方法无法证明。具体说，权力的源泉何在？人们命其名曰"天"。"天"何谓？假如"天"为自然之天，便与命题的主旨不相符合；假如"天"为上帝之天，便与命题的主旨相悖。把话说白了，这里的"天"就是包括所有私利追逐者在内的人自己，人自己赋予自己权利。正是由于"天赋人权"，宗教势力对"看不见的手"尽情发挥作用的无端指责显得毫无依凭，封建势力对"看不见的手"肆意表现自己的蛮横干涉，看起来没有一点道理，也正是因为如此，私利追逐者利用"看不见的手"达到自我救助、自我实现和自我完善的目的，便是天经地义、合情合理。

（二）"看不见的手"思想揭示了市场经济运行的内在机制

不管西方（主要是中世纪时期）还是中国，长期以来困扰人们的问题之一是，在经济活动中，动机与效果、利己与利他、手段与目的、公平与效率这一系列对立统一的矛盾在理论和实践两个方面，都难以很好地解决。试图解决的大有人在，但一种解决办法的提出，马上会诱发出一种或数种与此相反或相左的看法与之抗辩和争雄。

造成如此后果的原因是什么呢？原因可以找出许多，但有一点往往被忽略，这就是没有发现二者之间协调一致的内在机制。市场经济的出现和畅行于世，逼迫人们不得不找到这一内在机制，因为没有恰切、深刻又易于被人理解的内在运行机制的说明，人们的心理、习俗和理解以及由这三者衍生的经济政策，都会与市场经济的运行现实相抵触、相抗衡。具体说，找不到运行机制的深层原因，就会在理论和实践两个方面找不到既能真正协调二者之间关系、又能解决二者之间矛盾的关键性因素，这就是利

---

① ［英］亚当·斯密：《国民财富的性质和原因的研究》上卷，商务印书馆1972年版，第115页。

益的创造。原西德社会市场经济理论之父、也是原西德战后经济重建和腾飞的设计师路德维希·艾哈德把利益的创造这一点推衍到了极致:"必须使蛋糕增大。"①

回过头来看看"看不见的手"思想。它确实揭示出了市场经济运行的内在机制及其创新之处。这一机制的核心因素有两个:利益的调节与利益的创造。就利益的调节而言,与历史上的相关观点比较虽有新颖之处,但毕竟是历史的延续。因为,西方的中世纪和整个中国传统文化,针对此问题的精力都用在了利益调节上。反观"看不见的手"思想,创新之处表现在两点上。一是增加了过去没有的新因素——利益的创造;二是把二者内在有机地结合在一起,使解决问题的思路更宽阔,基础更雄厚,方式更合理。概而言之,利益的调节过程就是利益创造的过程,反之亦然,因为二者之间是有机内在地相互包含,失却了其中的任何一方,自己及其对方都不会成为这一内在机制的真实组成部分。从另一个角度看问题,二者之间同样是有机统一,因为二者之间不能互相替代,但能互相弥补,又能互相促进。仅注意利益的调节因素,情感和精力空耗无效自不待言,就是在实践上,鲜有长期成功的先例。光有利益创造的因素而无利益的调节因素,创造与利益归属的矛盾会凸显出来且不能很好地解决,与此相关的矛盾也会竞相激荡和表现,其结果是社会处于极度的无序状态。从这个角度看问题,"看不见的手"思想对上述一系列矛盾的理论与实践有机统一地解决,就对人类智力发育史的贡献而言,堪与牛顿发现万有引力定律相表彰。

按照思维的逻辑,"看不见的手"通过尽情地发挥作用,顺理成章又恰到好处地解决了动机与效果、手段与目的、利己与利他等烦人的关系问题。这里解决问题的特点是,不是把对立双方看成是截然分立的关系,而是相互包含、相互联系因而一损俱损、一荣俱荣的关系。利己确实是目的,因此人们才尽情地创造利益,但是,利益的获得又必须以利他为手段。具体说,在市场经济中,想赚消费者的钱,抢夺欺诈、白拿强要都不

---

① [德]路德维希·艾哈德:《来自竞争的繁荣》,商务印书馆1983年版,第158页。

行，除了法律制裁以外，就是从纯经营活动角度看，这也无异于自杀行为，因此，手段只有一个，那就是保质保量地为消费者服务。亚当·斯密对这一点有经典性说明："人类几乎随时随地都需要同胞的协助，要想仅仅依赖他人的恩惠，那一定是不行的。他如果能够刺激他们的利己心，使有利于他，并告诉他们，给他做事，是对他们自己有利的，他要达到目的就容易多了。不论是谁，如果他要与旁人做买卖，他首先就要这样提议。请给我以我所要的东西吧，你也可以获得你所要的东西：这句话是交易的通义。我们所需要的相互帮忙，大部分是依照这个方法取得的。我们每天所需要的食料和饮料，不是出自屠户、酿酒家或烙面师的恩惠，而是出于他们自利的打算。我们不说唤起他们利他心的话，而说唤起他们利己心的话。我们不说自己有需要，而说对他们有利。"①

表面看，这些话是以虚伪的市侩语言表达出来的经营活动的经验之谈，实质上，其中深藏的丰富异常的哲学智慧，令我们不得不刮目相看。仅从利己和利他这一对自古以来我们吵不清、辨不明的矛盾看，"看不见的手"思想通过对这一矛盾的解决，就产生了如下结果：

第一，他人被明白宣示为手段，但作为手段的他人在利益上不但未受损害，反而得到了实际的好处。

第二，从矛盾的实际运行过程看，利己确实是矛盾双方的主要一方，事实是，利己的过程同时就是利他的过程，并且利他是利己的基本前提。

第三，在以交换为纽带的社会整体中，任何个人同时既是目的，又是手段，是他人目的实现的手段，是以他人为手段要达到的目的。把话说得具体一点，追求自己的目的必须以利他为手段，他人追求私利时又以我们为手段。

第四，在私利目的中，利他确实不占主导地位，实际效果上，利他及其效果是检验利己目的能否达到以及达到何种程度的唯一判断标准。具体

---

① ［英］亚当·斯密：《国民财富的性质和原因的研究》上卷，商务印书馆 1972 年版，第 13—14 页。

说，利他的实际效果出不来，利己的目的根本无法达到。由此看，利他手段在这一矛盾中的地位上升到了历史上从未有过的新高度，并且具有了外在和内在有机统一的强制性。现在我们明白了，消费者主权论、顾客至上论或极端的说法即顾客上帝论不是拍脑门儿想出来的，而是利己目的实现的内在要求，也就是"看不见的手"的指向与效果必须有机统一。

第五，从"看不见的手"思想的内在逻辑和市场运行的强硬要求看，尊重他人、受社会道德和法纪约束、为他人和社会做贡献，这一系列其他社会中的意识形态口号和道德理想，在"看不见的手"思想及思想导致的市场经济运行实际中，都变为追逐私利行为的内在约束。企业是最鲜明的例证，否则生存保不住，发展就谈不上。

（三）"看不见的手"思想追求的目标和导致的实际结果

在《国民财富的性质和原因的研究》一书中，亚当·斯密把"看不见的手"思想追求的目标从两个层面上作了明确规定。第一个层面是个人富裕和国家富裕，[①] 后来的西方主流经济学家把其中的国家富裕思想视为重商主义残余而抛弃，殊不知，亚当·斯密的看法既正常又正确，后来的主流经济学家实际是邯郸学步和弄巧成拙，是伴随西方经济学学院化而来的学究气，说得重一点儿是病态。第二个层面与第一个层面有必然联系，为了个人富裕和国家富裕，在经济行为中必须讲求效率。为了得到高效率，亚当·斯密从各个角度进行探索，如对分工效率论的极度推崇，[②] 对个人自由的肆意褒扬和捍卫，对政府妄加干预的极度痛恨，等等。

从哲学角度看"看不见的手"思想的追求目标，我们可以分析出许多富有教益的引申性观点。其中最令我们关注者当是在 1776 年以来的二百多

---

① 参见 [英] 亚当·斯密：《国民财富的性质和原因的研究》上卷，商务印书馆 1972 年版，第 342 页；下卷，商务印书馆 1974 年版，第 1 页。
② 参见 [英] 亚当·斯密：《国民财富的性质和原因的研究》上卷，商务印书馆 1972 年版，第 6—11 页。

年时间里，按照这个目标努力的国家、个人，在生存和发展的殊死搏击中成了成功者，与此相反的行为者，有的失败，成为成功者的美餐，有的失败后拣起"看不见的手"思想及其目标论，经过努力，又成为成功者。这已不是狭窄意义上的经济学，而是成为具有普遍启发意义的哲学，是国家和个人得以生存和发展的经济哲学。按照邓小平的说法是自明朝中叶以来，现在流行的说法是自鸦片战争以来，我们恰好是按照相反的思路行事，结果是一再失败，一再屈辱。最近二十几年，我们才真正地回过味来，才真正地意识到，"看不见的手"思想及蕴含的目标是个人和国家得以生存和发展的极具启发意义的经济哲学思想，完全值得也应该仿效和践行。

　　"看不见的手"思想确实有自己的追求目标，在实际的经济运行过程中，目标的实现就是结果。马克思穷毕生精力研究的英国是"看不见的手"思想的故乡，这一思想的肆意畅行产生了什么样的实际结果呢？个人富有和国家强盛曾使英国一度成为"日不落"帝国，至于效率，英国的产业革命直到现在还在对世界产生任何历史事件都无法替代的影响。但是，我们必须记住，这不过是"看不见的手"思想转化为实际行为所产生的表层意义的结果，在深层意义上，它所产生的结果哲学意味更浓，对人类社会生活的影响更广泛、更持久和更深刻。这里的深层意义上的结果，就是"看不见的手"思想所揭示、按这一思想行事所必然导致的特定秩序。

　　这一特定秩序是什么样的？亚当·斯密在《国民财富的性质和原因的研究》一书中对这个问题着墨不多，但在《道德情操论》中有生动形象的揭示："在政府中掌权的人，容易自以为非常聪明，并且常常对自己所想像的政治计划的那种虚构的完美迷恋不已，以致不能容忍它的任何一部分稍有偏差。他不断全面地实施这个计划，并且在这个计划的各个部分中，对可能妨碍这个计划实施的重大利益或强烈偏见不作任何考虑。他似乎认为他能够像用手摆布一副棋盘中的每个棋子那样非常容易地摆布偌大一个社会中的各个成员；他并没有考虑到：棋盘上的棋子除了手摆布时的作用之外，不存在任何别的行动原则；但是，在人类社会这个大棋盘每个棋子都有它自己的行动原则，它完全不同于立法机关可能选用来指导它的那种行动原则。如果这两种原则一致、行动方向也相同，人类社会这盘棋就可以顺利和谐地走下去，并且很可能是巧妙的和结局良好的。如果这两种原则彼此抵触或不一致，这盘棋就会下得很艰苦，而人类社会必然时刻处在高度的混乱之中。"①

用棋局中棋子的运演规则、特点及其结果与棋局直接当事人二者之间才有本质、必然的联系来表达市场经济运行过程中"看不见的手"思想所导致的秩序结果，真是妙不可言，再好不过了。两百多年后，哈耶克把这种"看不见的手"思想所导致的特定秩序概括为自生自发秩序，并且自负地说，这是积 40 年研究得出的最终结论。② 后来，西方学者在评价哈耶克的概括时说，这是哈耶克的最伟大发现，其思想渊源可追溯到亚当·斯密关于"看不见的手"的比喻，这是经济学的第一原则，甚至是唯一原则。③

亚当·斯密的秩序思想、哈耶克的概括和其他人的评价这三者交织在一起，为我们提出了一系列需要思考和回答的问题：哈耶克的概括与亚当·斯密的思想二者之间的真实关系是什么？亚当·斯密的秩序思想创新之处及在人类思想史上的地位如何评价？如果说哈耶克的发掘和概括基本符合亚当·斯密秩序思想的实际，那么，自生自发秩序概念的基本含义是什么？

哈耶克认为，自生自发秩序概念要揭示的特定秩序状态，就是亚当·斯密"依照他那个时代的语言风格，用'看不见的手'这个说法"展示给人们的特定秩序状态。④ 他在另一个地方还说："自发或自我决定的秩序的形成这种概念，就像与此相关的进化概念一样，在被自然科学采用并

---

① ［英］亚当·斯密：《道德情操论》，商务印书馆 1997 年版，第 302 页。

② 参见 ［英］F.A. 冯·哈耶克：《自由秩序原理》上卷，生活·读书·新知三联书店 1997 年版，"中译序"第 11 页。

③ 参见 ［英］F.A. 冯·哈耶克：《自由秩序原理》上卷，生活·读书·新知三联书店 1997 年版，"中译序"第 8 页。

④ 参见 ［英］F.A. 冯·哈耶克：《法律、立法和自由》第 1 卷，中国大百科全书出版社 2000 年版，第 56 页。

发展出这里提到的控制论之前就已有社会科学家提出来了。"①这里的社会科学家是谁？哈耶克并不直接点明而是引证他人的话达到目的："对价格作精密调节的'看不见的手'显然就是这样一个概念。斯密实际上是说，在自由市场上，价格是由消极反馈来调节的。"②

可以有根据地说，虽然在概念使用上相异之处甚多，对一些相关问题的看法也有出入，③但在基本的思想倾向和本质特点上，哈耶克与亚当·斯密一脉相承。他们都是按哈耶克的说法是肇始于古希腊罗马，极盛于17—19世纪的英国自由主义的忠实传人，并各自以特有方式对这种传统的阐扬和发展作出了重要贡献。按照哈耶克的理解，这种自由主义传统就是用"看不见的手"或自生自发秩序揭示和描述的那种状态。

可以肯定地说，哈耶克对亚当·斯密"看不见的手"导致的特定秩序思想，在两点上是忠实地继承和发展，并在新形势下对这种思想的传播作出了重大贡献：一是厘清这一思想学术史意义上的历史地位；二是从不同层面、不同角度阐释其丰富深刻的思想内容。

在亚当·斯密和哈耶克的秩序思想展开过程中，一共涉及四种秩序思想的类型。第一种秩序思想似乎与我们的论题没有必然关涉，如果说它有价值和意义，那只不过在分类学范围之内才是事实，这就是自然界的自生自发秩序，哈耶克曾对此有专门界说。④实际上，即便哈耶克不直接点明，我们也能从达尔文的《物种起源》一书中深切体味出自然界的自生自发秩

① ［英］F.A.冯·哈耶克：《经济、科学与政治——哈耶克思想精粹》，江苏人民出版社2000年版，第362页。

② ［英］F.A.冯·哈耶克：《法律、立法和自由》第1卷，中国大百科全书出版社2000年版，第362页。

③ 例如，在对贵族的看法上，亚当·斯密批评时不留情面，基本持否定态度。（参见《国民财富的性质和原因的研究》，商务印书馆1974、1972年版，下卷，第276页；上卷，第371页及以后各页，第322、318、315、309、306、241页等处）哈耶克则是对贵族持肯定态度。（参见 ［英］F.A.哈耶克：《自由秩序原理》上卷，生活·读书·新知三联书店1997年版，第158、154、108页）

④ 参见 ［英］F.A.冯·哈耶克：《法律、立法和自由》第1卷，中国大百科全书出版社2000年版，第59页。

序到底是什么样的。第二种秩序思想是亚当·斯密和哈耶克共有的，这就是上帝的"无形之手"所创造出来的秩序。① 相对于我们的论题而言，这种秩序思想具有两个方面的价值和意义，一是在分类和比较的意义上，它是秩序思想的特定类型，是与自然界中的自生自发秩序和社会生活中"看不见的手"导致的特定秩序在思维方式层面上有类似之处的秩序类型，但它与伴随笛卡尔的理性主义而来的"人为设计"秩序思想之间有本质区别。二是这种秩序思想是"看不见的手"的秩序思想或哈耶克自生自发秩序思想的理论渊源，起码在思维方式上实际情况肯定是如此。第三种秩序思想是人为设计论，哈耶克终其一生都在研究、分析和批判这种秩序思想，仅在他有代表性的著作中，如《通向奴役之路》、《个人主义与经济秩序》、《法律、立法和自由》、《自由秩序原理》、《致命的自负》和《经济、科学与政治》等，其花费的篇幅和精力几乎与自生自发秩序思想一样多。当然，哈耶克对人为设计的秩序思想持坚决反对、激烈批判的态度，就这一点而言，与波普尔在《开放社会及其敌人》一书中的思想倾向一致。

第四种秩序思想是亚当·斯密和哈耶克以及其他自由主义传统的追随者的理想，他们用不同的形式，从各种不同的角度和层面，努力发掘、整理、阐扬和捍卫这种秩序思想："看不见的手"所导致的秩序或自生自发秩序。哈耶克非常刻意地突出和强调这一秩序思想，认为找到它是一大发现，它的存在是不同于纯自然和人为设计的第三种类型的思想传统："无论是公元前5世纪的希腊人，还是此后两千年里他们的后继者，都没有发展出一种系统的社会理论，对人类行为的意外结果作出明确的说明，或是对任何行动者都未曾设想的行为中自发形成的秩序或成规加以解释。因此也必须搞清楚，在完全独立于人的行为这个意义上的自然现象，和人类设计的产物这个意义上的人为或习俗现象间，还需要插入第三个类别，

①　参见〔英〕亚当·斯密：《道德情操论》，商务印书馆1997年版，第304—306页；〔英〕F.A.冯·哈耶克：《自由秩序原理》上卷，生活·读书·新知三联书店1997年版，第67页。

它是一个独特的范畴，涵盖了我们在人类社会中发现的、应当由社会理论承担起解释任务的全部出乎意料的模式和成规。"①确实有人以"我不下地狱谁下狱"的勇气承当了这一历史重任，"首当其冲的作者当推曼德维尔。不过全面的阐述却要等到孟德斯鸠、特别是大卫·休谟、塔克(Josiah Tucker)、弗格森和亚当·斯密。斯密的'看不见的手'——人们通过它'促进了并不属于他们意图之一部分的目的'——这一说法受到的令人不解的嘲讽，一度埋没了这个有关所有社会理论的对象的深刻见解。直到一个世纪以后，门格尔才终于以一种至少在社会理论领域本身现已得到广泛接受——即又过了80年——的方式使它复活"②。

这一既有历史地位评价又有思想谱系梳理的秩序思想，③在亚当·斯密的著作中，只是以棋局论的形式偶有显现，在哈耶克的著作中情况正好相反；他最不惜花费笔墨和精力的，就是在不同场合、时间和语境，以各种形式着意阐释自生自发秩序的思想。我们暂且把"看不见的手"看作是与自生自发秩序在思想内容上可以互换使用的概念，自生自发秩序概念的具体内容就是"看不见的手"概念的具体内容，这样，道出了自生自发秩序概念的思想，也就等于展示了"看不见的手"概念所包含的有关秩序的思想。或许哈耶克在理解和阐释"看不见的手"概念中有关秩序的思想时有偏颇之处或"六经注我"之嫌，但我们应当承认的是，在思想主调上，二人并无本质区别。

确实，哈耶克在阐释"看不见的手"概念（即自生自发概念）中的秩

① ［英］F.A.冯·哈耶克：《经济、科学与政治——哈耶克思想精粹》，江苏人民出版社2000年版，第522页。

② ［英］F.A.冯·哈耶克：《经济、科学与政治——哈耶克思想精粹》，江苏人民出版社2000年版，第524—525页。

③ 哈耶克非常注意自生自发秩序思想谱系的梳理，在不同的地方，每每提到思想谱系中的人名名单。有一点需要我们注意，在不同的地方，人名名单不尽相同，参见《法律、立法和自由》第1卷，中国大百科全书出版社2000年版，第74—75页；《经济、科学与政治——哈耶克思想精萃》，江苏人民出版社2000年版，第546、609—610、605、588页；《自由秩序原理》上卷，生活·读书·新知三联书店1997年版，第4章。

序思想时，比亚当·斯密的棋局论思路宽广，逻辑线条清晰，使人更易于在学理上理解和把握。何谓秩序？哈耶克的界定是："我们将一以贯之地意指这样一种事态，其间，无数且各种各样的要素之间的互相关系是极为密切的，所以我们可以从我们对整体中的某个空间部分或某个时间部分（some spatial or temporal part）所作的了解中学会对其余部分作出正确的预期，或者至少是学会作出颇有希望被证明为正确的预期。"① 至于何谓自生自发秩序，哈耶克以引证博兰尼论述的形式回答问题："当社会的秩序是通过允许人们根据他们自发的意图进行互动的方式——仅受制于平等一致适用于人人的法律——而实现的时候，我们便拥有了一种自生自发的社会秩序的系统。我们据此可以说，这些个人的努力是通过他们发挥其个人的主动性而加以协调的，而且这种自发的协调又通过其对公益的助益性证明了这种自由的正当性。"②

虽然哈耶克和博兰尼对问题的界说逻辑线条清晰，但由于力求准确的原因，给人以晦涩难解的印象是必然结果。好在哈耶克在其他场合和语境中，又对自生自发秩序的含义和基本特点作了较为通俗易懂的界说。在《自由秩序原理》第4章中，始终贯穿一条思想主线，这就是在各个层面和角度比较自生自发秩序思想和人为设计思想。通过比较，各自的特点凸显出来，基本内容自然而然地得到展现：第一，"看不见的手"——自生自发秩序的思想的历史渊源是英国传统，具体说是渊源于英国的思想文化传统；人为设计思想的历史渊源是肇始于笛卡尔并由他基本定型的法国启蒙主义传统。③ 第二，"看不见的手"——自生自发秩序思想的思维方式本质和特点是英国的经验主义；人为设计思想的思维方式本质和特点是法

---

① [英] F.A.冯·哈耶克:《法律、立法和自由》第1卷，中国大百科全书出版社2000年版，第54页。

② [英] F.A.冯·哈耶克:《自由秩序原理》上卷，生活·读书·新知三联书店1997年版，第200页。

③ 参见 [英] F.A.冯·哈耶克:《自由秩序原理》上卷，生活·读书·新知三联书店1997年版，第63页。

国的理性主义。① 第三，从英国思想文化传统和思维方式特点中演化出社会科学的研究对象和核心问题："看不见的手"——自生自发秩序；从法国启蒙主义传统和理性主义，演化出表现形式各不相同的人为设计理念以及由此理念而来的各种社会改造计划。② 第四，"看不见的手"——自生自发秩序思想的预设逻辑前提是人性自私且人是无知的；人为设计思想的预设逻辑前提是人生来就具有智识和道德禀赋。③ 第五，"看不见的手"——自生自发秩序思想注意阐明国家的恰当功能和行动的适当限度；人为设计思想的逻辑结果是极权主义或是无政府主义。④ 第六，"看不见的手"——自生自发秩序思想对传统的态度是尊重且不断从中汲取养分和力量；人为设计思想的基本态度是反传统。⑤ 第七，"看不见的手"——自生自发秩序思想坚持不应相信确实被证明为谬误的东西，但这并不意味着只相信被证明为真的东西，试错和不断校正应成为基本的思维路径和生存技能；人为设计思想主张：有一点理由去怀疑，就应被视之为谬误并加以拒绝。⑥ 第八，"看不见的手"——自生自发秩序思想遵循渐进形成的规则；人为设计思想往往用"社会考虑"代替对基本道德原则的遵守。⑦ 第九，"看不见的手"——自生自发秩序思想并不否认和拒绝理性，只是明确指出理性的不足，因此，习俗要尊重，最终结果将说明一切；人为设计思想主张

① ［英］F.A.冯·哈耶克：《自由秩序原理》上卷，生活·读书·新知三联书店 1997 年版，第 64 页。

② 参见 ［英］F.A.冯·哈耶克：《自由秩序原理》上卷，生活·读书·新知三联书店 1997 年版，第 67 页。

③ 参见 ［英］F.A.冯·哈耶克：《自由秩序原理》上卷，生活·读书·新知三联书店 1997 年版，第 68、70 页。

④ 参见 ［英］F.A.冯·哈耶克：《自由秩序原理》上卷，生活·读书·新知三联书店 1997 年版，第 69 页。

⑤ 参见 ［英］F.A.冯·哈耶克：《自由秩序原理》上卷，生活·读书·新知三联书店 1997 年版，第 71—73 页。

⑥ 参见 ［英］F.A.冯·哈耶克：《自由秩序原理》上卷，生活·读书·新知三联书店 1997 年版，第 74、71 页。

⑦ 参见 ［英］F.A.冯·哈耶克：《自由秩序原理》上卷，生活·读书·新知三联书店 1997 年版，第 76 页。

理性万能。① 第十，"看不见的手"——自生自发秩序思想允许个人自主自由地选择，不用强制手段迫使人们信奉某一特定理想；人为设计思想正好相反，个人自主自由地选择将被视为离经叛道之举，个人遵奉某一特定理想是在劫难逃的命运。②

（四）"看不见的手"思想运用的方法

一般情况下，人们不太注意"看不见的手"思想中的方法论问题，这既与"经济学帝国主义"一语中潜含的狂妄、浮躁心态有关系，也与我们接触这一思想较晚和较少从哲学层面审视这一思想有关。但是，只要我们承认"看不见的手"思想的深刻丰富是客观事实，其中的方法论思想就需要我们注意，因为思想的提炼和表达需要与自己相适应的特定方法，或者说没有适用的方法，思想得不到高效到位的提炼，传神逼真的表达也会大成问题。从另一角度看问题对我们同样具有启发意义，从方法论入手检视"看不见的手"思想是我们进入亚当·斯密的经济学体系，进而是西方主流经济学殿堂的可取门径。

细加分析可以发现，"看不见的手"思想隐含着三种各不相同又都发挥独特作用的方法。它们是"看不见的手"思想的有机组成部分，从特定角度说，正是由于它们，"看不见的手"思想才得以确立和传播。

第一，隐喻方法。"看不见的手"思想包藏于"看不见的手"的比喻当中，由此我们说，"看不见的手"思想最直接、典型、成功和精彩地运用了隐喻方法。实际上，在西方经济学的历史中，成功运用隐喻方法的例子并不鲜见，除"看不见的手"外，较典型者还有"经济人"、被马克思揭露批

---

① 参见［英］F.A.冯·哈耶克:《自由秩序原理》上卷，生活·读书·新知三联书店1997年版，第77页。

② 参见［英］F.A.冯·哈耶克:《自由秩序原理》上卷，生活·读书·新知三联书店1997年版，第78页。

判的"鲁宾逊·克鲁索"①、"囚徒困境"等。包括"看不见的手"在内的这些例子当中，共通的东西是都由字面意义和非字面意义两部分组成，人们在直接理解了字面意义以后马上产生虚无化过程，即是说紧随其后的是字面意义的虚无化，其结果是隐喻中的本意即非字面意义被凸显出来，被定格化。虚无化和定格化是一个过程的两个方面，双方都以自己对方的存在为存在前提，正是这二者看似相互矛盾的内在交织，隐喻的目的才能达到，隐喻方法的功能才能真正发挥出来。

作为隐喻方法的"看不见的手"，比这一隐喻的提出者亚当·斯密本人名气还大，诸多原因中，这隐喻的形象、逼真，以人们的身体器官及其动作表征丰富深刻的思想，可能是最重要者。直白地说，"看不见的手"就是看不见的手，除"看不见"三字让人稍作思量之外，并无难解费神之处。但是，事情远非如此简单，因为隐喻提出者的真正目的，解读者的真正任务是在后头，即在它的非字面意义上。从"看不见的手"这一隐喻具体运用的语境和亚当·斯密思想的主导倾向看，它以字面意义为表达和传布手段，向我们揭示了如下的非字面意义：第一，在市场经济运行过程中，作为指挥棒和信号机的价格机制会自动有效地配置资源，在这一配置过程中，个人得利、其他相关者得益、整个国家变得富有强大。第二，只要让"看不见的手"在合适法律保护下肆意而为，非人为设计和刻意追求的秩序会自然形成，它貌似无序，实则井井有条，此乃最适宜人的潜能尽情发挥的秩序。第三，用政治哲学的术语表达，"看不见的手"存在的前提条件、发挥作用的过程和实际形成的结果，无不渗透和表征着自由放任或自由主义的经济学思想和哲学思想。第四，既然"看不见的手"具有自我生存、自我扩张、自我校正和自我调适的内在机制，那么，专制蛮横的人为干预不仅是多余的，而且是邪恶的。

第二，演绎方法。亚当·斯密是个兼容并蓄的人，他并没有拘泥于英国的经验主义传统而拒绝演绎方法的运用。在"看不见的手"思想中，亚

---

① 参见《马克思恩格斯全集》第30卷，人民出版社1995年版，第22页。

当·斯密直接地运用了演绎方法，通过这一方法，让自己的"看不见的手"思想具有更普遍的适用性，尤其是让它超出经济学的范围，在哲学层面上都是难以见到的深刻渊博的哲学隐喻。亚当·斯密在展示"看不见的手"思想时，人们稍不留意就忘记，他预设了一系列使这一隐喻得以成立和展示成功的大前提，如人性自私论、交换天性论、天赋人权论等。顺着这样的逻辑大前提出发，"看不见的手"行动时有了内在动力；分工协作带来难以想象的效率有了基于人性的内在根据；专制蛮横的政府胡乱干预"看不见的手"的率性而为，由于践踏了自由运用资本和劳动力的天赋人权而成为过街老鼠，人人喊打，这种特定情势中一方主动、另一方被动局面的出现，没有天赋人权论营造的精神文化氛围是绝对不可能的。

当然，演绎方法的运用也带来了不少需要解决的难题，如逻辑大前提的经验证明问题，从枚举式特殊到全称性普遍二者之间逻辑鸿沟的跨越问题，全称性普遍中的科学有效性与价值倾向性二者之间的关系问题等。实在地说，在亚当·斯密展示给我们的"看不见的手"思想中，这些问题并未得到应有重视，更谈不上很好地解决。尽管如此，我们也没有多少理由责怪亚当·斯密及其"看不见的手"思想，因为这些需要逻辑学家和哲学家解决的问题，作为经济学家的亚当·斯密没有天然的责任和义务非要在一部以经济学为主要内容的著作中逐一解决。现在需要我们注意的有两点：一是在"看不见的手"思想确立和传播过程中，促其成功者中就有演绎方法；二是演绎方法与隐喻方法并不互相排斥，真实的关系是相互补充，相得益彰。

第三，经验方法。亚当·斯密的学术思想诞生和成长于以经验主义作为自己传统的英国，在"看不见的手"思想中运用经验方法，当是不争的事实，也是题中应有之义。确实，为了说明"看不见的手"思想，《国民财富的性质和原因的研究》一书中运用经验方法的例子比比皆是。如由于轻视甚至蔑视对外的自由贸易而陷于停滞状态的中国是亚当·斯密惯用的事例，西班牙由于没有自由放任的经济政策而导致国力衰枯、国际地位下降更是亚当·斯密教育国人信奉"看不见的手"思想的好材料，甚至为了说明长官意志的胡乱干预会造成有害后果，亚当·斯密在牛津大学学习的亲身经历都派上了用场。① 还有一点需要我们注意，亚当·斯密运用经验方法说明"看不见的手"思想，其熟练程度达到了好似谈天和拉家常的地步，② 不像他的学院化了的后继者那样，把原本可信耐用的经验方法加以形而上学的实证主义改造之后，整治到非专业人士无法看懂的地步。或许这种差别是思想大师和思想大师的劣等模仿者之间的差别之一。

　　当然，我们必须看到，经验方法自身也有需要解决的问题。经验事实的运用是为了达到特定目的，这里的特定目的，往往就是一般性的要求。为了达到这一要求，对经验事实进行归纳，从中抽象出一般性结论就成为经验方法运用者不可逃避的责任。问题就出在这里。经验事实是个别性的，结论是一般性的，在个别上升到一般的过程中，肯定会留下无法跨越的逻辑鸿沟，具体来说，一般性结论要求的对个别性事例的穷尽性说明，经验方法永远无法满足这一要求。实际情况是亚当·斯密在用经验方法说明"看不见的手"思想时，同样会遇到这里的逻辑难题，我们相信，他也不会真正彻底地解决这一逻辑难题。令我们宽慰的是，他毕竟运用经验方法为人们讲清了"看不见的手"思想中潜含的各种各样的道理，人们相信了，目的也就达到了。在社会科学领域，命题的确立和命题中思想的传播，其途径和方法不就是这个样子吗？

第三节　"看不见的手"思想的十大缺陷

　　亚当·斯密"看不见的手"思想的结构是精巧的，甚至可以说是神妙的，它的运行机制和动作是灵活的，因为这一思想从命名到内容都是动态

---

① 参见 [英] 亚当·斯密：《国民财富的性质和原因的研究》下卷，商务印书馆 1974 年版，第 321 页。

② 参见 [英] 亚当·斯密：《国民财富的性质和原因的研究》下卷，商务印书馆 1974 年版，第 240 页。

的。大部分学者，尤其是哲学素养准备不足的经济学家，对"看不见的手"思想的这些优点深信不疑，加上意识形态立场的稳固作用，更是让学者们只能相信它、论证它和传播它，不能多一点儿辩证思维，从另一角度分析它、评价它。这种认同导致的研究状况，对人们全面、理智地认识市场经济的运行机制是有害的。基于这一点，在充分认识到"看不见的手"思想对揭示市场经济运行机制有不可替代性贡献的前提下，我们同样需要认识到，"看不见的手"思想也有内在的理论缺陷。

1. 亚当·斯密通过"看不见的手"思想展示给我们的市场经济模型非常纯粹，即所谓的"纯市场经济"。按照现代西方经济学教科书的规定，这种市场经济必须具备如下性质：第一，经济资源的私人所有制，称之为私人产权。第二，通过市场对分散的决策进行协调。第三，产品有足够多的买主和卖主，使得他们中的任何一个都不能单独影响价格。第四，每个卖主必须提供标准化的产品。第五，产品价格必须在没有政府或任何其他方面干预的情况下自由上涨或下跌。第六，买主和卖主必须不是固定的。第七，卖主如果愿意的话，必须能自由离开这个产业，而且潜在卖主如果感到他们可以比现有卖主更有效率地生产这种产品必须能自由进入。

上述规定是"看不见的手"按照自己的本性在理论上的内在要求。这里首先需要我们思考的问题是：以市场经济为主配置资源的社会历史生活中，这种完全竞争的市场经济存在过吗？能够存在吗？西方市场经济思想大师们心里明白，根本不存在。问题就出在这里。确实，"看不见的手"思想像其他市场经济理论一样，在形成过程中要有抽象或说舍弃。在这个过程中，一部分现实性因素要被抽象掉或舍弃掉。问题是，抽象度或舍弃度如何掌握？也就是说，现实性因素被抽象掉哪些和多少才是适宜的？确定度的根据是什么？在"看不见的手"思想中，我们看不到这些问题的自觉提出，更看不到认真和负责任的探讨。这不能不说是"看不见的手"思想内在的理论盲点。亚当·斯密的后继者们不去主动弥补"看不见的手"思想的这一缺陷，而是顺着既有思路走向极端。例如，马歇尔在《经济学原理》中，为了把要探讨和回答的问题纯粹化、简单化，一口气用了七个

"假如"。① 可以想见，经过七次"假如"的舍弃以后，理论中剩下的现实性因素到底还有多少。

2."看不见的手"思想的人格化典型之一是商人。亚当·斯密在《国民财富的性质和原因的研究》一书中对商人着墨不少，但总体印象不好。不好的地方在商人的价值观念或伦理道德水平上。② 实际情况是，在亚当·斯密展开"看不见的手"思想过程中，注目的焦点是行为当事人孜孜求利的经济动机，除此之外的经济行为中的其他动机或价值追求，他基本没有涉及。仅从"看不见的手"思想的内在逻辑要求层面看，亚当·斯密之举似乎无可非议，因为"看不见的手"思想意在揭示市场经济的运行机制，经济私利恰似"看不见的手"的直接动力和第一层面的追求目标。但是，"看不见的手"思想毕竟是宏观层面上市场经济生活的本质揭示，在市场经济生活中，甚至在具体的市场经济运作中，其动机、价值取向绝对不仅仅是经济考虑一个因素所能概摄得了的。在这一点上，"看不见的手"思想肯定有缺失，用我们论题切近的语言表述，这就是理论盲点。

好在亚当·斯密的后继者在这一点上比较清醒，缺失弥补工作也做得很好。亚当·斯密的英国传人、新古典主义的集大成者马歇尔从一个特定角度，正确地弥补了这一点："当我们说到一个人的活动的动机，是为他能赚得的金钱所激发，这并不是说，在他的心目中除了惟利是图的念头之外，就没有其他一切考虑了。因为，即使生活中最纯粹的营业关系也是讲诚实和信用的，其中有许多关系即使不讲慷慨，至少也没有卑鄙之心，并且具有每个诚实的人为了洁身自好所具有的自尊心。其次，人们借以谋生的工作有许多本身是愉快的；社会主义者认为可以使人对更多的工作感到愉快，是有道理的。的确，即使初看起来似乎是索然无味的营业工作，由于它对发挥人们的才能和争胜与争权的本质，提供了机会，也往往产生很大的愉快。因为，正像一匹比赛中的马或一个运动员，竭心尽力胜过他的

---

① 参见 [英] 马歇尔：《经济学原理》下卷，商务印书馆 1981 年版，第 33—34 页。

② 参见 [英] 亚当·斯密：《国民财富的性质和原因的研究》上卷，商务印书馆 1972 年版，第 242—243、122、90 页；下卷，商务印书馆 1974 年版，第 33 页。

竞争者，并对这种紧张感到愉快一样；一个制造商或一个商人，受到胜过他的竞争者的希望的鼓舞，比受到增大他的财产的欲望的激励，也往往是大得多。"①

马歇尔对"看不见的手"思想理论盲点的弥补正确且具体，给人以事实就是如此的印象，但也有不尽如人意的地方，这就是经济行为过程中价值观的升华。在这一点上，有两个人对"看不见的手"思想的理论盲点弥补得非常好，一个是马克斯·韦伯，一个是熊彼特。除了"西方唯一论"和"西方优越论"的胡扯让人讨厌以外，马克斯·韦伯的《新教伦理与资本主义精神》一书，其主题思想就是市场经济行为中新教价值观倾向的升华问题，这在有关天职（calling）的论述中，体现的最为典型。② 熊彼特在《经济发展理论》一书中，开拓了不同于马克斯·韦伯的价值观升华的新向度，这就是以经济行为及其成功为手段和凭借，实现自己的"私人王国"或"王朝"的梦想，其地位"最接近于中世纪的封建贵族领主的地位"。③

上述三个人对"看不见的手"思想理论盲点的弥补各有特点。马歇尔的贡献是在接近事实的路径上实现量的扩张；韦伯试图找到特殊宗教理念与"看不见的手"思想的内在关联，发现了价值观升华的特有向度；熊彼特专门针对企业家，他的研究结果告诉人们，"看不见的手"发挥作用时所依托的价值观，就是在世俗的意义上，也有升华后的层面。从一个特定角度看问题，结论自然而然地出现于我们面前：在价值观层面上，"看不见的手"思想真的存在理论盲点。

3. 否认亚当·斯密思想体系存在伦理道德内容，显然是不符合实际的。他有《道德情操论》的伦理学专著，就是在《国民财富的性质和原因的研究》一书中，直接谈论伦理道德问题的地方也非常多。并且他不仅平面地谈论伦理道德，而且更进一步地进行不同的人秉持的伦理道德原则间

① ［英］马歇尔:《经济学原理》上卷，商务印书馆1981年版，第43页。
② 参见［德］马克斯·韦伯:《新教伦理与资本主义精神》，生活·读书·新知三联书店1987年版，第二、三、五章。
③ 参见［美］约瑟夫·熊彼特:《经济发展理论》，商务印书馆1991年版，第103—104页。

的比较，以期显示出不同伦理道德对社会经济生活的不同影响。① 但是，这些事实的客观存在丝毫不能改变下述事实：在"看不见的手"思想的理论结构中，伦理道德因素是缺乏的。看似自相矛盾的两种事实，其关系如何呢？《质疑自由市场经济》一书的作者理查德·布隆克对此有基本符合实际的分析："作为《道德情操论》一书的作者，斯密强调同情和仁慈在创造一个具有凝聚力社会的过程中的关键作用。显然，斯密的意思是，只有在一个有凝聚力和道德约束的社会中，个人对自我利益的追逐才会同时为公众利益服务。斯密认为，只有在这种情况下，社会合作和凝聚力才会为追逐个人利益的冲动所进一步加强。因为由于劳动分工，进行对方都有利的合作和交易对每个人的自我利益都有好处。但是，斯密所作的这种社会和道德背景的假设，并没有他对自由市场机制的详细描述那样具有持久的影响。正是这种从他的其余论点的前后联系中，个人在自由市场上对自我利益的追逐就可以推进整个社会的利益。自由市场这看不见的手可以自动地保证一种结果，即开发一切从市场交换到所有的自由市场参与者都互利的潜在利益。对许多人来说，这真是个极富道德吸引力的结果——既带来个人的最大自由，又无政府干预，至少在经济活动领域是如此，因而也就没有必要要求明确的道德动机了。利己和竞争都显得积极而有利，个人的天赋自由的种种好处，也显得与社会的整体利益和谐一致了。"②

布隆克的分析不仅符合事实，也对我们全面理解"看不见的手"思想有启发意义。事实上，分析"看不见的手"思想的伦理道德缺乏症有两个角度。从纯理论分析的角度看，由于"看不见的手"思想的根本目的是揭示市场经济运行的内在机制，所以，什么理论因素进入"看不见的手"思想，完全视达到根本目的的需要和"看不见的手"思想理论自足性的需要。

---

① 参见 [英] 亚当·斯密：《国民财富的性质和原因的研究》上卷，商务印书馆1972年版，第371、322、90页；下卷，商务印书馆1974年版，第351—352、353—354、313、308—309页。

② [美] 理查德·布隆克：《质疑自由市场经济》，江苏人民出版社2000年版，第259—260页。

只要这两个需要能满足，至于现实经济生活中的情况如何，到底有多少现实性因素还没有进入"看不见的手"思想的框架之中，似乎并不是多么重要的事情。

从理论、模型是对现实的概括和反映，理论、模型不仅负有全面反映现实的责任，而且还要对自己的理论、模型支配人的行为导致的后果负理论、道义责任角度看问题，事情就不是那么简单了。把话说得直白一点，"看不见的手"思想中缺乏伦理道德的约束性内容，是不折不扣的理论盲点。

这里需要我们注意，"看不见的手"思想中伦理道德缺乏症这一理论盲点对后继者的有害影响是最大的。正是有了西方主流经济学创始人的一着不慎，后继者们便有恃无恐，以标榜、追求科学的名义，极力拒斥经济学中的价值判断，就这一点而言，可以开列一个从西尼尔到弗里德曼的长长的单子。非常有意思的现实是，资产阶级立场越是顽固的经济学家，就越是起劲地放大、利用"看不见的手"思想中的这一理论盲点，鲜有的一个例外者，可能就是哈耶克。这种放大、利用这一理论盲点的行为，简直可以说是形成了排外性很强的传统，极端者是熊彼特以"科学"（实际是拒斥价值判断）为取舍标准的三大卷的经济思想史名著——《经济分析史》。

4. 我们不应忘记的基本事实是，亚当·斯密"看不见的手"思想的经典性表述是在对坏政府、坏政治人对市场经济胡乱干预的批判中提出来的。同样不能忘记的基本事实是，亚当·斯密看待坏政府与好政府、坏政治人和好政治人的角度是能力大小、信息的完整与否和是否顺应事物的自然秩序。① 让我们感到奇怪的是，他为什么不从经济人自利性的逻辑思路走下去呢？具体说，亚当·斯密看到的情况肯定是客观存在的，但在这个相对固定的语言环境中，政治人离开职责、法律和道德约束对私利的追逐，也是客观存在的事实，由特定的切入角度我们看出，亚当·斯密在展开"看不见的手"思想时，政治人的逐利动机和行为显然是被他忽略了。

---

① 参见 [英] 亚当·斯密《国民财富的性质和原因的研究》上卷（商务印书馆 1972 年版），第 347 页：好政府、好制度的标准是"不扰乱事物的自然倾向"。

这一忽略造成了明显和严重的理论盲点："看不见的手"思想中关于私欲的分析框架和向度，没有被运用于政治人。

实际上，亚当·斯密本不该犯这样的错误，因为在他之前，用人性自私论分析政府行为，尤其是政治人行为，有着非常凸显的历史传统。最著名者，首先可以举马基雅维里及其《君主论》一书，他的同胞中，可以霍布斯及其《利维坦》一书为典型例证。

可能的解释或许是这样：在亚当·斯密所处的社会历史条件下，社会财富和资源总量的相对稀少，决定了政府机关和官员本无多少可私自追逐的东西。现在，与亚当·斯密相比情况大不相同，可被政府、政治人随意支配的资源太多了。这一点决定了经济学在研究市场经济运行机制的外部环境问题时，用"看不见的手"思想分析政府行为、政府官员的行为，不能不提上议事日程了。

在亚当·斯密的后继者中，确实有人站出来，根据新的情况，主动弥补"看不见的手"思想中这一明显而又重要的理论缺陷，这个人就是公共选择学派的主要创始人、美国经济学家布坎南。他为自己开列的思想谱系是马基雅维里、霍布斯和亚当·斯密。令人费解的是，他没有写上法国经济学家萨伊的名字，使得这一思想谱系减色不少，因为萨伊或许是亚当·斯密之后首先站出来主动弥补"看不见的手"思想这一理论缺陷的人。[1] 虽然由于在新形势下主动站出来弥补"看不见的手"思想中的理论缺陷足以让布坎南进入著名经济学家的殿堂，但细加分析便可看出，这其中并不需要多少创造性劳动，只需要简单的几个逻辑步骤便可大功告成：接受经济人假设的大前提；[2] 把经济人假设运用于政治生活领域；[3] 作出结

---

[1]　参见［法］萨伊：《政治经济学概论》，商务印书馆1997年版，第264、214、190、193、199页。

[2]　参见［美］布坎南：《自由、市场和国家》，北京经济学院出版社1988年版，第3、5、26、36、23—24页。

[3]　参见［美］布坎南：《自由、市场和国家》，北京经济学院出版社1988年版，第26、37—39、87—88页。

论，即政治是复杂的交换过程，完全类似于市场①。

5. 在亚当·斯密看来，"看不见的手"的作用就像上帝之手一样神奇。神奇之处何在呢？马克思恩格斯在《德意志意识形态》中讽刺挖苦说："这种关系就像古典古代的命运之神一样，遨游于寰球之上，用看不见的手把幸福和灾难分配给人们，把一些王国创造出来，又把它们毁掉，使一些民族产生，又使它们趋于衰亡……"② 这话显然有点夸张且不是科学的陈述语气。亚当·斯密对"看不见的手"的神奇作用问题可是当真的："在各个国家，人类勤劳所能购入或生产的每一种商品量，自然会按照有效需求，即按照愿意支付为生产这种商品和使它上市所需支付的全部地租、劳动与利润的那些人的需求，自行调节。"③ 把话说白了，由于"看不见的手"的神奇作用，在资本主义市场经济活动中，供给与需求会自动达到均衡，在这里，政府干预、人为设计的蓝图或圈套都有百害而无一利。按照亚当·斯密的忠实信徒萨伊的说法，"单单一种产品的生产，就给其他产品开辟了销路"④。所以，结论不言自明："生产给产品创造需求。"⑤

仅仅在这一点上，亚当·斯密和萨伊不是乐观过头说昏话就是闭着眼睛说瞎话，因为在资本主义市场经济的历史上，尤其是产业革命以后资本主义市场经济的历史上，周期性经济危机（亦即供求失衡）不仅是客观存在的事实，而且是规律性的。作为对市场经济运行机制本质揭示的"看不见的手"思想，不但未能揭示出资本主义市场经济周期性危机的特质，而且还有意或无意地反其道而行之，制造幻象以迷惑世人和后来者。这种情况只是在凯恩斯的《就业、利息和货币通论》出版以后才稍有改变。

从某种意义上说，"看不见的手"思想无视或否认市场经济中经济危

---

① 参见［美］布坎南：《自由、市场和国家》，北京经济学院出版社1988年版，第91页。

② 《马克思恩格斯文集》第1卷，人民出版社2009年版，第539页。

③ ［英］亚当·斯密：《国民财富的性质和原因的研究》下卷，商务印书馆1974年版，第7页。

④ ［法］萨伊：《政治经济学概论》，商务印书馆1997年版，第144页。

⑤ ［法］萨伊：《政治经济学概论》，商务印书馆1997年版，第142页。

机的客观存在，不仅可以说是它的理论盲点，而且可以说是这一理论结构中的硬伤。

6. 由于"看不见的手"的肆意而为，其力量所及必然要涉及国外，这就是国际贸易。在论述国际自由贸易问题时，亚当·斯密有一个最出彩的地方，这就是被李嘉图及其后继者命名为比较优势论的观点："如果一件东西在购买时所费的代价比在家内生产时所费的小，就永远不会想要在家内生产，这是每一个精明的家长都知道的格言。"①"如果外国能以比我们自己制造还便宜的商品供应我们，我们最好就用我们有利地使用自己的产业生产出来的物品的一部分向他们购买。"②"有时，在某些特定商品的生产上，某一国占有那么大的自然优势，以致全世界都认为，跟这种优势作斗争是枉然的。通过嵌玻璃、设温床、建温壁，苏格兰也能栽种极好的葡萄，并酿造极好的葡萄酒，其费用大约三十倍于能由外国购买的至少是同样好品质的葡萄酒。单单为了要奖励苏格兰酿造波尔多和布冈迪红葡萄酒，便以法律禁止一切外国葡萄酒输入，这难道是合理的吗？"③

在论述"看不见的手"思想运用于国际贸易时，亚当·斯密有观点、有论证，还有例证，尤其最后的反问句，给人以事实确实如此，所以有得理不饶人的感觉。但是，这里的有道理是理论纯粹性意义上的有道理，绝对不是国际贸易历史和现实中的有道理。从现实角度着眼，我们会发现建基于"看不见的手"思想之上的比较优势论有如下几个理论缺陷或说是理论盲点：第一，家庭的生产和购买活动与国际贸易中的生产和购买活动，由于其性质过于殊异，二者之间没有可比性，所以，这种比较是不适当的。第二，类似葡萄酒这类产品的生产和购买，真正的依据不是基于价格

---

① [英] 亚当·斯密：《国民财富的性质和原因的研究》下卷，商务印书馆 1974 年版，第 28 页。
② [英] 亚当·斯密：《国民财富的性质和原因的研究》下卷，商务印书馆 1974 年版，第 29 页。
③ [英] 亚当·斯密：《国民财富的性质和原因的研究》下卷，商务印书馆 1974 年版，第 30 页。

机制而来的划算与否，而是它在国民日常生活中的地位及由此而来的对一个国家、一个民族的战略意义。试想，我国的农产品生产成本及由成本而来的价格要大大高于美国等西方发达资本主义国家，如果我们愚蠢地轻信亚当·斯密及不怀好意的或鹦鹉学舌式的后继者们的比较优势论，就会仅仅基于价格划算的考虑而放开国内农产品市场。可能的或说必然的结果是什么呢？几亿农民要破产，由于我国的社会发育程度较低所致，城市又容纳不了这么多破产的农民，我们不能像西方发达国家那样通过扩张侵略为破产的农民找到土地。这样，美妙的比较优势论所导致的社会现实是反差难以想象的讽刺画：真正的人道主义灾难不请自到，国家的稳定甚至国家的安全受到致命性威胁。第三，还有一些种类的产品是比较优势论不能发挥作用的领地，在这里，价格机制基本失灵。例如，领先的高科技产品、维系国家安全的军工产品。有些产品是一国死皮赖脸想卖，但另一国不会买；这里的产品是一国挖空心思地想买，但人家就是不卖。第四，在亚当·斯密时代，产品的高附加值和低附加值之间的差距并不太大，为了理论的完满性把"看不见的手"思想运用于国际贸易，力倡自由的国际贸易，虽有为英国高附加值产品出口说项、宣传的嫌疑，但问题并不严重，我们只能说亚当·斯密在这里同样留下了理论盲点：社会发育程度低且产品附加值低的国家与社会发育程度高且产品附加值高的国家进行国际贸易，吃亏的总是前者，前者如不迅速改变这种状况，久而久之会带来灾难性的后果。亚当·斯密见到的实例是西班牙。他没有见到但结果更惨的实例是拉美国家和非洲的一些国家。实际情况是，亚当·斯密的后继者们还在力倡比较优势论，细加考虑社会发育程度之间的差异和产品附加值之间难以想象的差距就会发现，这是故设陷阱。

7. "看不见的手"思想确实摄住了市场经济的灵魂，它的内在逻辑是丛林法则。亚当·斯密发表《道德情操论》整整一百年后，达尔文发表了《物种起源》一书。正是这部著作，以生物进化论的形式，为"看不见的手"思想披上了科学外衣，似乎找到了科学的根据。但是，我们不应忘记，人类社会生活与丛林中动物们构成的准社会生活二者之间有本质区别。况且，"看不见的手"思想要发挥作用，丛林法则要施展拳脚，没有社会生活都是不可想象的。实际情况是，维系社会生活正常存在、发育的是两个支点——公正和效率，而不是只有一个支点——效率。既然"看不见的手"思想是对市场经济生活的高度概括和抽象，那么，它就应当顾及维系社会生活的两个支点而不是一个支点。把话说回来，仅有一个支点——效率的社会是难以存在的，即便存在，这样的社会生活也是不值得过的。因为，人的社会生活是一个完满的世界，把完满的、丰富多彩的生活世界挤压成或凝变为单调乏味的效率世界，人自己也会变为马尔库塞意义上的单面人。

细加检索"看不见的手"思想的理论构成要素，总是发现对效率的强调、推崇，亚当·斯密的后继者们除了强调、推崇之外，又加了新因素，这就是崇拜。但是，我们难见公正因素的客观存在。确实，按照"看不见的手"思想的演化逻辑走下去，怎么也不能为公正留下恰当位置，因为，"看不见的手"思想的核心和追求目标是为了达到个人、国家富裕的效率。当然，从一个特殊角度着眼，"看不见的手"思想中也有"公正"思想的因素，但这里的"正"，是有助于提高效率者为正确的"正"，这里的"公"，是人人都有权利进入利益角逐场一试身手的"公"。至于一试身手者成功还是失败，吃掉他者还是被他者吃掉，那是一试身手者自己必须负起责任的事情。亚当·斯密讲到这一点时，比我们的心情要轻松得多："他们间的竞争，也许会使他们中一些人弄得破产，但这种事情，我们不必过问，当事人应该自己小心。"[1]确实，丛林法则的畅行无阻有利于竞争者效率和素质的提高，相应地，消费者也得到了好处。但是，过度竞争导致的人间悲剧，像恩格斯在《英国工人阶级状况》中，马克思在《资本论》中描述的那些情况，谁来负这里的道义责任呢？"看不见的手"思想为自己设置了自我保护和自我辩白的强劲逻辑，遇到实际问题无法回避时，就轻松自

---

[1] ［英］亚当·斯密：《国民财富的性质和原因的研究》上卷，商务印书馆1972年版，第331页。

如地一说了事，这是真正的公正吗？还有，竞争或说丛林法则造成的无法计算的资源浪费，由于自然均衡这一陈词滥调而被掩藏起来，这个责任又由谁来负呢？

简单分析便知，公正缺乏症是"看不见的手"思想的固有毛病，或说，它的理论盲点之一是没有顾及公正问题。

8. 在亚当·斯密时代，人与自然的关系不像现在这般深入、充满变数和相互之间的干预力度如此之大。虽然自培根喊出知识就是力量，要征服自然、改造自然的口号到亚当·斯密生活的时代之间，人对自然的认识能力和改造力量大大增强了，但人的行为尤其是经济行为，并没有由于征服自然广度、深度的不断延伸而引致大自然的报复。根本原因在于，此时工业革命刚刚处于萌芽状态。这种人与自然的关系状况也直接反映在亚当·斯密"看不见的手"思想之中，他并没有把环境问题及由此而来的生态平衡问题作为"看不见的手"思想的基本构成要素。以现在人们的认识水平观之，这无疑是环境观念缺乏症。

作为后来人，我们不能把亚当·斯密时代还没有出现或还不像现在这般严重的情况硬加到亚当·斯密头上，让他承担当时无法预知结果的理论责任和道义责任。但是，不能让"看不见的手"原初形态的思想承担的理论责任和道义责任毕竟是客观存在的，这样的责任该由谁来担当呢？该由亚当·斯密的后继者们承当。这意思说，后继者们在理解、阐释"看不见的手"思想时，应自觉地意识到其中的环境观念缺乏症，并明白无误地告诉自己的受众。实际情况不是这样，像科思、弗里德曼等人把"看不见的手"思想作为灵丹妙药，以为，即便是环境问题，只要忠实地运用"看不见的手"思想，也会像社会财富的表面增长那样，手到病除，马到成功。现实情况是如此简单吗？他们不顾及这些，因为他们关心的是如何更好地在新形势下捍卫资产阶级自由主义的意识形态，尤其是经济个人主义的意识形态。

正是由于"看不见的手"思想中存在环境观念缺乏症，加上亚当·斯密的后继者们以偏颇的意识形态立场而不是以尊重客观现实和负责任的态度对待这一理论盲点，所以，在极为严重以致造成人畜和其他生物面临生存威胁的环境污染问题上，市场机制总是显得力不从心，难见成效，处于非常难堪因而是左右为难的境地。面对如此状况，亚当·斯密的后继者们每每要陷于两难选择的境地：要"看不见的手"思想这一意识形态的纯洁性和普适性还是要由环境污染引发的人类良知判断？科思在使自己一举成名的《社会成本问题》一文中说："如果将生产要素视为权利，就更容易理解了，做产生有害效果的事的权利（如排放烟尘、噪音、气味等）也是生产要素。正如我们可以将一块土地用作防止他人穿越、停汽车、造房子一样，我们也可以将它用作破坏他人的视野、安逸或新鲜空气。行使一种权利（使用一种生产要素）的成本，正是该权利的行使使别人所蒙受的损失——不能穿越、停车、盖房、观赏风景、享受安谧和呼吸新鲜空气。"①从这种病态的权利观念和生产要素观念出发，科思提出的判断污染事端的标准令人震惊："如果我们假定污染的有害后果是鱼类的死亡，要决定的问题则是：鱼类损失的价值究竟大于还是小于可能污染河流的产品的价值。"②由科思的话我们可以判断，他因此文的一举成名，完全是不顾人类良知的对资本有利的意识形态偏见导致的结果，而不是由于说出了对人类有益的道理。河流一旦由于生产某一种商品而遭受污染，鱼类死亡的价值与商品价值的比较是显性的，但真正应该比较而又无法估计的价值，如水、空气、生物以及由上述诸因素造成的生态失衡，被严严实实地包藏起来。亚当·斯密的在天之灵如果有知，他一定会引用西方的一句名言来诅咒这个学术和人类良知上的双重不肖子孙："我播下的是龙种，收获的却是跳蚤。"

9.在"看不见的手"思想中，总能让人强烈感受到的一种气氛是最大化：物质资本和人力资本利用的最大化、效率最大化、产值最大化、利润

---

① ［美］R.科思、A.阿尔钦、D.诺思等：《财产权利与制度变迁——产权学派与新制度学派译文集》，上海三联书店、上海人民出版社1994年版，第52页。
② ［美］R.科思、A.阿尔钦、D.诺思等：《财产权利与制度变迁——产权学派与新制度学派译文集》，上海三联书店、上海人民出版社1994年版，第4页。

最大化、对政府权能约束的最大化……虽然在亚当·斯密的界说中只有"最大"还没有"化",但他的后继者替他做到了这一点,"最大化"已成为现代经济学的专有名词。在亚当·斯密时代,工业革命刚刚开始或说刚露端倪,人类对资源的开发、利用,能力不及现在大,效率不如现在高。况且以英国为典型的资本主义国家,可以向当时世界上的大部分落后地区扩张、侵略,对这些国家来说,只要跨越人类良知的约束和自身力量足够大,那么,世界上有的是资源可供它们掠夺和开发。这些情况交织在一起,使得亚当·斯密持一种非常乐观的态度。在这种精神状态下,资源的稀缺性,有些资源的不可再生性,未来人有否和有多少资源可资利用,现在的人在资源问题上对未来人负有什么样的道义责任,这一系列的问题都没有进入亚当·斯密的视野范围,在提炼和提出"看不见的手"思想时,这些问题当然也就不会成为基本的构成要素。由此看来,"看不见的手"思想中存在关于资源稀缺性和把未来人考虑在内地利用资源的理论盲点,是必然结局。

令人担忧和确实可怕的是,亚当·斯密的后继者(指学者)和忠实信徒们(指信奉"看不见的手"思想的政府决策者),在情况已发生了根本性变化的前提下,食古不化,不把这一理论盲点作为确实需要思考和解决的问题来对待,而是按照"看不见的手"思想的固有轨道肆意而为,使得资源的稀缺问题越来越突出,越来越严重;对未来人利益、权益的透支,越来越肆无忌惮,越来越变本加厉。

10. 从整体看,"看不见的手"思想完整、灵巧得令人拍案叫绝,因为几乎市场经济运行所有环节它都顾涉到了,怪不得亚当·斯密的几乎所有学派的后继者们都能从"看不见的手"这一思想体系中吸取灵感,找到自己的理论根据。新古典主义意在把这一理论缩凝在微观经济生活中,抓住"看不见的手"思想中的效用概念大做文章;新制度学派拣出"看不见的手"思想中的私有产权神圣不可侵犯和体制的灵魂是效率两个因素为依托,顺势拓展和发挥,在"六经注我"式解读经济史的过程中形成自己的理论及其特色;公共选择学派思维逻辑更简单,把人性自私论的逻辑大前提放到政府行为和政治人行为面前，然后加以运用和检验，集经济学、政治学、宪法学和哲学于一身的新学派应运而生。由此看来，"看不见的手"思想留给后人以无限创造力的思维空间。

但是，在注意到"看不见的手"思想这一优点的同时，我们也不要忘记它的另一种理论盲点："看不见的手"思想竭力展示给我们的是参与市场竞逐者的行为、框束行为的体制以及由二者导致的特定秩序，可它没有告诉我们，没有能力参与竞逐者怎么办。是啊，残疾人、老年人、未成年人、病人等社会生活中人数众多的弱势群体，他们没有能力参与倡行丛林法则的市场竞争。这些人怎么办？是按亚当·斯密告诫市场竞逐失败者的办法告诉这些人"自己小心便是"，还是……？"还是"后面，"看不见的手"思想什么也没有告诉我们。

"看不见的手"思想留下的这一理论盲点是个急迫、现实的社会问题。后来有了福利经济学，有了关于社会救济等的立法，再到后来，有了统称为社会福利的一系列政策。"看不见的手"思想的后继者们以弗里德曼为极端派的典型和代表，大肆攻击社会福利政策，甚至企业家对社区负一点责任、捐一点款，都成为他批判的靶子："公司领导人接受除了尽可能为自己的股东牟利以外的社会责任是一种风尚，而很少有风尚能比这一风尚更能如此彻底地损害我们自由社会的基础。这在基本上是一个颠覆性的说法。假使企业家除了为其股东赚取最大的利润以外，确实具有社会的责任，他们又怎么知道责任如何呢？毛遂自荐的私人能决定社会利益如何吗？他们能否决定为了既定的社会利益加在他们自己或他们的股东身上的负担究竟有多大才是合适的？"在弗里德曼追问、反问这些问题以前，结论早就有了："企业仅具有一种而且只有一种社会责任——在法律和规章制度许可的范围内，利用它的资源和从事旨在于增加它的利润的活动。"[①]这些人关注理论的原汁原味远远重于尊重社会现实和多一点社会同情心。

---

① ［美］米尔顿·弗里德曼：《资本主义与自由》，商务印书馆1986年版，第128页。还可见第176—177页，弗里德曼对社会再分配的批判。

第七章 经济个人主义思想的
人格化——企业家

研究西方经济史和西方主流经济学说史，进而研究西方主流经济学中的经济价值观问题，少了作为研究对象的企业家，肯定不完整。个中原因不难理解：不管是从历史起源和演变角度看，还是从实际内容角度看，经济个人主义思想的主角和主要具体实践者都是企业家，所以，我们可以从一个特定角度说，企业家是经济个人主义思想的人格化。

近代以来的西方社会历史中，企业家有其独特而重要的地位。正是因为如此，西方主流经济学家对企业家现象倾注了大量心血，发表了许多看法。透过这些看法，我们可以获得两个结果：一是西方主流经济学家在构筑自己的理论体系时所依傍的阶级立场和肆意阐扬的经济价值观是什么；二是对经济个人主义思想会有更具体和更透彻地了解。

像西方近代以来的企业家有自己的形成和发迹历史一样，[①] 西方主流经济学家对企业家的认识，也有长长的历史[②]。为了更丰富和深刻地认识这一历史，我们应该把它分为两个阶段——前史和历史，因为企业家问题

---

① 参见［法］雷吉娜·佩尔努：《法国资产阶级史》（上、下卷），上海译文出版社 1991
年版。此书以国别史的形式，生动丰富地再现了 11 世纪以来西方企业家起源、成长、
发迹和支配社会生活的历史过程。此书以考据见长，文笔又是如此的优美，实为史学
著作中的精品。

② 熊彼特在《经济分析史》第 2 卷（商务印书馆 1991 年版）第 272—275 页中，极为简
略地回顾了西方主流经济学家对企业家问题认识的历史。他告诉我们，具体和丰富的
认识历史，散见于西方主流经济学家的著作中，如亚当·斯密的《国民财富的性质和
原因的研究》、萨伊的《政治经济学概论》、马歇尔的《经济学原理》等。

在西方近代以来的经济思想史中占有重要地位。在西方主流经济学家关注和研究企业家问题以前，16、17世纪的重商主义作家早已关注这一问题了。在关注的同时，写出了大量专门著作，虽然使用的名称是商人而非企业家，例如，雅克·萨瓦里的《完美的商人》（1675）、G. D.佩里的《商人》（1638—1665）、B.科特鲁格利·劳格的《论商业和完美的商人》（1573）等。① 至于在论商业和经济政策的小册子中谈到企业家问题，那就更是屡见不鲜了。这一认识及其历史有两部分构成：事实叙述和价值判断。这里的事实是客观存在，例如在亚当·斯密那里，甚至在马克思那里，资本家与企业家并未彻底分离，而在熊彼特那里或早一点，在马歇尔那里，资本家与企业家是严格区分的。这种事实上的区分对认识资本主义经济运行过程极有好处，但这不是西方主流经济学家的功劳，而是资本主义市场经济发展的客观现实就是如此。这里的价值判断远为复杂。复杂之处表现于如下几点：一是经济学家遵行的价值准则不同，对企业家的价值评价便判然有别。例如，亚当·斯密的价值准则中带有人道主义成分，所以，对企业家有褒扬，也有批评；熊彼特的阶级立场带有十足的资产阶级味道，因此，在他眼中企业家是资本主义社会的英雄和救星。二是事实判断和价值评价杂糅交织，在事实叙述中隐含价值判断。例如，英国经济学家马歇尔喜欢在企业家之前加限定词，② 这些限定词是十足的价值判断，但给人的印象则是在客观描述企业家。三是在揭示和描述何谓企业家、企业家的素质和职能等问题时，表面上是在进行"价值中立"式的科学研究，实际上，是彻头彻尾的价值评价。在这一点上，经济学家萨伊和熊彼特最为典型。

① 参见［美］约瑟夫·熊彼特：《经济分析史》第1卷，商务印书馆1996年版，第239页。
② 马歇尔在企业家概念之前加了许多限定词，使企业家由事实描述性对象无意中变成了价值评价对象，例如，"机警的企业家"，"能干而有进取心的厂商"，"机敏的企业家"，"谨慎的企业家"，"有特殊才能的资本主义企业家"，"干练的企业家"，"首创者"，"精明强干的企业家"，"有特殊天才的人"。参见［英］马歇尔：《经济学原理》下卷，商务印书馆1965年版，第46、49、138、189、394、198、259、276、283页。

第一节　众说纷纭的企业家概念

按照熊彼特的考证，"企业家"（entreprenur，entrepriser，Unternehmer）概念早在 18 世纪早期就出现了。最早使用这一概念说明经济事实的是法国经济学家坎梯隆（约 1680[①]—1734）。熊彼特认为，"坎梯隆关于企业家的职能有一个清楚的概念……"企业家"向地主和劳工按合同支付一部分收入，这是'确定的'，他卖出的部分，卖价是'不确定的'。……也许是因为有了他，法国经济学家才从来没有像英国经济学家那样忽视企业家的职能及其关键性的重要地位"。[②] 这一考证向我们透露了重要信息：近代以来，最先从经济学角度界说企业家问题的是坎梯隆而非西方主流经济学的创立者亚当·斯密。[③] 不过，这里需要注意，法文词 entreprenur 和英文词 enterpriser 并非仅有企业家一种含义，此外还有干事业的人、创业者、冒险家等含义。例如，法国经济学家萨伊往往把企业家作为冒险家看待，而这里的冒险家，其含义比企业家要宽泛得多："殖民地的人民，多半是冒险家。"[④]"这些早期冒险家的欲壑，最初在安的列斯群岛、墨西哥和秘鲁，以及在巴西和东印度得到满足。"[⑤] 这里的冒险家，与其说是企业家

---

① 熊彼特说坎梯隆的"出生日期不能确定，但通常认为是 1680 年"。（参见熊彼特：《经济分析史》第 1 卷，商务印书馆 1996 年版，第 326 页）此处的"通常认为"有水分，因为"一般认为他出生于 1680—1690 年之间，也有其他一些人认为他的出生晚到 1697 年"。（[美] 亨利·威廉·斯皮格尔：《经济思想的成长》，中国社会科学出版社 1999 年版，第 152 页）

② [美] 约瑟夫·熊彼特：《经济分析史》第 1 卷，商务印书馆 1996 年版，第 334 页，还见第 326—327 页。

③ 但马歇尔说，企业家一词"来自亚当·斯密，而惯用于欧洲大陆，用它来指那些把企业的风险和管理看作自己在组织工业工作中应尽的本分的人，似乎最适当不过了。"见马歇尔：《经济学原理》下卷，商务印书馆 1981 年版，第 392 页。

④ [法] 萨伊：《政治经济学概论》，商务印书馆 1963 年版，第 225—226 页。

⑤ [法] 萨伊：《政治经济学概论》，商务印书馆 1963 年版，第 226 页。

不如说是强盗更准确。① 由此我们可以看出，企业家的命名过程及其结果隐含了价值转换过程：杀人越货、无恶不作的强盗与日后成为资本主义市场经济主心骨的经理，作为同一尊神像被供奉于资本主义事业的万神殿中。

亚当·斯密是西方主流经济学的创始人，自觉把企业家作为经济学的研究对象之一，并在经济学说体系中给企业家以特定位置，这同样是开先河之举。他在《国民财富的性质和原因的研究》一书中说："所以，劳动者对原材料增加的价值，在这种情况下，就分为两个部分，其中一部分支付劳动者的工资，另一部分支付雇主的利润，来报酬他垫付原材料和工资的那全部资本。""也许有人会说，资本的利润只是特种劳动工资的别名，换言之，不外是监督指挥这种劳动的工资。但利润与工资截然不同，它们受着两个完全不同的原则的支配，而且资本的利润同所谓监督指挥这种劳动的数量、强度与技巧不成比例。利润完全受所投资本的价值的支配，利润的多少与资本的大小恰成比例。"② 亚当·斯密还说："在许多大工厂中，此类工作（指指挥监督——引者注）大抵托由一个重要职员经管。这个职员的工资，正确地表示了监督指挥那一类劳动的价值。在决定这职员的工资时，通常不仅考虑他的劳动和技巧，而且考虑他所负的责任；不过，他的工资和他所管理监督的资本并不保持一定的比例。而这资本所有者，虽几乎没有劳动，却希望其利润与其资本保持

---

① 1503 年来自安的列斯群岛的第一批贵金属到达西班牙；1519 年开始对墨西哥阿兹特克人宝藏的掠夺；1534 年开始在秘鲁掠夺印加人。在秘鲁，征服者仅一次就运走 130 万盎司的黄金。他们找到用黄金铸成的四个美洲驼大雕塑和十二个像真人一样大的妇女塑像。作为赎金，国王交出一间装满黄金的屋子……根据官方统计数字，1520—1600 年间从美洲运到西班牙的白银有 18000 吨，黄金 200 吨，而其他人的估计则是此数的两倍。财物被冒险家抢夺，人则几乎被冒险家杀光：只不过一个世纪稍多一点的时间，墨西哥的印第安人口就从 2500 万人下降到 150 万人。参见［法］米歇尔·博德：《资本主义史（1500—1980）》，东方出版社 1986 年版，第 6—7 页。

② ［英］亚当·斯密：《国民财富的性质和原因的研究》上卷，商务印书馆 1972 年版，第 43 页。

一定的比例。"①

由以上的引证可以看出，亚当·斯密并没有给企业家下定义，但对企业家的界说为后继经济学家研究企业家问题确立了基本框架，也隐含了受到后继经济学家攻击并引起争论的种子。他的界说包括如下几个理论要素：第一，劳动价值论是立论的基础，所以，资本家（企业家）"几乎没有劳动"。第二，监督指挥者的工作是劳动，但又不是资本家。这样，资本家与土地所有者获利而不劳动，监督指挥者劳动而不获利。第三，资本家（企业家）虽然不劳动，但由于其资本的垫付能力而在市场经济运行过程中占有不可或缺的地位。第四，亚当·斯密由于自己的劳动价值论及其秉持的人道主义价值观，所以，他不像自己的后继者那样对企业家一味吹拜，毫无批评，而是在基本肯定的大前提下，对企业家的劣行时有指斥。② 这说明，亚当·斯密对企业家的看法带有辩证法性质。

在亚当·斯密为研究企业家确立的理论框架中，基于资本主义市场经济的运行需要为企业家进行主体定位的因素被后继者保留下来，成为他们研究企业家问题的逻辑路向，但基于劳动价值论为企业家定性和资本家与监督指挥职能分离的因素，则引致后继者的强烈不满和攻击。对亚当·斯密崇拜得五体投地的法国经济学家萨伊说："由于斯密忽视监督的利润和资本的利润这二者的区别，所以他感到很尴尬。"③ 熊彼特则认为："这种观点显然具有马克思主义意味，而斯密又特别强调了这种观点。"④ 熊彼特的批评在某种意义上说有思考的必要，因为马克思在《资本论》中确定资本家在经济活动中监督、指挥和管理的职能性质时，受到亚当·斯密相关观

① [英] 亚当·斯密：《国民财富的性质和原因的研究》上卷，商务印书馆 1972 年版，第 44 页。
② 参见 [英] 亚当·斯密：《国民财富的性质和原因的研究》上卷，商务印书馆 1972 年版，第 242—243 页；下卷，商务印书馆 1974 年版，第 30、33、65 页。
③ [法] 萨伊：《政治经济学概论》，商务印书馆 1963 年版，第 372 页。
④ [美] 约瑟夫·熊彼特：《经济分析史》第 1 卷，商务印书馆 1991 年版，第 289 页。

点的影响是客观事实。①

萨伊和熊彼特的批判全无道理。劳动价值论既是客观事实，又是价值判断。亚当·斯密时代，工业革命刚刚起步，经济关系远无现在这般复杂，经济主体也不似现在这般多元化。当时发挥监督和指挥职能的人与后来的经理具有本质区别。无资本而靠管理才能成为经济行为主体之一的经理，是工业革命完成以后才出现的新鲜事。概括地说，在亚当·斯密时代，走街串巷的小商人，刚刚变为资本家。亚当·斯密的批判者用其生活年代还不存在的事实批判亚当·斯密，这实在是冤枉了他。究其根本原因，是亚当·斯密的劳动价值论使他们骨鲠在喉，一吐为快。

法国经济学家萨伊在亚当·斯密界说企业家的道路上继续前进，从理论模型上说，他确实为说清企业家现象贡献了不少新因素；从经济价值观角度看，他的新因素更适合资产阶级意识形态的需要。他的贡献表现在以下几点。

第一，萨伊试图在新形势下给企业家下定义。他说，企业家"是应用既得的知识去创造供人类消费的产品"②的人。

第二，逆亚当·斯密而行，重新为企业家定性："冒险家或厂商的劳力也是生产性劳力，尽管他们没有从事实际的体力劳动。"③萨伊对企业家活动的定性，与他对劳动的看法有直接关系："在一切情形下，都可把劳动区分为三种：理论、应用和执行。"④"一般的情况是：一个人研究规律和自然趋势，这个人就是哲学家或科学家；另一个人把前者的知识应用于创造有用的产品，这个人或是农场主，或是工厂主，或是商人；又一个人在前两人的指挥监督下提供执行的力量，这个人就是工人。"⑤萨伊的思路很

---

① 《马克思恩格斯文集》第 5 卷，人民出版社 2009 年版，第 383—386 页；还见第 7 卷，第 495、431 页。

② [法] 萨伊：《政治经济学概论》，商务印书馆 1963 年版，第 372 页。

③ [法] 萨伊：《政治经济学概论》，商务印书馆 1963 年版，第 86 页。

④ [法] 萨伊：《政治经济学概论》，商务印书馆 1963 年版，第 81 页。

⑤ [法] 萨伊：《政治经济学概论》，商务印书馆 1963 年版，第 80 页。

清楚：企业家的活动是劳动，企业家是劳动者。

第三，为企业家进行经济主体性的定位。在亚当·斯密那里，市场经济运行过程中的经济主体有三个：土地所有者、资本家和工人。与此相对应，收入形式有三种：地租、利润和工资。萨伊对亚当·斯密的定位进行改动，并增加了新的经济主体，资本家获得的是利息，企业家得到的是利润。[①] 在这里，资本家的地位让位于企业家，企业家不是在亚当·斯密那里拿工资的"指挥监督"者，而是作为独立的经济主体获得利润。它是经济主体中的第四位，[②] 发挥着其他经济主体无法替代的作用。在萨伊看来，企业家的职能性作用是借钱经营，是雇主，是生产者与生产者之间以及生产者与消费者之间的联络环节，是许多关系的中枢。[③] 他们的具体活动是监督、指挥和管理。

正是由于贡献了这些新理论因素，萨伊一再受到后继者们的推崇。但是，我们必须对"推崇"细加考量。萨伊确实看到和概摄了资本主义市场经济运行过程中的新事实，企业家与资本家的明确区分和企业家的职能性定位便是例证。"推崇"中指称的另一部分事实我们不能同意，这就是对企业家的价值评价中只看到其功绩的一面，对企业家的劣行和罪恶只字不提。这导源于萨伊本人。实际上，这是对亚当·斯密企业家理论的反动，同时也是一种倒退。反动和倒退的直接结果有两个：一是资产阶级意识形态在迎接社会舆论对企业家的罪恶进行揭露时有了理论武器；二是剔除了西方主流经济学中不利于资本主义社会生活的价值观念的理论生长点。

在西方主流经济学中，为企业家理论增添新的因素并成一家之言的还有英国经济学家马歇尔。他的理论贡献表现于两个方面。一是他试图给出比萨伊更确切因而更接近事实的定义："用它来指那些把企业的风险和管理看作自己在组织工业工作中应尽的本分的人，似乎最适当不过了。"[④] 这

---

① 参见 [法] 萨伊：《政治经济学概论》，商务印书馆 1963 年版，第 373 页。

② 参见 [法] 萨伊：《政治经济学概论》，商务印书馆 1963 年版，第 77 页。

③ 参见 [法] 萨伊：《政治经济学概论》，商务印书馆 1963 年版，第 373—375 页。

④ [英] 马歇尔：《经济学原理》下卷，商务印书馆 1965 年版，第 392 页。

一定义建立在两个认识论前提之上，企业家是劳动者，[①] 企业家与企业雇主不是一回事[②]。基于这两点而来的定义，把重点放在企业家的经济职能上，经济职能的焦点是管理，这样，企业家现象蕴涵的价值观因素逐渐隐退其后，经济运行过程中的事实性因素跃居前台，给人以事实性描述而非价值判断的印象。二是对企业家进行分类：可以把企业家分为二类，"一类引进先进的企业方法，另一类则墨守成规"[③]。就像萨伊由于对企业家的核心职能（协调）进行定位而成了熊彼特企业家理论的思想先驱一样，马歇尔的分类，情况也是如此。他不是从企业经营类别或规模大小角度对企业家进行分类，而是从企业所具有的创新能力角度进行分类，这样，资本主义经济的发展，企业家收入的天然合理性，似乎都有了有理有据的理论说明。实际上，只要对马歇尔的企业家分类理论稍加润饰和改装，就能成为熊彼特企业家理论的必备构成要素："墨守成规"是熊彼特企业家理论中的逻辑起点——循环流转状态；"引进先进的企业方法"，成为熊彼特企业家理论中的灵魂和核心——创新因素。

在西方主流经济学中，熊彼特是企业家理论的集大成者，所以，他对企业家概念的界说最为典型。这体现于两个方面：一是他把前人的研究成果经过改造纳入自己的企业家概念界说之中，使自己的观点具有深厚的历史感；二是在继承的基础上敢于创新，使自己的企业家概念具有理论体系的性质和外观。况且，他始终把企业家现象作为自己的重要研究对象，使自己的经济理论体系围绕企业家概念展开并著称于世。基于此，日本经济学家金指基在《熊彼特经济学》一书中认为，熊彼特"经济体系的中心轴是企业家"[④]。"他的代表作，诸如《本质》（1808）、《发展》（1912）、《经

① 参见 [英] 马歇尔:《经济学原理》下卷，商务印书馆1965年版，第45页。
② 参见 [英] 马歇尔:《经济学原理》上卷，商务印书馆1965年版，第313—314页。
③ [英] 马歇尔:《经济学原理》下卷，商务印书馆1965年版，第260—261页。
④ [日] 金指基:《熊彼特经济学》，北京大学出版社1996年版，第67页。金指基在正文中就用学术笔记中的缩写，让读者感觉不适。这几本书的全名是:《经济学的本质与内容》、《经济发展理论》、《经济周期》和《资本主义、社会主义和民主主义》。

济周期》（1939）和《资社民》（1942）等，从初期作品到晚期作品，相互间密切联系，一贯到底，由此可窥见其体系的发展轨迹，而其中一系列著作的中心概念便是企业家。"①

确实，熊彼特在他的一系列代表性著作中都给企业家现象以极大关注，不过，他的企业家理论最典型和最集中地展开于《经济发展理论》一书中。在这部著作中，熊彼特以企业家概念为核心构筑的理论体系精巧而完满，由此凸显出来的企业家概念，内容丰富而又逻辑严密。

熊彼特认为，资本主义市场经济运行过程由两种状态构成，一是简单的循环流转，二是由创新而来的发展。循环流转类似于简单再生产，这种状态中唱主角戏的是厂长或经理，但这里厂长或经理不能被称作企业家，因为他们并没有以创新为手段促进经济发展。由创新而来的经济发展，虽然其功臣是厂长或经理，但只有在这个特定的状态和时刻，他们才能被称为企业家。在这里，经济运行过程中两种状态的划分，与资本主义市场经济实际的运行过程并不相符，但划分的理论功用已充分发挥出来，使企业家占据经济发展领导地位（发动者、指挥者），并因此使企业家具有了鹤立鸡群、特立独行的神秘光环。

在熊彼特看来，资本主义市场经济运行过程中，土地和劳动是两种最终的生产要素，与此相并列但作用更突出和更重要的，是第三种要素，这就是企业家的创新活动。②

这里似乎出现了问题，普通劳动者的经济活动是劳动，厂商、经理的经济活动也是劳动，这二者如何区分呢？实际上，萨伊和马歇尔也遇到了同样的难题，但他们试图从经济职能而不是从劳动性质角度看待和解决这一问题。熊彼特的看法与众不同："我们对于土地这个生产要素虽然没有什么过多的话要说，但对于另一个要素，劳动，最好还是略为更仔细地加以考察……这就是领导的劳动和被领导的劳动之间的区别，以及独立的劳

① ［日］金指基：《熊彼特经济学》，北京大学出版社1996年版，第60页。
② 参见［美］约瑟夫·熊彼特：《经济发展理论》，商务印书馆1991年版，第21页；还见第153、165页。

动和工资劳动之间的区别。区别领导的和被领导的劳动的东西，初看起来是非常带根本性的。这里有两个主要的特点。第一，领导的劳动在生产有机体的等级中处于较高的地位。对于'执行'的劳动的领导和监督，似乎把领导的劳动从其他劳动种类中提拔出来了。虽然执行的劳动与土地的各种用途只不过是处于相等同的地位，从经济的观点看，它和这些用途的职能绝对相同；但是领导的劳动，却与执行的劳动及土地的用途这两者不同，它显然居于支配的地位。它似乎是形成了第三种生产要素，而使它与被领导的劳动区别开来的其他特征似乎构成了它的性质：领导的劳动有某种创造性的东西，即它能为它本身定出它自己的目的。至于独立劳动和工资劳动的区别，我们可以同样追溯至领导的劳动和被领导的劳动的区别。独立劳动之所以是一种特别的东西，恰恰因为它具有领导的劳动的职能……"[1] 领导的劳动，"领导"的具体表现是什么？熊彼特照样有说法："这就在于对生产的方向、方法和数量作出决定。"[2]

实际上，问题并没有彻底解决，因为，厂商的劳动和企业家的劳动同是领导性劳动，但在熊彼特的词典里，这二者有本质区别。熊彼特确实注意到了这一问题，并着力解决这一问题。他解决问题的办法有两个。

一是给企业家下定义，借此为企业家进行职能性定义，确立判定是否为企业家的标准。熊彼特认为，企业家是经济变革机制的承担者，只有实现新组合（意即创新）的人才能被称为企业家。[3] 这样，判定是否为企业家的标准也确立下来：是否实现了新组合。[4]

二是具体回答循环流转状态中的厂商或经理，其劳动性质也属于领导范围但它不能被归属企业家之列的问题。在熊彼特看来，经济循环流转中的厂商或经理与经济创新性活动中的企业家，其区别表现于三个方面：

---

① ［美］约瑟夫·熊彼特：《经济发展理论》，商务印书馆1991年版，第23—24页。

② ［美］约瑟夫·熊彼特：《经济发展理论》，商务印书馆1991年版，第25页。

③ 参见［美］约瑟夫·熊彼特：《经济发展理论》，商务印书馆1991年版，第68、83、147—148页。

④ 参见［美］约瑟夫·熊彼特：《经济发展理论》，商务印书馆1991年版，第153、87—88页。

厂商或经理是顺流游泳，企业家是逆流游泳；厂商或经理在助力帮助下工作，企业家在阻力干扰下工作；厂商或经理在决策时面对的是熟知的数据，企业家面对的则是一连串的未知数。①

纵观整个西方主流经济学说史，熊彼特对企业家的界说及其判定标准最为严苛，起码，真正的企业家必须具备下列条件：第一，企业家必须是实际的经营者，这与只投资得利息而不进行管理和经营的资本家相区别；第二，企业家必须是经营成功者，这与经营失败者相区别；第三，企业家的经营成功必须靠创新，这与非创新者相区别；第四，企业家具有流动性，既非一个阶级，也非某人独揽，创新成功以前和成功以后，都不能称其为企业家，这与萨伊、马歇尔等人从职业角度定义企业家相区别。况且，这四个条件中的每一个，只为必要条件而不是充分条件，只有这几个条件都具备，才能构成充分条件；具有充分条件的人，才能成为名副其实的企业家。熊彼特的传记作者洛林·艾伦根据自己的理解，对熊彼特突出和强调企业家创新功能的有点夸张的描写，有助于我们捕捉熊彼特有关思想的神韵和特点："对熊彼特来说，企业家的存在只是为了完成一种任务：引进创新。他不拥有、不管理、不筹资、不组织、不促进、不冒风险，除了把'新组合'——新产品和新方法——注入到生产结构，并通过它影响经济的消费的数量和构成以外，不做其他的事情。与其说企业家是人，还不如说是一些人有时完成的功能。企业家曾经做过的和将要做的就是把创新引进经济中，从这种意义上来看，没有人是企业家。大多数人从未做过，只有少数人一生中可能只做过一次，但只是短短一瞬。在创新的前后，企业家可能已经是一位经理、公司所有者、小修理工、工人、资本家、土地或资源所有者，所有这些人在经济中有着完全特殊的和持久的作用。"②

细加考量便可发现，熊彼特眼中的企业家是天才人物，所以，他的企

---

① 参见［美］约瑟夫·熊彼特：《经济发展理论》，商务印书馆1991年版，第90—92页。

② ［美］洛林·艾伦：《开门——创新理论大师熊彼特》，吉林人民出版社2003年版，第115页。

业家理论带上了天才论的味道。熊彼特自己也意识到了这一点，在一个注释中，毫不掩饰地从多个层面和角度加以说明。他认为，企业家的行为是一种特殊性的行为类型，这种行为类型以特殊的才能类型为前提，[①] 这二者，可以用人口统计学上的具体数字来说明："四分之一的人口关于经济首创精神这种品质，让我们暂且在这里假定，是如此贫乏，以致这种匮乏通过他们的道德人格的贫乏而被感觉到，他们在要求具有这种要素的私人生活和职业生活的最小事务中只起着可怜的作用。我们看到了这种类型的人，知道有许多最好的办事员，以忠于职守相著称，有专业知识，一丝不苟，就属于这一类型。然后有那'一半人'，'正常的人'。这些人证明自己在这样的事情上做得比较好些，可是这些事情即使在已经建立的渠道中也不能只是'交办'，而是还必须作出'决定'和'实现'。实际上所有的工商业人士都属于这一类，否则他们绝不能达到他们的地位；大多数人代表着一种选择——在个人方面或遗传方面经过了考验……从这里，在尺度上越走越高，我们最后进入了最高的四分之一，走到了具有超乎正常的才智和意志的那种类型的人中间。在这一类型的人物中，不仅有许多各种各样的人（商人、制造家、金融家等），而且在'首创精神'方面还有强烈程度不一的加续的变化。在我们的论证中，每一种强度的类型都会出现。有不少人能在没有人曾经到过的地方，沿着航道安全前进；也有其他一些人沿着别人已经走过的道路前进；还有其他一些人则只是置身于群众之中跟随前进，但他们是在第一批群众之中。"[②]

事实上，熊彼特对企业家概念的人口统计学论证并没有真正的人口统计学根据。但是，这一行为的理论功用我们不能小视。首先，熊彼特把现实生活中的企业家与理想类型的企业家隔离开来，神化后者，使后者具有神秘色彩；企业家行为产生的问题，企业家行为涉及的价值观问题，在神秘化的面纱后面得到了掩盖。其次，企业家似乎不仅仅是经济职业、经济

①　参见［美］约瑟夫·熊彼特：《经济发展理论》，商务印书馆1991年版，第90页。
②　［美］约瑟夫·熊彼特：《经济发展理论》，商务印书馆1991年版，第91页。

行为类型问题，而且还是生理上的遗传学问题，这使企业家问题更加复杂化，为人们正确认识企业家现象又人为设置了一道障碍；至于从经济价值观角度把握企业家现象，则是更加困难。困难表现于两个方面：他的天才论企业家理论生发于逻辑严密的经济理论体系，不把握其经济理论的逻辑，难知其企业家理论所云何意、所指何物和作用何在；用自己虚拟出来的人口统计学数据支撑其企业家理论，但并不指明此为全人类所有国家和民族的情况，还是像马歇尔一样，认为只是西欧民族所具有的特质，实在无法让人验证。最后，透过熊彼特的天才论企业家理论，我们又一次体验到了他那血统不纯正但又派头十足的贵族气。①

第二节　被神化的企业家素质

西方主流经济学家历来极为关注企业家素质问题。这一点可由下列事实证明。仅在亚当·斯密、萨伊、马歇尔、马克斯·韦伯和熊彼特这五位经济学家并非专谈企业家的著作中，据不完全统计，列出的企业家素质就多达五十项。情况之所以如此的原因有下列几点。首先，在西方资本主义市场经济运行过程中，企业家确实处于举足轻重的地位，用熊彼特的话表达，企业家具有"军事领袖的特点"，起着"发起人"的作用，是"领袖类型的人物"②。其次，西方主流经济学的根本职责和存在价值是对资本主义市场经济运行过程作出说明，在说明时不对企业家现象倾注心血和花费

---

① 熊彼特的生父是中产阶级的纺织企业家，母亲出身于医生家庭。他4岁丧父，几年后其母与一位陆军中将结婚，使其得以在贵族子弟学校接受教育。（参见[日]金指基：《熊彼特经济学》，北京大学出版社1996年版，第4页）"熊彼特很快就学会了其他同学的风度、举止和爱好，从而他的一生都带有一种贵族气质。他不止在一所大学，由于以骑马的习惯出现在教师会议上，而激怒他的同事。他总是喜欢说我只有三个愿望——一是个大情人，二是个大骑士，三是个大经济学家。"（[美]罗伯特·L.海尔布罗纳：《几位著名经济思想家的生平、时代和思想》，商务印书馆1994年版，第276—277页）
② 参见 [美] 约瑟夫·熊彼特：《经济发展理论》，商务印书馆1991年版，第86、97页。

笔墨，经济个人主义的主题便不能凸显出来。实际上，在经济个人主义的人格化——企业家问题上下工夫，是说明资本主义市场经济运行过程的一条捷径。最后，在资本主义市场经济运行过程中，企业家不仅处于举足轻重的地位，而且也是一个极为复杂且是备受瞩目的现象，其复杂表现于企业家行为的社会作用及其评价上。从辩护性的立场出发，如萨伊、熊彼特等人，企业家是资本主义市场经济，进而是资本主义社会的功臣；从实事求是的立场出发，企业家行为的社会作用会显示出好坏参半的形象。西方主流经济学家利用多种手段使企业家的真实形象高大化、圣洁化，手段之一便是神化企业家的素质，使其像古希腊的宙斯神一样，为善为恶都乃神之意志，平常人根本无权也没有能力过问。马克斯·韦伯为西方主流经济学家的掩饰和神化行为提供了方法论根据，根据的名称是"理想类型"（Ideal Type）[①]。这一方法很顶用，军事征服和掠夺开路，贸易只不过是幌子的企业家（冒险家），乘人之危、趁火打劫式的企业家，官商勾结、垄断独吞式的企业家等，都通过这种方法消失于人们的视野之外，跃居人们眼帘的是素质高强、品行端庄的圣徒式企业家。这是先有高、圣、洁原则再找个别和片段式例证的方法。

综观西方主流经济学中不同经济学家的企业家素质论，神态各异，自有特点。异殊的内容导源于侧重企业家现象的不同方面。这就要求我们，在研究和把握西方主流经济学中的企业家素质论时，必须注意以下几点。

第一，素质是个含义极其广泛的概念，涉及企业家素质问题，情况更是如此。不同的西方主流经济学家，由于各种各样的原因，往往侧重于企业家素质整体的这一方面或那一方面，只有把各家的素质论说综合在一起，才能真正表现或说揭示出企业家的素质整体。仅就不同经济学家涉及的内容而言，企业家素质就包括如下内容：技能性素质，萨伊、马歇尔和熊彼特对这一点关注较多；伦理性素质，马克斯·韦伯，还有亚当·斯

---

① 参见［德］马克斯·韦伯：《新教伦理与资本主义精神》，生活·读书·新知三联书店1987年版，第51页。

密，对这一点花费了更多的心血和笔墨；社会适应性素质，几乎每一位西方主流经济学家都注意到这一点；自我调适性素质，马克斯·韦伯的企业家素质论以此为核心展开。实际上，不管是由于疏忽还是刻意如此，资本主义市场经济运行过程中的企业家，还有一种必备素质没有被注意到，这就是企业家的政治素质。美国、日本以及第二次世界大战战前的德国，大企业家直接或间接地参与国家重大决策，在战争过程中，他们的地位和作用像军事领袖一样重要，攻城略地，征服占领，经济控制，政治渗透，样样都是他们的拿手好戏。西方主流经济学家往往以"价值中立"或"科学研究"为借口回避这一点。这本身就是一种价值立场。

第二，在概摄企业家素质时，西方主流经济学中的不同经济学家，各自的比较标准并不相同。亚当·斯密论述企业家素质问题时采用了两种参照系统：一是把企业家与没落贵族的懒惰、奢侈和愚钝比较，由此显示出的企业家素质是勤奋、节俭和聪敏；二是把企业家与平民百姓的胆小、粗笨和散漫比较，由此显示出的企业家素质是勇敢、谨慎和爱秩序。萨伊和马歇尔强调企业家的专业知识素质，熊彼特看重企业家的天才性成分，马克斯·韦伯把新教伦理作为框衡企业家的准星。比较标准不一，结论中的企业家素质必然不同。实际上，每一位经济学家都围绕自己的标准框说企业家素质，并把这种带有片面性的企业家素质作为一般意义上的企业家素质整体，这是犯了以偏概全的毛病。

第三，从学说史的角度看，西方主流经济学中的企业家素质论，其特点同样值得注意。在亚当·斯密那里，企业家的素质虽有与没落贵族和平民百姓相比的独特之处，但差别不是特别大，相对于平民百姓而言，企业家的素质并不是高不可攀，每个人只要努力，实现自己的理想还是有可能的。[①] 到资本主义社会完成第一次工业革命时，马歇尔为企业家找出其原始含义中的创新因素，在这里，平民百姓的日常思维要想说清企业家的素

---

① 参见钱乘旦、陈晓律：《在传统与变革之间——英国文化模式渊源》，浙江人民出版社1987年版，第105—113页。

质已感力不从心。进入 20 世纪，熊彼特把直觉、意志和机遇作为企业家素质的主要因素。就像唯意志论哲学，神秘化的味道已经很浓厚了。

这般神秘化的潮流并非在起步时就是如此，而是由潜至显，给人以逐渐形成、自生自发的印象。事实是，这与资本主义市场经济的发展历史恰好一致。手工业时代的企业家，经营规模、市场占有范围和产品、设备更新换代速度都没有超出个人能力的感悟范围。到资本主义工业革命完成以后进入大工业时代，企业家面对的经营规模、市场占有范围和产品、设备更新换代速度，个人能力已几乎难以预知和应付了。到熊彼特时代，个体企业家已无法对上述三者作出符合实际的判断，非集团式、科层制的力量已无法与上述三者打交道，在此种局面中立于不败之地，更是难上加难。以熊彼特为典型的经济学家们看到了这一点，但没有真正理解这一点。他们解决问题的办法是把需要众人和集体智慧解决的问题归属于企业家一人，把群体式企业家个体化，把能力互补式企业家群体的素质个人化，这样的思路导致的实际结果是，个体化的企业家素质当然就会高不可攀，在认识论上，则是难以让人理喻。由此看，神秘化乃必然结局。

还是让我们回到西方主流经济学家的具体论述上来吧。

在亚当·斯密的时代，封建贵族在政治、经济和社会生活诸方面，其影响和作用非常大。这些人不甘寂寞，要以对工商业横加干预和发放特许状的形式表示自己的存在。这对企业家形成了第一种压力。自从资本主义市场经济产生以来，竞争始终是必然的伴随物，并在经济运行过程中发挥越来越大的作用。这对企业家形成了第二种压力。两种压力并存，使得企业家的存在和发展自有特点。为了与封建贵族的挤压相抗衡，企业家必须具备勤劳、认真和使企业兴旺发达起来的其他素质。亚当·斯密敏锐地观察到了这一点。[①] 在同行之间竞争的压力下生存和发展，同样对企业家的素质提出了特定要求。亚当·斯密认为，此种情况下的素质要求包括如下

---

① 参见 [英] 亚当·斯密：《国民财富的性质和原因的研究》上卷，商务印书馆 1972 年版，第 308 页。

几点内容：节俭、不妄为、勇敢、爱秩序和谨慎①。

亚当·斯密论列了成功企业家必备的八种素质。把这些素质还原到经济运行过程中的企业家身上，便表现出两个向度：一是适应性能力素质，如认真、勇敢和谨慎；二是社会伦理性素质，如节俭、不妄为和爱秩序。由于亚当·斯密没有像熊彼特和马克斯·韦伯一样的神化企业家素质的倾向，所以，此时的企业家与真实经济生活过程的分离并不严重，他们的优缺点也明显可见。由此看，亚当·斯密眼中的企业家素质，事实概括胜于刻意塑造，贴近生活胜于人为拔高。情况之所以如此，以下原因起了重要作用。首先，从事实存在角度看，亚当·斯密时代的企业家，由于经营规模、管理方式和日常行为等方面的特点刚刚显露出来，所以，他们还没有给人造成神秘莫测的印象。从方法论角度看，亚当·斯密使用更多的是经验方法，这种方法没有给使用者留下任意拔高和肆意演绎的活动空间。起码这种方法比起马克斯·韦伯的"理想类型"和其他人如熊彼特使用的演绎方法，限制要严格得多。其次，从主观意图角度看，亚当·斯密的目标很明确，论证自由主义经济原则（形象化的比喻是"看不见的手"）对增进国民财富更有效，更有益，至于后来经济学家跃动于心中的强烈辩护意识，在亚当·斯密的经济学中，基本不起作用。这种主观意图上的差别，导致了亚当·斯密的企业家素质论与后继者的企业家素质论之间有重大区别。马克思的话虽然有点言重，但不能说毫无道理：英国古典经济学以后的经济学家，面对的"问题不再是这个或那个原理是否正确，而是它对资本有利还是有害，方便还是不方便，违背警章还是不违背警章。无私的研究让位于豢养的文丐的争斗，不偏不倚的科学探讨让位于辩护士的坏心恶意"②。这一点，在企业家素质论问题上表现尤为明显。

到19世纪后期，英国的工业革命已经完成，"日不落帝国"已基本成为现实，资本主义社会的存在形态也发生了重大变化：由自由竞争的资本

① 参见 [英] 亚当·斯密：《国民财富的性质和原因的研究》上卷，商务印书馆1972年版，第310、370—371页。

② 《马克思恩格斯文集》第5卷，人民出版社2009年版，第17页。

主义逐渐转变为帝国主义。资本主义市场经济的运行过程变化同样巨大，制造业、金融业和商业正在连为一体。此时的企业家，已非昔日小本经营、节俭谨慎和用明显拙劣的手段压榨工人以便更迅速积累资本的企业家可比拟。他们是"庞大金钱帝国"里的"皇帝"。确实，这对新历史条件下的企业家素质提出了更高要求，与此相伴随，西方主流经济学家眼中的企业家素质也发生了很大变化。这种变化的原因有两个：一是企业家对社会生活的影响和作用比过去重要得多，他们对经济运行过程的干预能力也强得多，这两点给企业家素质问题罩上了神秘光环。二是此时的阶级矛盾比亚当·斯密时代要尖锐得多，企业家的形象要复杂得多，这需要主流经济学家的辩护性说明与论证。

在这种历史背景下，作为主流经济家代表的马歇尔，在企业家素质问题上拿出了与亚当·斯密相比差别很大的观点。他认为，与平常人相比，企业家具有如下独特的素质：富有创造性，有组织力，多才多艺，有好运气，[1]能干而有进取心，有特殊才能，巧于策划，不怕危险[2]……尤其重要的是，企业家对"他自己行业中的物具有透彻的知识"，所以，企业家是"天生的领导者"[3]。

与亚当·斯密的企业家素质论相比，马歇尔的企业家素质表现出如下四个特点。第一，在亚当·斯密的企业家素质论中，技能性素质与伦理性素质并重，到马歇尔的企业家素质论中，伦理性素质呈隐退趋势，技能性素质占据主导地位。这并不说明此时的社会已解决了企业家的伦理性素质问题，只能说明，此时的主流经济学家对企业家伦理性素质的关注和要求已远不如亚当·斯密。看似不起眼的变化非同小可，它为企业家超越伦理规范的经济行为和其他性质的行为打开了方便之门。第二，顺着抑制伦理素质凸显技能性素质的思维定势往下走，把企业家素质神秘化的苗头已露出端倪。把创造性、有特殊才能、天生的领导素质等头衔加到企业家头

---

① 　参见［英］马歇尔：《经济学原理》上卷，商务印书馆 1964 年版，第 28、296、298 页。

② 　参见［英］马歇尔：《经济学原理》下卷，商务印书馆 1964 年版，第 138、394、266 页。

③ 　［英］马歇尔：《经济学原理》上卷，商务印书馆 1964 年版，第 309 页。

上，这必然会给人造成一种印象，企业家是超越于常人之上的一个特殊社会群体。这距熊彼特等人把企业家素质真正神秘化只有一步之遥。第三，在亚当·斯密那里还几乎没有进入视野的企业家专业素质，萨伊已把它拉入视野之内，① 到马歇尔的企业家素质论中，已成为必不可少的常项。第四，在马歇尔的企业家素质论中，有一项素质属于他的"创新"，这就是"好运气"。何谓"好运气"？赶上好机遇并成功地抓住它，抓住者便被称作"好运气"。这确为企业家必备的素质之一。但是，"好运气"的说法还有一种功用，这就是正当和正常的事实无法说清作为结果出现的事物时，"好运气"便派上用场，成为抵挡各种质询和责问的有力武器，为辩护性说明开通了一条便捷的通道。

马克斯·韦伯的素质论自有其特点。一是在时间问题上做游戏。马克斯·韦伯的研究对象是西方宗教改革运动以后不久的企业家素质，但他并不严格指出这一点，而是以"理想类型"作为方法论原则，抽掉时间因素，实际是抽掉社会历史变迁因素，把企业家素质模式化、永恒化，使企业家素质具有了无社会历史时间性的外观。二是一反马歇尔的传统，把企业家的伦理性素质重又拉入主流经济学家的视野，但这里的企业家伦理性素质与宗教性因素密切地交织在一起，由此，马克斯·韦伯找到了一条神化企业家素质的有效途径。三是在马克斯·韦伯的企业家素质论中，西方文明中心论、西方种族优越论的痕迹明显可见，这与亚当·斯密和熊彼特相比更自觉，当然也更明目张胆。② 在这一点上，他与马歇尔更为接近。③

就把企业家的素质加以神化而言，马克斯·韦伯是典型之一。虽然他不像熊彼特那样沿着世俗的英雄主义向度神化企业家素质，但他把企业家

---

① 参见［法］萨伊：《政治经济学概论》，商务印书馆1963年版，第373页。

② 马克斯·韦伯在《新教伦理与资本主义精神》一书的"导论"中，通篇只是"只有西方……"情结的强烈表露，其西方文明优越论、中心论的说教。还见他的《经济与社会》下卷，商务印书馆1997年版，第583页。

③ 参见［英］马歇尔：《经济学原理》下卷，商务印书馆1965年版，第373、203页；上卷，第259—260、220—221页。

素质新教化，通过新教化使企业家成了新教伦理的典范，是实践新教伦理卓有成效的圣徒。确实，他为企业家开列的素质要求，或者说他眼中信奉新教的企业家所具备的素质，其他信仰的企业家无法获得，平常人更是难望其项背：超乎寻常的坚强性格，适度的自我控制，确定不移且是高度发展的伦理品质，洞若观火的远见和行动的能力，在顾客和工人中间赢得必不可少的信任，[①] 既精打细算又敢作敢为，讲究信用，精明强干，全心全意投入，在事业中固守着严格的资产阶级观点，[②] 小心谨慎，束身自好，严肃自重，慎时，守时，守法，从不自吹自擂，[③] 从不对自己的权力沾沾自喜，生活方式常常是以某种禁欲的倾向见称于世，自我尊重是责任，经济理性主义，[④] 异乎寻常的资本主义商业意识与极其狂热的宗教虔诚天衣无缝地结合，既以苦修来世又以腰缠万贯而著称于世，极端的宗教虔诚和毫不逊色的经商手腕相结合，多赚钱与避免生活享受相结合。[⑤]

　　粗略地看，马克斯·韦伯开列的企业家素质不无重复之处，细究起来，每一项都有特定的指称对象和具体的含义。在这里，问题的关键是与其他主流经济学家的企业家素质论相比，马克斯·韦伯增添了什么，又忽略了什么。很明显，马克斯·韦伯增加了企业家素质论中的宗教性因素，并且宗教性因素在这里处于核心地位，发挥灵魂性作用。这一宗教性因素还原到具体的企业家身上，神奇的作用马上会显现出来。它制导企业家把孜孜求利层次的经济价值观追求升华为宗教价值观层次；它约束和调控企业家在经济行为中效率卓著，在日常生活中洁身自好。确实，经营性素质

---

① 参见［德］马克斯·韦伯：《新教伦理与资本主义精神》，生活·读书·新知三联书店1987年版，第49页。

② 参见［德］马克斯·韦伯：《新教伦理与资本主义精神》，生活·读书·新知三联书店1987年版，第50页。

③ 参见［德］马克斯·韦伯：《新教伦理与资本主义精神》，生活·读书·新知三联书店1987年版，第56、109、33、34、107、51页。

④ 参见［德］马克斯·韦伯：《新教伦理与资本主义精神》，生活·读书·新知三联书店1987年版，第51—52、52、26页。

⑤ 参见［德］马克斯·韦伯：《新教伦理与资本主义精神》，生活·读书·新知三联书店1987年版，第28页。

和行为与新教伦理的有机统一，一个完美高大的企业家形象出现在我们面前："这种企业家满怀着这样的信念：上帝为他指出获利的途径，并不是没有特定意图的。他沿着这条道路前进是为了上帝的更大荣耀，而他的利润和财产的增值毫无疑问是体现了上帝的恩赐。尤为重要的是，只要他以合法手段在他的职业中获得了成功，那就不仅在人们面前，同时也在上帝面前体现了他的价值。"① 在这里，"理想类型"的方法论原则又发挥了关键作用。与亚当·斯密相比，马克斯·韦伯的企业家素质论中少了危害社会的一面，与萨伊和马歇尔相比，他的企业家素质论中又少了专业知识素质和创新性成分。

熊彼特同样神化企业家素质，但神化的向度判然有别。他不像马克斯·韦伯那样依傍宗教性因素获得神化效果，而是在经济行为中寻找常人理智难以寻觅和理喻的非理性因素，通过非理性因素作用的人为扩张和夸大，使企业家的素质显示出独特性和常人难以企及的高度。

在讲到决策过程中企业家的特殊素质问题时，熊彼特说："就像军事行动，即使可以得到的全部数据并不在手边，也必须从一定的战略位置去采取行动一样，在经济生活中，即使在没有得出要做的事情的全部细节时，也必须采取行动。在这里，每一件事情的成功依靠直觉，也就是一种尽管在当时不能肯定而以后则证明为正确的方式去观察事情的能力，以及尽管不能说明这样做所根据的原则而却掌握主要的事实、抛弃非主要的事实的能力。彻底的准备工作，以及专门的知识、理解的广度和逻辑分析的才智，在某种情况下却可能成为失败的根源。"②

在讲到企业家如何完成自己的特殊使命时，熊彼特说：对于一件事情，"大多数的人或所有的人可能都看到了，但是在他们当中需要有某一个人先讲出来，来加以领导，来进行组织。甚至只用榜样来发生影响的领导，如艺术领导和科学领导，也不仅在于找到或创造新的事物，而在于用

---

① 转引自哈特穆特·莱曼、京特·罗特编：《韦伯的新教伦理——由来、根据和背景》，辽宁教育出版社2000年版，第232页。
② ［美］约瑟夫·熊彼特：《经济发展理论》，商务印书馆1991年版，第95页。

它去使社会集团留下深刻的印象，从而带动社会集团跟在它后面走。因此，领袖们完成他们的职能，更多地是用意志而不是用才智，更多地是用'权威'、'个人的声望'等，而不是用创造的思想"①。

在讲到与其他领导相比企业家所独有的素质时，熊彼特说："企业家式的领导，与其他各种经济上的领导……不同，自然带上它所特有的条件的色彩。它丝毫没有作为其他各种领导特色的那种魅力。它在于完成一种非常特殊的任务，这种任务只在稀少的场合才会引起公众的想像力。为了它的成功，更主要的与其说是敏锐和精力充沛，不如说是某种精细，它能抓住眼前的机会，再没有别的。"②

在特定的语境中，熊彼特突出和强调了企业家素质中的三个方面：直觉能力、意志品质和精细入微。在这里，关键的问题有两个：一是熊彼特在忽略其他企业家素质的前提下人为拔高这三种素质，努力给人造成强烈印象，其他人不具备这三种素质或其他素质对企业家来说并不重要。二是纵观熊彼特经济学研究生涯的全过程，自己申明并身体力行的是追求科学性，为此，他写有三大卷《经济分析史》，但在讲到企业家素质问题时，科学性根本无法说明且是遭到拒斥的非科学性因素——直觉和意志登堂入室，并扮演主导角色。这给熊彼特出了不大不小的难题：科学性、实证性甚或数学模型如何说明企业家素质中的直觉和意志成分？精细入微与直觉是什么关系？在企业家的经济行为中，这二者又是如何被协调一致的？这些问题，必然会使熊彼特陷入两难境地：用自己一再申明的科学性研究方法无法说明自己大加推崇的非科学性因素，在具体的科学研究实践中根本没有遵循自己的承诺而是不自觉地滑入非科学的轨道；假如在企业家素质问题的研究中运用非理性主义的方法，那么，自己极力主张和大加推崇的科学研究方法便自动失去了普遍适用性，这必然导致更加自相矛盾的结局：熊彼特或者是不诚实且是有意骗人，或者是自己主张的科学性研究方

---

① [美] 约瑟夫·熊彼特：《经济发展理论》，商务印书馆1991年版，第98页。

② [美] 约瑟夫·熊彼特：《经济发展理论》，商务印书馆1991年版，第99页。

法在研究企业家素质问题时根本就不顶用。

熊彼特经济学整体中科学主义的强烈要求与具体研究过程中非理性主义处于凸显地位，且这二者之间的矛盾是客观存在的。现在我们明白地得知，诱使他陷入自相矛盾境地的根本原因是在特定价值倾向的催促下人为地拔高、实际是神化企业家素质。熊彼特的失败性实践是一个教训，这个教训说明，西方主流经济学家一再伸张经济学研究中的科学性，拒斥其中的价值倾向性，马克斯·韦伯美其名曰"价值无涉"或"价值中立"，实际上，他们自己无法做到"价值无涉"或"价值中立"，所以，"价值无涉"或"价值中立"只不过是没有可行性的理想。

综合起来看，西方主流经济学家眼中的企业家素质丰富多彩，不同经济学家构设出的企业家素质形象又各不相同。在这两种情况的背后有一条强劲的逻辑发挥作用。不管具体内容是什么，任何企业家的素质都可归属于两大类——能力性素质和伦理性素质。这两种素质运用和表现于特定的主、客体关系之中。这种主、客体关系的根本性特征是竞争贯穿于全过程和全过程的方方面面，在这里，优胜劣汰，最适者生存，成功就是一切。此种局面要求企业家既要不断地战胜和超越自我，又要不断地征服外在阻力，这样做的目的只有一个：不断地成功，不断地胜利，成功和胜利的判定标准只有一个——获利。这条强劲逻辑确实是"看不见的手"，它调控企业家不断地培养和运用自己的素质，把素质中的潜力充分调动起来，发挥出来，以使自己不被这条强劲的逻辑所压倒。从这个角度看问题，经济运行过程中的企业家，每一个人都是典型的个人主义者，是个人主义理论的信奉者，也是个人主义理论的实践者。

我们在看到这条强劲逻辑的同时，也应看到问题的另一面，这就是西方主流经济学家在企业家素质问题中的强烈的价值倾向性。由于企业家的素质包括两大类内容，所以，他们的观点既有事实性陈述的一面，又有价值判断的一面。就事实性描述而言，一部分真实，不同经济学家描述了真实对象的不同侧面，例如亚当·斯密看到的是企业家的勤奋、认真和谨慎，萨伊、马歇尔和熊彼特看到的是企业家的创新、进取和指挥协调能力；一部分虚假，例如马克斯·韦伯和熊彼特在宗教和世俗两个向度上对企业家的神化就是典型。在这里，他们的事实性陈述具有想象的真实性，没有客观存在意义上的真实性，否则，企业家是神不是人。就价值判断而言，情况更为复杂。有时，价值判断隐藏在事实性陈述之后，萨伊对冒险家（企业家）的说明，[①] 熊彼特对创新（发展）种类的说明，[②] 都是极好的例证。他们是在陈述能力性素质的事实，这是一种没有肯定式句子的肯定，但"事实"背后的实际社会历史过程，是杀人放火、抢劫掠夺、军事征服和血腥统治。正是西方主流经济学家的这种高妙手段，设置出了既可以自我辩解又可以攻击他人的意识形态陷阱。

还有一种情况我们同样不能忽视。大部分西方主流经济学家在谈论企业家素质问题时都讲到了诚实，这以马克斯·韦伯为鲜明例证。问题的关键不是诚实概念及其含义，而是它的指向。对谁诚实？对自己或上帝（实际还是对自己）诚实？对雇员诚实？对顾客诚实？按道理说，三个指向中的诚实都需要。但是，经济运行过程中的企业家，真正做到的是对自己的诚实，至于对雇员和顾客的诚实，不能说所有的企业家都做不到，但大部分企业家做不到的判断是符合历史实际的。尽管在理解企业家的诚实问题时这三点必须区分清楚，但西方主流经济学家并没有向我们明确交代这一点，这又是一个意识形态陷阱。

第三节　企业家的性质和作用

自从资本主义市场经济产生以来，企业家便成为整个社会生活中最活跃因而是最引人注目的人物。就西方社会历史而言，这一地位早先由粗蛮骄横、无恶不作的军事领袖和阴险狡诈、手段毒辣的政治巨头或二者融为

---

① 参见［法］萨伊:《政治经济学概论》，商务印书馆1963年版，第372—375页。
② 参见［美］约瑟夫·熊彼特:《经济发展理论》，商务印书馆1991年版，第73—74页。

一体者占据，继而是天主教领域中满嘴"仁义道德"、满肚子男盗女娼的头面人物握有垄断权。社会历史舞台上话语主角的身份换位，导源于西方社会历史的根本性变迁："十六世纪后，中产或资产阶级又对社会加以现代化革命，他们扭转了人们对军事或宗教的关切，把经济活动变成了社会的中心任务。"[1]资产阶级在自己身体力行和强逼他人完成这一任务的过程中，劣迹斑斑，罪恶累累，但成果也辉煌无比，让人不得不承认。马克思、恩格斯在令资产阶级发抖的《共产党宣言》中说："一句话，它按照自己的面貌为自己创造出一个世界。"[2]

企业家是资产阶级的核心和主干。以说明资本主义市场经济运行过程为己任的西方主流经济学家，不能无视企业家性质和作用问题的客观存在，因为这里的性质和作用问题得不到说明，西方主流经济学便不能发挥自己应该发挥的作用，最终结果是失去存在价值和意义。这说明，重视企业家性质和作用问题，对其进行事实性陈述和价值性评判，是西方主流经济学得以存在和发挥作用的内在逻辑要求。

西方主流经济学家不辱使命，在它刚一产生时便对企业家的性质和作用问题高度重视。随后的西方主流经济学家们，都不遗余力地继承由亚当·斯密开创的这一传统，在继承过程中"创新"迭出，自觉且是不断地对亚当·斯密的观点作出修正，给人的印象是日益符合资本主义市场经济运行过程的客观实际；但我们也不能排除其中有对企业家阴暗面掩饰和辩护的成分。

具体说，企业家的性质和作用问题是针对资本主义市场经济运行过程及其社会生活整体提出来的。企业家之所以为企业家，根本原因在于它从事了特定的社会活动。这一活动局限于经济生活领域。在这一领域中，企业家活动的性质是什么？是劳动性的还是非劳动性的？与这一问题紧密交织在一起的问题是：企业家在经济活动中获得的收入，是劳动性收入还是

---

[1] [美] 丹尼尔·贝尔:《资本主义文化矛盾》，生活·读书·新知三联书店 1989 年版，第 25 页。

[2] 《马克思恩格斯文集》第 2 卷，人民出版社 2009 年版，第 36 页。如欲对这一点有更完整的印象，应看第 33—36 页。

非劳动性收入？正当与否？与企业家活动性质本质地联系在一起的还有一个问题：企业家通过自己的活动，在经济运行过程中发挥了什么样的经济职能？通过经济职能的发挥，企业家在经济运行过程中处于什么样的地位？经济运行过程的独立自在是科学抽象和人为分割的结果，但绝非真实的存在状态。经济运行过程存在于社会生活整体之中，它无时无处无不影响和作用于社会生活。这里的影响和作用与企业家经济职能的发挥是什么关系？把问题提得更明确一点：企业家通过履行自己的经济职能发挥了什么样的社会历史作用？如何评价这一社会历史作用？

这一系列的问题，在西方主流经济学家眼中都具有科学性质，或者说，都纯属科学研究范围，与价值评价无涉。实际情况并非如此。这些问题既是科学研究中的问题，也是价值评价中的问题，真实的存在状态是科学研究中在劫难逃地包含价值评价，价值评价过程以科学研究作为自己的基础和前提。情况为什么会是如此？根本原因在于企业家的性质和作用体现和发挥于经济运行过程中，这一过程不仅仅受各不相同的切身利益所驱动，而且是直接和生命攸关地涉及不同经济行为主体的切身利益。概括地说，企业家的性质和作用内在地包含价值性成分，对这种价值性成分作出价值性评价，是顺理成章的事情。

由此看来，在研究企业家问题时对其作出价值性评价是题中应有之义。在这里，关键问题不是能否对企业家的性质和作用作出价值性评价，而是如何作出价值性评价和作出什么样的价值性评价。

在西方主流经济学的历史上，较为系统地谈论企业家的性质和作用问题，亚当·斯密是第一人。正是由于这一点，初始的痕迹很明显。这表现在两个方面：一是他把企业家的性质和作用两个问题混在一起谈，说明他对这一问题的思考大有深入和精细的必要。二是他在企业家性质和作用问题上，立场有时摇摆，有时倾向于承认企业家的活动不是劳动，[①] 有时又

---

① 参见［英］亚当·斯密：《国民财富的性质和原因的研究》上卷，商务印书馆 1972 年版，第 44 页。

倾向于认为企业家的活动是非生产性劳动。况且，这里还有更严重的问题，在他倾向于承认企业家的活动不是劳动时，便与他经济思想体系的核心——经济自由主义发生矛盾。后来的经济思想历史表明，亚当·斯密的摇摆不定产生了意想不到的激发作用，使整个西方经济学沿着两个尖锐对立的向度发展。马克思主义经济学顺着亚当·斯密劳动价值论的方向往前走，生发出对资本主义市场经济持否定态度的经济思想体系。西方主流经济学在逐步消除亚当·斯密经济学中不利于资产阶级企业家的观点的过程中前进，使西方主流经济学在企业家的性质和作用问题上逐步与资产阶级企业家的内在要求合拍一致。

亚当·斯密说："也许有人说，资本的利润只是特种劳动工资的别名，换言之，不外是监督指挥这种劳动的工资。但利润与工资截然不同，它们受着两个完全不同的原则的支配，而且资本的利润同所谓监督指挥这种劳动的数量、强度与技巧不成比例。……他们的利润额，虽那么不相同，他们的监督指挥却无甚差别，甚或完全一样。在许多大工厂里，此类工作大抵由一个重要职员经管。这个职员的工资，正确地表示了监督指挥那一类劳动的价值。"①

亚当·斯密的话语不多，却涉及了复杂的问题，问题复杂的原因是它概摄的社会历史现象复杂。在亚当·斯密看来，第一，企业家的利润与工人劳动的工资有本质区别，这说明，企业家的逐利活动不是像工人活动一样的生产性劳动。第二，监督指挥这种管理职能的履行可以获得特种工资，但这种活动的主体不是企业家而是企业里头的高级职员。第三，亚当·斯密时代，企业家经济职能的履行和对企业的所有权是紧密结合在一起的，所有权与企业家经济职能的分离，是后来的事情。基于此，亚当·斯密对企业家的性质和作用作出了不利于企业家的判断：企业家活动不具有生产性劳动的性质。企业家的活动不是在履行熊彼特企业家意义上

---

① ［英］亚当·斯密：《国民财富的性质和原因的研究》上卷，商务印书馆 1972 年版，第43—44 页。

的监督和指挥职能。

新的问题又出现了，企业家的活动不具有监督指挥职能的意义，这一活动是什么？或者说，企业家的活动如何定位才合适？亚当·斯密自有说法，企业家"终日从事规划与设计"，他们的"规划和设计，支配着劳动者的一切最重要动作。但他们这一切规划和设计，都是以利润为目标"①。看来，亚当·斯密心目中的监督和指挥这种现代企业家的经济职能，实际由工头来履行。我们不能苛求亚当·斯密，现代企业中履行指挥职能的企业家，其原始形态确实是亚当·斯密时代蛮横凶恶因而令人生畏生厌的工头。这样，第一个问题得到了基本解决：在亚当·斯密看来，企业家的经济职能是规划与设计。对这一点，后继的西方主流经济学家并无异议，差别只是在于指称同一事实的概念有所不同，萨伊和马歇尔用"协调"，熊彼特用"创新"。

企业家的活动不具有生产性劳动的性质，因为他履行的经济职能只不过是规划与设计，这里的问题是：企业家的活动是不是劳动？这要看亚当·斯密对生产性劳动与非生产性劳动的划分："有一种劳动，加在物上，能增加物的价值；另一种劳动，却不能够。前者因可生产价值，可称为生产性劳动，后者可称为非生产性劳动。制造业工人的劳动，通常会把维持自身生活所需的价值与提供雇主利润的价值，加在所加工的原材料的价值上。反之，家仆的劳动，都不能增加什么价值。"②亚当·斯密对人的活动的分类有助于回答自己观点中隐含的易于引起歧义的问题：社会生活中有三类人，即生产性劳动者、非生产性劳动者以及不劳动者，③相应地，人的职业性活动也分为三类，即生产性劳动、非生产性劳动以及不劳动。这

① ［英］亚当·斯密：《国民财富的性质和原因的研究》上卷，商务印书馆 1972 年版，第242 页。

② ［英］亚当·斯密：《国民财富的性质和原因的研究》上卷，商务印书馆 1972 年版，第303 页。

③ 参见［英］亚当·斯密：《国民财富的性质和原因的研究》上卷，商务印书馆 1972 年版，第 304 页。

样，企业家职能性活动的定性便有了清楚的思路：企业家的职能性活动是劳动，不是生产性劳动而是非生产性劳动。

亚当·斯密对生产性劳动和非生产性劳动的划分显然是受到了法国重农学派的影响。把这一划分应用于企业家职能性活动的定性，引起了萨伊和熊彼特等人的强烈不满和刻意修改，但得到了马克思的高度赞扬："亚当·斯密在这里触及了问题的本质，抓住了要领。他的巨大科学功绩之一……就在于，他下了生产劳动是直接同资本交换的劳动这样一个定义，也就是说，他根据这样一种交换来给生产劳动下定义，只有通过这种交换，劳动的生产条件和一般价值即货币或商品，才能转化为资本（而劳动则转化为科学意义上的雇佣劳动）。"[①] 问题的实质明显可见，亚当·斯密的后继者们对亚当·斯密不满，不遗余力地拿出自己的观点修改和代替亚当·斯密的观点，根本原因在于，顺着亚当·斯密的观点继续前进，剩余价值的神秘面纱就会脱落，企业家职能性活动的剥削性质就会显露出来。马克思称赞亚当·斯密的根本原因也在这里，因为揭示出剩余价值的产生机制，暴露企业家（资本家）职能性活动的剥削性质是马克思主义经济学的根本目的之一，而亚当·斯密基于劳动性质划分对企业家职能性活动的定性，恰好为马克思完成自己的经济学使命提供了可资借鉴的思想资源。亚当·斯密的观点对马克思的启发带有根本的性质，因为他为马克思提供的不是个别观点，而是一套极具生发力的思路。由此看来，由亚当·斯密出发导致的截然相反的结论，当然与西方主流经济学和马克思各自使用的研究方法有直接关系，但是，真正实质和核心的分野是在价值倾向性上。西方主流经济学家试图为企业家的职能性活动作出辩护性说明，而马克思则要说明事实真相，以便为养肥了企业家和资本主义社会的劳苦大众，讨一个公道的说法。

一方面是历史学方法；另一方面是基于对英国当时社会经济状况的细心观察和切身感受。促使亚当·斯密不像李嘉图以后的西方主流经济学家

---

① 《马克思恩格斯全集》第 33 卷，人民出版社 2004 年版，第 141 页。

那样，从概念到概念地演绎出所谓经济学原理，而是在从经验事实中归纳出经济学原理，提出概念框架系统的同时，把目光投向社会现实，结合社会现实发表对企业家的社会作用的看法，并且这种看法比较符合社会历史实际，充满了辩证法的智慧。

首先，亚当·斯密并不像自己的后继者那样，对企业家一味肯定和赞扬，而是在肯定和赞扬（基于与封建地主和没落贵族经济行为的比较）的同时，也对企业家进行尖锐深刻的批判："其实，不论在哪一种商业或制造业上，商人的利益在若干方面往往和公众利益不同，有时甚或相反。扩张市场，缩小竞争，无疑是一般商人的利益。可是前者虽然往往对于公众有利，后者却总是和公众利益相反。缩小竞争，只会使商人的利润提高到自然的程度以上，而其余市民却为了他们的利益而承受不合理的负担。因此，这一阶级所建议的任何新商业法规，都应当十分小心地加以考察。非小心翼翼地、抱着怀疑态度作了长期的仔细检查以后，决不应随便采用。因为他们这般人的利益，在于欺骗公众，甚至在于压迫公众。事实上，公众亦常为他们所欺骗所压迫。"① 这是对企业家劣行的社会学批判。亚当·斯密的可贵之处在于，敢于承认企业家的职能性行为中存在有悖于社会和公众利益的倾向与行为，站在社会和公众的立场上揭露批判企业家为害社会的倾向和行为。从这个角度看，亚当·斯密是一个老实人，因而是一个勇敢的人。

其次，当亚当·斯密转换看问题的角度时，即把企业家的职能性行为与封建地主和没落贵族的经济行为进行比较时，他总是肯定和赞扬企业家，否定和批判封建地主和没落贵族。他说："大领主的费用，通常用于供养游惰人们的多，用于供养勤劳人民的少。"② 富商的资本只用来雇佣勤劳人民。"在下等居民大都仰给于资本的运用的工商业城市，这些居民大

---

① ［英］亚当·斯密：《国民财富的性质和原因的研究》上卷，商务印书馆 1972 年版，第242—243 页。

② ［英］亚当·斯密：《国民财富的性质和原因的研究》上卷，商务印书馆 1972 年版，第306 页。

都是勤劳的、认真的、兴旺的。英国和荷兰的大城市，便是很好的例证。在主要依靠君主经常或临时驻节来维持的都市，人民的生计主要仰给于收入的花费，这些人民大都是游惰的、堕落的、贫穷的。罗马、凡尔赛、贡比涅、枫丹白露，是很好的例证。"① 亚当·斯密在另一个地方还讲道："商人往往是勇敢的事业家，乡绅往往是胆怯的事业家。"② 这是因为，商人知道改良土地且成效卓著，而乡绅只是坐吃山空。仅从引证的少量话语中就可以看出，亚当·斯密的立场坚定明确，同样是在社会学的意义上，批判封建地主和没落贵族，赞扬企业家。这里的赞扬不是针对思想动机，而是思想动机变为职能性活动以后产生的社会后果。

把亚当·斯密在不同语境中表达的思想连缀在一起看，给人以自相矛盾的印象。既然企业家的主观动机只在于一己之利，从这个意义上说它并不善良，为什么其社会后果如此的善良呢？例如，劳动人民得到了雇佣，这有助于社会稳定，民俗民风得到了教化并对社会有益，土地得到了改良，这为整个社会生活提供了更坚实的基础。

实际上，亚当·斯密注重的不是抽象演绎式的思想逻辑，而是经验归纳基础上的事实逻辑。在归纳的过程中当然有舍弃，如特定的社会历史条件、思想氛围和法律制度状况，但他的事实逻辑基本上符合当时的社会历史实际。亚当·斯密认为，企业家利己思想支配下的职能性活动，完成了重要的社会历史使命，企业家自己对这一历史使命的完成"既不了解，亦未预见"，但确实完成了一场革命。③ 他对这一逻辑的具体论证，便是著名的"看不见的手"的比喻："确实，他通常既不打算促进公共的利益，也不知道他自己是在什么程度上促进那种利益。由于宁愿投资支持国内产

---

① ［英］亚当·斯密：《国民财富的性质和原因的研究》上卷，商务印书馆 1972 年版，第308—309 页。

② ［英］亚当·斯密：《国民财富的性质和原因的研究》上卷，商务印书馆 1972 年版，第371 页。

③ 参见 ［英］亚当·斯密：《国民财富的性质和原因的研究》上卷，商务印书馆 1972 年版，第 378 页。

业而不支持国外产业，他只是盘算他自己的安全；由于他管理产业的方式目的在于使其生产物的价值能达到最大程度，他所盘算的也只是他自己的利益。在这场合，像在其他许多场合一样，他受着一只看不见的手的指导，去尽力达到一个并非他本意要达到的目的。也并不因为事非出于本意，就对社会有害。他追求自己的利益，往往使他能比在真正在于本意的情况下更有效地促进社会的利益。"①

　　用于表达企业家职能性社会作用的方式确为亚当·斯密的独创，但表达方式背后的思想却不是亚当·斯密的新发现。在曼德维尔、孟德斯鸠和休谟等人的思想中，这样的观点都占有重要地位，马克思在评价曼德维尔的有关思想时还以赞赏的口吻说："只有曼德维尔才比为资产阶级社会辩护的的庸人勇敢得多、诚实得多。"②看来，这是一种悖谬式的辩证法思想，演绎逻辑走不通，事实上却客观存在。

　　亚当·斯密关于生产性劳动和非生产性劳动的划分以及企业家职能性活动定性定位的观点，被后继的西方主流经济学家视为心腹之患，他们自觉地以提出新观点的形式消除这一心腹之患。首先试图完成这一任务的是法国经济学家萨伊。他顺着亚当·斯密划分生产性劳动与非生产性劳动的思路走，但结论完全相反："冒险家或厂商的劳力也是生产性劳力，尽管他们没从事实际的体力劳动。"③这一对企业家职能性活动的定性，连同对企业家职能性作用的定位，④逻辑上似乎形成了完满自足的体系，最终的结论已变得不是如马克思主义经济学结论那般可怕，而是对企业家及资产阶级整体非常有利了："从上面我们不能不作这个结论，资本的利润，像土地及其他天然富源的利润那样，是生产性服务的等值报酬。资本的生产性服务虽和劳动的生产性服务不同，但在创造财富的过程中却是劳动的生

---

① ［英］亚当·斯密：《国民财富的性质和原因的研究》下卷，商务印书馆 1974 年版，第 27 页，还见第 25、240 页。

② 《马克思恩格斯全集》第 32 卷，人民出版社 1998 年版，第 353 页。

③ ［法］萨伊：《政治经济学概论》，商务印书馆 1963 年版，第 86 页。

④ 参见 ［法］萨伊：《政治经济学概论》，商务印书馆 1963 年版，第 273 页。

产性服务的有力同盟者。"①

　　这个结论大有细加分析的必要，因为这不仅仅是结论的改变，而且还是思维框架的改变，这二者的改变又导源于价值倾向的彻底改变。萨伊如此作结论，在思维方法和框架上与亚当·斯密相比有重大区别。亚当·斯密认为，只有从事体力劳动的劳动者才创造价值，像企业家这种从事"规划和设计"的非生产性劳动者不创造价值，他的收入源泉是体力劳动者的劳动。萨伊在修改亚当·斯密的观点以适应资产阶级企业家需要的过程中采取了两个办法。一是扩大价值创造主体："社会财富项目所以带有价值，是因为要获得它们必须付出代价，而代价就是在生产方面所作的努力。"②谁为价值的产生付出代价了呢？萨伊认为是体力劳动者、资本使用者和土地所有者。③ 这里有两个变化：价值创造的主体由一个——体力劳动者，变成了三个——体力劳动者、企业家和地主；不是问谁创造了价值，而是问谁为价值的产生付出了代价。这两个变动非同小可：企业家和地主的剥削行为被彻底掩盖起来，在价值中，也就有了企业家天经地义、天然合理的一份。④ 萨伊采取的第二个办法是人为扩大利润概念的外延，以使利润概念的内涵发生变化，把水搅浑，以使企业家和地主的剥削性质在人们的意识中被彻底抹掉：在创造价值的过程中，地主获得的一部分叫土地的利润，企业家获得的一部分叫资本的利润，体力劳动者获得的一部分叫劳动

---

① 参见［法］萨伊：《政治经济学概论》，商务印书馆 1963 年版，第 403 页。

② ［法］萨伊：《政治经济学概论》，商务印书馆 1963 年版，第 320—321 页。

③ 参见［法］萨伊：《政治经济学概论》，商务印书馆 1963 年版，第 353 页。

④ 可把萨伊的观点与亚当·斯密的下列观点比较："资本一经在个别人手中积聚起来，当然就有一些人，为了从劳动生产物的售卖或劳动对原材料增加的价值上得到一种利润，便把资本投在劳动人民身上，以原材料与生产资料供给他们，叫他们劳作。与货币、劳动或其他货物交换的完全制造品的价格，除了足够支付原材料代价和劳动工资外，还须剩有一部分，给予企业家，作为他把资本投在这企业而得的利润。所以，劳动者对原材料增加的价值，在这种情况下，就分为两个部分，其中一部分支付劳动者的工资，另一部分支付雇主的利润，来报酬他垫付原材料和工资的那全部资本。"（［英］亚当·斯密：《国民财富的性质和原因的研究》上卷，商务印书馆 1972 年版，第 43 页）

者的利润。①

　　萨伊的用心可谓良苦，人为扩大价值创造的主体，通过滥用概念的形式把自己的人为扩大结果加以固定，以此来达到改变亚当·斯密的经济学观点和为剥削辩护的目的。这里需要我们思考的问题是，萨伊为什么要改变亚当·斯密的经济学观点？这与他的价值取向有直接关系。对亚当·斯密经济学观点的不满及其修正只是外在的外表形式，其内在的制导性因素是不满于亚当·斯密经济学观点中内含的人道主义因素，和生产性劳动与非生产性劳动划分中潜藏的对资产阶级企业家的巨大危险性。

　　企业家的定性问题一旦解决，企业家的定位问题便有了解决的前提。恰好是这里的前提，把亚当·斯密经济学观点中的"危害性"和"危险性"消除掉了，所以，企业家的定位便可以按照自己的既定思路顺理成章地走下去。在萨伊的企业家定位观点中，亚当·斯密指出的企业家为害社会的一面不见了，他认为亚当·斯密对企业家职能作用评价不足的地方，自己又进行"适当"定位：企业家"是各种生产者之间和生产者与消费者之间的联系环节。他指挥生产业务，是许多关系的中枢"②。萨伊由定性而来的定位，确实修正了亚当·斯密的经济学观点，但也付出了惨重代价：在企业家的定性和定位问题上，亚当·斯密很有特点的动机与效果的悖谬辩证法，或说背向辩证法，被打入了冷宫。当然，在西方主流经济学的发展历史中，萨伊也有功绩，他为马歇尔，尤其是熊彼特扫清了亚当·斯密设置的"障碍"，自此以后，后继的西方主流经济学家可以放心大胆地夸说企业家职能性活动的性质和作用了。

　　确实，萨伊对亚当·斯密观点的有利于企业家的修正，在后继的主流经济学家身上发挥了效力，这使得西方主流经济学家不用心有余悸便可理直气壮地为企业家评功摆好了。由此看，萨伊的影响有两个方面：一是在理论观点上，这种影响明显可见；二是在心理上，这种影响，不细心体味

---

① 参见［法］萨伊：《政治经济学概论》，商务印书馆 1963 年版，第 356 页。

② ［法］萨伊：《政治经济学概论》，商务印书馆 1963 年版，第 374—375 页。

便难以把捉。就这一点而言，我们在英国经济学家马歇尔身上发现了典型体现。

马歇尔注意到了19世纪末期资本主义市场经济的新现象，即企业雇主与企业经营者的分离，[①] 这使得马歇尔为企业家定性定位时的心态与萨伊相比有明显不同。他不与亚当·斯密辩论，而是以直陈语气说话，其观点的表述方式像是下最终的结论：企业家本身并不是雇主，[②] 所以，企业家是劳动者，[③] 他的职能性活动是组织与创新，[④] 处于资本主义市场经济活动的核心地位，[⑤] 由此证明：企业家的收入是能力与劳动的结果[⑥]。

在企业家的定性和定位问题上，马歇尔并非是完全承袭萨伊的观点而无所作为，而是在继承的基础上继续前进，为西方主流经济学的企业家定性定位理论贡献了两点新东西。一是他提出创新为资本主义市场经济运行过程的必备而又极其重要的因素，创新的主体便是企业家。这一点，我们在本章第一节中已有述及，此处不再浪费笔墨。二是马歇尔在自己的经济理论中引入了为其他西方主流经济学家所忽视或认为没有实际价值的新因素，这就是企业家如何看待自己的职能性行为："新兴的企业家族主要是由这些人组成的：他们自力更生、坚强、敏捷并富有进取心。他们看到以自己的努力所获得的成功时，往往认为贫者和弱者的不幸应归罪于他们自己，而不应加以怜恤。深感于那些力图支持进步潮流所损害了的经济秩序的人们的荒谬，他们往往认为，除使竞争完全自由和让强者自行其是外，再没有什么可需要的了。"[⑦]

---

① 参见 [英] 马歇尔：《经济学原理》上卷，商务印书馆1965年版，第313—315页。

② 参见 [英] 马歇尔：《经济学原理》上卷，商务印书馆1965年版，第306页。

③ 参见 [英] 马歇尔：《经济学原理》下卷，商务印书馆1965年版，第45、52页。

④ 参见 [英] 马歇尔：《经济学原理》上卷，商务印书馆1965年版，第325页；下卷，第168页。

⑤ 参见 [英] 马歇尔：《经济学原理》上卷，商务印书馆1965年版，第325页；下卷，第305页。

⑥ 参见 [英] 马歇尔：《经济学原理》下卷，商务印书馆1965年版，第285页。

⑦ [英] 马歇尔：《经济学原理》下卷，商务印书馆1965年版，第395页。

马歇尔用自己的话转述出来的企业家内心表白，并不是好东西，也不是新鲜货色，实际是当时炽烈无比、甚嚣尘上的社会达尔文主义。在这里，我们透过马歇尔的话语看到的，不仅仅是资本主义社会中的企业家与社会达尔文主义的内在联系，而且更为重要的是，西方主流经济学、企业家和社会达尔文主义者这三者在思想脉络上的一致性。社会达尔文主义是西方资本主义社会征服、掠夺全世界后动物性本能的恶性膨胀和畸变的反映，它粗俗骄横、寡廉鲜耻。但是，其中的主导思想明眼人一看就明白：强权即公理，弱肉强食是人类社会铁定的规律和法则。这种理论的指谓有两个向度：一是白种人与有色人种之间，前者为强，后者为弱；二是西方资本主义社会内部，不管采取什么手段，取得胜利者为强，在利益角逐场上的失败者为弱。企业家内心世界的表白有自己的特点，他以自由竞争为招牌，以由于诸多条件限制未能放开手脚大干的受屈者的身份出现，其思想实质，还是社会达尔文主义那一套。如果说这两种社会达尔文主义之间有区别，那也不是在精神实质上，而是在外在形式上，企业家借用了西方主流经济学家的经济学概念和术语。西方主流经济学家，在19世纪并不像20世纪，尤其是第二次世界大战以后那么狡猾，把马歇尔等人与哈耶克等人相比情况就是如此。但是，狡猾主要是在表现形式，而不是在精神实质。针对企业家，西方主流经济学家的根本判定标准有两个：外在环境上，能否和是否自由竞争；内在目标上，不择手段地追求效率。实际上，西方主流经济学家对自由竞争和效率这二者，推崇到了神化的地步。这样，社会达尔文主义或社会达尔文主义的倾向，虽然在越来越高深艰涩的经济学术语掩盖之下，有时又加上数学模型的保护层，但西方主流经济学的精神实质与社会达尔文主义的内在关联，始终是一条脉络清晰的线索，差别只是在于由明目张胆变为地下的潜流。我们应在双重的意义上感谢马歇尔，他确实为西方主流经济学的定性定位理论增添了新因素；他在不经意之际为我们展示了企业家的内心世界、社会达尔文主义和西方主流经济学三者之间的内在联系。

凯恩斯是马歇尔的嫡传弟子，但他以"凯恩斯革命"的发动者著称于世。这给人造成了错觉，以为他脱离自由主义经济学的轨道，扭转了西方主流经济学的发展方向。从精神实质即经济个人主义的角度看，这种观点肯定不符合凯恩斯思想的实质。我们这样说的根据有两个：一是他极力辩解自己并没有脱离西方主流经济学在精神实质上的发展方向；[①] 二是他的经济学侧重点与西方主流经济学稍有差别。自李嘉图以后，西方主流经济学的根本方法是逻辑演绎，离资本主义市场经济的运行实际越来越远，凯恩斯的经济学是对罗斯福新政的理论概括，试图解决现实的经济危机和充分就业问题。从这个意义上说，凯恩斯的经济学是经济政策的经济学，经济危机的经济学和充分就业的经济学。凯恩斯的真实意图是校正西方主流经济学以使其对资本主义市场经济的运行过程发挥更直接的有益作用，而不是改变西方主流经济学，使其融入马克思主义经济学的发展轨道。

确实，凯恩斯在校正西方主流经济学的过程中新见迭出，这也表现在企业家的定性定位问题上。概括地说，凯恩斯至少在三个方面为西方主流经济学的企业家定性定位理论增添了新东西。首先，从社会作用论的角度看待企业家，认为他们是整个资本主义社会的积极分子和活跃分子。[②] 凯恩斯定位时划分的比较范围，与亚当·斯密等人相比要宽广得多。其次，凯恩斯为评价企业家提供了新手段："把企业家作为一个工具时，这样一个工具似乎还看得过去；但把他作为一个目的时，这样一个目的却似乎并不能使人怎样满意。"[③] 在西方主流经济学的发展历史中，把企业家既作为工具看待，又作为目的看待，凯恩斯是首倡者。这里的立意是高的，因为它不是局限于经济运行过程之中，而是着眼于资本主义社会的整体。这里的观点是辩证的，因为看问题有两个角度，且从不同的角度出发会得出不同的结论，这有助于人们更全面地认识企业家的性质和作用。况且，这也有助于人们区别看待经济高涨时企业家的经济和社会作用与经济危机时企

---

① 参见 [英] 凯恩斯：《劝说集》，商务印书馆 1962 年版，第 241、246 页。
② 参见 [英] 凯恩斯：《劝说集》，商务印书馆 1962 年版，第 63 页。
③ [英] 凯恩斯：《劝说集》，商务印书馆 1962 年版，第 232 页。

业家的经济和社会作用。最后，凯恩斯把资本主义市场经济运行不同状况中人们对企业家的不同评价引入企业家定性定位理论中："作为一个企业家，他是国家的栋梁，社会的柱石，是前途发展的建设者，他的积极活动和他所获得的报酬，在不久以前，还几乎是得到宗教上的认可的，在一切人类、一切阶级中，他是受到最高的尊崇和赞许的，是认为最不可缺少的一个分子，对于他的活动如果有所阻挠，就会认为不但将造成不幸后果，而且是一个失敬、无礼的行为；但是现在情况不同了，人们对他侧目而视，他自己也感到是被人嫉视、受人攻击的一个分子，是不公不法的律例下的一个牺牲者，觉得自己简直是不免有些罪行的，是一个暴发户，一个奸商！"①

在西方主流经济学的发展历史中，熊彼特对企业家问题投入的精力最多，建树也最丰。建树体现于两个方面：一是对前人的继承，例如对萨伊和马歇尔的继承；二是自己提出的一系列新观点。把这两个方面综合起来看，结论不言自明：离亚当·斯密越来越远，把资产阶级的意识形态经济术语化，经济理论模型化。就企业家的定性定位问题而言，熊彼特对西方主流经济学的贡献表现于以下五个方面。

第一，他深入细致地研究和梳理西方主流经济学家（也包括西方主流经济学家以前的经济学家）关于企业家定性定位问题的观点，使其呈现出历史发展线索的景象；与此同时，还注意发掘西方经济学中不同经济学家各自观点的方法论意义，②以期引起人们对企业家定性定位问题学术研究历史的高度注意。不管熊彼特的具体观点和价值倾向性如何，这毕竟是开拓之举，具有学术史的功绩和意义。

第二，熊彼特不仅继承萨伊和马歇尔，把企业家的职能性活动确定为创造价值的劳动，而且更进一步，把亚当·斯密对生产性劳动和非生产性劳动的划分彻底否定掉，在此基础上提出了领导性劳动和非领导性劳

---

① ［英］凯恩斯：《劝说集》，商务印书馆1962年版，第74页。

② 参见［美］约瑟夫·熊彼特：《经济分析史》第2卷，商务印书馆1992年版，第176—177、273—275页；第3卷，第218页。

动的划分办法，① 这在三个方面表现出独特性质。一是在萨伊简单否定亚当·斯密的基础上往前跨进一步，找到了与亚当·斯密截然相反并在价值倾向上有利于资产阶级企业家的替代物。二是在价值判断上由亚当·斯密的否定性变为似乎有学理根据的肯定性，把肯定性的价值判断经济理论化。三是在亚当·斯密和萨伊等人那里，企业家的定性和定位两个问题给人以分立存在的印象，到熊彼特的新划分方法中，两个问题合而为一，定位问题内在地包容于定性问题之中，"领导"一词似乎内括了一切有关问题，解决了一切有关问题。

第三，正是由于企业家定性的独特性，所以，在熊彼特的经济发展理论模型中，企业家的定位达到了西方主流经济学说史上前所未有的高度和重要程度："企业家是经济生活中作出主要决策的人"，"是资本主义经济的中心人物"，② 是经济体系不断改组的运载工具，是社会地位变化的传递手段。③ 这是熊彼特在一般意义上为企业家定位。此外，他还从经济发展的角度为企业家定位：企业家的职能是变革机制，变革机制的手段是实现新的组合（创新），实现新的组合表现于五个方面："(1) 采用一种新的产品——也就是消费者还不熟悉的产品——或一种产品的一种新的特性。(2) 采用一种新的生产方法，也就是在有关的制造部门中尚未通过检验的方法，这种新的方法绝不需要建立在科学上新的发现的基础之上；并且，也可以存在于商业上处理一种产品的新的方式之中。(3) 开辟一个新市场，也就是有关国家的某一制造部门以前不曾进入的市场，不管以前这个市场是否存在过。(4) 掠取和控制原材料或半制成员的一种新的供应来源，也不问这种来源是已经存在的，还是第一次创造出来的。(5) 实现任何一种工业的新的组织，比如造成一种垄断地位（例如通过'托拉斯化'），或打破一种垄断地位。"④ 从创新性经济运行角度看，熊彼特对企业家职能的规定最为

---

① 参见 [美] 约瑟夫·熊彼特：《经济发展理论》，商务印书馆 1991 年版，第 24 页。
② [美] 约瑟夫·熊彼特：《经济分析史》第 3 卷，商务印书馆 1994 年版，第 218、219 页。
③ 参见 [美] 约瑟夫·熊彼特：《经济发展理论》，商务印书馆 1991 年版，第 173 页。
④ [美] 约瑟夫·熊彼特：《经济发展理论》，商务印书馆 1991 年版，第 73—74 页。

详细和具体，这说明，他对企业家的经济职能有深入研究和感悟。

第四，熊彼特在企业家定性定位问题上观点的独特性，决定了他在企业家收入问题上也有与众不同的看法。他认为，企业家的利润不是租金，不是资本的报酬，也不是工资，所以，它便不是剥削的结果。企业家的利润到底是什么？"它乃是企业家对生产所作贡献的价值的表现，恰如工资乃是工人'产出'的价值的表现。"① 企业家对生产做了什么其他人无法替代的贡献？熊彼特的回答坚定不移：是创新，因此，企业家的收入是创新性收入。② 在这一问题上，熊彼特与马克思辩论，与亚当·斯密及其后继者如马歇尔辩论，根本目的很明确：找到使企业家站住脚、经得起质询的收入说明理由。熊彼特的辩论术高明，辩护术也高明。前者体现在有新的思路和术语，后者表现于客观效果比萨伊、马歇尔等人要好得多。

第五，熊彼特的最为独特之处是把流动性带入企业家定性定位问题的研究，他塑造了一个没有继承和世袭，只能以职能性活动标示自己存在和规定自己本质的企业家形象：企业家是一种职能，完成这种职能时是企业家，但在完成职能性任务以前或以后都不是企业家，尽管他是厂商或经理。③

自从亚当·斯密以来，西方主流经济学发生了诸多变化，学派林立，观点各异，方法有别，深浅不一。这些变化有两个方面：一为经济学内容，二为隐含于经济学内容中的经济价值观。经济学内容变化的向度是日益脱离经济运行过程实际，外在表现形式则是以数学化作为判定学术水平高低的标准。实际上，早在这一倾向刚露端倪时，萨伊就对此有所批评，④ 可惜，这一批评没有起到遏制的作用。此外，经济学内容变化的向度还有一个重要方面，这就是用庸俗粗鄙的选题掩盖实际内容的贫乏。例

---

① ［美］约瑟夫·熊彼特：《经济发展理论》，商务印书馆 1991 年版，第 170—171 页。
② 参见［美］约瑟夫·熊彼特：《经济分析史》第 2 卷，商务印书馆 1992 年版，第 408—414 页；第 3 卷，第 218—222 页。
③ 参见［美］约瑟夫·熊彼特：《经济发展理论》，商务印书馆 1991 年版，第 170—174 页。
④ 参见［法］萨伊：《政治经济学概论》，商务印书馆 1963 年版，第 26 页。

如，《通奸行为理论》、《死刑的威慑效果———一个生死问题》等被西方主流经济学权威刊物看重和推崇，把与配偶在一起和与情人一起纳入人力资本研究范围，居然还能建立理论模型，把死刑对罪犯有威慑效果作为了不起的发现。[①] 经济价值观的变化在向度上要严肃得多，他们总是高度警惕，全身心投入，不仅尽力消除亚当·斯密观点中的"有害"成分，还要竭尽全力与马克思主义战斗。在企业家的定性定位问题上，这一点表现得既明显，又典型。这也难怪，企业家的定性定位问题，价值倾向性及用经济学内容支撑起来的价值判断，要比摆在我们面前的以"公正"、"客观"和"科学"面目出现的经济学体系，要害得多，重要得多，它对企业家、资本主义市场经济运行过程和资本主义社会整体能否获得正当的存在理由，具有生命攸关的价值和意义。

---

① 参见［美］阿尔弗雷德·S.艾克纳主编：《经济学为什么还不是一门科学》，北京大学出版社 1990 年版，第 36—37 页。

第八章　经济个人主义与达尔文生物学进化论

　　西方主流经济学与自然科学意义上的科学有说不清道不明的关系。在亚当·斯密那里，经济学只不过是伦理学科的一个有机组成部分，他并没有像后来的西方主流经济学家那样，内心总有一种惧怕，唯恐别人说经济学不是一种科学。自西尼尔以后，西方主流经济学开始学院化，经济学是否为科学的问题提出来了，这给经济学家设置了不大不小的难题。西尼尔率先公布自己的观点：经济学像自然科学一样，只说明事实，不作劝诫；杰文斯则认为理想的经济学就像物理学一样是科学。马歇尔更进一步，他执意要去掉"政治经济学"中的"政治"一词，留下的是纯粹科学意义上的"经济学"。后来，经济学家们在数学中找到了理想的表达方式，经济学与科学的关系更密切，似乎科学的"血统"更纯正。实际情况远不是那么回事。西方主流经济学与物理学的关系是皮毛性的、外在的，尽管亚当·斯密在创立自己的经济学体系时受到了牛顿经典物理学的强烈影响。经济学与数学的关系貌似密切，但内在神情上就像戏剧中的情侣，谢幕之后各自回家过自己的日子。西方主流经济学确实与一门自然科学有真正的"血缘"关系，但它既不是物理学，也不是数学，而是以达尔文的名字著称于世的生物学，准确地说，是达尔文的生物学进化论。

　　进化论思想与西方主流经济学有关系是学术界的常识。但是，这一关系是什么样的？这不仅是百花齐放、百家争鸣因而各有见地的问题，而且是异常复杂、意识形态旋涡遍布的问题。但有一点可以肯定，这一问题搞不清楚，就难见西方主流经济学中经济个人主义思想的另一种本质表达方式。

第一节　达尔文生物学进化论的思想渊源

任何一个影响深远久广的理论的产生，必须具备四个方面的前提条件。一是适宜的社会生活环境；二是特定的社会精神文化气氛；三是可作援引和范型的思想先驱；四是理论创立者在自己的研究过程中，其观点适合特定社会生活需要，与特定的精神文化气氛合拍，与先驱者的理论观点发生思想上的共鸣。达尔文在创立自己的生物学进化论时，这四个方面的前提条件都具备了，所以，在给人以地震式影响的同时，又显得是那么自然而然，合乎情理。

1. 社会生活环境。达尔文研究生物学、创立生物学进化论的时候，恰逢英国工业革命完成之际。表面看，工业革命是生产工具进而是经济运行方式的革命，实质上，此处"革命"一词的具体内容要宽泛得多，其影响也深刻久远得多。在工业革命以后的经济运行过程中，不同经济行为主体之间的竞争之激烈，由这里的竞争激烈所导致的诸多社会矛盾之广泛和尖锐，这种竞争和矛盾对不同个人所带来的升降死活性的冲击，几乎达到了难以理喻的地步。就此而言，我们可通过恩格斯的《英国工人阶级状况》[1]和马克思的《资本论》窥知一二。这种特定的社会环境及其特点是达尔文考虑生物学进化论问题的宏观社会历史背景。这一背景在达尔文的理论形成和加工过程中，顺理成章地进入理论体系之中，使得达尔文的生物学进化论深深地印上了时代的痕迹。这一点，在《物种起源》一书中可以找到不少相应的理论概括和语句表达，西方学者对这种情况供认不讳。具体说，在达尔文所生活的社会中，人们越来越认识到个人之间的自由竞争是经济进步的驱动力。达尔文显然是无意识地吸取了这种态度背后的思想材料，并将这种材料与自己所搜集到的生物学材料相结合，使关于生存斗争

---

[1]　据法国历史学家保尔·芒图的考证，几乎与工业革命一词同义的"产业革命"概念，恩格斯在《英国工人阶级状况》一书中最早使用。参见 [法] 保尔·芒图:《十八世纪产业革命——英国近代大工业初期的概况》，商务印书馆 1983 年版，第 390 页。

的思想演变为是对自然规律的概括。有学者这样看待这一问题："达尔文主义经常被视为维多利亚时期典型资本主义自由竞争个人主义的产物，而且他的选择论被认为是这种价值体系在生物学中的应用。"[①] 这话不是离谱的猜测，而是基本符合事实的论断。

2. 宏观的社会精神文化气氛。社会生活环境刺激了达尔文的思想火花，这从特定角度说明其思想有客观现实的社会背景和基础。与此同时，还有一种情况我们不能忽视，这就是社会精神文化气氛帮助达尔文形成和提出自己的生物学进化论观点。这里的帮助表现于两个方面：一是有丰富的思想材料供他选择，有大量的认知方式和分析框架供他借用；二是这种精神文化气氛为他提炼和加工经验材料提供核心概念，例如，"适者生存"概念就是赫伯特·斯宾塞为他发明出来的。[②]

熊彼特认为，在为达尔文形成和提出自己的生物学进化论提供社会精神文化气氛的1790—1890年的一百年间，有五种进化论思想在各不相同的知识门类中存在和发挥作用，其地位都显得非常重要。具体说，这五种进化论思想是：第一，哲学进化论，这以黑格尔为典型。正、反、合的本质是在逻辑演化的过程中经历一种内在进化。第二，马克思的历史进化论，这就是历史唯物主义。在这里，从原始社会一直到共产主义社会，进化的线路是单一的，但它是"自然史过程"[③]，任何人为的意志和力量都无法改变它。第三，历史学家尤其是经济学家的经济进化论特别需要我们注意。德国著名经济学家李斯特认为，经济历史进化的线路是：原始末开化时期、畜牧时期、农业时期、农工业时期和农工商业时期。[④] 希尔德布兰

---

① ［英］皮特·J.鲍勒：《进化思想史》，江西教育出版社1999年版，第188页。

② 参见［英］皮特·J.鲍勒：《进化思想史》，江西教育出版社1999年版，第128、301页。

③ 马克思说："我的观点是把经济的社会形态的发展理解为一种自然史的过程。不管个人在主观上怎样超脱各种关系，他在社会意义上总是这些关系的产物。同其他任何观点比起来，我的观点是更不能要个人对这些关系负责的。"见《马克思恩格斯文集》第5卷，人民出版社2009年版，第10页。

④ 参见［德］弗里德里希·李斯特：《政治经济学的国民体系》，商务印书馆1983年版，第155页。

德的经济历史进化线路则是：交换经济时代、货币经济时代和信用经济时代。第四，孔多塞和孔德的唯智主义进化论，这种进化论的基本观点是：人类的理智能力是一种一定的力量，它对人的物质环境，并且在任何一定的阶段，对人类在自己历史的以前各阶段上所获得的信仰或思想习惯进行着不断的征服战。这种不断的斗争所造成的结果是，一方面，对于自然的真正规律的洞察有无止境的增进，从而对于自然力的生产技术上的控制更加完善了；另一方面，人类不断摆脱错误的和反社会的信仰与偏见：人类的智能在使自己臻于完善的过程中，使得整个人性也臻于完善，从而人类的制度也臻于完善，没有可以指定的限制。第五种才是达尔文的生物学进化论。①

我们针对这五种进化论思想，起码可以指出极富启发意义的三点。一是其他四种进化论思想在形成和提出的时间上都早于达尔文的生物学进化论，用简单的因果分析模式看待这一问题，不难得出结论：达尔文的生物学进化论是果，其他进化论思想是因。二是简单的因果分析模式给人以不可信的印象，因为这其间缺少一一对应的必然联系，但我们不要忘记的是，其他四种进化论思想在当时的西欧思想文化领域中都影响极大，它们未必以论断或词句的形式直接进入达尔文的脑海，但可以形成特定的精神文化气氛，这种精神文化气氛的影响，是达尔文无法摆脱的。作为生物学意义上的人，达尔文不能不呼吸空气，作为文化意义上的人，达尔文文化也无法摆脱作为社会精神文化气氛灵魂的进化论影响，这两者是同一个道理。三是一个非常耐人寻味的事实，其他四种进化论思想都属人文社会科学学科，唯独达尔文的生物学进化论是自然科学学科，加上时间因素我们便不难得出结论：达尔文生物学进化论的内在灵魂首先来自人文社会科学学科，当有人拿达尔文的生物学进化论来吓唬我们并称这是自然规律时，如社会达尔文主义者，我们肯定心里有底，在社会生活中，这

---

① 关于这五种进化论思想的概述，可参见［美］约瑟夫·熊彼特：《经济分析史》第 2 卷，商务印书馆 1996 年版，第 88—104 页。

种貌似客观的说教只不过是价值倾向性很强的人文社会科学的余唾。

在哈耶克的研究中，达尔文生物学进化论的思想文化背景得到了更精细的挖掘，这可使我们更真切地了解到，在创立生物学进化论的过程中，达尔文在什么地方获得灵感，受到启发。在哈耶克看来，达尔文的生物学进化论观念是从人文社会科学那里借来的："不但进化的观念在人文和社会科学中要早于自然科学，我甚至打算证明，达尔文是从经济学那儿得到了进化的基本观念。我们从他的笔记中可知，达尔文在1838年构筑自己的理论时，正在读亚当·斯密。无论如何，早于达尔文的著作几十年甚至一百年，就已有人在研究高度复杂的自发秩序通过进化过程而出现的现象。虽然像'遗传'和'遗传学'这样的词汇，如今已成为生物学中的专业术语，然而甚至它们也不是由生物学家发明的。我所知道的第一个说过遗传发展的人，是德国哲学家和文化史学家赫尔德。我们在维兰德和洪堡那儿再次看到了这个词。由此可见，现代生物学是从更为久远的文化研究那儿借来了进化的概念。"[1]哈耶克研究的价值在于将宏观的精神文化背景和气氛具体化，精细到具体的概念和人头上。哈耶克的研究还有一个地方需要我们重视，这就是进化论思想的最早起源问题。他认为："最早提出社会进化观念的乃是苏格兰哲学家，他们当中的一位甚至先于达尔文而将这种观念适用于生物领域。"[2]这些哲学家中的代表者是曼德维尔和休谟、弗格森和亚当·斯密，有时，他还加上法国的孟德斯鸠。[3]通过追本溯源，[4]哈耶克以引证别人的话的形式为达尔文生物学进化论的思想渊源

---

① ［英］F.A.冯·哈耶克：《致命的自负——社会主义的谬误》，中国社会科学出版社2000年版，第23页。

② ［英］F.A.冯·哈耶克：《自由秩序原理》上卷，生活·读书·新知三联书店1997年版，第67页。

③ 参见［英］F.A.冯·哈耶克：《经济、科学与政治——哈耶克思想精粹》，江苏人民出版社2000年版，第546、530页。

④ 关于进化论思想的最早起源，有人比哈耶克更进一步，认为，最早提出进化论思想的时间"至少可以上溯到希腊哲学家的时代"。而在达尔文发表自己的研究成果以前，"科学界的意见就发表出来的而言，倒是反进化论的"。见［英］W.C.丹皮尔：《科学史——及其与哲学和宗教的关系》，广西师范大学出版社2001年版，第234页。

作出结论:"达尔文的《物种起源》一书仅仅是把政治—经济上的进步观扩展到了动物和植物生活的整个领域而已。"所以,有许多人"是达尔文之前的达尔文主义者"。①

相对于我们的论题而言,哈耶克的研究成果更富有价值和意义。因为,作为达尔文生物学进化论思想先驱的人们当中,尤其是最早提出进化论思想的那些人,同时也是经济个人主义思想的先驱,其中有几位,如曼德维尔、亚当·斯密,还是经济个人主义思想的奠基者。这从一个特定角度告诉我们,起码是在起源的意义上,经济个人主义思想与达尔文的生物学进化论有不解之缘。

3.具体的思想先驱。许多人的深入研究表明,达尔文在研究和提出生物学进化论的过程中,确实受到了许多著名思想家直接和强有力的影响,就这一点而言,达尔文自己供认不讳。他在《物种起源》一书的最前边,专门写有长文《本书第一版刊行前:有关物种起源的见解的发展史略》,说的就是这个问题,尽管不知是有意还是疏忽,他竟然在长长的人员名单中没有写上休谟和亚当·斯密的名字。根据论题的需要,我们只论述人文社会科学方面的思想先驱。

(1)休谟。哈耶克认为,我们之所以把休谟列入达尔文生物学进化论的思想先驱之中,理由有二:一是通过影响达尔文的祖父伊拉斯谟斯·达尔文而间接地影响了达尔文的思想。他的祖父是一位医生,也是一位坚定的进化论思想者;② 更为重要的是"他证明了,我们的道德信念既不是生而固有这个含义上自然形成的,也不是人类理性的特意发明,而是从他指出的一种特殊含义上所说的一种'人为产物',即我们所谓文化进化的产物。在这个进化过程中,那些得到证明使人类行为更为有效的因素被保留

---

① [英] F.A.冯·哈耶克:《法律、立法和自由》第1卷,中国大百科全书出版社2000年版,第48—49页。

② 参见 [英] F.A.冯·哈耶克:《法律、立法和自由》第1卷,中国大百科全书出版社2000年版,第48页。关于达尔文的祖父伊拉斯谟斯·达尔文的情况,参见 [英] 皮特·J.鲍勒:《进化思想史》,江西教育出版社1999年版,第99—101页。

下来，效果不好的则被舍弃。正如最近有位作者恰如其分地指出的那样，'道德和公正'的标准即休谟所说的人为产物；它们既不是出自神的命令，也不是人类本性所固有的，更不是由理性所揭示。它们是人类实践经验的产物，在时间的缓慢检验中，惟一考虑的就是每条道德规则在促进人类福祉方面能够发挥的效用。休谟可以被称为伦理学领域中达尔文的先驱。实际上，他宣布了一种有关人类习俗中适者生存的学说——所谓适者，不是指胃口无所不适，而是指最大的社会效用"[1]。实际情况是，休谟不仅以伦理道德为分析对象，典型和地道地提出了文化进化论的思想，而且还确实提出了生物学进化论的思想："我将乐于知道，一个动物，除非它的各部分进行这样的调整，怎么能够生存？……任何形态都不能存在，除非他拥有它的生存所必需的能力和官能：必须不间断地尝试某些新的生存秩序，直到有些能够支持和维护它自身的秩序得到落实。"[2]考虑到休谟是当时英国最有影响的思想大家之一这一因素，我们如下的结论便不是毫无根据地随意乱说了：休谟的进化论思想即便不是直接地影响达尔文形成和提出生物学进化论思想，那也是营造达尔文思想文化渊源的最主要的因素之一；何况，这一思想还直接地影响过对达尔文有直接影响的祖父伊拉斯谟斯·达尔文呢？

（2）亚当·斯密。亚当·斯密的自由竞争学说，概括地说是经济个人主义思想对达尔文形成和提出生物学进化论思想的影响；不像马尔萨斯的影响那样明显和直白，但后人的研究表明，这样的影响不仅是客观存在的，而且是非常重要的。据达尔文自己说，他在1839年确立自己的理论，在确立自己理论的头两年，即从1837年到1838年，他读了很多各种题材的书，包括形而上学的书。[3]他认识到，任何进化学说最终都要用来

---

① ［英］F.A.冯·哈耶克：《经济、科学与政治——哈耶克思想精粹》，江苏人民出版社2000年版，第557—558页。

② ［英］F.A.冯·哈耶克：《经济、科学与政治——哈耶克思想精粹》，江苏人民出版社2000年版，第545页。

③ 参见《达尔文自传》，江苏文艺出版社1998年版，第65、47页。

说明人类，因而他开始广泛研究心理学和社会理论，把阅读政治经济学作为精心考虑研究纲领的一部分。这意思是，研究的目的是"希望获得有关人类社会进化见解"的启发。① 根据这些具体情况，有学者指出："达尔文受到了维多利亚时期那种有益于经济竞争思潮的影响，并且对这种影响并非毫无意识。达尔文看到了个体和部落竞争在人类进化过程中的作用，并且害怕文明群体中宽松的选择会对种族造成危害。同时，他又不情愿接受自由竞争政策的某些更极端的含义。"② 上述学者的看法只是处于模糊判断状态，另有一些学者把问题交代得更清楚：根据对达尔文未刊文章的研究，可以判定出他阅读哲学和政治经济学著作的程度，一些证据表明，亚当·斯密的经济学对达尔文提出个体的行为会产生有目的倾向的机制，起到很大的作用。③

达尔文在罗列自己的思想谱系时，亚当·斯密确实没有被列入其中。但是，达尔文在创立自己的理论体系时有目的、广泛地阅读政治经济学著作是客观事实。这一客观事实说明了如下事实的客观存在：亚当·斯密以自由竞争学说为核心的经济个人主义思想不仅是学术界占绝对统治地位的学术主流，而且是英国当时立国的基本国策；达尔文在阅读政治经济学著作时，除非有极为特殊的原因，否则，他不可能不阅读亚当·斯密的著作。表面看，这是逻辑推理，实质上，这应当是连常识都不违背的历史事实。

（3）马尔萨斯。马尔萨斯对达尔文生物学进化论形成和提出的影响问题比较简单，这种影响是决定性的。我们说马尔萨斯对达尔文产生了决定性影响的理由有两个。一是达尔文在《物种起源》一书中直接把马尔萨斯《人口论》中的自然选择、生存斗争等理论观点作为自己的理论基础，在绪论一章即将结束的时候，他说："下一章要讨论的是，全世界所有生物之间的生存斗争，这是它们依照几何级数高度增殖的不可避免的结果。这

---

① 参见 [英] 皮特·J. 鲍勒：《进化思想史》，江西教育出版社 1999 年版，第 209—210 页。

② [英] 皮特·J. 鲍勒：《进化思想史》，江西教育出版社 1999 年版，第 362 页。

③ 参见 [英] 皮特·J. 鲍勒：《进化思想史》，江西教育出版社 1999 年版，第 192 页。

就是马尔萨斯（Malthus）学说在整个动物界和植物界的应用。每一物种所产生的个体，远远超过其可能生存的个体，因而便反复引起生存斗争，于是任何生物所发生的变异，无论多么微小，只要在复杂而时常变化的生活条件下以任何方式有利于自身，就会有较好的生存机会，这样便被自然选择了。"① 这样的观点在该书的核心章节第三章"生存斗争"中又出现一次。② 二是达尔文对这种决定性影响的细节的直白揭示："1838 年 10 月，在我开始系统调查的 15 个月之后，我偶尔读到了马尔萨斯的《人口论》。由于长期观察动物和植物的生活习性，我已经有了充分的准备来估价到处发生的生存斗争的意义。这本书顿时启发我，在这种情况下有利变异会倾向于保留下来，而不利变异则被消灭。其结果将是新物种的形成。于是，我至少得到了一个指导我工作的理论……"③

　　马尔萨斯对达尔文思想具有决定性影响的事实确实非常简单，但简单的背后有复杂的问题。马尔萨斯把亚当·斯密比较而言相对温和的以自由竞争为核心的经济个人主义思想极端化，把它残酷性的一面人为放大，用原始部落内部和部落与部落之间的残酷关系作为例子，推论出整个人类及其历史的情况都是如此的结论。达尔文不加分析就把这种极端化的经济个人主义思想作为自己的理论基础，并把它运用于动物界和植物界，最后提出自然科学意义上的系统理论。这样，经济个人主义思想及其极端化已不仅仅是经济学理论，而且还是特定自然科学学科的内在灵魂。从外在表现形式看，经济个人主义思想及其极端化从此有了自然科学基础，这里的基础一词有两层含义：一是表述形式，如物理学化、数学化；二是内在灵魂，如生存斗争、适者生存、自然选择等。就其实质而言，达尔文的生物学进化论只不过是经济个人主义思想及其极端化的衍生物和例证。这告诉我们一个基本事实，不管后来的经济学家如何挖空心思，把经济个人主义思想及其极端化打扮得像自然科学一样客观，

---

① ［英］达尔文：《物种起源》，商务印书馆 1997 年版，第 18 页。

② 参见 ［英］达尔文：《物种起源》，商务印书馆 1997 年版，第 78 页。

③ 《达尔文自传》，江苏文艺出版社 1998 年版，第 61 页。

毫无价值判断在其中发挥作用，起码从起源的意义上讲，这都是胡扯；经济个人主义思想首先和基本的是一种价值判断，是用经济学词汇甚至是数学模型装点起来的价值判断，我们可以把它命名为一种特定的经济价值观。

（4）赫伯特·斯宾塞。在达尔文形成和提出生物学进化论的过程中，斯宾塞影响作用的程度不亚于马尔萨斯，但他的决定性的影响作用有自己的特点。这一特点表现于两个方面：一是斯宾塞自己就发表过生物进化论的论文，所以，达尔文把斯宾塞列入自己思想谱系的第 15 位。[①] 二是斯宾塞是那个时代最有名望的哲学家之一，正是他使"进化"一词普及开来。这样他在营造达尔文生物学进化论的宏观文化背景工作中功不可没。同时，一旦达尔文生物学进化论的成果发表，人们在接受它时便有了浓烈的文化气氛和充分的思想准备，这正是达尔文的生物学进化论走向社会并发挥影响所需要的前提条件。达尔文实在应该感谢斯宾塞。

实际上，斯宾塞对达尔文的决定性影响最有力的表现是如下两个方面。一是斯宾塞为达尔文发明了核心范畴之一："适者生存"。针对这一概念，达尔文不无感激地说："我把每一个有用的微小变异被保存下来的这一原理称为'自然选择'，以表明它和人工选择的关系。但是，斯潘塞（即赫伯特·斯宾塞——引者注）先生所常用的措辞'最适者生存'，更为确切，并且有时也同样方便。我们已经看到，人类利用选择，确能产生伟大的结果，并且通过累积'自然'所给予的微小而有用的变异，他们就能使生物适合于自己的用途。"[②] 或许，达尔文不用斯宾塞"适者生存"的概念也能表达自己的思想，但达尔文已经感觉到了，如果真是如此，那就会产生思想表达不确切、不方便的后果。二是他为达尔文提供的思维方式或说分析框架。斯宾塞在 1850 年发表的《社会静力学》一书中，极力论证的观点是：通过自由竞争或说生存斗争所导致的进步（进化）就是一切，其

---

① 参见 [英] 达尔文：《物种起源》，商务印书馆 1997 年版，第 10 页。
② [英] 达尔文：《物种起源》，商务印书馆 1997 年版，第 76 页。

他都为荒谬。这种非道德化的思维方式以科学的名义出现，给人以科学万能且正义的强烈印象。人们在面临正义和道德问题时，再也不用有所顾忌，生存斗争及其导致的进化就是唯一的判断标准。这一思维方式有助于达尔文摆脱自己的精神世界中生物学进化论与传统上帝观和宗教道德观的矛盾，减轻自己的心理压力和恐惧，[①] 最终的结果是，他的思想转变很快，在《物种起源》一书的结尾处，以文学笔法宣扬斯宾塞的生存斗争进化观[②]。就这一点而言，确实有学者明确地指出过："斯宾塞的哲学扬弃了传统意义上的道德。个人无须遵循先验的伦理原则，相反，必须适应当时的社会状况。由于我们无法预言未来的进步路程，所以个人所知道的只能是如果自然令他获得成功，他就是'对的'，如果他惨遭不幸，他就是'错的'……斯宾塞自认为是个道德哲学家，他对进步的信奉意味着他的进化论理论体系实际上与传统宗教价值观的粗陋方面并不相同。"[③] 斯宾塞在宗教伦理观念的转变上为达尔文作出了表率，使达尔文在完成自己的宗教伦理观念转变时觉得有先例可循；斯宾塞建立起一套新的分析框架，这套分析框架既能框衡当下令人头痛的社会现实，又能摆脱传统宗教伦理观念的束缚。达尔文既然认定斯宾塞的社会学理论是正确的，那么，不用犹豫，把他的框架运用于自己的研究对象就行了。达尔文确实这么做了。

以上论述涉及的四个人，都是社会科学工作者。虽然他们的理论体系各有特点，但都以自由竞争理论为核心，直接或间接地把经济个人主义思想作为自己理论体系的灵魂。这种宏观的理论定性，已被学术界公认为是事实，所以，不会有什么争论。这一点告诉我们两个基本事实：一是他们的思想确实对达尔文形成和提出生物学进化论观点有根本性影响；二是这种影响主要表现于第二个层面上。这意思是说，宏观的社会历史背景和精神文化气氛帮助达尔文找到和确立进化论的世界观，而以这四个人为典型

---

① 参见 [英] 皮特·J.鲍勒：《进化思想史》，江西教育出版社1999年版，第209、277页。

② 参见 [英] 达尔文：《物种起源》，商务印书馆1997年版，第556—557页。

③ [英] 皮特·J.鲍勒：《进化思想史》，江西教育出版社1999年版，第303—304页。

例证和代表的经济个人主义思想，则是使达尔文的生物学进化论把研究对象具体化，具体化的实处就是物种内部的生存斗争和适者生存；进一步扩大范围，特定的物种又成为个体，它们又处于生存斗争和适者生存的过程中。我们不要小看了达尔文的生物学进化论与宏观的精神文化气氛和微观的社会科学学科的血肉联系，因为正是由于这种血肉联系使然，达尔文的生物学进化论一旦公之于世，便很快地以自然科学真理的名义向社会科学学科尤其是西方主流经济学扩散，其影响可以用强烈、广泛和深刻几个词来形容。

达尔文的生物学进化论向西方主流经济学的扩散，对它产生强烈影响，造成的结果之一便是使西方主流经济学家的心理发生了变化。过去，他们宣称经济学是像自然科学一样的科学时，心里总有点发虚，由发虚导致发慑的心理，因为，虽然从西尼尔开始就标榜经济学是科学，但由于缺乏科学的基础、依傍和形式，所以，没有人拿这种自我标榜当回事。正在西方主流经济学家苦于找不到科学的基础、依傍和形式时，达尔文送来了生物学进化论。这种理论的核心范畴和论证形式、揭示的事实和事实之间的内在联系等，来自以经济学为核心的社会科学学科的启发，当然这二者之间就有类似之处。这里的类似之处发挥了关键作用。作用的表现是，西方主流经济学家认为，达尔文的生物学进化论为证明经济学是科学提供了核心概念、论证形式、分析框架和类比例证。可怜的西方主流经济学家，他们哪里知道，这首先是他们的思想先辈的创造，然后才变为达尔文的自然科学理论。自此以后，西方主流经济学家在标称经济学是科学时，由心理上的发虚变为心安理得，由心理上的发慑变为傲慢和富有攻击性，"经济学帝国主义"的提法可作为心理变化后的真实写照。极具讽刺意味的是，直到20世纪的80年代，还有一批经济学家以专著的形式探讨这样的问题："经济学为什么还不是一门科学?" ①

---

① 参见 ［美］阿尔弗雷德·S. 艾克纳主编:《经济学为什么还不是一门科学》，北京大学出版社 1990 年版。

第二节　达尔文生物学进化论中相关内容的基本思路

表面看，给人的印象确实如此，达尔文的生物学进化论是一门自然科学。这里需要我们思考的问题是，作为自然科学的生物学进化论，其自然科学的性质纯化到什么程度？或者说，达尔文的生物学进化论是完全意义上的自然科学吗？细心思考之后可以说，对这个问题必然作出否定性的回答。我们如此看待问题的根据有二。一是从达尔文生物学进化论中核心性、灵魂性的思想来源看，它们都是社会科学性质，而非自然科学性质，本章第一节已回答了这个问题。二是达尔文自己认为，他的结论（或说科学原理、科学规律）不仅适用于自然界中的动植物，而且也适用于人类社会。[①] 假如情况真是如此，且讲的是人类社会生活和人与人、种族与种族之间的关系，问题便明显起来：达尔文生物学进化论的核心观点，首先是自然科学；不可否认的是，它同时也是社会科学，或者说，它在某种程度上、某种意义上是社会科学；这二者之间的差别是，自然科学的性质是外显的，社会科学的性质是潜含的，起码是不那么张扬和外露的。

达尔文生物学进化论的双重性质，可使我们从中思索出不少问题。一是达尔文生物学进化论中的核心观点与社会科学，尤其是西方主流经济学的密切关系。这种密切关系使西方主流经济学在考虑涉及公正和同情心的问题时，往往拿达尔文的生物学进化论作为自己的科学根据，把自己的阶级立场和为企业主作论证的价值倾向掩藏其后。由此看来，达尔文的生物学进化论在社会科学领域发挥了坏的、也是它不应当发挥的作用。二是从总体上看，达尔文的生物学进化论可以被别有用心的人很容易地借题发挥和肆意滥用，并为这种借题发挥和肆意滥用提供了理想的论证工具和表达工具，如社会达尔文主义、种族主义及其变种——白种人优越论，就是典

---

① 参见［英］达尔文:《物种起源》，商务印书馆 1997 年版，第 76、97 页。

型例证。三是其中暗含的历史哲学——进步历史观，这种历史观以自然科学的名义出现，以所谓的自然科学规律作为自己的根据，历史进步中的社会罪恶和种种阴暗面，或者是被这种科学掩盖起来，或者是被视而不见，或者是被弱化到可以忽略不计的地步，这就是自然选择，适者生存和代价必要论的本质性内容。四是自然科学和社会科学二者之间的关系就这么简单直白吗？各自的基本观点和核心概念可随意搬来搬去，适者生存可以从社会科学直接搬到自然科学中，自然选择可以从生物学进化论直接进入社会科学领域，概摄社会生活现象。假如情况真是如此，自然科学和社会科学二者之间的区别何在呢？实际上，从《物种起源》一书的基本内容看，达尔文自己就没有意识到这一系列的问题，起码是没有明确提出和认真区分这些问题。否则，他就不会不作任何说明地把马尔萨斯和斯宾塞的社会科学观点直接搬进自己的生物学进化论了。

但是，达尔文没有明确意识到、也没有明确提出和区分这些问题，并不意味着这些问题不存在。因为，由于研究对象的根本性区别，自然科学和社会科学在本质上是不同的。顺着这个思路走下去，我们便会发现，这二者之间除了联系之外，确有天壤之别。一是存续历史的长短。严格意义上的自然科学，是近代以来的事情，而社会科学起码还可以往前追溯两千年。二是在运行机制上，自然科学的天职是发现和说明事实，而社会科学则是在占有事实材料的基础上讲清道理，这里的道理，其核心和灵魂是价值倾向。三是在自然科学的研究对象中，理性的力量由于不存在也就谈不上发挥作用，而在社会科学的研究对象中，理性力量的作用是根本性的，没有理性力量发挥作用就无所谓的社会生活，当然也就谈不上社会科学的建立。四是在自然科学的研究对象中，伦理道德和法律是不存在的，而在社会科学的研究对象中，伦理道德和法律是无法躲避的基本事实。五是在自然科学的研究对象中，习俗并不存在，当然就谈不上发挥作用，而在社会科学的研究对象中，习俗是总也绕不开的幽灵，你想摆脱它，它会不放弃任何形式和机会地表示存在。这些根本性区别告诉我们，自然科学和社会科学的核心观点之间可以互相启发和借鉴，但没有区分和改造地直接搬用，肯定会造成学术上和社会生活上的严重后果。

就我们所见到的学术历史事实而言，达尔文的生物学进化论确实顺利、迅速地进入了诸多社会科学领域。我们关心的是，达尔文的生物进化论在西方主流经济学中的影响和应用。这里的问题是，要搞清达尔文的生物学进化论在西方主流经济学中，进而在经济个人主义思想中的影响和应用，首要的前提条件是看一看达尔文生物学进化论的基本观点或说基本思路。这一点做到了，影响和作用的问题也就解决了一半。

（一）达尔文生物学进化论的逻辑前提——生物自私论

大家熟知，西方主流经济学进而是经济个人主义思想的逻辑前提之一是人性自私论，即经济人假设。这一逻辑前提是17—18世纪的西欧哲学家提出、论证和推广的。实际情况是，它毕竟是哲学命题，哲学的特殊性质使然，这一命题的要害是其功能的发挥而不是对客观事实的真实描述。这是它的优点，也是它的缺点。优点是借着这一逻辑前提继续推论，按照推论者的个人才能和意愿，产生出不同学科如政治学、法学、经济学等的系统理论；同一学科内，不同的人顺着这一逻辑前提框定的思路走，还能产生神采各异的理论体系，例如洛克的政治学法学理论和霍布斯的政治学法学理论就各有特点。缺点表现在它不能被归纳式的经验事实所证明。由于不能被归纳式的经验事实证明，引起了不少人的误解，也招致了不少动机良好的道德学家的诟病，指斥人性自私论实在是不能登大雅之堂的诲恶纵邪之论。不知是受到当时社会精神文化气氛的影响，还是由于别的原因，我们见到的客观事实是，达尔文的生物学进化论，其立论的逻辑前提同样是自私论，不过，它不是人性自私论，而是动物自私论。耐人寻味的是，论说对象完全不一样，但设立逻辑前提的思维方式完全相同。

达尔文认为："自然选择从来不使一种生物产生对于自己害多利少的任何构造，因为自然选择完全根据各种生物的利益并且为了它们的利益而起作用。"①"假如能够证明任何一个物种的构造的任何一部分全然为了另一物种的利益而形成，那就要推翻我的学说了，因为这些构造是不能通过自然选择而产生的。"②各种生物为了自己生存和发展的利益而逐渐形成自己的身体器官及器官内的各种构造。这样，物种内部个体之间和不同物种之间必然发生关系。这种关系的运行机制怎样呢？同一物种内的不同个体和不同物种之间如何解决相互之间生死存亡的矛盾呢？达尔文给出的答案是："自然选择通过生物的竞争而发生作用，结果，只是依照这个地方的标准，在生活战斗中产生出成功者。"③

达尔文为自己的生物学进化论确立的逻辑前提——动物自私论值得重视，也需要注意，因为这其中蕴含的问题实在太多了。在我们看来，达尔文的理论行为中起码有如下几点需要注意。一是达尔文扩大了哲学上的人性自私论和经济个人主义思想中经济人假设的适用范围，进而提出生物自私论。但是，就像在哲学和经济学中一样，这一逻辑前提只是得到了部分经验事实的证实，而不是得到全部经验事实的证实，能证明相反结论的经验事实还大量存在。这说明，哲学和经济学中面临的逻辑困境——部分经验事实不能证明全称性命题——在这里也是存在的。

二是要注意这一逻辑前提在达尔文生物学进化论中的作用和性质。后边的一系列推论和结论，都直接或间接地与这一逻辑前提有关系，这说明，它是达尔文生物学进化论整个理论体系的逻辑支撑点。就像经济个人主义思想中失去经济人假设就会发生本质性变化一样，没有生物自私论，达尔文的生物学进化论也是难以想象的。这里的问题是，在哲学和经济个人主义思想中，人性自私论都具有哲学的性质，以哲学的身份出现，到达尔文的生物学进化论中，它摇身一变成了"科学"。既然是"科学"，那么，逻辑上完满自足的推论和经济事实的归纳性证明都不需要了，因为科学就是真理，这种真理在逻辑上是完满自足的，在经验事实上已得到了归纳式

---

① ［英］达尔文:《物种起源》，商务印书馆 1997 年版，第 221—222 页。

② ［英］达尔文:《物种起源》，商务印书馆 1997 年版，第 221 页。

③ ［英］达尔文:《物种起源》，商务印书馆 1997 年版，第 226 页。

的证明。实际情况是，达尔文并没有自觉地进行这两方面的工作，所以，生物自私论性质的这种变化——由哲学到科学——是虚假的，达尔文的生物学进化论虽然是自然科学意义上的科学，但它建基于哲学性的逻辑前提之上。

三是达尔文的生物学进化论以对事实进行客观描述的形式告诉我们，同一物种内部的个体之间和不同种类的生物之间满足私利、借以生存和发展的根本方式是生存斗争，即经济学个人主义思想中的自由竞争，斗争的结果就是命定的最终事实，这一事实不可更改，也没有什么道理可讲。这种过程及其结果以科学的语句和方式呈现于我们面前。结果，这其中另一种同样重要的含义往往被人们以无意识的形式接受下来，这就是它的伦理道德性质。因为，达尔文以科学的名义要我们接受的伦理道德或叫生物伦理是：胜者也就是最适宜生存者为强，强为优，优为好，好为善；与此相反，败者也就是不适宜生存者为弱，弱为劣，劣为坏，坏为恶。实际上，稍后不久的尼采就是这样理解和界说善、恶范畴的，后来的社会达尔文主义者和种族主义者也是这样理解和界说善、恶范畴的，甚至在达尔文正式出版《物种起源》一书以前，斯宾塞在自己的《社会静力学》一书中也是这样理解和界说善、恶两个范畴的。在掌握这一思想脉络时千万要注意，达尔文与上述诸人的本质区别是以科学的名义宣示这一伦理道德主张，这给人的印象是，从此以后这种极富扩张性和攻击性的伦理主张有了自然科学的根据和基础。同时，它也以科学的名义为社会生活中的诸多邪恶之举，起码是不善之举下达了最终判决，而其他人只不过就社会生活论社会生活，就伦理道德谈伦理道德。从这个角度看问题，如下的结论会自然而然地出现在我们面前：不管达尔文自己怎么想和怎么说，他的生物自私论为倡行不义的西方伦理学思潮提供了"科学"的根据和"科学"的辩护。或许，人们以为这样的分析言过其实，实际情况并非如此。人们持这种看法是由达尔文生物自私论的身份变化造成的。生物自私论进入社会科学和社会精神文化气氛很容易，因为这是它的思想源头。但是，在社会科学中它的身份是哲学假设，进入达尔文生物学进化论以后的身份是科学。这种科学的身份在返回社会科学时保持不变。这样，通过两次身份转换，生物自私论的真实身份被掩藏起来，虚假的身份真实起来，人们在这种情况下产生的幻觉是，接受的是科学而不是哲学假设及其中蕴含的伦理道德主张，实际情况正好相反。这不可思议，但确为事实。

（二）达尔文对自然选择含义的界说

在《物种起源》一书中，达尔文屡次为自然选择的基本含义作出界说，这是因为自然选择这一范畴在他的整个理论体系中占有基础性的地位，发挥关键性的作用。

为了充分揭示自然选择这一范畴的丰富含义，达尔文从多个角度和层面进行界说。首先是区分和比较自然选择与人工选择。他说："我把每一个有用的微小变异被保存下来的这一原理称为'自然选择'，以表明它和人工选择的关系。"[1]在达尔文看来，人工选择实在微不足道："人类的愿望和努力只是片刻的事啊！人类的生涯又是何等短暂啊！因而，如与'自然'在全部地质时代的累积结果相比较，人类所得的结果又是何等贫乏啊！这样，'自然'的产物比人类的产物必然具有更'真实'得多的性状，更能无限地适应极其复杂的生活条件，并且明显地表现出更加高级的技巧，对此还有什么值得我们惊奇的呢？"[2]达尔文用文学的笔法抒情，极其强烈的情感背后是理智。他的理智判断是，人工选择远远不如自然选择更伟大，所以，人工选择根本不能与自然选择放在同等重要的位置。

其次是"自然"一词的基本含义："我所谓的'自然'，只是指许多自然法则的综合作用及其产物而言，而法则是我们所确定的各种事物的因果关系。"[3]我们应当明白，达尔文在进行两种选择之间的比较和界定自然概

---

① [英] 达尔文：《物种起源》，商务印书馆 1997 年版，第 76 页。
② [英] 达尔文：《物种起源》，商务印书馆 1997 年版，第 98 页。
③ [英] 达尔文：《物种起源》，商务印书馆 1997 年版，第 96 页。

念的指称对象时，有一种明确的类意识在起作用：在人类和其他物种之间有一条黑白分明的界限，人就是人，其他则为生物。这样，自然选择所指明的是物种内部不同个体之间和不同物种之间的特定性质的关系、发生关系的过程及其结果。相对于自然选择而言，人只不过是旁观者，从达尔文的情况看，这种关系又多了一种性质，这就是欣赏者。

再次，自然选择范畴的确切含义："我们还应记住：生物的相互关系及其对于生活的物理条件的关系是何等复杂而密切；因而无穷分歧的构造对于生活在变化的条件下的生物总会有些用处。既然对于人类有用的变异肯定发生过，那么在广大而复杂的生存斗争中，对于每一生物在某些方面有用的其他变异，难道在连续的许多世代过程中就不可能发生吗？如果这样的变异确能发生（必须记住产生的个体比可能生存的为多），那么较其他个体更为优越（即使程度是轻微的）的个体具有最好的机会以生存和繁育后代，还有什么可以怀疑的呢？另一方面，我们可以确定，任何有害的变异，即使程度极轻微，也会严重地遭到毁灭。我把这种有利的个体差异和变异的保存，以及那些有害变异的毁灭，叫做'自然选择'或'最适者生存'。"①达尔文在带着情感论战，论敌是谁，观点是什么，我们不得而知，我们知道的是达尔文在论战过程中较为确切系统地为我们界说了自然选择范畴的基本含义。

最后，自然选择原理适用范围的普遍性。达尔文对自然选择原理具有普遍的适用性充满信心："自然选择每日每时都在仔细检查着最微细的变异，把坏的排斥掉，把好的保存下来加以积累；无论什么时候，无论什么地方，只要有机会，它就静静地、极其缓慢地进行工作，把各种生物同有机的和无机的生活条件的关系加以改进。这种缓慢变化的进行，我们无法觉察出来，除非有时间流逝的标志。然而我们对于过去的悠久地质时代所知有限，我们能看出的也只是现在的生物类型和先前的并不相同罢了。"②

① ［英］达尔文：《物种起源》，商务印书馆1997年版，第95页。
② ［英］达尔文：《物种起源》，商务印书馆1997年版，第98—99页。

达尔文把话说得太满了。时间、空间和机会这三个普遍适用性的标志底下都加了着重号，这意味着在他看来，自然选择的普遍适用性是无条件的。但是，如果这是文学的想象或哲学的推论，我们大可不必较真，可达尔文讲的是科学。科学所遵循的最起码的原则是经验证实。达尔文自己承认，在时间上，他所知有限；在空间上，他没有说什么，但有一点可以肯定，他用以证明自然选择原理普遍适用性的经验材料中没有中国的情况。在这种证据不充足的情况下把话说得这样绝对，人们可以找出许多原因加以说明，在笔者看来，这反映了"日不落帝国"文人傲慢和狂妄的心态。维特根斯坦在《逻辑哲学论》一书中说，不可言说的就保持沉默。套用这一思想，把达尔文定格为自然科学家，维特根斯坦的话就可以改写为如下不雅的一句话：没有充足的事实根据就闭嘴。

达尔文对自然选择范畴的详尽界说中向我们透露了如下信息：第一，自然选择就是最适者生存的同义语，但我们必须注意到的是，斯宾塞用最适者生存的理论说明人类社会生活的情况，达尔文用自然选择理论说明生物界的情况。这似乎说明，人类社会生活和生物界通行同一血腥残酷的法则。斯宾塞为达尔文所做的贡献是提供核心范畴和分析框架；达尔文为斯宾塞所做的贡献是为其理论披上自然科学的外衣，提供些许生物界经验事实的证据。他们二人都没有注意到，人类社会生活和生物界通行不同的根本法则。

第二，达尔文在比较自然选择和人工选择的过程中，盛赞前者，贬抑后者，这是一种思维倾向，这种倾向固定下来就是思维模式。在20世纪，我们发现了这种思维模式的正宗传人，此人就是哈耶克。这意思是说，达尔文的这种思维模式是哈耶克经济个人主义思想的最重要的思想渊源之一。虽然哈耶克一再区分自然选择与社会进化的不同之处，在罗列自己的思想谱系时，达尔文也没有占有应该占有的位置，但达尔文是哈耶克的思想祖先之一，应该是不争的基本事实。

第三，达尔文的自然选择理论虽然在名义上是自然科学，但确实包含了价值倾向，例如"有利的变异"、"有用的变异"、"对人类有用的变异"，这些提法的背后，是价值倾向在起作用。这里的"有利"、"有用"都带有合目的性，目的就是进步、进化过程及其结果，这恰似自然选择的功利性质。自然选择为什么朝进步、进化的方向发展就是好的，否则就是坏的呢？这里的好或坏的相关主体是谁呢？把这些问题的逻辑思路梳理清楚，我们很容易发现，这里的好坏都是相对于人类而言，这里价值主体直接的是作为成功者的不同生物及同一物种内的不同个体，间接但最终意义上合乎目的的价值主体是人类。

（三）达尔文生物进化论对自然选择的作用及其内在机制的认识

进化或进步由历时性和共时性的比较表现出来。这里的问题是，进化或进步的结果是如何达到的呢？这正是自然选择的用武之地。在《物种起源》一书中，达尔文往往用文学式的语言描述自然选择的作用，这给人以情绪激动、赏心悦目的印象。

在《物种起源》一书的结尾处，达尔文肯定是心情非常激动，所以，他在总结自然选择的作用及其机制问题时，用的是散文笔法："凝视树木交错的河岸，许多种类的无数植物覆盖其上，群鸟鸣于灌木丛中，各种昆虫飞来飞去，蚯蚓在湿土里爬过，并且默想一下，这些构造精巧的类型，彼此这样相异，并以这样复杂的方式相互依存，而它们都是由于在我们周围发生作用的法则产生出来的，这岂非有趣之事。这些法则就其最广泛的意义来说，就是伴随着'生殖'的'生长'；几乎包含在生殖以内的'遗传'；由于生活条件的间接作用和直接作用以及由于使用和不使用所引起的变异：生殖率如此之高以致引起'生存斗争'，因而导致'自然选择'，并引起性状分歧和较少改进的类型的'绝灭'。这样，从自然界的战争里，从饥饿和死亡里，我们便能体会到最可赞美的目的，即高级动物的产生，直接随之而至。认为生命及其若干能力原来是由'造物主'注入到少数类型或一个类型中去的，而且认为在这个行星按照引力的既定法则继续运行的时候，最美丽的和最奇异的类型从如此简单的始端，过去，曾经而且现今还在进化着；这种观点是极其壮丽的。"①

达尔文的心情激动出于三个方面的原因。一是这么一部鸿篇巨制马上要画上最后一个句号；二是他自认为成功地把自己的理论与上帝创世说和牛顿的万有引力理论嫁接在一起，这样，自己的理论既协调了与宗教的矛盾，又披上了牛顿经典物理学的外衣；三是终于把自己发现的自然选择的作用及其机制这么伟大的原理如此出色地表述出来了。但是，激动的心情和文学的笔法，描述的却是最残酷的事实。他认为："自然选择的作用全在于保存在某些方面有利的变异，随之引起它们的存续。由于一切生物都按照几何比率高速度地增加，所以，每一地区都已充满了生物；于是，有利的类型在数目上增加了，所以使得较不利的类型常常在数目上减少而变得稀少了。地质学告诉我们，稀少就是灭绝的预告。"② 甚至自然界的美，也完全由于自然选择的作用所致："我们能够在某种程度上理解整个自然界中怎么会有这么多的美，因为这大部分是由选择作用所致。按照我们的感觉，美并不是普遍的，如果有人看见过某些毒蛇、某些鱼、某些具有丑恶的像歪扭人脸那样的蝙蝠，他们都会承认这一点。性选择曾把最灿烂的颜色、优美的样式和其他装饰物给予雄者，有时也给予许多鸟类、蝴蝶和其他动物的两性。关于鸟类，性选择往往使雄者的鸣声既可取悦于雌者，也可取悦于我们的听觉。花和果实由于它的色彩与绿叶相衬显得很显明，因此花就容易被昆虫看到、被访问和传粉，而且种子也会被鸟类散布开去。"③ 达尔文显然是在鲁班面前显手艺。因为，自然美也是美。按照美的本质区分，起码有三种观点都有为数众多的人信从：美之客观说、美之主观说和美之积淀说。按照美之客观说，达尔文的观点有道理，但这只是一家之言，根本不能作为科学原理公布于世。按照美之主观说和美之积淀说的标准衡量，达尔文的观点就会漏洞百出，别说成为科学原理，就是作为哲学上的一家之言，也难于自圆其说。达尔文

---

① ［英］达尔文：《物种起源》，商务印书馆 1997 年版，第 556—557 页。
② ［英］达尔文：《物种起源》，商务印书馆 1997 年版，第 124 页，还见第 111、138、125 页。
③ ［英］达尔文：《物种起源》，商务印书馆 1997 年版，第 539 页。

把作为美学中一家之言的观点冒充为科学原理，起码在态度上是过于草率的。

自然选择的作用如同万能的上帝之手，命令一些物种和个体成长、壮大，另一些物种和个体衰落、灭亡。这样，自然选择的作用机制就是应该探讨的大问题了。达尔文认为，自然选择由于竞争即生存斗争的机制而发挥作用，一切生物都暴露在剧烈的竞争之中。[①] 在揭示这种残酷的机制时他说："在悠长的若干世纪中，在每年各自散播成千种子的若干树类之间，必定进行了何等激烈的斗争；昆虫和昆虫之间进行了何等激烈的斗争——昆虫、蜗牛、其他动物和鸟、兽之间又进行了何等剧烈的斗争——它们都努力增殖，彼此相食，或者吃树、或者吃树的种子和幼苗，或者吃最初密布于地面而抑制这些树木生长的其他植物！"[②] 而"如果新变种在生存斗争中胜利了，它便会从中心区域慢慢地向外扩展，不断地把圈子扩大，并且在边界上向未曾变化的个体进行斗争，而战胜它们"[③]。

生物界的存在和发展状况可能确实如达尔文所说，虽然有不少的事例证明，达尔文的观点并不正确。我们在这里所关心的是，自然选择的作用及机制问题的社会学含义。如果把达尔文的相关观点的描述对象由生物换成人类，我们会很容易地发现，这些内容早于《物种起源》一书9年就被公布于世，公布者是赫伯特·斯宾塞，书的名字是《社会静力学》。斯宾塞以直白的社会学语言描述了19世纪上半叶英国工业革命后的社会状况，达尔文的生物学进化论则以自然科学的语言折射了这种社会状况。令我们吃惊的是，这二人在态度上如此一致，他们都对如此残酷的过程、场面及其结果抱着拥护、激赏的心情。斯宾塞率先宣布社会哲学观点，达尔文跟随其后，用自然科学的伟大发现印证和说明斯宾塞的社会哲学观点。这一道社会精神文化气氛中的风景线，用现在的眼光观之，也会令人不寒而栗，残酷的年代造就了具有冷酷心态的社会哲学家和自然科学家。而这二

---

① 参见［英］达尔文：《物种起源》，商务印书馆 1997 年版，第 226、77 页。

② ［英］达尔文：《物种起源》，商务印书馆 1997 年版，第 89 页。

③ ［英］达尔文：《物种起源》，商务印书馆 1997 年版，第 107 页。

人的精神祖先是亚当·斯密的自由竞争经济学。

（四）达尔文生物学进化中值得思考的问题

不管是从思想的逻辑前提看，还是从思想的社会学含义和论证方法看，达尔文的生物学进化论、斯宾塞的社会学和以亚当·斯密为代表的自由主义经济学三者之间有惊人的相似之处。相似之处造成的实际结果是，如果我们对三者的具体内容都了解的话，那么，看到其中的任何一种理论，就会联想到其他两种理论。从这个角度出发，我们不得不针对达尔文的生物学进化论提出一系列值得思考的问题。

第一个问题：达尔文的生物学进化论与宗教的关系。提出这一问题的原因有二，一是西方的文化背景中基督教必不可少，谈论重大理论问题而不涉及基督教是不可思议的事情。这就像在中国，谈论中国传统文化中的重大理论问题而不对儒家文化表明态度，同样不可思议。二是达尔文的生物学进化论公布于世后，引发了教会势力歇斯底里式的反应，可见这一理论对基督教的触动和影响有多么深刻。

在达尔文的论述过程中，不断地提到造物主（上帝），这在书的结尾处可以最明显地看出来。但是，达尔文对上帝问题的处理方法是抽象肯定、具体否定，承认上帝的存在及无上地位，但这只是概念层面上的态度，至于生物界的真实存在和发展过程，由于它有自己的法则、规律和机制，所以，几乎可以说与上帝无涉。

这种态度和处理问题的方法，比起牛顿的"第一推动力"来要进步得多，表达的内容空间也宽阔得多。我们还应该注意到，这种态度和处理问题方法的示范效应。生物学领域可以如此巧妙地悬置上帝存在及其作用问题，其他领域不也可以照此办理吗？所以，此风一开，竞相效仿，导致的实际结果是：真正的科学态度及研究方法逐渐占据上风，科学事业则是大踏步地前进。从这个意义上说，这是人类思想史上留下痕迹的进化。

第二个问题：事实叙述转化为价值立场。在达尔文的生物学进化论中，事实叙述转化为价值立场的情况是客观存在的。这意思是说，事实叙述以科学的名义跃居前台，在事实叙述的背后是价值立场。作者自己和其他人看到的是事实叙述，价值立场并没有被自觉意识到，所以，它在无意识状态中成了既定事实。这里的问题是，自然科学中隐含价值判断的事实叙述能否作为社会科学中的事实叙述和价值立场？如果对问题作出肯定性回答，那么，其合理性正当性何在？实际情况是，在这一转化过程中潜藏着错综复杂的关系：自然科学中的事实与社会科学中的事实是什么关系？自然科学中隐含的价值立场能否直接成为社会科学中的价值判断？自然科学中的事实与社会科学中的价值判断是什么关系？对这些问题的剖析会使我们发现，在西方学术思想史中，社会科学中的价值判断是如何借助自然科学的事实和方法获得合法性的。

首先说自然科学中的事实与社会科学中的事实二者之间的关系。这二者不能等量齐观，也不能互相代替，更不能被混淆为一个东西。自然科学中的事实，其中的绝大部分与人无涉，所以，事实叙述中不夹带价值立场能够做到。社会科学中的事实截然相反。它是人的行为及其结果和由行为及其结果构成的关系。这其中，有情感，有意志，有利害，更有好坏优劣和善恶的价值判断。这些价值判断须臾不可分离地内在于社会科学的事实之中，要人为地剥离它，就像弗里德曼在《实证经济学方法论》一文中所尝试的那样，实在是愚蠢可笑的徒劳之举。由此我们可以得出结论，自然科学中的事实与社会科学中的事实二者之间有本质区别，自然科学中的事实不能不加分析和说明地成为社会科学中的事实，自然科学事实也不能代替社会科学事实。但是，在社会达尔文主义、种族主义等理论中，这种代替或混淆恰恰是惯常的做法，它们往往从自然科学意义上的事实中直接得出有利于理论创立者的社会科学结论。

其次说自然科学中隐含的价值判断能否直接成为社会科学中的价值判断。这里的断然回答是：不能。虽然达尔文的生物学进化论中隐含的价值判断大量地进入了经济学、社会学和历史学等诸多社会科学学科，并成为它们中的价值判断，但这里的事实性不能说明事实存在的正当性，这意思是说，存在的并不就是合理的。这就告诉我们，混淆二者带有危险性，这表现于两个方面：一是学术，二是社会生活。因为这会衍生社会罪恶，并为社会罪恶辩护，就这一点而言，西方学术发展史上的例子并不鲜见。

最后说自然科学中的事实与社会科学中的价值判断是什么关系。这里的关系很复杂。从一个角度说，自然科学中的事实可以说明社会科学中的价值判断并为这种价值判断服务，但这里的说明和服务，以尊重社会科学的基本要求为前提，如抑恶扬善、主持正义、维护基本的人权，在神、人、兽三者关系中以人为本等。在说明和服务的过程中脱离这里的基本前提，显然为社会科学的宗旨和本性所不容，因为违背社会科学的宗旨和本性，自然科学的事实就会成为社会罪恶的掩护者、辩护者。

第三个问题：社会生活中竞争的唯一化和普遍化是永恒的吗？显然是受到了马尔萨斯强烈而明显的影响，所以，达尔文在谈论生物界的生存竞争问题时，数次提到马尔萨斯，并坦白承认，他在借用马尔萨斯人口论中的基本原理。这里的问题是，由社会生活中竞争事实的理论化转变为自然科学中竞争事实的理论化，不仅使原理的学科性质发生了本质变化，而且竞争一词指称的客观事实也发生了本质变化，社会生活中的竞争变成了生物界中的竞争。生物界中竞争的事实一旦被确认，诸多问题的性质都发生了变化。首先说，社会生活中的竞争有了自然科学的依据；其次，这一依据的出现，使人产生了印象，竞争是普遍的，它不仅存在于社会生活中，而且也存在于生物界中；最后，普遍化变成了唯一化，因为既然竞争是普遍存在于社会生活和生物界之中，那么作为进化、进步、发展机制的竞争，也就成了唯一起作用的因素。顺着这一思路继续思考，普遍性和唯一性便构成了新因素——竞争是永恒的，也就是说，只要生物界和社会存在，竞争就会存在。在这里，空间被拉长为时间。这里的问题是，这种逻辑结论符合历史事实吗？生物界的事实可能有助于对问题作出肯定性的回答，但社会科学中的事实告诉我们，必须对这个问题作出否定性回答。竞争作为社会生活中的根本性机制发挥作用，是部分社会历史时期的基本事实，但绝对不是全部社会历史中的基本事实。

第四个问题：在整理自然科学事实的过程中，能否借用自私论这一逻辑前提？在西方主流经济学中，人人皆知的事实是，其基本的逻辑前提是人性自私论。需要我们注意的是，达尔文生物进化论的逻辑前提是生物自私论。这里的问题是：人性自私与否，是社会生活中价值倾向性很强的概念和判断，用客观事实作为标准衡量，它是社会生活发展到一定历史阶段的特有现象。这一逻辑前提能否被套用到非人类社会的现象上？由概念而来的判断能否被用于描述非人类社会的现象？人显然能判断出自私与否的基本事实及其由事实而来的好坏善恶的价值倾向，动物和植物具有这样的能力和素质吗？对问题的回答是否定性的。不过，问题还是没有得到最终解决。既然动物和植物没有能力作出上述判断，那么，套用这样的概念和判断的根据是什么？意义是什么？目的是什么？在对这些问题的追问过程中，最终的问题便会显现出来：在对自然科学事实的概括和判断中，套用自私论的概念及由此而来的判断合适吗？回答合适或不合适的根据是什么？

到目前为止，我们还没有得出肯定性或否定性的结论。这里有一点很重要，生物自私论使哲学上的人性自私论貌似得到了自然科学的论证，经济个人主义思想中的经济人假设貌似得到了自然科学真理的支持，殊不知，这一逻辑假设在变为科学原理之前，还有一系列的问题需要解决。在解决这些问题的过程中，其客观性、科学性会发生根基性的动摇，因为能否适用，不仅仅是个事实判定问题，更根本的是个人选择问题。在这里，对问题作出肯定性或否定性的回答都不是实质所在，因为真正的实质是作出肯定性或否定性回答以后所衍生出来的理论。只有这里的理论才是选用者或不选用者表达自己真实意图的地方，真实意图恰似特定价值立场的直白表露。达尔文的套用合适与否，要看他把生物学进化论推演到什么范围，也要看生物学进化论对经济学和其他社会科学学科产生了有益还是有害的影响。

第五个问题：经济学原理在自然科学中的应用意味着什么？从《物种

起源》一书看，经济学被运用于生物学进化论是既定事实。这一事实意味着什么？首先，这里出现了貌似倒流的现象。在我们的习惯性思维中，事情的顺序往往与此相反，首先是自然科学的进步，然后是进步的成果慢慢渗入经济学领域，给经济学领域带来冲击，起码是带来影响。物理学和数学之于杰文斯、数学之于瓦尔拉斯、达尔文的生物学进化论之于马歇尔，都是这种情况。达尔文的研究路数创造了一种自然科学的研究模式，这就是把经济学的研究范式引入自己的研究领域，成为自己学说的理论基调和基本立场，然后再用经验事实材料加以填充和验证，使经济学的内在实质变为自然科学的内在实质，以自然科学的身份重新回流于学术领域和社会精神文化气氛中。其次，经济学的基本原理和内在精神进入自然科学领域，这开了先例，同时也告诉人们一个道理，似乎社会科学和自然科学二者之间并没有不可逾越的鸿沟，相互之间的借用、渗透和影响是完全可能的，也是可行的。实际上，由于二者的本质区别所致，事情绝对不是如此简单。简单化的认识，必然产生十分有害的后果。

第六个问题：攻击性的科学化是否就是合理化？在达尔文的生物学进化论甚至在西方主流经济学的自由竞争理论中，存在着一种不容忽视的倾向，这就是它的攻击性。在经济学的自由竞争理论中，攻击性倾向是潜含的，只是马尔萨斯、马克斯·韦伯这样的经济学家才以非常直白的形式把这种攻击性表露出来。在达尔文的生物学进化论中，攻击性成为明显可见的基本事实，他的"生存斗争"概念的频繁使用和动辄就以文学笔法描述生存斗争何等剧烈，能够充分说明这一点。这里的问题是：攻击性已经事实化了，也就是科学化了，但是，科学化能否被说成合理化？这里的合理化是合乎伦理道德的含义。尤其是在社会科学领域，进化论意义上的攻击性的科学化，是否就意味着社会生活中竞争的攻击性的合理化？

生物界中攻击性的科学化意味着合理化，或许有部分道理，野生动物损害庄稼，草原上的老鼠破坏了生态植被，这样的动物被消灭或是被抑制确实有道理。但是，在社会科学中，竞争中带有的攻击性的科学化，未必就是合理化，因为其中有诸多人为规则，规则中暗含了诸多价值判断，而它们涉及的实际情况也复杂异常，千变万化。这就告诉我们，自由竞争中攻击性的科学化未必就是合理化。

第三节　达尔文生物学进化论对社会生活和经济个人主义思想的影响

达尔文的生物学进化论并没有伴随社会历史的变化而销声匿迹，而是以自己深刻、巨大而广泛的影响，在人类思想史上深深地刻下了印痕。这种影响是多方面的，生物学本身首当其冲，其次就是自然科学的思想方法论。不过，由于论题的需要，这不是我们关注的焦点。我们关心的是达尔文的生物学进化论对其他方面的影响。在其他方面的影响主要表现于如下几个方面：社会生活、社会历史哲学、其他的社会科学学科如经济学、政治学和社会学等。

就这里的影响而言，首先要注意其中的性质问题。达尔文生物学进化论的影响，有好的一面，也有坏的一面。从这一角度看问题，必然会涉及达尔文的责任问题，例如，在社会达尔文主义及其罪恶问题上，让达尔文负法律责任，显然不切合实际。但是否意味着达尔文毫无责任呢？事情并不如此简单。任何有关社会的理论都是面对社会而来，所以，任何学者相对于自己的理论而言都负有直接或间接的道义责任。从这一思路推论，达尔文不能对自己学说的有害社会影响熟视无睹，因为他应负相应的道义责任。毕竟是由于他的学说产生了与其有内在联系的社会理论，这种理论毕竟产生了极为有害的社会后果。从理论到理论，再到有害社会后果的内在联系告诉我们两个方面的事实：一是达尔文要为自己理论的有害后果负一定的社会道义责任；二是一定要注意到此处责任的间接性质，理由很简单，其间有两个重要的过渡环节：达尔文理论的理论衍生者和把衍生出来的理论政策化、法律化以及政策和法律的践行者。从更一般的层次看问题，达尔文由自己的理论而导致的道义责任问题成了特例，因为任何理论，进而任何学者，只要创设出有影响的理论，在其中都有社会道义责任

327

问题。这个问题很复杂，关涉许多具体问题，如直接和间接的道义责任、责任的大小或程度、道义责任的评价标准等。

还是让我们回到正题上来吧。达尔文的生物学进化论对社会生活和诸多社会科学学科有影响是既定事实。既然是既定事实，也就有许多表现，表现就是证据。

（一）有关影响的宏观概括

熊彼特《经济分析史》的主旨是西方经济学分析技术不断进步的历史，即经济学研究方法的历史。同时，它还是西方经济学的文化渊源史、学术背景史。正是后者，对我们来说极有参考价值。在讲到 1870—1914 年这一时期经济学的学术背景或说文化渊源时，他系统分析和概括了达尔文的生物学进化论对经济学的全方位的影响。他的分析根据如下的基本判断：将生物学的研究成果应用于社会科学研究的做法在那时的学术界甚为流行，因此，不能完全置之不顾。但是，熊彼特随后又说了让人不得其解的话：生物学的著作对社会学或经济学思潮并没有产生什么影响。既然在社会科学界应用生物学的研究成果的做法很流行，怎么又说没有什么影响呢？熊彼特是个很聪明机智的人，他之所以达到不顾自相矛盾的地步而否认有影响，根本原因是他意识到了应用过程中的"偏见与浅薄"[1]。还有一点他没有说出来，这就是应用过程中的反动透顶（如种族主义）及其应用的理论结果在社会生活中造成的累累罪恶。

除了基本的判断之外，还有具体的分析。在熊彼特看来，达尔文生物学进化论对社会科学的影响主要表现于如下几个方面。

第一，"我们看到，有这样一种看法，认为社会乃是一个'有机的'体系，而不是一个'机械的'体系，用类似对生物有机体（例如人体）进行研究的方法去分析社会，是富有成效的。""强调经济过程的'有机性'

---

[1] ［美］约瑟夫·熊彼特：《经济分析史》第 3 卷，商务印书馆 1996 年版，第 56 页。

不过是表达一个显然是合理的方法论原则的方式——譬如在马歇尔那里就是如此。"①在这里，类比发挥了关键作用。达尔文在生物学研究中使用了有机论的方法，社会生活或说社会体系不同样是有机体吗？既然都是有机体，在自然科学中适用的方法，在社会科学中，尤其是在经济学研究中，不也是同样可采用的方法吗？怪不得马歇尔在《经济学原理》一书中说，经济学家能够从达尔文的生物学进化论中学到许多东西。达尔文的生物学进化论对社会科学研究，尤其是经济学研究发挥影响作用是客观事实。这里需要我们留意的地方是，发挥影响作用是在方法论层面，至于作用范围的延伸和作用性质的变化，在这里还谈不上。

第二，"我们看到，达尔文的'生存竞争'与'适者生存'的概念被试图应用于资本主义社会中工业或职业生活的事实。有两件事必须仔细区别开来：一方面，个人企业制度的某些方面可以正确地描述为生存竞争……而竞争中的适者得以继续生存的概念则可以用一种非同义反复的方式来加以解释。但是，如果这样，则这些方面只需按照经济事实的本身去分析即可，根本用不着求助于生物学，生物学家在这个问题上所持的任何见解均可视为无稽之谈而加以弃绝。另一方面，也有真正求助于生物学的事实与理论的情况，那就是每当涉及人类的体质及智能的遗传问题时的情况，在评价某些制度与政策的影响时，显然就要，或应该，牵连到这个问题。"②在理解熊彼特在这一问题上的观点时，我们必须注意到三点。

一是不管熊彼特绕多少弯子，他还是把基本的信息透露给我们了，当时为数不少的经济学家直接把达尔文生物学进化论的概念搬进经济学，不加分析和说明，似乎没有必要通过解释和过渡以示二者之间的区别。

二是这里的影响和作用表现于具体的知识层面，而其中隐含的诸多问题，显然要比方法论层面上的问题复杂和尖锐，但经济学家们懒得去顾及和分析这些问题。

---

① ［美］约瑟夫·熊彼特：《经济分析史》第 3 卷，商务印书馆 1996 年版，第 56—57 页。
② ［美］约瑟夫·熊彼特：《经济分析史》第 3 卷，商务印书馆 1996 年版，第 57—58 页。

　　三是熊彼特式表达的特点在这里又发挥作用了，以为不用达尔文生物学进化论中的概念也能说清问题。实际的情况可能是如此，但熊彼特哪里知道，亚当·斯密等人确实没有利用这些概念也把问题解释清楚了，可亚当·斯密没有由于渴望自己的学说被说成是自然科学意义上的科学而产生焦虑和隐隐的自卑心理。

　　后来的经济学家就不同了，他们没有亚当·斯密等人的自信，他们出于职业上的考虑渴望别的学科，特别是自然科学学科承认经济学是一门自然科学意义上的科学。由于这样的焦虑和自卑，导致他们饥不择食，他们以为，生吞活剥式地搬用达尔文生物学进化论中的概念就可以被人称为科学家，经济学也会成为自然科学意义上的科学。实际上，这是性质截然不同的两回事。后来，经济学家们有时是病态式的对数学的迷恋，也与这种心态有直接关系。或许这是每一门学科在刚刚诞生（这里的"诞生"是在学院化、职业化的意义上使用的）时都会产生的现象。

　　第三，"统计生物学或生物计量学的工作，它们在方法论方面对我们颇多帮助。这里只提两个人的大名就可以了，他们是卡尔·皮尔孙和弗朗西斯·高尔顿爵士。""卡尔·皮尔孙（1857—1936）无须乎再加介绍了，只《生物计量学》一书，就足以使他名垂不朽。""如果有人要我树立一个英国型的科学伟人的形象，要我举出一个英国型的科学创造性活动的范例，那么，弗朗西斯·高尔顿爵士（1822—1911）就是我所要挑选出来的人物。""他是优生学的创始人。""依我的愚见看来，所有这些成就使得他堪称三大社会学家之一，其余二人为维科和马克思。"①

　　这两个人是何方神仙，竟能博得以高傲和挑剔而著称的熊彼特如此高的评价？下边我们还会遇到这两个人，这里只把结论性的东西说出来。他们是把达尔文的生物学进化论直接搬用到社会生活领域、用遗传等因素为社会不公正提供所谓的"科学根据"，为社会达尔文主义、种族主义提供所谓的"科学基础"的人。在这里，达尔文生物学进化论的影响作用发挥

———————————

① ［美］约瑟夫·熊彼特：《经济分析史》第 3 卷，商务印书馆 1996 年版，第 59—60 页。

在学院化理论与社会政策和法律之间的层面上，间接作用更要害，性质更恶劣。虽然熊彼特一生痴迷数学却了无成就，但他对统计学之类的学科总是赞扬有加，加上他自己的世界观的作用，[①] 所以，这两个人的学问在社会作用上极为丑恶的一面，他视而不见。

第四，"我们看到关于种族问题的各种理论。正如我们所理解的，这些理论乃是生物学理论的亚种。""在经济学著作中附带提到种族问题却是经常的事情。在穆勒的《原理》中，我们就可以看到一个实例。"[②] 虽然熊彼特在这里说得轻描淡写，但还是告诉我们两个基本的事实，一是达尔文的生物学进化论诱导和衍生出了种族主义理论；二是经济学家在经济学专著中常常提到种族问题。就我们的论题而言，仅仅看到这两个事实是不够的，因为种族主义不仅仅是一种理论，更为根本和重要的它还是一种政策和行为，这才是我们关注的重点。因为达尔文的生物学进化论对社会生活的影响以种族主义理论和政策为中介，所以，达尔文的生物学进化论对社会生活的影响，特别是有害影响是客观事实，但常常不能被人发现，中介在这里起到了掩盖和迷惑的作用。

由以上四个方面的内容可以看出，熊彼特关于达尔文生物学进化论宏观性作用的概括笼统并遮遮掩掩，但内在的条理性还是很强的。实际上，达尔文的生物学进化论对社会生活和社会科学的影响，其内容比熊彼特的宏观概括要广泛得多。这里的多，除了领域众多以外，还有直接渗入社会生活的含义。英国学者皮特·J.鲍勒在《进化思想史》一书中，历数达尔

---

① 关于熊彼特对数学的一生痴迷和无能，参见［美］洛林·艾伦：《开门——创新理论大师熊彼特》，吉林人民出版社2003年版，第574页。关于熊彼特的世界观，第二次世界大战期间人们送给他的称号是：精英主义者、种族主义者、反犹主义者、优生论者、法西斯主义者。他自己也不明白，为什么这么同情希特勒的德国，憎恨被入侵的苏联。还有，他们夫妇二人对侵华时期的日本有病态式的好感。另外，他每好显示自己的贵族气质，实际情况是，由于母亲改嫁他才与奥地利贵族沾了点儿边。这些情况，可参见［美］洛林·艾伦：《开门——创新理论大师熊彼特》，吉林人民出版社2003年版，第472、474、514、473、530、535页。

② ［美］约瑟夫·熊彼特：《经济分析史》第3卷，商务印书馆1996年版，第60—61页。

文生物学进化论的影响领域，其广泛程度达到令人吃惊的地步。

第一，进化论成为一种哲学，这种哲学把进化成功看作是善的唯一标准。细加分析便知，此处"唯一"的含义有多种：事实判断的唯一标准、价值判断的唯一标准、社会历史判断的唯一标准。这些标准结合在一起，形成了排斥性很强又非常具有攻击性的哲学观念。把达尔文生物学进化论拔高到哲学观念的高度不是个好现象，因为这种哲学观念鼓励和支撑达尔文生物学进化向社会生活和社会科学延伸，有时是滥用，其学术和社会生活的后果可想而知。有感于此，鲍勒不得不指出："强调个人的成功太容易鼓励行为中最糟糕的分子了。惟一的变通希望就是宣称进化本身有其最终的目的。因此，许多进化哲学家背叛了达尔文主义的真正精神，而是将人看成宇宙通向完善进程中的关键一步。"① 鲍勒的看法是有道理的，因为抽象层面的任意变动，会产生理论上和社会生活上的本质区别，在性质上，有害性往往大于有益性，有时仅有有害性，这里的事实可为例证。

第二，达尔文的生物学进化论为美国土生土长的实用主义哲学提供了哲学素材和所谓的"科学根据"："达尔文告诉我们，人有决定自己命运的自由，因为并不存在预先确定的发展模式。对于查尔斯·皮尔士和威廉·詹姆斯这样的实用主义者来说，自由的概念也是重要的。他们两人都发现利用达尔文主义可以摧毁整个决定论的思想。大自然天生具有创造力，进化并无限制，这样便保证了人类的自由。皮尔士还将进化看成'宇宙合理性的发展，尽管理性的规则产生于原始的非拟人化的混沌。"② 表面看，鲍勒的叙述是把风马牛不相及的二者人为地联系在一起，实则不然。实用主义哲学的核心概念是效用，③ 这里的效用概念抛开事实和过程，当

---

① ［英］皮特·J. 鲍勒：《进化思想史》，江西教育出版社 1999 年版，第 300 页。

② ［英］皮特·J. 鲍勒：《进化思想史》，江西教育出版社 1999 年版，第 305 页。

③ 我国对实用主义哲学中的"效用"概念多有误解，严重者把它理解为"有奶便是娘"的含义。实际上，这里的"效用"首先针对烦琐哲学而言（当然不排除还有其他含义）。它的意思是说，在认识和说明问题时，要简单明快，讲求实用。由此看来，它首先是个认识论概念。

然更要否弃各种价值倾向性规则的约束，它突出和强调的是结果。这与西方主流经济学中盛行的效率崇拜和达尔文生物学进化论中极力推崇的"最适者生存"，在思维机制和追求向度上是一样的。正是这种精神实质上的神似，让我们注意到它们二者之间的内在关联。

第三，达尔文的生物学进化论影响了法国哲学家柏格森的唯意志论哲学。[1] 这里遇到了与实用主义哲学相类似的情况。柏格森借用达尔文生物学进化论的内在精神，把这种内在精神用平常人难以理解的哲学语言表达出来，再加上他自己以为是新的东西——创造，就形成了他的唯意志论哲学思想。有人把这一思想译为创化论，与其如此，不如译为创造进化论更妥切，也更易于被人理解。当然它们二者之间也有区别，在柏格森的哲学中，神经质式的体验代替了经验事实的归纳，非理性顿悟代替了理性分析，但是，线性思维、生存成功者为上、为善的精神实质并没有改变。

第四，达尔文的生物学进化论直接衍生出社会达尔文主义。社会达尔文主义的具体含义非常混杂，但我们还是能从混杂中理出头绪。首先是社会达尔文主义的社会学含义："'社会达尔文主义'这个短语捏造出一个形象，好像人类为了生存要做殊死的斗争，而且好像社会达尔文主义者提倡淘汰不适应者，并把这当作进步的一个必要步骤。""我们知道了，这种捏造出的幻觉经常与自由竞争时期产生的资本主义残酷竞争联系起来。最能说明这种形象的例证就是18世纪末期工业革命开始时，那些'强盗式资本家'通过剥削人民进行残酷竞争，以获得最大限度的利润。看起来利用达尔文主义的隐喻来维护工业家们所鼓吹的斗争准则似乎不可避免。如果自然界通过个体竞争的方式进步，那么适者生存肯定是人类经济和社会进步的关键。"[2] 鲍勒对社会达尔文主义的社会学含义揭示得非常清楚，这里特别需要我们注意的是，在立场上鲍勒与熊彼特有本质

---

① 参见［英］皮特·J.鲍勒：《进化思想史》，江西教育出版社1999年版，第306页。
② ［英］皮特·J.鲍勒：《进化思想史》，江西教育出版社1999年版，第357页。

区别，因为鲍勒的立场是批判性的。其次是社会达尔文主义的经济学和经济伦理学含义："一种更为极端形式的社会达尔文主义则在积极倡导实行彻底的自由竞争政策，其目的在于摆脱对经济竞争的羁绊。国家必须放开对个人行动自由努力的限制，任由个人依其能力兴衰。只有允许当最适者为在经济上占据主导地位而奋斗，同时那些不适者承受这种后果时，才会出现进步。"① 我们对这种形式的社会达尔文主义太熟悉了，只说近者就可以举出两个例子，一个是哈耶克的《通向奴役的道路》一书，另一个是弗里德曼的《资本主义与自由》一书。差别只是在于，在这两个例子中，动听的西方主流经济学词汇代替了斯宾塞式毫无掩饰的社会达尔文主义语言。

第五，政治学历史学意义上的社会达尔文主义："重要的斗争领域也许根本就不在个体之间，而在国家或种族之间，通过斗争来维护帝国主义、殖民主义，以及奴隶制度。"②"白种人要想保持他们优越于其他种族的地位，一定要防止他们自身出现生物学意义上的退化。"在对其他有色人种的斗争中，战争是"强大民族施展权威的手段"。按照考古人类学家的所谓研究，如此看待问题的历史学根据是："人类进化的化石记录表明，发达的人一直在消灭着劣等人。"③ 这类历史学家的表白，是人类学术史上的奇耻大辱，因为在这套胡说八道般的谬论中，白种人对有色人种犯下的掠夺、杀戮和灭绝罪行摇身一变成了科学及其规律；这些语言稍加改装就可成为西部牛仔式的原美国总统小布什的政治学词汇。

在达尔文的生物学进化论与社会达尔文主义的关系问题上，不知出于什么原因，鲍勒认为，社会达尔文主义的坏名声不应由达尔文承担理论责任。④ 这种观点显然没有道理。根据有三：一是达尔文的生物学进化论为这种荒谬的理论提供了所谓"自然科学的根据"；二是达尔文自己就有

---

① ［英］皮特·J.鲍勒：《进化思想史》，江西教育出版社1999年版，第363页。
② ［英］皮特·J.鲍勒：《进化思想史》，江西教育出版社1999年版，第357页。
③ ［英］皮特·J.鲍勒：《进化思想史》，江西教育出版社1999年版，第367页。
④ 参见 ［英］皮特·J.鲍勒：《进化思想史》，江西教育出版社1999年版，第358页。

种族主义倾向；[①] 三是达尔文为社会达尔文主义提供了不费大脑加以改造、拿过来就可以利用的思维方式。这是最重要的一点。

熊彼特和鲍勒对达尔文生物学进化论社会影响的宏观概括，显然并没有穷尽所有重要的表现，例如，达尔文的生物学进化论对旧制度学派凡勃伦的影响他就没有注意到。[②] 但是，我们完全可以根据他们二人涉及的事例作出结论：达尔文生物学进化论向自然科学领域以外其他领域的延伸，导致了极为广泛的社会生活和社会科学后果，这其中就包括对西方主流经济学尤其是对经济个人主义思想的影响。

（二）达尔文生物学进化论对社会生活的影响

达尔文的生物学进化论产生于西方白种人处于绝对优势地位的时期。他的博物学考察的直接目的是考察世界各地的资源状况，以期衡量出什么地方具有侵略、掠夺和征服的价值，用西方主流经济学"价值无涉"的术语表达，这叫投入最小、产出最大，实际就是效率最大化或叫利润最大化。这种侵略、掠夺、征服和贸易等带来了巨大收益，强固了本已存在的社会精神文化气氛。达尔文的生物学进化论以自然科学的形式和语言表达这种精神文化气氛，其他社会科学学科，如社会学、经济学、历史学等，也有特点不一的理论表达。这些表达绝非空穴来风，它有两块极其肥沃的土壤，一是社会情势及其社会需要，二是无孔不入又无所不存的社会精神文化气氛。这二者结合在一起，形成了人们在劫难逃的精神世界。这个精神世界不可能不对现实社会生活产生影响，实际情况是，影响确实产生了，作用确实发挥了。

人们往往以为，达尔文是学者，他的生物学进化论是自然科学理论，

---

① 参见［英］皮特·J.鲍勒：《进化思想史》，江西教育出版社1999年版，第358页；《达尔文自传》，江苏文艺出版社1998年版，第227、193、125页。

② 参见［美］亨利·威廉·斯皮格尔：《经济思想的成长》，中国社会科学出版社1999年版，第535—537页。

所以，这种理论不可能对现实的社会生活产生影响、发挥作用。这种看法显然不符合实际。达尔文的生物学进化论通过两种形式进入社会生活，一是他自创和借用来的哲学概念，这些哲学概念夹杂在自然科学理论中，人们从中拣出了哲学概念，不顾及自然科学的事实和论证。这些飘荡于社会精神文化气氛中的哲学概念貌似抽象空洞，实际是一个又一个的哲学判断和哲学分析框架，隐藏在这二者背后的是哲学思维方式。自然科学中的事实根据和论证严谨的要求在这里不起作用，人们只要有点滴事实甚至某种情绪，就利用这种哲学判断、分析框架和思维方式，这三者的结合会产生出语惊人又没有事实根据的各色各样的理论，社会达尔文主义的提出过程及其理论主张可作显明例证。这种理论出现以后就会在社会生活中形成特定的舆论导向，舆论导向影响社会政策的制定，政策一出台，达尔文生物学进化论的影响再也看不到了，但它又以国家权力做后盾的形式对社会生活发挥强制性的影响作用。二是从达尔文生物学进化论出发直接进行理论转化，优生学概念的提出和鼓噪一时，就是这种情况的突出例证。由此看来，达尔文生物学进化论对社会生活的影响是毋庸置疑的事实。

达尔文的生物学进化论为什么能对社会生活有影响，特别是有害影响呢？这里的原因有四个。一是当时的资本主义社会处于明抢明夺的急剧扩张期，它有这种理论尽快问世的强烈渴求；二是达尔文理论的核心性、灵魂性的概念，如自然选择、生存斗争、适者生存等，内在的向度就包括了极为有害的攻击性；三是达尔文在自己的书中已明白表示了这种价值倾向。人们在读达尔文的书时往往只注意它的正标题——*The Origin of Species*，忽略它的副标题——By Means of Natural Selection or the Preservation of Favoured Races in the Struggle for Life。这个副标题用的是人类学、政治哲学、政治社会学的语言，其含义已远远超出了生物学范围，英国学者鲍勒认为，这个副标题的核心思想是"在生存斗争中保存有利种族"[①]。那些对生物学知识并不了解或一知半解的社会科学家们，由于

---

① ［英］皮特·J. 鲍勒：《进化思想史》，江西教育出版社 1999 年版，第 382 页。

自己的思想基调和理论需要所致，一旦看到这个副标题，就会像是抓到了救命稻草，拿来便用，他们还以为自己有自然科学的根据。从这个意义上说，达尔文的生物学进化论成了各种有害于社会和其他有色人种的社会科学理论的自然科学守护神。四是达尔文自己直接表露过针对社会生活事实的有关思想：在文明社会中，自然选择的宽松性带来了诸多问题，但这是毫无办法的事情，因为在文明社会里无法对不适者进行严格的淘汰。① 这里的"自然选择的宽松性"、"无法对不适者进行严格的淘汰"是什么意思呢？达尔文没有说明。他没有说明我们可以意会，他对社会生活中"不适者"的大量存在（马歇尔称这种"不适者"为"社会残渣"）又不能赤裸裸地消灭他们所造成的种族后果表示担忧。这四个方面的原因有机地结合在一起，为达尔文的生物学进化论对社会生活产生直接有害的影响准备了充足条件，此种情况下，不产生有害影响是怪事，产生有害影响是必然，是正常。

19 世纪中后期的西欧，工业革命激发和释放出来的生产能力产生了巨大的社会作用，这一作用表现于两个方面。一是社会财富的极大增长和资产阶级力量的空前强大，马克思、恩格斯在《共产党宣言》中说，资产阶级不仅为自己创造了一种"世界的文学"，更重要的是"它按照自己的面貌为自己创造出一个世界"②。二是被剥削、被压迫的阶级，被侵略、掠夺和征服的民族和国家的灾难空前加剧。关于阶级灾难，马克思在《资本论》中和恩格斯在《英国工人阶级状况》中已有揭露，关于民族和国家的灾难，我们国家鸦片战争以来的屈辱的近代史，可说是最有力的证明。一是为了自我辩护，二是为了找到解决各种矛盾和问题的出路，达尔文和斯宾塞这一类人的理论便派上了用场。

达尔文的侄子弗朗西斯·高尔顿（1822—1911）本为医生，却在社会

---

① 参见［英］皮特·J. 鲍勒：《进化思想史》，江西教育出版社 1999 年版，第 369 页。

② 《马克思恩格斯文集》第 2 卷，人民出版社 2009 年版，第 36 页。这里的"文学"（Literature）一词指科学、艺术、哲学等方面的书面著作，而非我们现在理解的狭义的小说、诗歌和散文。

生活问题上大发谬论。他最先根据达尔文和斯宾塞的理论发出呼吁，国家必须担当、起到积极的作用，控制适者与不适者的相对比例。生活在贫民区的劣等人的大量繁衍，会使整个种族堕落，同时也会造成公共资源的流失。与之相反的是，具备最高水平能力的职业人员则倾向于拥有比较少的孩子。唯一解决问题的办法是通过政府的介入达到扭转这种自然倾向的目的。这些观点为后来的"优生学"奠定了理论基础。为了宣传自己的观点，他写了大量著作，如《遗传的资质》、《对于人类才能及其发展的研究》和《自然遗传》等。1883年，高尔顿发明了"优生学"一词，并认为高能力的人拥有更多的孩子才能维持种族的生物学水平。为了达到这一目的，可以通过减税的形式让高能力的人多生孩子，通过不治疗其疾病的方式使智能低下的人保持相对低下的人口比例。①

卡尔·皮尔逊（1857—1936）是高尔顿的学生，写有被熊彼特大加赞赏的《生物计量学》一书。他利用生物统计学传播、捍卫和延伸达尔文的生物学进化论，公开预言低等种族会灭绝。他认为，如果国家要想在争夺世界霸权的斗争中取胜，就必须要有一个中央集权的政府，国家的主要职责之一是通过优生学来保持其人民的生物学水平。并且他还认为，如果盎格鲁–撒克逊人的身上混有被他们征服者的血统，那么，就会削弱盎格鲁–撒克逊人的力量。②

从达尔文的生物学进化论向高尔顿等人的"优生学"转化并不十分可怕，因为这毕竟是偏见极深的知识分子的狂喊乱叫。更可怕和更具有攻击性的是这种狂喊乱叫形成了特定的社会舆论，这种社会舆论没有任何事实根据，但它成了当时许多西欧人且是握有经济、政治、军事和文化大权的西欧人的固定看法。这种看法是一种先入为主的价值判断和基于价值判断的分析框架，从这个分析框架中产生出来的东西，继续披着科学的外衣，

---

① 参见 [英] 皮特·J. 鲍勒：《进化思想史》，江西教育出版社1999年版，第369—370页；[美] 约瑟夫·熊彼特：《经济分析史》第3卷，商务印书馆1996年版，第60页。

② 参见 [英] 皮特·J. 鲍勒：《进化思想史》，江西教育出版社1999年版，第382—383页；[美] 约瑟夫·熊彼特：《经济分析史》第3卷，商务印书馆1996年版，第59页。

实质不过是社会达尔文主义和种族主义。《进化思想史》的作者鲍勒为我们梳理出了这一思想线索："新一代种族主义者并不是把欧洲人当作世界的征服者，相反，他们认为自己是温室里的花朵，不久就可能会被更富生物学意义上生机的种族所粗暴践踏。对于'黄祸'——中国人的快速繁衍——的恐惧表明，他们认识到，事实上，在种族的生存斗争中，白人自诩的文明不会保存很多。目标不再是扩张，而是巩固，以确保欧洲人争取到立足点的地方，其种族特征不会被吞噬。这种态度至少从相反的角度认识到达尔文主义的真正含义。在生存斗争中，不可能确定某一类型是'最高等'的，在任何情况下都会绝对统治其他类型。成功属于那些在新环境中适应和最突出的类型，而且智力可能还不是惟一的决定因素。种族优生学的拥护者虽然仍然确信白人在精神和道德方面具有优越性，但是他们不得不面对生存斗争的残酷性。纳粹可能也有类似的不安全感，他们害怕那些被他们贬为次等人的种族会给他们背后一击。这样导致的可怕结果是，消灭其他种族的工作不再借助不可信赖的自然，而是借助于国家本身更有效的死亡机器。"[1]从西方人对"黄祸"的深深恐惧中，我们不难发现，这种既没有道理又没有事实根据的胡思乱想有着明确的达尔文根源，由此，我们又一次见证了达尔文的生物学进化论与社会达尔文主义和种族主义的内在联系，这就是数量优势论："个体数量大乃是成功的高度重要因素。虽然大自然可以给予长久的时间让自然选择进行工作，但大自然并不能给予无限的时间；因为一切生物都努力在自然组成中夺取位置，任何一个物种，如果没有随着它的竞争者发生相应程度的变异和改进，便是灭绝。"[2]

在社会舆论方面，西方人虽然由于数量问题的困扰而陷入深度恐惧之中，但他们的傲慢和种族优越感并没有减少半分；相反，他们找到了另一种表面看更具学术味道的优越感的表达形式，这种表达形式在学术圈更具感召力，当然也更具有欺骗性："非欧洲社会在科技方面的落后，显示出

① ［英］皮特·J.鲍勒：《进化思想史》，江西教育出版社 1999 年版，第 383—384 页。
② ［英］达尔文：《物种起源》，商务印书馆 1997 年版，第 118 页。

他们文化的劣势，而这一点又可以用来证明其他种族在生物学上的劣等性……非欧洲种族还没有发展出使他们自身组织更有效率的相应智力，所以他们仍然停滞在社会发展的较初级水平。可以视为现代社会中的低等种族，就等同于白种人在进化历程中途径的早期阶段。白种人之所以进一步发展了，是因为北欧富于挑战性的环境刺激了他们的进化发展。相反，热带那令人虚弱的环境则妨碍了生活在那里的种族进步。这些不幸的人被人们与白种人过去的进化阶段联系了起来，成为在心智和肉体上更贴近猿的活化石。"①西方人与非西方人在科学技术水平和组织效率两个方面的差距是客观存在的，造成这种结果的原因多种多样，但把种族和气候作为西方人优越和高贵的原因，显然是毫无根据。因为就目的的情况看，科技发达和组织有效率，与种族和气候并无必然联系，世界上不少非西方国家的现代化事实可作为例证和根据。

在理论和社会舆论的双重作用下，导源于达尔文生物学进化论的"优生学"，已不仅仅是一门所谓的学问，而且还变为声势很大的社会运动和国家的立法行为。高尔顿于 1904 年创建了优生学国家实验室，建立起了优生学教育协会，出版了《优生学评论》杂志。美国人也不甘落后，美国生育协会于 1906 年建立了优生学委员会，1910 年建立了优生学统计局。更为恶劣的是，美国的一部分人成立了排斥亚洲人同盟，一些州通过立法要求智商低者（鬼才知道在当时的文化气氛中智商测定是什么东西）不能生育孩子。尤其让人气愤的是，美国 1924 年通过了意在排斥华人的《限制移民法案》。②

以上的叙述和分析旨在揭示出达尔文生物学进化论对社会生活影响的内在逻辑。这一逻辑的思路非常清楚。清楚的逻辑思路告诉我们两个事实：一是达尔文的生物学进化论确实对当时的社会生活产生了极大影响；二是一种自然科学理论要对社会生活产生作用，中间经过多次思想转化。

---

① ［英］皮特·J. 鲍勒：《进化思想史》，江西教育出版社 1999 年版，第 384—385 页。
② 参见［英］皮特·J. 鲍勒：《进化思想史》，江西教育出版社 1999 年版，第 371—372、382—383 页。

实际情况是，这样的思想转化一共经历了三次：第一次是由达尔文的生物学进化论转化为更直白更露骨的社会达尔文主义和种族主义，高尔顿和皮尔逊之流干的就是这项工作。第二次是上述两种理论浑然杂糅转化为特定的社会舆论，这种社会舆论在老百姓那里是自然科学、社会科学和特定情绪混杂在一起的所谓"道理"，在富有扩张心态和攻击心理的部分统治者和冒险家那里则是"使命"，是上帝的命令，实际是行动指南。第三次是上述三种思想成分凝聚在一起转化为一种势头强劲的社会运动和国家的立法行为。通过这次转化，达尔文生物学进化论对社会生活影响的路程基本走完，接踵而至的是白种人内部的被压迫被剥削的劳动者和非白种人的遭殃。这种遭殃不仅仅是精神和肉体两个方面，因为家园被占领、资源被掠夺和自治权自主权被取消，一个完整意义上的人应该具有的社会生活规定性什么也没有剩下。达尔文对社会生活中"自然选择的宽松性"表示担忧，客观的事实是，这里没有一丝一毫的宽松。达尔文生物学进化论的各种传人可以告慰达尔文的在天之灵，他所担忧的"宽松"及其种族后果并没有发生。

（三）达尔文的生物学进化论对经济个人主义思想的影响

达尔文的生物学进化论对社会生活的影响使西方主流经济学家陷入了在劫难逃的境地，因为他们思考经济学问题和对现实的经济问题发表看法时，不能逃离自己的社会生活环境，也不能摆脱像空气一样存在的社会精神文化气氛。这种情况决定了达尔文的生物学进化论必然对西方主流经济学产生影响作用。如果这一点是事实的话，那么，另一个结论便成为题中应有之义：达尔文的生物学进化论对经济个人主义思想同样有巨大的影响作用。

达尔文的生物学进化论对经济个人主义思想的影响是个十分复杂的问题。这里的"复杂"表现于两个方面：一是达尔文的生物学进化论中就有经济个人主义思想的成分，马尔萨斯和亚当·斯密是这种思想成分的主要提供者；二是一旦达尔文的生物学进化论跃登学术殿堂，它对经济个人主义思想的影响就表现为多层次性和多向度性。揭示这里的"影响"是第三节的基本任务，从某种意义上说，也是这一章的主要任务。影响的多层次性和多向度性给我们的工作出了难题，用什么形式来揭示呢？笔者采用了个案分析的形式。这种形式的优点是使影响的表现更具体更丰满，缺点是表现中的内在逻辑显现得不明显。

1. 达尔文生物学进化论对马歇尔经济个人主义思想的影响。

阿弗里德，马歇尔（1842—1924）是西方主流经济学中英国剑桥学派的创始人。他的活动年份赶上了两个适逢其时。一是这一时期正是英国在世界上最强大、西方发达资本主义国家向全世界扩张最厉害的时候，这种扩张及其所依托的经济运行体制急需经济学理论的表达、论证和辩护。二是这一时期正是达尔文的生物学进化论出台并开始向社会生活渗透的时候。在这一渗透的过程中，西方主流经济学扮演了自觉自愿并推波助澜的角色，它要以表示自己态度的形式表示自己的存在，并如饥似渴地从中吸取自己所需要的东西。马歇尔于 1890 年第一次出版的《经济学原理》，可算是表示态度、急迫地从达尔文生物学进化论中汲取营养和灵感的典型。在这里我们要注意，马歇尔从达尔文生物学进化论中吸取东西具有自己的特点，一是态度上急迫和诚恳；二是表达自己的基本立场时不掩饰，赤裸裸的种族主义立场跃然纸上。与他相比，弗里德曼和哈耶克等人显然是虚伪得多，也狡猾得多。

首先，马歇尔很直白地表达西方主流经济学对达尔文生物学进化论的态度，认为达尔文的研究成果解决了经济学的困难，所以，西方主流经济学必须从达尔文的生物学进化论那里学习许多东西。[①] 在另一个地方，马歇尔回顾经济学与生物学关系的历史，首先承认经济学对生物学的发展有诸多贡献，但同时他更强调的是，一旦生物学在达尔文那里取得长足进步，便对经济学有巨大帮助，因为有机体的观点在社会生活和生物界都没

---

① 参见 [英] 马歇尔：《经济学原理》上卷，商务印书馆 1981 年版，第 70 页。

有例外。①

　　其次，马歇尔直接把达尔文的生物学进化论搬进自己的经济学，把生物学原理转变为自己的经济学原理："最发达的——照我们刚才所说的意义——有机体，就是在生存竞争中最会生存的有机体的学说，本身还在发展过程之中。它与生物学或经济学的关系，都还没有完全思索出来。但是，我们可以转而考虑一下法则在经济学上的主要意义：生存竞争使最适合于从环境中获得利益的有机体增多。"这个法则需要仔细解释："因为，一物之有利于它的环境的事实本身不能保证它在物质世界或精神中的生存。'适者生存'是说，那些最适合于利用环境为了他们自己的目的之有机体趋于生存。最能利用环境的那些有机体，往往是最有利于周围的东西的有机体；但有时它们却是有害的。"②马歇尔迫不及待的心情让人吃惊，他为什么不追问一下达尔文的生物学进化论和经济学在研究对象上的本质区别呢？不追问就意味着二者之间没有本质区别吗？在达尔文生物学进化论中是科学的原理，在经济学中也一定是科学原理吗？不管是出于心情急迫，还是因为粗心大意，或是别有用心，我们都不能原谅马歇尔。因为这个地方太重要了，经济个人主义思想中的个人与生物学进化论中的虫子、老虎和小草，显然不能同日而语，当然也不能作为同一类对象不加区别地言说。

　　马歇尔还把达尔文生物学进化论中的自然选择、适者生存的原理直接运用于经济个人主义思想的人格化身——企业家身上："物竞天择，适者生存（即创办、组织和管理企业），在工业中有大得多的活动余地。""英国是惟一的国家，在这个国家自然淘汰起着很大的作用。"③马歇尔是第二个在西方主流经济学的历史上较为关注企业家的人。他的关注有自己的特点，这就是直接搬用达尔文的生物学进化论作为自己的理论基础和自然科学根据。这样，作为经济个人主义思想人格化身的企业家，身上又多了一

①　参见［英］马歇尔：《经济学原理》上卷，商务印书馆1981年版，第256—257页。
②　［英］马歇尔：《经济学原理》上卷，商务印书馆1981年版，第257—258页。
③　［英］马歇尔：《经济学原理》下卷，商务印书馆1981年版，第392页。

道自然科学的光环。马歇尔的生搬硬套有道理吗？从企业家在自由竞争过程中生生灭灭的历史看，似乎有道理；从这里的自由竞争环境是人为造成（主要通过立法形式）和企业家与虫子、老虎和小草有本质区别这两个方面看，确实没有道理。

再次，马歇尔利用达尔文的生物学进化论推导和贩卖自己的种族主义理论。他认为，"应用优生学的原理以高等的血统而不是以低等的血统来充实人种、对男女两性的才能的适当教育，都会加速进步……"[①] 马歇尔不仅从血统论出发看待进步的动力问题，而且还把经济学与种族论直接结合起来："人种史对于经济学家是一种有诱惑力的、但令人失望的研究：因为战胜的种族通常与被征服者的种族的女子通婚；在他们迁移时往往把许多男女奴隶带走，而奴隶在战争中被杀或去当僧侣的可能性比自由民为小。因此，差不多在每一种族之中，都有奴隶的血，也就是混血，因为在工业阶级中奴隶的血最多，关于工业习惯的人种史似乎是不可能有了。"[②] 马歇尔的叙述逻辑是混乱的，但混乱的叙述逻辑暗藏一石二鸟的杀机：既贩卖了自己的种族主义理论，又顺便把这种既毒且污的脏水泼到工人阶级身上。马歇尔能说清自己身上混杂着多大成分或比例的奴隶的血吗？[③] 特别令我们愤怒的是，马歇尔认为，在美国南部做仆役的中国人多了，"中国人的生活就会代替美国人的生活，人类的平均品质就要降低了"[④]。这个披着经济学家的外衣、打着达尔文生物学进化论的科学旗帜的种族主义者，在说出这些污垢不堪的话时，有什么根据呢？马歇尔之所以说出上述热昏的胡话，根本原因是他对种族有基于达尔文的生物学进化论和种族主义理论而来的基本看法："强大的种族，不论在事实上或名义上，往往出

---

① ［英］马歇尔：《经济学原理》上卷，商务印书馆 1981 年版，第 264 页。

② ［英］马歇尔：《经济学原理》上卷，商务印书馆 1981 年版，第 214 页。

③ 不知怎么搞的，马歇尔这个人数典忘祖。他出生于伦敦郊区一个工人阶级家庭，其父是英格兰银行的职员，母亲是屠夫的女儿。参见 ［美］史蒂文·普雷斯曼：《思想者的足迹——五十位重要的西方经济学家》，江苏人民出版社 2001 年版，第 133 页。

④ ［英］马歇尔：《经济学原理》上卷，商务印书馆 1981 年版，第 220 页。

自体质强壮、性格剽悍的祖先。使一个种族在平时和战时都强盛的那些因素，往往是由于少数大思想家的智慧，他们用道德上的戒律，也许用无形的影响，解释了并发展了它的习俗和制度。"[1]从事实根据和叙述逻辑基本能自圆其说两个方面看，马歇尔在发表对种族的看法时表达出来的种族主义思想都是拙劣的，且是弱智的，因为这种任意地胡说八道与他的大经济学家的身份不相符，与西方主流经济学家死皮赖脸地表白自己的学说是自然科学意义上的科学的主张背道而驰。

最后，马歇尔公开主张征服利多于弊："好战的习惯曾经常使半野蛮的民族能够征服在各种和平美德上胜过他们的民族，但过于看重这个事实，无疑是错误的；因为这种征服已经逐渐增大了人类的体力和创立伟大事业的力量，而最终恐怕是利多于害。"[2]马歇尔正在与一种观点论辩，正在宣扬一种观点，正在扮演一个可恶可耻的角色。他与之论战的观点是，不能一概地说征服就是好事，因为有许多情况下是野蛮民族战胜文明民族，使人类的文明遭到破坏以致倒退。马歇尔之所以指斥这种观点错误是因为他认为，任何征服都是好事，征服使人类的体质受到锻炼，得以增强，在这个过程中成就了一番伟大的事业。他如此看待问题的根据是："大体上——可有重大的例外——在获得生存和占有优势的那些民族中，最优良的品质是最高度发展的。"[3]这是基于达尔文的生物学进化论和种族主义理论胡乱推论出来的历史哲学。从自我标榜的科学经济学推论出历史哲学，我们佩服这个不守学术规矩者的骄蛮勇气，但至死也不会认同这套逻辑混乱、思想品质恶劣的历史哲学。马歇尔为什么冒这么大的学术风险胆敢在历史哲学领域胡说八道呢？他的胆量来自他的职业使命感。当马歇尔发表这套谬论时，英国正以征服者的姿态在全世界横冲直撞，确实也常常胜利。这个祖先是北欧原始森林中"金发碧眼的野兽"（尼采语）的民族，此时实在谈不上什么文明。不管是从历史传承角度看，还是从整体文

---

[1] ［英］马歇尔：《经济学原理》下卷，商务印书馆 1981 年版，第 373 页。

[2] ［英］马歇尔：《经济学原理》上卷，商务印书馆 1981 年版，第 259 页。

[3] ［英］马歇尔：《经济学原理》上卷，商务印书馆 1981 年版，第 260 页。

明的发育程度角度看，我们都可以这么说。不文明的民族征服具有古老文明传统的民族，如印度、埃及、中国等，总得有一套理论说辞，马歇尔自告奋勇担当这一使命，捏造出这一套说辞。这里的问题是，职业身份是经济学家且是科学经济学家的马歇尔怎么有能力干这种勾当呢？他实在太心急了。

从以上的引述和分析看，达尔文生物学进化论对马歇尔的影响是深刻广泛的。但是，马歇尔在自己的经济学理论中搬用和延伸达尔文的生物学进化论这一事实，应当引起我们的高度注意。需要注意的地方起码有五点。一是他把事实和价值搅混在一起，把事实上存在的当作价值上合理的，这种性质和角色的转换是在经济科学的名义下进行和完成的。这起到了两个作用，首先是混淆视听的欺骗作用，其次是颠倒黑白的辩护作用。二是把生物界的事实与人类社会生活的事实搅混在一起，有时用前者代替后者，根本不做学科和性质上的区分，这就为价值立场上的任意胡说和自我辩解打开了方便之门。三是主观武断地延伸达尔文的生物学进化论，用经济学的术语和理论加以掩饰和装扮，偷运进大量种族主义毒素。这充分说明，马歇尔不仅仅是个经济科学家，更为根本和重要的，他是披着经济学家外衣的英国帝国主义的意识形态吹鼓手。四是明目张胆地为英国及其他发达资本主义国家的侵略、掠夺和征服行径辩护，这不仅是马歇尔自己经济学理论的耻辱，同时也是整个西方主流经济学的学术耻辱。五是我们在马歇尔的经济个人主义思想中，发现了被后来的西方主流经济学家掩饰起来但并不说明不存在的因素，这就是达尔文的生物学进化论、社会达尔文主义和种族主义。这些思想因素是特定的思维方式和分析框架，在利用它们时，其概念和表达方式可以多种多样，但内在的实质却是一样，起码会有内在连贯性。

2.达尔文的生物学进化论对马克斯·韦伯的影响。

按照惯例，马克斯·韦伯没有被列入西方主流经济学家的行列。这有两个原因。一是他是德国人，西方主流经济学的话语主导权在英国人和美国人手里。而英国人和美国人，尤其是英国人有一种非常傲慢的偏见，认为只有他们才是经济学的创立者和发展者。① 在这种偏见的影响下，马克斯·韦伯入不了流，也就是可想而知的事情了。二是西方主流经济学历来以科学相标榜，反观马克斯·韦伯的理论，涉及了经济伦理学、宗教伦理学、经济社会学、经济史等诸多领域，用西方主流经济学的标准衡量，马克斯·韦伯的理论不够"科学"档次，所以，入不了流也是可想而知的事情。但是，有一条理由就足以说明，马克斯·韦伯的有关思想完全有资格在西方主流经济学中登堂入室，这就是他的新教伦理式的经济个人主义理论。基于这样的理由，我们在讨论达尔文的生物学进化论对经济个人主义思想的影响问题时，不能不涉及马克斯·韦伯。

马克斯·韦伯英年早逝，著述甚丰，且是创建迭出，影响广泛。他是著名的社会学家、经济史学家，同时也是著名的经济学家和经济哲学家。他以对新教伦理的独到见解著称于世，也以"价值中立"或叫"价值无涉"的经济学方法论原则名噪于经济学界。但是，在我们看到这些圣洁光环的同时，也不要忽略他的经济学说的另一面，这就是种族主义的毒素。令人可悲的是，人们往往忽略了他思想中的这一阴暗面。实际情况是，恰好是这里，我们可以见到许多令人吃惊又没有被人注意到的东西。一是他的杀气腾腾的种族主义理论与达尔文生物学进化论的内在关联。二是其学说与法西斯主义思想的内在联系。三是其经济民族主义的价值取向。四是当时的精神文化气氛对他的强烈影响。五是其学说的反动社会本质。

与马歇尔相比，马克斯·韦伯在阐释自己的理论观点时学术气淡了一点，更多的是种族主义者的傲慢和帝国主义分子的霸气。从这一点看，我们能够更容易地捕捉到马克斯·韦伯的真实想法。我们将以他 1895 年就任弗赖堡大学经济学教授时的演讲为例，展示其种族主义理论以及这一理论与达尔文生物学进化论的内在关联。他演讲的题目是《民族国家与经济政策》。

---

① 参见［英］特伦斯·W.哈奇林：《经济学的革命与发展》，北京大学出版社 1992 年版，第 115、123 页。

第一，"各民族之间的经济斗争（Kampf）从不停歇，这一事实并不因为这种斗争在'和平'的外表下进行就有所不同……换言之，在经济的生死斗争中，同样永无和平可言。只有那些被和平的外表迷惑的人才会相信，我们的后代在未来将享有和平和幸福的生活。"①马克斯·韦伯的话有两个地方使我们吃惊。一是他把西方主流经济学用较为温和的语言表述出来的自由竞争思想变为用达尔文生物学进化论的语言表述，这造成的结果是，语言的攻击性更强，也更具有杀气。二是他把西方主流经济学中的"经济人"个体提升为民族个体，造成的结果是，与达尔文生物学进化论中物种间生存竞争的思想更为接近，同时也为种族主义思想提供了理论前提。这是经济个人主义思想的极端形式的变种，这种变种的危害性更大。我们真难以想象，一个侈谈"价值中立"或"价值无涉"的经济学家，把脸一变就能说出这样的话。

第二，"全球经济共同体的扩展只不过是各民族之间相互斗争的另一种形式，这种形式并没有使各民族为捍卫自己的文化而斗争变得更容易，而恰恰使得这种斗争变得更困难，因为这种全球经济共同体在本民族内部唤起当前物质利益与民族未来的冲突，并使既得利益者与本民族的敌人联手而反对民族的未来。"②这是前一种观点的顺势推演，推演出的结论使观点具体化，具体化后所发挥的作用更具有针对性，这就是马克斯·韦伯眼中的德意志民族在考虑自己的国家政策和经济政策时应当依据的基本的逻辑前提。从字里行间可以看出，马克斯·韦伯比其他种族主义者更心急如焚，看问题更具有针对性。

第三，在各民族间生死存亡的殊死搏斗中德意志民族国家的经济政策目标是什么呢？"我们能传给子孙后代的并不是和平及人间乐园，而是为保存和提高我们民族的族类素质的永恒斗争。……我们的子孙后代冀望我

① ［德］马克斯·韦伯：《民族国家与经济政策》，生活·读书·新知三联书店、牛津大学出版社 1997 年版，第 89 页。

② ［德］马克斯·韦伯：《民族国家与经济政策》，生活·读书·新知三联书店、牛津大学出版社 1997 年版，第 92 页。

们在历史面前能够担起的责任，并不在于我们留给他们什么样的经济组织，而在于我们为他们在世界上征服了多大的自由空间供他们驰骋。说到底，经济发展的过程同样是权力的斗争，因此经济政策必须为之服务的最终决定性利益乃是民族权力的利益……在德国经济政策的一切问题上，包括国家是否以及在多大程度上应当干预经济生活，是否以及何时开放国家的经济自由化并在经济发展过程中拆除关税保护，最终的决定性因素端视它们是否有利于它们全民族的经济和政治的权力利益，以及是否有利于我们民族的担纲者——德国民族国家。"① 在冰冷的"价值中立"的外衣里头，跳动着一颗滚烫的心。这是极端民族主义之心。马克斯·韦伯的话除了向当时的当政者献媚讨好的成分外，确实有实际内容。在这些内容里，我们发现游荡着三个人的幽灵：达尔文的生物学进化论、尼采的权力意志说和李斯特的民族主义经济学。同时，我们还可强烈地感受到，这是稍后不久出现的法西斯主义思想的理论先声。

第四，德意志民族国家的根本任务和经济政策目标决定了经济学的性质和任务。它不能游离于民族国家的需要之外，清高地宣称自己只追求科学而不顾及其他。因为，"真正说来，如果我们经济学家回避对经济现象的评价，那也就是回避人们期待我们经济学家能做的事"②。经济学家"能做的事"是什么呢？"当我们超越我们自己这一代的墓地而思考时，激动我们的问题并不是未来的人类如何'丰衣足食'，而是他们将成为什么样的人，正是这个问题才是政治经济学全部工作的基石。我们所渴求的并不是培养丰衣足食之人，而是要培养那些我们认为足以构成我们人性中伟大和高贵的素质。"③ 经济学的这种任务是由其特定的性质决定的，"政治经

① [德] 马克斯·韦伯：《民族国家与经济政策》，生活·读书·新知三联书店、牛津大学出版社 1997 年版，第 92—93 页。

② [德] 马克斯·韦伯：《民族国家与经济政策》，生活·读书·新知三联书店、牛津大学出版社 1997 年版，第 95 页。

③ [德] 马克斯·韦伯：《民族国家与经济政策》，生活·读书·新知三联书店、牛津大学出版社 1997 年版，第 90—91 页。

济学乃是一门政治的科学，政治经济学是政治的仆人！这里所说的政治并不是那种某人或某阶级在某一时期碰巧执政的日常政治，而是整个民族长远的权力政治利益"①。表面看，马克斯·韦伯对经济学性质和任务的理解与达尔文的生物学进化论没有直接关系，实际情况远非如此。他把达尔文生物学进化论掩藏在自己的理论逻辑背后，让人看到的只是经济学与人的素质与民族国家的关系。马克斯·韦伯让经济学担当提高人的素质的任务，人的素质服务于民族国家的政治目的，政治国家的政治目的依据达尔文生物学进化论中生存斗争、物竞天择的理论来确定。这样，经济学家在充当政治仆人的同时，也在发挥着实现达尔文生物学进化论中生存斗争理论的工具的作用。认为经济学应该为政治目的服务，为民族国家的政治政策服务都没有错，因为这只不过是既定事实的描述。马克斯·韦伯的错误在于，他把经济学作为实现达尔文生物学进化论的工具看待，把经济学变为侵略性、攻击性的民族主义经济学、种族主义经济学。这是经济学的堕落，经济学应当为此而感到羞耻。

通观马克斯·韦伯在达尔文生物学进化论影响下的有关言论，尤其是他的经济学性质和任务的看法，就会产生一个令我们吃惊的印象——他非常虚伪。因为，在《社会科学方法论》一书中，马克斯·韦伯大谈"价值中立"或叫"价值无涉"，在弗赖堡大学的就职演说中，他的价值立场又是如此的不中立，以致经济学家基于民族国家需要而来的价值立场成了经济学的灵魂。实际情况可能并非如此。我们这样说的理由有二。一是人们误解了马克斯·韦伯"价值中立"的提法，这里的"价值中立"与西尼尔、弗里德曼等人经济学拒斥价值判断的主张有本质区别。马克斯·韦伯的本意是，大学教授由于有其他人所没有的特权而处于在讲台上宣传自己学说的优势地位，所以，他自己的价值立场应到大众传媒上去讲。但是，我们必须记住的是，马克斯·韦伯从来没有主张过社会科学可以与价值立

---

① ［德］马克斯·韦伯：《民族国家与经济政策》，生活·读书·新知三联书店、牛津大学出版社 1997 年版，第 93 页。

场无缘。二是此时的马克斯·韦伯还没有写出《社会科学方法论》，经济学家的价值立场问题还没有被他理论化，在这种情况下，率性地把自己的价值立场合盘托出，实在是个再自然不过的事情。基于以上理由，说马克斯·韦伯虚伪是没有道理的。

3.达尔文生物学进化论对哈耶克经济个人主义思想的影响。

哈耶克的经济个人主义思想受达尔文生物学进化论影响的例子比较特殊，因为在外在表现形式上看不出二者之间有什么必然联系。实质上，哈耶克的经济个人主义思想受达尔文生物学进化论的影响极深极广。与马歇尔和马克斯·韦伯相比，哈耶克受影响的层面不一样，所以，外在的表现形式也就不一样。在哈耶克这里，没有马歇尔的坦率直白，也没有马克斯·韦伯的充满火药味和富有攻击性，而是限定在哲学层面上继承达尔文的生物学进化论，使其哲学化，或者说，把达尔文生物学进化论中的哲学意味挖掘出来，展示出来。哈耶克的高明之处就在这里，受达尔文生物学进化论影响的特点也表现在这里。正是这两点，给人造成了错觉，似乎哈耶克的经济个人主义思想与达尔文的生物学进化论之间没有必然联系。真实的情况与这种错觉相反。哈耶克经济个人主义思想中最核心的概念——自生自发秩序、进化论的认识论思想、对理性设计思想的强烈反对等，无不渗透着达尔文生物学进化论思想的因素，无不表现出无法掩饰的达尔文生物学进化论的痕迹。这向我们证明了一个基本事实：哈耶克的经济个人主义思想与达尔文的生物学进化论二者之间有必然联系。为了证明这一结论，我们可以举出两个例子。哈耶克少年时期就对生物学有浓厚兴趣，他父亲看出这一点后曾让他读"进化论的重要著作"，这使得他在后来的全部学术研究中，始终保持对进化现象的浓厚兴趣。[1] 在哈耶克晚年与人的一次谈话中承认，他的思想方法类似达尔文主义的方法，虽然表面看二者之间有不小的区别。[2]

---

[1] 参见 [英] 阿兰·艾伯斯坦：《哈耶克传》，中国社会科学出版社 2003 年版，第 20 页。

[2] 参见 [英] 阿兰·艾伯斯坦：《哈耶克传》，中国社会科学出版社 2003 年版，第 364 页。

在肯定哈耶克经济学个人主义思想受达尔文生物学进化论影响的基本事实后，接下来的任务是挖掘出它的具体表现。

第一，哈耶克站在哲学的高度评价以达尔文生物学进化论为典型的思维方式或哲学认识方式，认为这种以进化论命名的认识方式不仅在自己的学术研究中起到了核心的作用，①而且在整个人类认识史上它占有独特地位，是 18 世纪以来哲学家和经济学家的一大发明。在他看来，自从古希腊哲学产生以来人类就受两种思维方式的左右，根据研究对象的特性划分，一种是自然的（natural）认识方式；另一种是人为的（artificial）认识方式。这里的问题是，除了上述两种思维方式概摄到的现象外，还有一种现象没有自己独特的认识方式而是被简单地、错误地被归入上述两种思维方式之中，在哈耶克看来，这是历史的谬误。因为，"在完全独立于人的行为这个意义上的自然现象，和人类设计的产物这个意义上的人为或习俗现象中间，还需要插入第三个类别，这是一个独特的范畴，涵盖了我们在人类社会中发现的、应当由社会理论承担起解释任务的全部出乎意料的模式和成规。然而，我们仍然受困于缺少一个得到普遍接受的概念，以便来描述这种现象；为了避免让混乱继续下去，似乎迫切需要采用这样一个概念"②。这个概念是什么呢？这就是进化论。哈耶克较为认同的固定用法就是如此。

在所有对进化论的评价中，哈耶克的评价是最高的。这表现于两个方面。一是他超越于众多学科之上，从哲学的层面定位进化论，这既可以避免局限于某一种学科的无谓争论，也可以让进化论进入其他学科而又名正言顺。二是哈耶克从历史角度定位进化论的认识方式。这种定位的结果是，从古希腊哲学的产生一直到进化论认识方式的产生，在几千年的时间里人类总是对进化论认识方式所概摄的现象处于茫无所知的状态，把它归

---

① 参见［英］F.A.冯·哈耶克：《法律、立法和自由》第 1 卷，中国大百科全书出版社 2000 年版，第 22 页。

② ［英］F.A.冯·哈耶克：《经济、科学与政治——哈耶克思想精粹》，江苏人民出版社 2000 年版，第 522 页。

入自然的认识方式或人为设计的认识方式就是证明。进化论的认识方式一出，人类认识方式的状况完全改观，由两种变为三种，一种现象由于没有相应的认识方式而一再出错，变为认识方式与认识对象一一对应的各就各位。哈耶克一再申明，进化论的认识方式不是达尔文的发明，某种意义上说，没有其他人的发明，达尔文的生物学进化论能否产生还是个问题；但是，达尔文的生物学进化论有其独特价值，它以科学的名目出现，带有部分的经验事实证明，这两点决定了使进化论的认识方式成为独立的认识方式成为可能。从这个意义上说，达尔文的生物学进化论对科学的贡献不用细说，单是对哲学认识论的贡献就足以让他名垂青史了。

第二，虽然哈耶克对进化论作出如此之高的评价，但他并没有在高评价的同时把自己的思路搞乱套，因为他对达尔文的生物学进化论和文化进化论之间的关系说得清清楚楚。在二者之间的区别方面，哈耶克注意两点。一是"如'自然选择'（natural selection）、'生存竞争'（sturggle for existence）和'适者生存'（survival of the fittest）等观念"，"这些观念在社会科学领域中并不适宜；因为在社会进化中，具有决定意义的因素并不是个人生理的且可遗传的特性的选择，而是经由模仿成功有效的制度和习惯所做出的选择"。[①] 这是两种进化在具体内容上的区别。这种区别决定了在认识方式上的区别，这意思是说，在生物界，进化的主体处于无意识状态，所以，它们对进化茫无所知，存在的只能是本能性的调整、在调整过程中的变异和适应。由此看来，生物界的进化主体对自己及进化过程根本谈不上认识，因为它们没有认识的前提。文化进化则与此有本质区别。文化进化的主体对自身的进化及过程有清醒的认识，哈耶克对这一点有与众不同的说明："文明乃是经由不断试错、日益积累而艰难获致的结果，或者说它是经验的总和，其中一部分为代代相传下来的明确知识，但更大的一部分则是体现在那些被证明为较优越的制度和工具中的经验；关

---

① ［英］F.A.冯·哈耶克：《自由秩序原理》上卷，生活·读书·新知三联书店 1997 年版，第 68 页。

于这些制度的重要意义，我们也许可以通过分析而发现，但是即使人们没有透彻认识和把握这些制度，亦不会妨碍这些制度有助于人们的目的的实现。"①这告诉我们一个基本事实，文明进化的主体在三个方面与生物界进化的主体有本质区别：一是对自我的认识；二是对他者的认识；三是对自我和他者关系的认识。这三个方面的本质区别，构成了文明进化在认识方式的根本性内容。

第三，哈耶克在充分认识到生物进化和文明进化二者之间本质区别的同时，也没有由此走向极端，抹杀或否认二者之间的一致之处，而是以细致的笔法揭示二者之间的共同点。其一，"一切进化，无论是文化的还是生物的，都是对不可预见的事情、无法预知的环境变化不断适应的过程"②。其二，"从规律支配着进化产物必然经历的各个阶段，因而能够据以预测未来的发展这意义上说，无论是生物进化还是文化进化，都不承认有什么'进化规律'或'不可避免的历史发展规律'"③。其三，无论是生物进化还是文化进化，"它们都遵循着同样的自然选择原理：生存优势或繁殖优势。变异、适应和竞争，不管它们——尤其是繁殖方式上——有怎样的特殊机制，从本质上说都是同样的过程。不但所有的进化都取决于竞争，甚至仅仅为了维持现在的成就，竞争也是必要的"④。

哈耶克对两种进化一致之处的概括未必全面，但通过上述三点我们可以体会到，他对二者一致之处是重视的，定位是准确的。重视和定位准确的事实说明，哈耶克自己的学术思想与达尔文的生物学进化论有不解之缘，因为如果说达尔文是生物学进化论思想大师的话，那么，哈耶克就是

① ［英］F.A.冯·哈耶克：《自由秩序原理》上卷，生活·读书·新知三联书店1997年版，第68页。

② ［英］F.A.冯·哈耶克：《致命的自负——社会主义的谬误》，中国社会科学出版社2000年版，第24页。

③ ［英］F.A.冯·哈耶克：《致命的自负——社会主义的谬误》，中国社会科学出版社2000年版，第25页。

④ 参见［英］F.A.冯·哈耶克：《致命的自负——社会主义的谬误》，中国社会科学出版社2000年版，第25页。

文化进化论的思想大师。文化进化论的思想大师从达尔文生物学进化论思想中获得了表述自己观点的学术胆量、受到了思维方式上的启发，同时也为自己的学术观点确定了特定学术思想背景和文化渊源。哈耶克可以一再申明，达尔文的生物学进化论思想受到经济学家如亚当·斯密和马尔萨斯的强有力的启发，但他不能否认的事实是，他的文化进化论的思想受到了达尔文生物学进化论思想的强有力影响和启发。

第四，有时，哈耶克用自己的特有语言改写达尔文的生物学进化论。他认为："在任何社会里，大多数人都会遇到失望、逆境和痛苦，是一种他必须承受的训练，这也是一切有能力的人应当承受的必要训练。在一个自由社会里，减轻这些痛苦的办法是，任何人类意志都不能任意把这些痛苦强加于人，它的发生只能由非人格的过程和不可预见的机会来决定。"[①]表面看，哈耶克的观点与达尔文的生物学进化没有必然联系，实则不然。哈耶克对自由竞争中的失败者采取了一种理应如此、不必过问的态度，因为他的"非人格的过程"和"不可预见的机会"是什么呢？什么都不是，什么都是。这由解释者主观好恶决定。达尔文在《物种起源》一书中，以文学笔法、以赏心悦目的情感描写适者生存的斗争过程，至于斗争中的失败者、被消灭者，这是自然规律使然，不必过多关注。哈耶克与达尔文面对两个截然不同的领域，但在态度上是一致的。哈耶克仅顾及与达尔文生物学进化论在态度上保持一致，但他忘记了，人不是杂草，也不是虫子，以客观化、非人格化的态度对待人的苦难处境是不负责任的。当然，我们也不能过多地责备哈耶克，因为哈耶克观点的思想渊源除了达尔文生物学进化论之外，还有一条思想线索也是这样看问题，这条思想线索的代表人物是：亚当·斯密—马尔萨斯—斯宾塞。我们之所以在这里指出这一点的理由有二：一是哈耶克是这种思想传统的当代复活者和传播者；二是哈耶克把自然科学化的了、已经在人文社会科学领域逐渐退出历史舞台的思想

---

① ［英］F.A.冯·哈耶克：《经济、科学与政治——哈耶克思想精粹》，江苏人民出版社2000年版，第266页。

重又人文社会科学化。

哈耶克的经济个人主义思想与达尔文生物学进化论关系的具体内容、哈耶克所受到的达尔文生物学进化论的影响，绝对不仅仅是上述所论及的几点，但是，通过上述几点我们就可以得出结论：哈耶克的经济个人主义思想中有达尔文生物学进化论的痕迹，事隔一百多年以后，达尔文的生物学进化论不仅在自然科学领域中顽强地存在下来，而且在人文社会科学领域，也有它的存在性的表现和具体运用，经济个人主义思想就是这一点的最好证明。

综上所述，达尔文生物学进化论对经济个人主义思想的影响，我们只是以个案分析的形式作了探讨。实际上，受到达尔文生物学进化论影响的经济个人主义思想家绝对不仅仅是上述几人。尽管如此，根据上述几人的情况，我们有理由作出如下结论。首先，像牛顿的经典物理学一样，达尔文的生物学进化论为经济个人主义思想提供了自然科学基础，虽然这种基础大可怀疑因而大有探讨的必要。其次，人们有意或无意地把达尔文的生物学进化论哲学化，尤其是方法论化，就这一点而言，哈耶克可作为典型例证。这样做的结果是，达尔文的生物学进化论隐退其后，跃居前台的是概摄所有领域的进化论哲学，这种哲学具有多层面的功能，如本体论层面、认识论层面、社会历史观层面、价值观层面、方法论层面等。总之，作为哲学性质的分析框架，它可以加工和整理一切具体事实和材料；当然，加工和整理后的事实、材料，其自身性质也发生变化，它们完全进化论化了。这种分析框架直接进入经济个人主义思想领域的典型例证是马歇尔，他不加提炼和修饰，直接把达尔文的生物学引入自己的经济学说体系。最后，达尔文生物学进化论中只具有萌芽和潜在性质的东西，经过哲学化的改造之后便向极端方向发展，就这一点而言，马克斯·韦伯的经济学体系提供了显明例证。这是达尔文生物学进化论对经济个人主义思想所发挥的独特形式的影响。

主要参考文献

一、经典著作

1.《马克思恩格斯全集》第 3 卷，人民出版社 1965 年版。

2.《马克思恩格斯全集》第 33 卷，人民出版社 2004 年版。

3.《马克思恩格斯文集》第 1 卷，人民出版社 2009 年版。

4.《马克思恩格斯文集》第 2 卷，人民出版社 2009 年版。

5.《马克思恩格斯文集》第 5 卷，人民出版社 2009 年版

6.《马克思恩格斯文集》第 8 卷，人民出版社 2009 年版。

二、经济学著作

1. [英] 西尼尔：《政治经济学大纲》，商务印书馆 1977 年版。

2. [美] 约瑟夫·熊彼特：《经济分析史》第 1—3 卷，商务印书馆 1996 年版。

3. [美] 曼昆：《经济学原理》上册，生活·读书·新知三联书店、北京大学出版社 1999 年版。

4. [美] 黛尔德拉·迈克洛斯基：《经济学的花言巧语》，经济科学出版社 2000 年版。

5. 王小卫、宋澄宇主编：《经济学方法——十一位经济学家的观点》，复旦大学出版社 2006 年版。

6. [英] 凯恩斯：《劝说集》，商务印书馆 1962 年版。

7. [美] 约瑟夫·熊彼特：《经济发展理论》，商务印书馆 1991 年版。

8. [美] 弗里德曼：《弗里德曼文萃》，北京经济学院出版社 1991 年版。

9. [德] 弗里德里希·李斯特：《政治经济学的国民体系》，商务印书馆 1983 年版。

10. [英] 马克·布劳格：《经济学方法论》，北京大学出版社 1990 年版。

11. [英] 亚当·斯密：《国民财富的性质和原因的研究》上卷，商务印书馆 1972 年版。

12. [英] 亚当·斯密：《国民财富的性质和原因的研究》下卷，商务印书馆 1974 年版。

13. [英] 凯恩斯：《就业、利息和货币通论》，商务印书馆 1996 年版。

14. [美] 布坎南:《自由、市场和国家》,北京经济学院出版社 1988 年版。

15. [德] 维尔纳·桑巴特:《奢侈与资本主义》,上海人民出版社 2000 年版。

16. [英] 埃德蒙·惠特克:《经济思想流派》,上海人民出版社 1974 年版。

17. [美] 米尔顿·弗里德曼:《资本主义与自由》,商务印书馆 1986 年版。

18. [英] 埃里克·罗尔:《经济思想史》,商务印书馆 1981 年版。

19. [奥] 哈耶克:《个人主义与经济秩序》,北京经济学院出版社 1989 年版。

20. [法] 萨伊:《政治经济学概论》,商务印书馆 1997 年版。

21. [法] 莱昂·瓦尔拉斯:《纯粹经济学要义》,商务印书馆 1997 年版。

22. [英] 特伦斯·W.哈奇森:《经济学的革命与发展》,北京大学出版社 1992 年版。

23. [英] J.M.凯恩斯:《预言与劝说》,江苏人民出版社 1998 年版。

24. [美] 亨利·威廉·斯皮格尔:《经济思想的成长》上、下册,中国社会科学出版社 1999 年版。

25. [美] R.科思、A.阿尔钦、D.诺思等:《财产权利与制度变迁——产权学派与新制度学派译文集》,上海三联书店、上海人民出版社 1994 年版。

26. 姚洋:《制度与效率——与诺思对话》,四川人民出版社 2002 年版。

27. [美] 查尔斯·沃尔夫:《市场或政府——权衡两种不完善的选择 / 兰德公司的一项研究》,中国发展出版社 1994 年版。

28. [英] C.M.霍奇逊:《现代制度主义经济学宣言》,北京大学出版社 1993 年版。

29. [美] 阿瑟·奥肯:《平等与效率——重大的权衡》,四川人民出版社 1988 年版。

30. [英] 约翰·伊特韦尔等编:《新帕尔格雷夫经济学大辞典》第 1 卷,经济科学出版社 1996 年版。

31. [德] 路德维希·艾哈德:《来自竞争的繁荣》,商务印书馆 1983 年版。

32. [英] 约·穆勒:《政治经济学原理——及其在社会哲学上的若干应用》上、下卷,商务印书馆 1991 年版。

33. 邹东涛、杨秋宝:《经济竞争论》,四川人民出版社 1989 年版。

34. [美] 保罗·A.萨缪尔森、威廉·D.诺德豪斯:《经济学》(第 12 版),中国发展出版社 1992 年版。

35. [美] 查尔斯·K.威尔伯、肯尼斯·P.詹姆森:《经济学的贫困》,北京经济学院出版社 1993 年版。

36. [美] 道格拉斯·C.诺思:《经济史上的结构和变革》,商务印书馆 1999 年版。

37. [美] 道格拉斯·诺思、罗伯斯·托马斯:《西方世界的兴起》,华夏出版社 1999 年版。

38. [美] 西奥多·舒尔茨:《对人进行投资——人口质量经济学》,首都经济贸易大学出版社 2002 年版。

39. 陶永谊：《旷日持久的论战》，陕西教育出版社 1992 年版。

40. [美] 康芒斯：《制度经济学》上、下册，商务印书馆 1962 年版。

41. [美] 赫伯特·西蒙：《现代决策理论的基石》，北京经济学院出版社 1989 年版。

42. [英] 马克·布劳格等：《经济学方法论的新趋势》，经济科学出版社 2000 年版。

43. [美] 理查德·布隆克：《质疑自由市场经济》，江苏人民出版社 2000 年版。

44. [日] 金指基：《熊彼特经济学》，北京大学出版社 1996 年版。

45. [美] 阿尔弗雷德·S.艾克纳主编：《经济学为什么还不是一门科学》，北京大学出版社 1990 年版。

46. [法] 保尔·芒图：《十八世纪产业革命——英国近代大工业初期的概况》，商务印书馆 1983 年版。

47. [美] 史蒂文·普雷斯曼：《思想者的足迹——五十位重要的西方经济学家》，江苏人民出版社 2001 年版。

48. [德] 马克斯·韦伯：《民族国家与经济政策》，生活·读书·新知三联书店、牛津大学出版社 1997 年版。

49. [英] R.F.哈罗德：《凯恩斯传》，商务印书馆 1997 年版。

50. [英] 阿兰·艾伯斯坦：《哈耶克传》，中国社会科学出版社 2003 年版。

51. [美] 洛林·艾伦：《开门——创新理论大师熊彼特》，吉林人民出版社 2003 年版。

52. [美] 罗伯特·L.海尔布罗纳：《几位著名经济思想家的生平、时代和思想》，商务印书馆 1994 年版。

三、其他著作

1. [英] F.A.哈耶克：《科学的反革命——理论滥用之研究》，译林出版社 2003 年版。

2. [英] 边沁：《道德与立法原理导论》，商务印书馆 2000 年版。

3. [英] F.A.冯·哈耶克：《经济、科学与政治——哈耶克思想精粹》，江苏人民出版社 2000 年版。

4. [瑞典] 理查德·斯威德伯格：《经济学与社会学》，商务印书馆 2003 年版。

5. [英] 琼·罗宾逊：《经济哲学》，商务印书馆 2011 年版。

6. [奥] 哈耶克：《通向奴役的道路》，商务印书馆 1962 年版。

7. [美] 凡勃仑：《有闲阶级论》，商务印书馆 1983 年版。

8. [德] 马克斯·韦伯：《社会科学方法论》，中央编译出版社 1999 年版。

9. 包利民：《生命与逻各斯——希腊伦理思想史论》，东方出版社 1996 年版。

10. 钱满素：《爱默生与中国——对个人主义的反思》，生活·读书·新知三联书店 1996 年版，第 198 页。

11. [美] 泰格、利维：《法律与资本主义的兴起》，学林出版社 1996 年版。

12. [美] 哈罗德·J.伯尔曼：《法律与革命——西方法律传统的形成》，中国大百科全书出版社 1993 年版。

13. [瑞士] 雅各布·布克哈特：《意大利文艺复兴时期的文化》，商务印书馆 1984 年版。

14. [德] 康德：《实用人类学》，重庆出版社 1987 年版。

15. [法] 托克维尔：《美国的民主》上、下册，商务印书馆 1988 年版。

16. [德] 马克斯·韦伯：《新教伦理与资本主义精神》，生活·读书·新知三联书店 1987 年版。

17. [美] 富兰克林：《富兰克林自传》，生活·读书·新知三联书店 1985 年版。

18. [美] 丹尼尔·贝尔：《资本主义文化矛盾》，生活·读书·新知三联书店 1989 年版。

19. [荷] 伯纳德·曼德维尔：《蜜蜂的寓言——私人的恶德 公众的利益》，中国社会科学出版社 2002 年版。

20. [德] 麦克斯·施蒂纳：《惟一者及其所有物》，商务印书馆 1997 年版。

21. [英] 洛克：《政府论》（下），商务印书馆 1995 年版。

22. [英] 赫伯特·斯宾塞：《社会静力学》，商务印书馆 1996 年版。

23. 周辅成编：《西方伦理学名著选辑》下卷，商务印书馆 1987 年版。

24. [英] 休谟：《人性论》，商务印书馆 1996 年版。

25. [英] 达尔文：《物种起源》，商务印书馆 1997 年版。

26. [美] 约瑟夫·熊彼特：《资本主义、社会主义和民主主义》，商务印书馆 1979 年版。

27. [英] 亚当·斯密：《道德情操论》，商务印书馆 1997 年版。

28. [德] 贡德·弗兰克：《白银资本——重视经济全球化中的东方》，中央编译出版社 2000 年版。

29. [意] 尼可洛·马基雅维里：《君主论》，商务印书馆 1988 年版。

30. [法] 雷吉娜·佩尔努：《法国资产阶级史》上、下卷，上海译文出版社 1991 年版。

31. 全增嘏主编：《西方哲学史》上卷，上海人民出版社 1983 年版。

32. 冒从虎、王勤田、张庆荣：《欧洲哲学通史》上卷，南开大学出版社 1985 年版。

33. [英] 霍布斯：《利维坦》，商务印书馆 1985 年版。

34. [英] F.A.冯·哈耶克：《法律、立法和自由》第 1 卷，中国大百科全书出版社 2000 年版。

35. [英] F.A.冯·哈耶克：《自由秩序原理》上、下卷，生活·读书·新知三联书店 1997 年版。

36. [法] 米歇尔·博德:《资本主义史（1500—1980)》，东方出版社 1986 年版。

37. 钱乘旦、陈晓律:《在传统与变革之间——英国文化模式渊源》，浙江人民出版社 1987 年版。

38. [美] 哈特穆特·莱曼、京特·罗特编:《韦伯的新教伦理——由来、根据和背景》，辽宁教育出版社 2000 年版。

39. [英] 皮特·J.鲍勒:《进化思想史》，江西教育出版社 1999 年版。

40. [英] F.A.冯·哈耶克:《致命的自负——社会主义的谬误》，中国社会科学出版社 2000 年版。

41. [英] W.C.丹皮尔:《科学史——及其与哲学和宗教的关系》，广西师范大学出版社 2001 年版。

42. [英] 达尔文:《达尔文自传》，江苏文艺出版社 1998 年版。

43. [英] 亚当·斯密:《关于法律、警察、岁入及军备的演讲》，商务印书馆 1997 年版。

索　引

跋

　　《经济个人主义的哲学研究》一书由 1998 年通过答辩的博士论文改写而成。回想当时选择这一主题的过程，可用思想冒险来形容。开始时我想写的论文题目是《马克思人学思想史》。由于长期从事马克思主义经典著作的教学和研究，自认为写这个题目既可有新意，也不会太费劲。现在看来，真应该感激我的导师袁贵仁先生。他认为，作为一篇博士论文，与其写自己和他人都熟悉的题目，不如写虽然由于人们关涉较少而具有挑战性但更具有现实意义和理论价值的题目，同时还可为将来的研究开拓一个新领域。这是袁老师与自己的弟子讨论、确定论文题目时一贯坚持的立场。当时并没有充分理解老师的指教对我有多么重要，只是抱着试试看的心绪选择了《西方主流经济学中的经济价值观研究》作为博士论文的题目。说实话，当时只是为了理解马克思的著作对亚当·斯密《国民财富的性质和原因的研究》一书多有涉及，并有所意会，至于对西方主流经济学中的其他经典著作，自己并没有多少了解。现在让我感佩和高兴的是，袁先生同意了这个题目。

　　说选择这个题目是一次思想冒险，起码可以讲出三条理由：一是伴随20 世纪 50 年代院系调整而来的大学课程体系设置的专业化，结果是经济学和哲学形成学科隔膜，治经济学者对哲学知之不多，搞哲学研究的人以为经济学与己无关。二是专业化的结果逐渐形成一种学术研究的习俗：经济学问题只能由经济学家思考，似乎经济学中并无哲学问题需要研究；研究哲学问题是哲学家的专业，似乎不涉顾经济学，相关的哲学问题就能说清楚。实际情况是，这种研究习俗对我国的哲学研究和经济学研究都极为不利。既然不利，就需要有人尝试改变这一研究习俗，弥补其中的缺陷。三是在相对短暂的时间里需要念的书数量多只是困难的一方面，更具挑战性的是进入一个相对陌生的领域探索和思考，需要从中提炼出论说的哲学问题、哲学概念、理论框架及其素材。好在冒险初获成功，在导师的悉心指导下，经过自己的努力，理论框架得以形成，论文答辩顺利通过。

平心而论，当时参与论文审读和答辩的老师大都对论文持肯定态度并给以鼓励性褒扬，那是他们看到了这篇博士论文的尝试性质、潜在的理论前景和把握这一主题的困难程度，所以，我暗下决心，一定不让导师和其他老师失望，要继续研究和思考，使当时还不成熟、不丰满的博士论文变为相对成熟和丰满的学术专著，报答老师，回馈社会。当时的决心变成了现在的《经济个人主义的哲学研究》一书，它能称得上是一部相对成熟和丰满的学术专著吗？我自己无权肯定地回答这一问题，因为权威的评判是老师和读者。

研究这一主题的根本目的虽历时 8 年，但至今未变：尝试性地消除哲学与经济学之间的学科隔膜，在二者之间架起一座相互沟通的桥梁，让治经济学者更多地把捉和感悟学科背后的哲学意味；使搞哲学的人意识到，经济学中同样有极为诱人的哲学问题，要想更丰富、具体地领会哲学思想，经济学像其他社会科学学科一样，也是一条不可或缺的好路径。为了体现这一点，也为了突出论说的实证性质，书中经济学著作的征引多了一些，以经济学为专业的读者可以对此略过不读，以哲学为专业的同仁，最好是静下心来加以思考和品味。

研究的目的还有学科上的考虑。像亚里士多德的《形而上学》和康德的《纯粹理性批判》那样以纯哲学的研究作为根本任务当然必要，但这并不表明，往下延伸、研究具体社会科学学科中的哲学问题不必要。以哲学的思维方式和研究方法处理经济学中蕴含的带有哲学性质的问题，形成交叉性、边缘性学科——经济哲学，这对经济学研究是有好处的，因为它使经济学中的哲学问题被自觉地探讨；这对哲学研究也是有好处的，因为它使哲学门类中多了一个新类别，同时又丰富了哲学研究的内容。

　　经济哲学的提法易于让人误解，以为这一学科是与经济学争地盘，把话说得粗一点儿，就是哲学到经济学领域瞎起哄。实际情况不是这样。在研究对象、具体内容等方面二者之间肯定有联系，但人们更应关注的是二者之间的本质区别。概括地说，经济学是对经济现象的认识，而经济哲学是对这种认识的反思，这意思是说，经济哲学的研究对象不是经济现象而是对经济现象的认识。这里的反思有广狭之分，狭者即对经济学的反思；广者，还包括对经济政策、经济习俗、经济心理、经济思想史等的反思。

　　经济学作为学院化的学科有一百多年的历史，从科学形态上讲，它有先天的不自足性。一是研究对象的极端复杂性和人的能力的有限性这二者之间构成了矛盾，这种矛盾用实证的经验归纳方法无法解决，而只能由哲学研究解决。例如，经济学的逻辑前提问题，经济学的哲学本体论问题，经济学的哲学认识论问题，经济学的哲学方法论问题，经济学的哲学价值观问题等，都属于这种情况。二是经济学固有理论逻辑表达的硬性要求并没有给经济学中哲学问题的展开和讨论留出理论空间，但经济学又无法绕开上述诸多哲学问题，所以，解决问题的途径只有一条，那就是经济哲学研究。由此看来，经济哲学对经济学研究而言，只有好处，没有坏处，起码，这二者之间不是冲突和对立的关系。①

　　文章的写法有两种：一为小题大做；二为大题小做。《经济个人主义的哲学研究》属于后者。虽然名之曰"哲学研究"，但它主要研究西方主流经济学中的经济价值观核心——经济个人主义思想，至于西方主流经济学中的哲学本体论、哲学认识论、哲学方法论、哲学历史观等诸多重大问题，只是少有涉及。这就要求笔者不能停歇研究的脚步，在今后的岁月里要继续努力。与此同时，也启示对经济哲学感兴趣的学界同仁，从学科建设角度讲，这仍然是一片待开垦的处女地。

　　最后，需要向读者说明的是，由于本书是到相对陌生的西方主流经济学领域探寻和研究哲学问题，所以，对经济学概念和经济学问题的理解难

---

① 更充分的论证参见宫敬才：《为什么要有经济哲学》，《中华读书报》2004 年 4 月 21 日。

免出错。虽然始终谨慎小心，也不能保证不出纰漏甚至有外行之嫌。希望治经济学者和广大读者不吝教正，以期经济学与哲学携手合作，推动经济哲学研究的进步，进而促进经济学研究和哲学研究的发展。

责任编辑：钟金铃
装帧设计：石笑梦

图书在版编目（CIP）数据

经济个人主义的哲学研究 / 宫敬才　著 . —北京：人民出版社，2016.11
ISBN 978 - 7 - 01 - 016323 - 9

I. ①经…　II. ①宫…　III. ①经济学－个人主义－哲学－研究　IV. ① F0 - 02

中国版本图书馆 CIP 数据核字（2016）第 128936 号

经济个人主义的哲学研究

JINGJI GERENZHUYI DE ZHEXUE YANJIU

宫敬才　著

人民出版社 出版发行
（100706　北京市东城区隆福寺街 99 号）

北京汇林印务有限公司印刷　新华书店经销

2016 年 11 月第 1 版　2016 年 11 月北京第 1 次印刷
开本：710 毫米 ×1000 毫米 1/16　印张：24.75
字数：340 千字

ISBN 978 - 7 - 01 - 016323 - 9　定价：58.00 元

邮购地址 100706　北京市东城区隆福寺街 99 号
人民东方图书销售中心　电话（010）65250042　65289539